Theodor W. Adorno, *Musikalische Schriften II: Quasi una fantasia*, Frankfurt am Main: Suhrkamp, 1963.

目　次

第Ⅱ部　現前

第Ⅲ部　フィナーレ

本書には現在では差別的とされる表現が含まれていますが、差別を助長する意図はないこと、また歴史的文書であることを考慮して、そのままにしました。

音楽と言語についての断章

音楽は言語に似ている。「音楽的イディオム」とか「音楽の抑揚」といった表現は、単なる比喩ではない。しかしながら音楽は、やはり言語ではない。音楽が言語と似ているということは、もっと内的で茫漠とした問題につながっている。音楽を文字通りの言語と考える者は、両者の類似のせいでかえって誤った道へ踏み込んでしまうだろう。

音楽が言語に似ているのは、単なる音ではない、分節された音の時間的継起として、である。それは何かを、しばしば人間的な何かを語る。音楽が完成度を高めれば高めるほど、それはすぐれて人間的な何かを語る。こうした類の音の継起は論理学に近い。そこには正と誤があるのだ。しかし（音楽によって）語られる事柄を、実際の音楽そのものから切り離すことはできない。つまりそれは記号から成る体系ではない。

言語との類似性は、上は全体――意味作用をもつ音の組織化された関連――から、下は個々の音――純粋な意味の担い手にすぎない単なる現存在と紙一重の音――にまで及ぶ。音の組織化された関連としてだけではなく、具体的な組み立て方の点でも、音楽は言語に似ている。伝統的な音楽の形式学は、楽節《ザッツ》（＝文章）、半楽節《ハルブザッツ》（＝文章半分）、楽段《ペリオーデ》（＝総合文）、句読法といった表現を用いる。問い、呼びかけ、挿入といった表現も同様だ。あらゆるところに副主題《ネーベンザッツ》（＝副文）があるし、声部《シュティンメ》（＝

声」が高まったり沈み込んだりもする。そしてこうしたことすべてにおいて、音楽の身振りは語る声の表現に依拠している。ベートーヴェンが作品33のバガテルのうちの一曲の演奏に、「いくぶん語りかけるような表現でもって」と要求したとき、彼はすべての音楽に遍在する一要素を、単に自覚的に強調したにすぎない。

人はよく音楽と言語の区別を、音楽が概念を持たない点に求めようとする。しかし実は音楽の中の多くのものは、認識論のいう「素朴概念」に極めて近い〔素朴概念とは、ある体系の基礎に置かれるがそれ自体は定義されずただ前提とされる基本概念。以下に述べられる音楽の個々の要素は作品のなかに位置付けられるまで、それ自体はニュートラルな存在ということ〕。音楽は繰り返し戻ってくる目印を用いる。かつてそれは調性によって特徴づけられていた。調性は概念とまではいわずとも、語彙を確かに生み出した。何よりまず、繰り返し同じ機能を伴って鳴らされる和音。あるいはカデンツのようなパターン化された和音結合。そしてしばしば、和音を分散和音にするだけの旋律的決まり文句すらもそうだ。かつてはこうした一般的な目印を、曲毎に特殊な関連の中で用いることが出来た。個に対する概念と同じく、これらは音楽を個別化する際のスペースを提供すると同時に、これまた言語と似て、〔特殊としての具体的な〕関連の中にはめこまれることで、単なる抽象物に陥らずとも済んだ。言語との違いは単に、これらの音楽上の概念の同一性が、それらの指し示す事柄によってではなく、専らそれ自体の特性によって保証されているという点にあるにすぎない。

これら音楽的語彙の不変項は、いわば第二の自然のように音楽の底に降り積もっていった。だからこそ意識が調性から離別することは、かくも困難なのだ。しかしながら新音楽は、こうした第二の自然にへばりついた仮象に抗おうとする。凝固したパターンとその機能を、それは機械的なものとして排除するのである。ただし排除されるのは言語との類似そのものではなく、ただ物象化された類似だけであって、それは個々の要素を現金代わりのポーカーチップとして——少なからず硬直した主観的意味作用の内容空疎なシグナルとして——濫用しているにすぎない。音楽においても主観主義と物象化は互いに対応している。しかしながら両者が対応しているからといって、決してそれは音楽と言語の類似をこれを限りに改めようとするのではない。〔むしろ新音楽においては〕今や言語と音楽の関係は危機的なものとなっている。

音楽は意味言語とはまったく別のタイプの言語である。この言語の中には何か神学的なものが潜んでいる。それが語るものは、輝きつつ現象するものとして定義されると同時に、まさにそれ故に隠されている。その理念は神の名という形をしている。それは現実世界に影響を及ぼす魔術から解放された、脱神話化された祈りであって、どれほど虚しいことであろうとも意味伝達ではなく名そのものを名指そうとする、極めて人間的な試みなのである。

音楽が目指しているのは意図を欠いた言語だ。しかしこの言語は、ある王国が他の王国から区別されるように明確な形で、意味言語から区別されるわけではない。そこを支配しているのは、ある弁証法である。至るところで音楽は意図に貫かれており、しかもそれは、言語との類似性を自在に操る方向へと音楽の合理化を進めた十六世紀末のスティーレ・ラプレゼンタティーヴォ様式以後そうなった、というわけではない。意味を完全に欠く音楽、つまり諸々の響きが現象として関連を作っているだけの音楽は、音響のカレイドスコープのようなものである。これに対して、絶対的な意味としてのそれは、音楽たることをやめて、間違った言語になってしまうだろう。音楽にとって意図は本質的ではあるが、中断を差し挟むものとして本質的であるにすぎない。音楽は真の言語の存在を、その中でこそ内実そのものが開示されるようなそれを、示唆する〔ここで言われる真の言語とは、音楽における絶対者の（不可能な）現れのことを指す。こうした議論は本書所収のモーゼ論「聖なる断片」で大々的に展開されている〕。〔ただし〕それは意味的な言語に変換される一義性を犠牲にしてなのだ。そしてあらゆる言語のうち最も雄弁な言語である音楽には、その神話的な部分であるところの多義性という呪いを癒すかのように、諸々の意図が流れ込んでくる。再三にわたってそれは、自らの意図するものを指し示し、規定する。だが同時に意図は常に隠されている。他ならぬカフカがいくつかの重要なテクストで、彼以前のどの作家もしなかったほど音楽のためにスペースを割いているのは、決して偶然ではない。彼は語られた言語、意味的な言語の意味を、あたかもそれが音楽における意味であるかのように、つまり中断された寓話であるかのように、取り扱っていた。音楽的効果を模倣しただけで、音楽的な構えとは程遠いスウィーンバーンやリルケの「音楽的な」言語と、これは非常に対照的である。音楽的であるとは、つかのま閃いては消えてゆく意図に神経を行き渡らせつつ、意図の中で迷うことなしに、意図を手なずけることである。こうやって音楽は構造として形作られるのだ。

かくして解釈の問題が浮上してくる。音楽と言語は同様に、しかしまったく異なった形で、解釈を要求するのである。言語を解釈するとは言語を理解するということであり、音楽を解釈するとは音楽をすることである。音楽の解釈とは、〔一方で〕言語との類似性を保持しながら、〔他方で〕同時に個々の言語との類似をすべて抹消するような、綜合としての実践行為〔Vollzug（実践行為）とは「実施」であるが、アドルノは言語による音楽解釈もまた、内なる実践行為＝内なる演奏を伴わない限り、対象の真の意味は開示されないと考えている〕である。だからこそ解釈という理念は音楽の一部なのであって、それにとって偶然的なものではないのだ。とはいえ、音楽を正しく演奏するためには、音楽の言語を正しく語ることが第一である。しかし音楽の言語が何より必要とするのはそれ自身の模倣であって、その解読ではない。黙読と同じく、音を出さず響きを想像するという形で内面化されることも、もちろん可能であるが、いずれにせよミメティックな実践においてのみ、音楽は自らを開くのであり、決して実践行為と無関係に音楽を解釈しようとする考察なるものにおいてではない。意味言語においてこうした行為と似たものを探すなら、それはテクストの意味作用の理解ではなく、むしろその書写だろう。

哲学や学問の認識性格とは逆に芸術では、認識のためにかき集められた諸要素は、判断のために召集されるのではない。しかし音楽は本当に判断を欠く言語なのだろうか？　音楽の意図の中には最も強烈な意図、つまり「これはこうなのだ」がある。それは判断を下し、さらには裁きを下すような認証、ただしはっきりとは言われていないことについての認証である。第九の第一楽章の再現部冒頭のような偉大な音楽における至上の、また言うまでもなく最も暴力的な瞬間のうちに、純然たる関連の力によって、こうした意図が見紛うことなく雄弁に現れている。それはまた低級な作品の中で、パロディー化されてこだましてもいる。音楽のフォルム、つまり音楽的関連がそこで真正なものという性格を獲得するような全体性は、判断を欠く媒体に判断という身振りを与えようとする試みと不可分だ。時としてそれがあまりにも成功するが故に芸術は、その敷居に殺到する論理的な支配意志を追い払うことが、もはやほぼ不可能になっている〈音楽を言語として捉えられる「媒体」と位置づけ、そこに絶対者が現れるには、無媒介な音の連なりだけではなく、あくまで意図という「裁きをくだす」意味が必要とされるというこの段落の議論には、ベンヤミンの初期言語論「言語一般と人間の言語について」に類比的な構造を指摘できる。そこでも言語は主客の区別がなくなる「媒体（Medium）」とされた上で、神の「純粋言語」（無媒介的認識）と楽園を追われた人間の「裁く言葉」（意味的な言語）が対比されていた〕。

従って音楽と言語の区別は、両者の個々の諸特徴ではなく、その構造の全体についてのみ、実りあるものとなるだろう。というか、むしろ両者の方向性、つまり音楽の究極目的を極度に強調した意味での、その「傾向」についてのみ、区別は行なうことが出来る。意味言語は媒介を経た形で絶対者を語ろうとするが、絶対者は個々のあらゆる意図において言語の手をすり抜けていき、あらゆる意図を有限なものとして背後に置き去りにする。音楽は絶対者を媒介なしに言い当てるが、しかしまさにその瞬間に、まるで強すぎる光が目を眩ませ、十分に目に見えることすらもはや見えなくしてしまうのと同じく、絶対者は暗闇の中に消えていく。

究極のところ音楽は、意味言語と同じ難破した言語として、不可能なものを手元に持ち帰るべく、無限の媒介という彷徨を運命づけられている。この点でもまた音楽は、言語に似ている。違いは単に、媒介が意味言語とは違う法則に従って繰り広げられるという点だけである。つまり互いに指示しあう諸々の意味作用ではなく、関連を通して命がけで意味を吸い取ってしまう行為において、その媒介は繰り広げられる。この関連によって初めて、あらゆる運動において関連が彼方に運び去ろうとする意味は救出される。音楽はその砕け散った意図を、意図に固有の力によって屈曲させ、それらの意図を名の布置へと結集させるのである〔ここで言われているのは、以下のようなことであろう。音楽を貫く弁証法は、絶対者を名指す無媒介的（神話的）な認識と、それに意味を与える媒介的（合理的）な意図の葛藤から成立する。この二つの契機はともに絶対者をそれとして呼び出すことはできない。音楽はこの両者を人間的な限界の枠内で（意図を用いて）形象化するのであり、それは絶対者を前に砕け散った意図を一つの布置（一つの作品）へと置き直すことでその名を構成することによって為される〕。

音楽を単なる感覚刺激の継起から区別するべく、ひとはそれを感覚／意味ないし構造の関連と呼んできた。そこでは孤立しているものは何もなく、すべては「すぐそこにあるもの」との身体的接触、そして「彼方にあるもの」、つまり記憶と期待との精神的接触の中であるべき姿になるという限りにおいて、こうした言い方も許されてもよいのかもしれない。しかし音楽における関連とは、決して意味言語によって打ち立てられる類の、感覚／意味の関連ではない。全体は意図に抗して実現されるのであり、あらゆる個々の固定することの出来ない意図を否定することにより、意図を統合するのである。音楽はその全体としては意図を受け入れるが、それは音楽が意図をより抽象的でより高次の意図へと希釈することによってではなく、意図が結晶化するまさにその瞬間に、音楽が意図なきものを呼びだそうとすることによって、である。それ故に音楽は、それが〔ヘーゲルが『精神現象学』の冒頭「感覚的確信」の章で、いわば赤ん坊の状態にある意識が目の前にある物の存在に囚われる様を揶揄したような〕感覚的な「ダー〔Da（それ）〕」に対抗してこうした関連を打ち出すときですら、〔抽象的な〕意味関連とは殆ど正反対のものである。ここから、全力を尽くしてあらゆる意味／感覚から逃れようとして、あたかも自分自身が実際に名そのものであるかのように振る舞おうとする誘惑が、音楽には生じてくる。

ハインリヒ・シェンカーは古くからの論争のゴルディアスの結び目を断ち切り、表現美学と形式美学の両方に反対を表明した。その代わりにシェンカーは、彼が不名誉にもその才を見抜けなかったシエーンベルクと同様、音楽的内容という概念を考えていた。表現美学は個別の意図――そんなものは多義的に手から滑り落ちていくのだが――を、全体のうちに現れる意図なき内実と誤解している。つまりワーグナーの理論が短絡的なのは、すべての瞬間において表現を果てしなく繰り広げるというイメージによって、音楽の内実を考えているからである。しかし全体が語ることは、個々の意味とは質的に別物だ。何から何まで表現と考える美学は、たまたまそんな気がしただけのものを――いかにもやりがちなことであるが――事象の客観性そのものと勝手に断定してしまう結果に終わる。しかしながら逆の命題、つまり「鳴り響きつつ運動する形式」という〔ハンスリックの〕命題もまた、空虚な刺激ないし鳴り響くものの単なる現存在に終始するだけである。この空虚な刺激には、美的形象とそれ以外のもの、それを通して初めて美的形象がそれ自身になるものとの関係がまったく欠落している。意味言語に対する素朴な、しかしそれ故に再び人気が出ている批判は、美的形象のために芸術的なものを犠牲にしているのだ。〔だが〕音楽が意図のみに尽きるのではないのと同様、逆に表出的な要素が現れないような音楽も存在しない。さらに言えば、表現がないということもまた、音楽においては表現となる〔ここで言われる「表現がないということ（Ausdruckslosigkeit）」については、四一頁の訳註を参照〕。「鳴り響きつつ」ということと「運動する」ということは、音楽においてはほとんど同義であり、「形式」という概念は、隠されたものについて何も語ってはおらず、鳴り響きつつ運動する関連の中で提示されるもの、つまり単なる形式以上のものへの問いに答えることなく、単にそれを投げ返すのみだろう。形式とは、形作られるものあっての形式なのだ。〔もしそうでなければ音楽演奏という〕あの実践行為の内的論理、その特殊な必然性は無に帰してしまう。それは単なる遊びになってしまうのであり、そこでは一言一句すべてが別にその通りでなくてもよいことになる。だが音楽の内容とは本当は、音楽の文法や統語法に従っているものすべての充溢である。音楽の現象はすべて、それが想起させるもの、そこからそれが浮き上がるもの、それを通して期待を喚起させるものの力によって、自己を超えたものを指し示す。音楽における個別のもののこうした超越の総体が「内容」、つまり音楽の内部で生じているものなのだ。しかし、音楽の構造や形式がただの教育用の図式以上のものでなければならないとすれば、それらは内容を外側から包み込むだけではなく、内容自体の規定、精神的なものの規定でなくてはなるまい。このような形で自らを規定すればするほど、音楽は意味に満ちたものとなる――決して個々の要素が象徴として何かを表現すればそうなるというわけではないのだ。言語から遠ざかることによってこそまさに、音楽と言語の類似性は実現される。

第I部

即　興

Improvisationen

モチーフ

ベートーヴェンはピアノ協奏曲第五番《皇帝》のカデンツァに、「カデンツァはなしで、すぐにアタッカで続けるよう（non si fa una Cadenza, ma s'attacca subito il seguente）」と記している。他方シェーンベルクは、「自由に」という言葉を、拘束力のある演奏記号として用いた（《月に憑かれたピエロ》第16曲「セレナーデ」など）。かくして例外こそが彼らの時代の規則を教えてくれる。ベートーヴェンが即興的な自由からその最後の残滓であるカデンツを奪い去り、主観的作曲的な意図に従わせたのに対して、今日では作曲の自由が命じる解釈の厳格さを和らげるべく、厳格に自由が解釈者の側に求められるのである。

哀しみこそが内面を向いた音楽の基底であることを、「喜ばしい調子で」というシューマンの指示以上に明らかにしてくれるものはない。喜びを名指すことはその実在を否認するのだ。そして「喜ばしい調子で」の「で」は、喜ばしい調子というものを既知でありつつ過ぎ去ったものとして前提にしており、その喪失とそれを呼び覚まそうとする意図とを同時に告げている。

ストラヴィンスキーが革命を起こすのではないかと恐れる必要はない。彼はダイナマイト殺人と生命保険を自作自演で同時に、しかも同じ保険証で引き受ける。今日の爆破で出来た穴に、次の日に彼は観光客とアンシャンレジームの公式馬車で乗り付ける。そして程なく青い鳥がそこに平和な我が家をこしらえる〔ストラヴィンスキーの新古典主義への「転向」を揶揄している〕。

オルガンをめぐっては悲しむべき状況にある。悪無限ともいうべき数のレジスターと、エスプレシーヴォの機構も持った、オーケストラ的な響きのオルガンは、何やらうそ臭いものとなりつつある〔ヴリッツァーなどの色彩的な十九世紀のオルガンを指す〕。それに決然とした敵意を抱くのは、もはやかび臭い内面性の擁護者たちだけではない。しかしながらブクステフーデ〔十七世紀のオルガン奏者〕の時代のアルカイックなオルガンは、もはやあまりにも単調である。恐らくあらゆるオルガンは沈黙しなければならないのだ。

ラヴェルの《ラ・ヴァルス》〔第一次大戦への挽歌として書かれた〕はワルツの没落を決定づけている。帰還兵の亡霊は予め死んでいなければならない。

オペレッタにおける外来語の意義が究明されてもいいだろう。本来それは、オペレッタの幻想の地平を示す通俗的市民性を、ロマン派オペラのパトスから区別しようとするものであった。〔オペレッタと対照的に〕後者は聖別された言語形式を用いることにより、俗な言語形式を締め出そうとする。ロマン派オペラと通俗的市民性は、そもそも互いに無関係なものだった。オペレッタは両者を引用する。一八八〇年代のオペレッタにおける外来語は、芸術が自らを崇高なものと感じるような、そういう皮肉なアクセントの効いた卑下のシンボルだったのに対して、その時代に間に合わなかった者にとっては、現実にはもはや存在しない教養ある会話の、孤独な小道具となる。

一九二七年(1)

カントにおいて意図されたものとベートーヴェンにおけるそれとの関係にとって決定的なのは、信頼にたる道徳的心性でもとっくに崩壊した創造的人格性というパトスでもない。いずれにせよ後者をカントはかつて、そんなものはひけらかすべきではないと言ったし、後期ベートーヴェンの疎外された構成に至って、その欺瞞は完膚なきまでに罰せられることとなる。恐らく社会的な基盤から切り離されてなお、このようなものを形作ることができるのは、よほど強い人格のみであろう。とはいえ、構成的なプランはこの間に、威圧的なまでに冷徹な作品から、人格を締め出しにかかっている。しかしながら、こうしたことの幾分かはカントとベートーヴェンにも備わっており、両者を歴史上の同じ地点で一致させているのだ。カントの体系のヒエラルキーにおいては、アプリオリな総合判断という細長い領土が、色あせた存在論の領域を縮小した形で保存し、もう一度自由にそれを生み出すことで、救い出そうとしている〔カントは『純粋理性批判』で、偶然的なものに依らない人間の認識の拡大を、アプリオリ（必然的）で、かつ総合的（拡張的）な判断に求めた。アドルノの見解では、その努力は、フランス革命に揺らぐヨーロッパが社会的規範を失ってゆくなかで、それを主観の力によって再興しようとする試みであった。この点について、また、そうしたカントの意図がベートーヴェンの音楽上の試みと合致するものであったということについては、アドルノの遺稿をもとに出版された『ベートーヴェン』第三五節なども参照〕。このような主観と客観の消失点における産出は、成功すると同時に没落してゆく。――同様にベートーヴェン作品における沈みゆく諸形式のイメージは、見捨てられた人々の深淵から立ち現われ、この深淵を照らし出す。松明に火をともす手の身振りこそが、彼のパトスなのだ。彼の成功は影の深さであり、光の切れた先に広がるこの影の中には悲嘆にくれる人物が隠れている。彼の苦悩は石の眼差しの中で生じる。この眼差しは、あたかも残りの時間のためにそれを保持しておこうとするかのように、青ざめた光を受けとめる。彼の喜びは出口のない四方の壁にちらちらとゆらめく明かりに等しい。

古い形式手段による新音楽の説明は、古いカテゴリーを説明図式として用いる限りにおいて、大目に見られてよい。この図式は新しいものの異質さを、既知のものを並べてみても読み解けないという困難によって示す。その限りにおいて後期シェーンベルクに対し調性概念を用いることも、恐らく許されよう。しかしそれは、彼も本当は調性で作曲していたことを示すためではなく――なぜなら、結局のところ全音階の座標系で絶対に説明できない音楽など存在しないのだし、もちろん例えば十二音システムに組み込むことができない音楽もないのだから――、それが調性的には作曲されていないことを示すためなのだ。つまり調性図式への投影は、もっと適切な図式上への投影より、はるかに出来事の説明をややこしくしてしまうことを示すためである。いずれにせよ説明図式への還元は、通常の解説に必ずしも必要ではない。古い〔分析〕手段に人々が与えているのはむしろ自然の尊厳である。つまり古い手段を用いて説明するということは同時に、音楽を非歴史的な自然性のうちに基礎づけることなのだ。知らず知らずのうちに説明図式は、それに組み込めるものを良し、手を焼かせるものを悪しと判断する、自動仕分け機械に姿を変える。かくして新音楽において〔新しい〕歴史を作り上げているところのものは、それを〔調性を通して〕歴史的に把握しようとすることによって、まさに隠蔽されてしまうことになる。静的な素材に即した原理による説明は、発見されたばかりの技術がアクチュアリティーを備えている場合ならともかく、最良のものを握りつぶし、作品を過去に向けて偽装してしまうと考えたくなるほどである。

新即物主義と腕を組んで進軍してくる「明澄さ（serenitas）」について、目下多くのことが語られている。我々すべてが突如として朗らかであらねばならないと言われる理由だけでも分かればよいのだが。病み衰えたトリスタンが置き去りにされたのは、単に彼の痛々しく歪んだ口元に、無理矢理しかめっ面の笑顔をつくらせる《キープスマイリング》ためだったのだろうか。また音楽における表現が既に疑わしいものになってしまったとしても、「表現なきもの」――その真意はいまだに判然としていない――が、一体なぜ晴れやかで空虚な明朗さにすぐさま飼い慣らされねばならないという話になるのか？ 表現なきものを実現するのはどんどん困難に、いやもはや不可能になっているのではあるまいか？ 結局のところ「明澄さ」がこれほど性急に発明されたのは、人々に空虚さこそ彼らの共同体の聖域であると信じ込ませるのが目的だったのではないか？ こうした共同体に対するあまりに真摯な問いかけを妨害することこそ、明澄さとやらの役割だったのではないだろうか？ こんな時代の真のセレナーデが一つある。シェーンベルクのものだ。このセレナーデはあまり喜ばしくない。

いくらかの音楽批評家は、作曲家の名前の前に置かれた不定冠詞の所有格でもって、すぐその人だと分かるかもしれない。「ドビュッシー風の印象主義（Der Impressionismus eines Debussy）」といった具合である。こうやって彼らは自分が理解できなかった具体的なものに消印を押し、どこにも存在しないある類《タイプ》の例にしてしまう。教養は類と例を媒介する。

音楽意識の変容を妨害しようとする際に用いられる下劣な言い回しの一つに、「新たな道を示す指針となる」作品というものがある。というのも、それ自体の一回性と妥当性においてのみ、ある作品は歴史的に正当化されるからである。それ自体に即して真であり永続的であるものだけが、客観的なプロセスへと転じるのだ。具体的な作品が歴史的全体性から構築されることは決してないのであって、逆に作品の最小の細胞のうちに全体性が包摂されているのである。しかし具体化へのこうした洞察の代わりに、先取りされた歴史経過を引き合いにだすことによって、人は作品を離れて未来へと逃避し、しかし未来はといえば、往々にして単なる過去であることが露呈される。作品が新たな道を示すのなら、そこにある希望は、あまり長く作品自体にかかずらわずともよいというものだ。なぜなら作品自体は、多くの決まり文句が集う中央駅へと確実に合流するレールの、停留所の一つにすぎないことになるのだから。かくして特にシェーンベルクはあっさり開拓者ないし先駆者の地位に格下げされた。まるで彼が、例えばヘンデル・ルネッサンスや〔ストラヴィンスキーとコクトーの〕ラテン語のオイディプスのために、《期待》を書いたかのように。しかし実際にこれらの試みから生まれるのは、いつかその道の先に期待されているものを現実に、真実で、長く残るものとして作曲しなければという恐怖なのである。

音楽批評の困難には、音楽において蒐集家タイプの人間が、長く存在していなかったという事実が関わっているのかもしれない。〔楽譜を〕戸棚に閉じ込める以外のやり方で、音楽をコレクションすることは出来まい。〔しかし、自分では〕手仕事に携らない者の知識は、アクチュアルな演奏にその都度結びついており、従って楽譜をめくる手という具体的な熟練を伴うことは滅多にない。従ってディレッタンティズムは当初から音楽の周縁に位置しているのであり、多くの場合ディレッタントには中心へ至る道は閉じられている。ディレッタントは音楽に対して一人の批評家を立てることもできない。しかし他方、しばしばディレッタントたちこそ、真に批評的な距離を作り出しもする。絵画や書物のように物として所有できなかったからこそ音楽は、市民たちにあれだけ愛されつつ、秘教的なものであり続けてきたのだ。

ピアノでメロディーを探している子供こそ、あらゆる真の作曲行為の模範である。覚束ない手つきで切れ切れに、しかし正確な記憶によって、作曲家はもうずっとそこにあったもの、そして自分はそれを元に戻してやるだけでいいものを、探しているのだ。そこから音を選択すべき鍵盤上に一様に並んでいる黒鍵と白鍵の上で。

省かれたものについての音楽美学が書かれてもいい。実際にそこで生じるものというより、そこでは生じていないものによって特徴づけられるような作曲家たち、そしてあらゆる様式ジャンルたちが集うであろう。作曲上のファンタジーとは横溢だけではない。自分を取り巻くあらゆる可能性へ向けて、作曲的意図が空洞をこじ開ける際の暴力もまた、その徴に他ならないのだ。本物の音楽的直観の力が、途切れ途切れ《スタッカート》のチャンスという薄埃にまみれた装飾音型《フィギュア》を、ぐるりと囲むようにして徴づけている。この音型こそはしばしば、作曲的文字として解読されねばならないものなのだ。最近の人々ではとりわけドビュッシーが、こうした途切れ途切れ《スタッカート》のものの巨匠である。

今日の多くの作曲家たちについて、彼らの「運動意志」が独自の資質として称賛されている（初期ヒンデミットやクシェネクに代表される一九二〇年代の新即物主義においては、「運動」がアンチ・ロマン派の標語となった）。この種の音楽と比較して人々がバカにするところの機械化された世界においては、運動させられるのは大量《マス》のマテリアルであり、あるいは人間の塊《マス》である。しかし自在な音楽的運動意志もまた、イデオロギー的な自己満足にすぎない。実際にはそこでは何も運動しておらず、それ故に唯一の明白な目標、つまり芸術作品という目標が、なぜ自己目的化した運動性によって生み出されねばならないのかについては、理屈が見つけられないいままなのだ。つまり運動音楽の静的な構造においては、現象するものすべからく変化すべしという必然に従うものは何もないのであり、運動は単なる見せかけにすぎないことがあっという間に明らかになる。これを見落としてはならない。連中は訓練中の兵士たちのように同じ場所で足踏みしているだけなのだ。既に人間性の解体に手がつけられているときには、小賢しい口実が探し回られねばならないのかもしれない。

感動的だ。彼らはそれをどこから手にしたのか。個人主義とデカダンス、解体と審美主義を、ユーゲント運動と肩を組みながら、校長のお言葉を胸に刻んで克服しようとする、このドイツで力強く目覚めた新たな客観性への意志は、どこから生まれたのか――それはあらゆる集団的健康が一気に到来した地点においてである。いずれにせよ彼らにそれを示したのは、音楽においては、前哨に押し出された大ブルジョワの代弁者ストラヴィンスキーとコクトーである。大ブルジョワにとって個人的かつ特別なものという領域は、もはや何のセンセーションももたらさない。彼らの趣味の良さ《シック》は、そもそもまだ個人であるということに対して、真っ向から対立するのであり、今や彼らはセンセーションのために現存の、あるいはもっといいのは、まだ存在しない集団性という法則を、魅惑として享受する。確かに彼らはスポーツと新トマス主義〔十九世紀半ばからおこった保守系カトリック思想〕のどちらにするか決めかねているが、しかしあらゆる神経のセメントが大好きだ。もちろんこの場合、こうした怪しげな庇護のもとで着手された復古は、ともかくも現実的な根拠を一つ持ってはいる。異論ない精神的存立ではなく、経済的秩序の中に、である。それ故に彼らは、自分ではまったく信じていない場合でも、この経済的秩序を神の欲した客観的にして無謬の現実だと他人に思いこませようと躍起なのだ。これは驚くほど成功している。心理学もまともに扱えないプチブルたちは、それが何かもきちんと分からないまま、心理学の克服という言い逃れを与えられる。これがレイモン・ラディゲから楽師ギルドへの道のりである。ティペラリーへの遥かな道のり、というわけだ〔《It is a long way to Tipperary》は第一次大戦中に故郷を懐かしむ英国兵によって愛唱された。反抗児が結局はいい子になって体制順応という自分のルーツに戻ろうとすることを揶揄している〕。

上の世代は我々に一つ借りを作ったままだ。音楽によるポルノグラフィーである。どれだけ高いところを目指そうとも、トリスタンの夜と昼の狭間のエクスタシー、王女サロメの陰鬱に鳴り響く魂、そしてアレクサンドル・スクリャービンの宇宙宣言などは常に、音楽による赤裸々な性行の描写を本来の目的としている。しかしそれに成功したものは一つもなかった。シュレーカーの尊敬に値する試みやスクリャービンの英雄的努力にもかかわらず――オーケストラのざわめきによって生じる陶酔は、実際のセックスの肉体的陶酔と比べればみすぼらしいものにとどまっていた。かつて音楽のロマン派によって導入された手の届かない悦びというものを、いまやそれは手が届かないものとして確証してやるのだ。手の届かない喜びは、ロマン派が勝ち取ってみせると言い立てた、観念論的な神の霊感を失っただけではない。それが真摯に関わろうとする肉体の喜びもまた、それには拒まれたままなのだ。かくして十九世紀のエロティックな音楽を前にした、それはインポテンツだという見解は、単に心理学的な意味を超えて正しい。そして検事たちは、なぜ彼らが音楽は無視しても構わないか、よく分かっていたのだ。

あらゆる由緒正しく偉大なキッチュ音楽、粋というよりはむしろセンチメンタルなそれは、空想上のカタストロフの伴奏となる可能性を秘めている。煌々と照らされた甲板のはるか下では船倉に水が押し寄せ、沈没の危機が迫っている。タップダンスが最も確かなステップで踏み鳴らされている時に、ボイラーは爆発しそうになっている。まだ私がお気に入りのベースラインに乗せて彼女たちにキスしている時に、沈みゆくタイタニック号は逃れられない影のように傾き始めている。ギラギラした赤い夕焼けの空を前に破裂する船、文字通り炎に包まれて塔のように高く燃え上がる家、真ん中でぽっきりと折れて轟音をたてるパシフィック鉄道と共にミシシッピ川へと落ちてゆく橋。隅々まで絶望に満たされたこうしたイメージは、我々の子供時代、つまり絵本や眠りに就く前の不安に由来するのだが、それらが再度キッチュ音楽のうちにフラッシュバックのように頭をもたげ、驚愕の天空として輝きわたるのだ（幼年期の記憶に隠された破局の予感に結び付けられるここでのキッチュ論は、本章末尾のエレクトラ論においてアウラの経験と結びつけられる〕。

一九二八年

《カヴァレリア・ルスティカーナ》。南イタリアからアルゼンチンにわたり、財を成して帰郷した移民たちが、凪いだ海の群青のうえにたつキルケーの宮殿のように白い別荘を、柱を巡らした広間で彩られた神殿を、故郷に建てる。無頓着に風景の歴史の中にはめ込まれたそれは、栄光に輝く野蛮である。じゃがいも取引で得た利益で賄われたこれらの建物は、リグリア海岸に立つその軟弱な兄弟たち〔チンクエ・テッレを指すと思われる〕と比べればまだましだ。その上に存在するものはいずれ無に帰すという、火山性の地盤の絶えざる脅威が、土地の地形や色彩と相まって建物の縁にまで差し迫り、その放埓な形状の上にそれが点火する輝き〔仮象〕を、ほんの一瞬だけ正当化する。というのもこの輝き〔仮象〕の背景は、死で縁取られているからである。その残り時間のあまりのわずかさゆえに、これらの建物は間近の死が呼び覚ます神話のイメージを借りてくるのかもしれない。風景の無常〔Vergänglichkeit の翻訳。ベンヤミンに由来するこの言葉については、ストラヴィンスキー論の一九七頁の訳註を参照〕が建物を覆うエナメルの脆さを永遠化するのである。《カヴァレリア》の仮象のごとき、堅牢さに欠ける中途半端なディレッタント音楽も、それが死に近いということから光の強さを得ているのであって、それはキッチュと文化という二項対立では理解されえないのだ。即興の島の上に、たとえ歪んだ形であれ、神話的情熱がギラギラと歴史を超えて立ち現れ、すぐに再び歴史へ沈んでいく。旅行土産のような埃をかぶった民芸品の小箱は、誰かがあまりに激しく触りすぎると、時として荒々しく燃え上がる紅蓮の炎で包まれるものだ。これは以上のようにしか理解しえない。

ショパンのフォルムは、微細な移行による全体の展開でも、それ自体として存在している諸々の主題の個別の提示でもない。それはワーグナーのダイナミックな盛り上がりからもシューベルトの風景からも遠く離れている。にもかかわらずショパンのフォルムは、十九世紀音楽全体を司っているところの、諸部分の具体性と抽象的かつ主観によって設定される全体性との間の矛盾を、自らのうちに引き受けている。ショパンはいわば自分を作曲の流れからもぎ離し、外からその流れの舵をとることで、この矛盾を克服するのだ。彼はフォルムを独裁的に築きもしないし、諸々の主題の攻勢の前にそれを崩壊させもしない。むしろ彼は時間を通って様々な主題をエスコートする。彼の音楽の貴族主義的性格の基盤は、心理的なトーンという以上に、主観性のデュナーミクの完全な貫徹を同じ主観性が断念する際の、彼のフォルム形成のメランコリックな騎士道精神にあるといえる。花嫁のように目を閉じたまま、客観的なテーマが導かれてゆく。自己という暗い森やざわめき寄せる感情の流れの中を、何にも脅かされることなく。変イ長調のバラードにおいて、当初はシューベルト的な旋律と思われた着想が、果てしない内面性の眺望の中で、表情豊か《エスプレシーヴォ》な和声法の深淵を超え、舵を取る作曲家によってエスコートされ、二度目の輝かしい登場に至る箇所ほど美しいものはない。ショパンにおけるパラフレーズ、というか、あらゆる彼のヴィルトゥオーソ的変奏は、もはや歴史上のものとなった礼節の精神が諦念のうちに見出した避難所である〔礼節と諦念の関係についてアドルノが述べている箇所として、「礼節の弁証法によせて」、『ミニマ・モラリア――傷ついた生活裡の省察』三光長治訳、法政大学出版局、一九七九年、三六頁以下を参照〕。

真に印象派的なドビュッシーの音楽が技法史の内部でもっている意味、そして同時代の絵画に対する関係が明白なものとなるのは、そのアクチュアリティーが失われてしまってからである。モーパッサンの小説『モントリオル』の奇妙な一節が、その秘密の幾許かを明らかにしてくれる。自らも属する印象主義を、この小説は多方面から照らし出すのだ。それは小さな湯治場についての、次のようなくだりである。「彼らは木の枝に吊るされたランプで照らされた公園にやってきた。クラブのオーケストラがゆっくりとした古いアリアを演奏していたのだが、それは穴ぼこと中断だらけでまるで片足を引きずるかのような響きだった。演奏していたのはいつも同じ四人の楽師で、彼らは疲れながらも絶え間なく朝から晩まで、この孤独な場所でただ木の葉と小川のためだけに曲を弾き、それが二十もの楽器で奏でられているかのような印象を生み出そうとしていた」。十九世紀音楽のこうした穴ぼこと中断は、その後増大した。しかしながら、こうした穴ぼこを時に密で時に緩い網目により覆い隠そうとした音楽こそ、ドビュッシーのそれであった。この音楽もあの楽師たちと同じ役割を負っている。まったく人気のない場所にある木の葉や小川の孤独を慰めようと、この音楽はそれらの消えゆく反映〔ピアノ曲「水の反映」を示唆していると思われる〕を自分のなかに取り込むのである。主観性が干からびた対象物《オブジェ》の軽やかな仮象を生み出し、それを絵《イメージ》の中で救い出すのだ。対象物を弦の網にひっかけている貧相なピアノは、オーケストラのように鳴り響かねばならない。二十もの楽器が自分のために演奏してくれていると、雨の庭が思うように。実のところそれを悼んでいるのはたった一人なのだが。

　かつてナポリの大ギャラリーで外から映画音楽が聞こえてきたことがある。それが映画館から聞こえるものであることは、乱雑なポスターを見なくとも、音楽そのものから明白であった。単にメドレー音楽の粗野なモンタージュからだけでなく、むしろ音楽がメロディーラインですら帯びる、技術的に精確に特定することは出来ない、映画音楽固有の伴奏性格から、それは明白であった。かくして何かが欠けた音楽が鳴り響く。しかし音楽は特にその映画のために書かれたわけではなく、その演奏は映画に合わせたものである。やつれ果てたオペラの旋律は映画の前ではあまりに無力であり、映画に対して伴奏として仕えるのみである。故に映画音楽は観客には音楽として現れず、ただ映画のためにのみ存在することとなる。常に主旋律だけを奏でている音楽が伴奏なのである。音楽が映画に使われるのは、映画が無声だからであり、たとえ自分が情熱の身振りを帯びているところであっても、優しくゆりかごで揺らしつつ、映画を客席の暗がりへ運んでいく。音楽など観客にはどうでもいい。むきだしの空間という深淵によって切り離された無情の遠方において、〈伴奏なしの〉映画が目の前をコマ送りで通り過ぎていくときになって初めて、彼らは音楽の存在に気づく。

様々な民俗音楽の果敢な具体化は、それら全てが共有する抽象的な類似性によって、当然の罰を受ける。現代の意識段階を前にしては、それを拒絶しようとするこれらの形姿は似たり寄ったりなのだ。かつてそれらをこの世で唯一無二のものとして大地に結びつけていたかもしれないものが、いまや互いにワンパターンにくっつけてしまう。ハンガリーでもスペインでも、かつてのモノディーが後に獲得された和声の次元を抑圧している。まったく同じモチーフの神聖な反復は、いったんそれが交換可能となってしまうや、形式形成の手段としては不適切となる。プリミティヴな調性はヨーロッパ音楽の合理的なそれを前にしては似たもの同士であり、たとえヨーロッパ音楽よりも歴史が古かったとしても、それを後づけで変化させたようにしか聴こえない。そもそもモチーフ自体も奇妙に似ている。

かくして、よりによって始原における質的な差異を保持しようとする音楽が、その実質が干からびてしまえば、民族芸術の名のもとにそれらをひっくくる一般性の支配に陥るのだ。今日具体化に達しうる音楽が唯一あるとすれば、それは理性の領域を限界まで測定したうえで、その中で自分生来の自然のうち生き残っているものを証明しようとする音楽である。

器楽曲が自分の用いる楽器の固有の特性から作られている程、全く別の楽器の響きへの移し替えや「編曲」はうまくいく。逆に出発点となる楽器との結びつきが弱い程、何の楽器でやっても問題が多くなる。周知のようにシュトラウスのフレスコ画はピアノ・リダクションにおいてもその多くが残るが、まず主題の明確さを優先し、その意味ではシュトラウスよりはるかに「オーケストレーション的」なマーラー〔まず抽象的な構造で考えてから、それを個別の具体的な楽器に割り振るという意味〕、シュトラウスと違って響きそれ自体のイメージには拘泥しないマーラーは、ピアノで弾くとしばしば歪んで響くことになる。注目すべきはまた、ドビュッシーやラヴェルといった正真正銘の器楽画家が、編曲というフランス的慣習に忠実であり、《クープランの墓》のような作品が、ピアノでもオーケストラでも同じ完璧さを示すという事実である。こういってよければ、一度は決定的な具体化をされたものだけが、歴史に残るような変容を遂げることが出来るのだ。表象されかつ本当に実現された響きだけが、別の思考にも耐えるのである。一般的な響きなどというあいまいな可能性の地図をもってしては、移調のファンタジーは決して方向を定めることはできない。表象され実現された響きという確固たる輪郭からのみ、このファンタジーは確実な歩みで離れていくことができるのだ。

メヒティルデ・リヒノヴスキによって布告された専門家との戦いは、他の何にもまして音楽において不可欠である。なぜならディレッタントがこれほど力を持っているところは、他にないからである。しかしディレッタントと専門家は互いにもちつもたれつの関係でもある。ディレッタントは専門家の意見が分かるや偉くなった気になり、だから専門家を持ち上げる。また専門家は、自分がディレッタントでないことを証明するべく、ディレッタントを必要とする。両者は今や絶滅寸前の中庸教養ブルジョワ的な音楽制度の両極である。できる限りの音楽内在的な聴取を行いながら、それと同時にラディカルな外在的聴取をすることが批評家に不可欠であるのは、それ故なのだ。十二音技法と蓄音器から流れる〔グリークの〕「蝶々」を前にした子供の感情とを併せて考える――音楽認識は真剣にこれを追求しなくてはなるまい。

一九二九年

モーツァルトのピアノ協奏曲第二三番イ長調のフィナーレの終結部では、オルゲルプンクト上にトニカとドミナントの間で機械的に変形されていく伴奏音型が展開され、メロディーはただチクタクと一秒ごとに前のものから後のものへと進んでいくだけで、最後には唐突に避けがたく最少のモチーフ群へと分裂する。この終結部の密な音の唸りがこれまでの部分の展開とダイナミズムを締めくくるのであり、それはまるで先ほどまで自由気ままに流れていた時間を、蓋つきケースに閉じこめようとするかのようである。この終結部は何と時計によく似ていることか。十七世紀の哲学者たちはかつて、自分たちの世界をそのようなものとして考えたのだ〔当時の哲学者の著作で、時計ないし神の作った機械としての世界に触れているものとしては、デカルト『方法序説』第五部、ライプニッツ『モナド論』第六

四、六五節などを参照）。彼らによると設計者である神は、まずこの時計を作動させ、その後は機械仕掛けを信頼して、自身を時計の動きに委ねたとされる。これはからくり仕掛けであり、仕掛けに無知な観客が外から見た場合、それは時間を知らせているようにみえるのだが、実は時間を閉じ込めることによって、自ら時間を支配しているのだ。時計の内側では全てのものがつねに同時に存在する。世界は眠れる設計者の夢なのである。しかしモーツァルトの終結部という時計がコーダで、つまり三度目に始まるとき（一回目は176小節～、二回目は412小節～、三回目は481小節～）、それはまるで半分忘れかけていた仕事を思い出した親方が時計の中に手を突っ込み、自分がかけた呪縛をそれから取り外すかのようである。時間は時計そのものを支配し、沈黙する前に、宥和のうちに自らのエピローグを戯れ奏で尽くす。

シューベルトの音楽で感動的な効果を生み出すのは、諦念ではなく恭順である。人間は死を前にしたとき、諦念もしくは反抗の相を帯びる。反抗に際して人が自己の自然に固執するとすれば、諦念においては自然なものという包括的な関連を前に降伏する。罪はないが、しかし希望もない。これに対してシューベルトの恭順は、自然にとらわれていない。死はその最後の言葉ではなく、その最も密やかな移行なのだ。「私は野蛮（wild）ではない」と、彼の死のアレゴリーが自ら語っている（《死と乙女》の歌詞）。これは既に非神話的となった現実の、神話的なイメージである。こうした移行のシェーマは、眠りに就くことである。キルケゴールがキリスト者に望んだことが、シューベルトにはまだ当てはまる。「怒りを覚えることなく信じる者――「寝るときは眠りに落ちる前になにか言葉を唱えるんだよ」と子供が教わるように――「私は神を信じます」と言ってから眠りに就く者は幸福である。

確かに、彼は幸福である。彼は死んだのではなく、眠りに就いたのだ」〔キルケゴール『キリスト教の修練』第二部の冒頭部〕。ピアノ三重奏曲第二番変ホ長調の緩徐楽章の中間部が、まさにそれである。それは展開されたあと次第に音を弱めていき、一つの動機、最後のカデンツ的それを引きとめくり返しつつ、徐々に弱まっていく。完全な眠りに就くまで。この眠りの中で音楽は、人間のあらゆる言語がそうであるように、その正当性を失う。一つのフォルテが音楽を呼び戻す。

メンデルスゾーンの「歌の翼に」の風景は、初期の熱帯植物園のそれである。このリートが成立した時期のヨーロッパでは、熱帯植物園が馴染みのものになっていたといってよいだろう。ガラスに囲まれた屋内の風景。ミニチュアという囚われの身の熱帯地方。石造りの都市の狭い一角。しかしそこには本物のヤシの木と湿った暑さがある。室内をみたすこの異国情緒は、室内のヤシの木が枯れたあと、その最後の残滓としてサボテンに名残をとどめていた。それがあまりに近すぎるところに来たが故に、まったく手が届かなくなってしまい、だから胸が痛む、そういうエクゾチズムである。ここでロマン派的憧憬の対象となるのは、あまりに大きなものになった近さであって、より以上の幸福を約束する遠さではない。しかし近さは魔力をもっている。このリートをピアノで練習している青い目の少女たちは、この魔力によって小鹿へと変身する。そして自分たちがそうなれていればよかったのにと思う一人の恋する乙女に対して、はかなげな憂鬱でもって挨拶を送る。だからこのリートはいつもあんなに悲しげなのだ。

ベートーヴェンがカントと出会うのは、実はシラーにおいてである。しかしその出会いは、形式的な道徳観念論という徴より、もっと具体的なものである。「歓喜の歌」でのベートーヴェンは、あるアクセントをつけてカントの実践理性の要請を作曲した。「愛すべき父なる神が住まわれているに違いない」という詩節で彼は、「違いない／でなければならない（Muß）」を強調するのだ。彼にとって神は、その道徳法則の中には〔もはや〕完全な形で保持されてはいないと思われるものを、なお頭上の星空に呼び出そうとするところの、自律した自我の単なる要請となる。しかしこうした呼び出しに歓喜は拒まれている。この歓喜は星として頭上に上ってくるのではなく、自我が力なく選び取るそれである。

一九三〇年

あまりに真面目な表現をしているが故に、もはやワルツのイントロとして使うしかないような十九世紀の音楽が存在する。もしその調子でずっと続いたなら、それを聴く人々は極度の絶望に陥り、他のあらゆる音楽的情動を置き去りにしてしまうに違いない。偉大な悲劇の今や失われたあらゆる感情に圧倒され、彼らはとうの昔に不似合になっていたような身振りで、自分の顔を覆い隠さねばならないだろう。その短調の容器となるいかなる形式も、この音楽にお恵みとして与えられることはない。和音の連打と嘆きのメロディーが交互に続き、しかも互いに無関係なままなので、聴き手はむき出しの直接性にゆだねられる。唯一の助けとなるのは過剰なまでの苦痛である。こんな風にこれ以上続くはずがないと確信させてくれるという意味で。変ロ短調の属音であるヴァイオリンの最後の二点へ音、前打音としてささやかに鳴らされるホ音ともども嘆きにみちた悲哀の残滓であるそれが、次の瞬間にはホ音に従いながらずっとスタッカートで、鋭く楽しい一突きでもって、ワルツのメロディーを駆り立てる。今日ではこの種の音楽は動物園や小さな湯治場の楽団のうちに生息するのみにすぎない。子供たちがその最良の友である。この音楽をそれと聞き分けるには、楽団から遠くに立つのが最善の策である。こうした音楽はずっと離れて聴くのが一番いい。ため息をつくフルートの音が、ただ宿命的な大ティンパニーのトレモロだけによって下塗りされているように聴こえる、そういう彼方から聴くのがいいのだ。

本来の関連から外されて引用される非常に短いパッセージには、しばしば陳腐な表情が染みついている。とりわけ個々の主題の着想にハッキリした輪郭を与えようという考えとは無縁の古い声楽曲に、これは顕著である。音楽史研究を始めた頃のことを今でもよく憶えているが、当時ジョスカンやゼンフル、あるいはシュッツになってもまだそういうものはあるが、それらの自称エスプレシーヴォ的パッセージが演奏される時、常に私を襲ったのは嘲笑的な軽蔑の念であった。また《ローエングリン》の壮大なパートを細部に至るまで徹底的に研究しようとする者は、二分音符の中の無数の和音――その中で感情はさらに内側へむかって拡大していくのだが――の前でアゴラフォビアに襲われずにいないだろう。しかし舞台で聴くとそのことはほとんど分からない。なぜか。構成力のファンタジーによって音楽的現象は曲の関連の中にはめこまれたわけだが、現象がこの関連に参与する度合いが減るに従って、そこにはむき出しの素材だけが現れることになる。作曲技術が素材を自家薬籠中のものとしていない場合は常に、それは技術によって反駁を加えられ、その陳腐さを証明されるのだ。故にその最小の断片に至るまで有意味なものであるか、この断片そのものが引用に耐えるものであるかどうかは、あらゆる音楽の最も厳格な試金石となる。曲の断片がそのようなものとなるのは、シューベルトのように自然そのものが技術上の処理の仕方のうちに声高く響いているか、あるいはシェーンベルクのように作曲家の自由が、一つ一つの音に至るまで素材をわしづかみにしている場合のみである。この両極端の間に「着想」の領野は広がっている。しかし、特異性を誇る陳腐さにおいては、上っ面を覆い尽くす神話的仮象が姿を現している。つまり盲目の自然が支配しているのだ。

生きた時代の明るみのもとでは、不信と敵意から互いに相手を避けていた二人が、実は密かに出会っている。神に見捨てられた愛という赤い客間における、ワーグナーとオッフェンバックである。希望もなく命を長らえた咎人が再びヴェーヌスの輝きのもとに足を踏み入れようとするローマ語りの直後の個所──「ヴェーヌスよ、我は汝のもとへ帰らん／その魔法の夜の優しさのうちへ」──では、人工的な室内庭園のガラスを透き通してオッフェンバックが、ヘレナのワルツが、《ホフマン物語》が姿を見せていないだろうか。「優しさ」という言葉の個所に見られる、Ⅶ音上の六和音におけるトニカの予感、減七和音、歌パートの三連符のアラベスク。これらはジュリエッタが第二の犠牲者をものにする手助けをするダペルトゥットの、鏡のアリアからの引用ではないのか。危険な下層を上方の世界から隔て、上にある秩序をかろうじて守っている殻はいかにも薄い。オッフェンバックでは、区別も勝利もないパロディーの陶酔の中で、複数の領域が混ざり合っている。ワーグナーでは、〈人々の〉醒めた驚愕がかろうじて救済を告知しているが、こんな救済は情欲の不安にふるえはじめたヴォルフラムですらまともに信じることのできない代物である。しかしオッフェンバックとワーグナーが彼らの歌手、つまりオルフェウスとタンホイザーの棲家である地下世界を本気で解き放っていたら、十九世紀オペラは一体どうなっていただろう。もし彼らがこの地下世界に入ることを許されていたとしたら、その時こそ転覆が勝ち取られていただろう。エリザベートが第二幕の山場でみせるその身振りでもって、ヴェーヌスの山へむかうタンホイザーに従ったとしたら、タンホイザーはついに方伯とその一族を駆逐し、彼らを空っぽの天国へ追い払ってしまったに違いない。

完璧そのものといったメロディーの多くには、それが引用のように聞こえるという奇妙なところがある。他の音楽作品からの引用ではなく、隠された音楽の言葉からの引用だ。そこから耳は断片だけをかろうじて聴き取る。完全に理解することなどできないが、一撃で無二の存在感をもって現れてくる断片だけを。シューベルトの着想はときおりこうした存在感をもっている。ショパンではそれは副次主題であり、決して主要主題ではない。ベートーヴェンには少ない。こうした例の最も端的かつ最もよく知られたものの一つは、《カルメン》のハバネラ「愛は気紛れ〔恋は野の鳥〕」の長調のルフランである。これは初めて聴いたすべての人が既に聴き覚えがあると感じる根源的引用である。陳腐なものの権利はひとえにこうした記憶の深みにかかっている。孤独の中で作られる現代の音楽は、とうの昔にこのような引用を呼び出す術を忘れてしまったに違いない。そして、達成するまではいかずとも、少なくともこうした術を知っている唯一の作曲家は、今日ではオペレッタのそれである。多くの流行歌のクープレが旋律的造形を欠いており、それに続くルフランの前史を語るにすぎないと聴こえるとすれば、それはルフラン自体を何らかの引用のように響かせることにより、ルフランを引用可能にするためなのである。陳腐な領域からの引用は〔しかし〕、その陳腐さの背後に一つの根源的引用を隠している。ルフランが発明されたのはそのためなのだと考えたくなるほどである。

ヘンデルに対するしかるべき敬意はともかく、今なお彼の名前をバッハの名前と結びつけるというバカバカしい組み合わせを、そろそろ清算する時期がきているのではないだろうか。この組み合わせは恥ずべきブルジョワ的中庸の理想に由来するが、まるで対になる夕べの祈りなくしては、壁に向かって朝の祈りを唱えることが出来ないかのように、この中庸の考え方というやつは、彼らの偉人のうちの一人だけをその兄弟を抜きにして崇拝することに、ほとんど耐えられないのだ。この中庸思想が、それを奉じる古典主義者たちも敵対者たちも、元気潑剌の戦いにおいて等しく駆り立て、バッハとヘンデルを一対のペアとしたのである。というのも「イチ、ニ、イチ、ニ」の号令に合わせて芸術家たちを列挙していけば、芸術作品〔そのもの〕を通した責務、つまり一つ一つの作品の唯一無二性という最も困難なそれを免除されるからである。いずれにせよ「ゲーテとシラー」について語るというのは、恐竜ですら気後れを感じるだろう。しかし音楽学者たちは、ホモフォニー的なヘンデルをポリフォニー的なバッハの横に助手として並べて、様式史という頑丈な犂《すき》につないでそれを引かせることに、何の躊躇もしない。ヘンデルの後期作品の偉大さや前期作品にみられる多くの充実した瞬間、そして多くの個々のメロディーの純粋さといったものが、見落とされてはならない。しかし次のことも認めねばなるまい。つまりヘンデル作品の大部分において、作曲技術という極めて具体的かつ信頼できる基準からして、その音楽的な質が今日における演奏をもはや正当化しえないということを。他方バッハでは、数多あるカンタータの中にすら、常に新たな眺望とともに演奏できないものは、ほとんどない。ヘンデルの表現力と素朴さと客観性に対する公式かつ偽善的な讃嘆の背後には、音楽を楽曲構成という点から判断できない無能力とルサンチマンが隠れている。ヘンデルから本質的に学ばれるべきであったのは、手段の節約である。その最良の部分はベートーヴェンの力強い不毛さへと受け継がれた。今日でも神官風の身振りはかろうじて残ってはいるが、それはもはや役に立たない。

一九三二年

オッフェンバックの音楽の牧歌的トーンの意味は、これまであまり考察の対象とされてこなかった。あのアルカディア的風景は、王子たちの記憶、羊飼いの歌うイダ山のパリス、とりわけ漏れてくる光のようなオルゲルプンクト上のオッフェンバックの木管楽器の響きのうちに息づいている。十八世紀の羊飼いの形象から、そもそも十九世紀がそうであるように、オッフェンバックの田園詩は遠く離れている。目覚めつつある被造物は、もはやその自由のメロディーを控えめに奏でたりはしない。むしろ解放されたこの被造物は市民としての自らの自由を仮象として認識しているのであり、彼らの欲望はいわば哄笑と鏡のキャビネットの中で地獄の快楽へ反転する。被造物としての人間のメロディーは、ファンタスマゴリー的に半音ずらされている。このメロディーの夢は、仮象の写し絵という烙印を押されているのだ。オーボエの無垢な響きを奏でる羊飼いたちは、実は牧童の装束に身を包んだ少女たちである。彼女たちはオルフェウスの冥界の入り口の前で奏でている。その甘くも苦い響きの両義的性格が、ファラオの王国の調子はずれな響きへと誘う。「万歳！　この女神たちが少年を誘惑する手管のなんと奇妙なことよ！」〔『美しきヘレナ』第一幕の歌詞〕しかしサロンの風景に囚われた人々に、木管と羊飼いはカンカン踊りでその本当の姿を打ち明けてくれる。

ドクトルの称号が錬金術の輝きと人文主義の威厳を失って以来、ただオペレッタのみが今なおこの称号とそれに付随する魔法の力に救いの手を差し伸べている。とはいえそれは、登場人物という形によってではない。怠惰な魔法をもちいて、同時に勤勉な魔法使いの名前を告げる輝かしい銘文として、である。そこで今や法学部と文学部から学位を授与された者たち、その教養でもって再び三銃士に指令したり、ポンパドール夫人に体を売らせることのできる者たちが、輝きをとりもどす〔ラルフ・ベナツキー《三銃士》(一九二九年) およびレオ・ファル《ポンパドール夫人》(一九二二年) を指すと思われる〕。彼らの不作法な詩句が踊り子の肉体の中でせっせと汗水たらしている。かつて真のドクトルたちが、薄気味悪い魔法使いとして、解剖学教室で死体を切り分けたように。

「夕べになれば、おれは獲物をどっさり持ち帰ったもんだ」というマックスの台詞ほど、《魔弾の射手》においてそもそも何が問題になっているのかを正しく教えてくれる箇所は少ない。運命劇の下に、真のドラマとして、アルカイックなそれが横たわっている。花嫁を勝ち取るために、カスパールと共に魔弾をつくるようマックスに命じる運命の強迫は、男が狩人として恋人に食べ物を持ち帰らねばならなかった時代、食べ物と引き換えに彼女をもらいうけなければならなかった時代に由来する。しかし〔このオペラで〕狩人に獲物を拒んでいるのは、登場人物がそう思い込み、また作者たちが念頭に置いていたと思われるのとは違って、悪魔の力ではない。そうではなくてそれは、罪にまみれた生をただ生ける物によってのみ贖う異教的な鹵獲権《ろかく》に反対する、極めて密やかなキリスト教からの異議の声なのだ。故なくごちそう／善 (Gute) と呼ばれているわけではないものについて、マックスはこう歌う。「獲物を殺したおれを威嚇するように、アガーテの愛の眼差しは喜びに輝いていた」。しかし彼女の喜びが実を結ぶためには、彼女の威嚇が現実のものとならなければならない。こうしたことは、その古くからの権利が打ち破られるべき定めにある、同一の力によって弁証法的に生じる。太古の自然の神々は一つの世界から追放され、そこには飼いならされた狩人たちが林務官として暮らしている。この神々が悪魔として帰還し、人間を鹵獲権という今や衰退した呪縛のうちに呼び戻すことで、彼らを根絶やしにしようと目論んでいるのだ。だから劇の最後までマックスが決定打に成功しないのは、凶兆ではなく吉兆なのだ。そして彼の狩人の務めが延長されるという結末が告げているのは、自然の魔力がマックスの運命と和解すると同時に無力化されているということにほかならない。魔弾の射手は最後の狩人である。彼は魔弾のはずれ玉によって、実際には花嫁買いと血の掟の両方を打ち抜いたのだ。しかし青年狩人たちの合唱のたびに観客を襲う不安は、常に同じものとして現れる歴史を欠いた神話的なるものの姿に対する不安である。三十年戦争の装いのもとで彼らの顔は互いによく似てくる。傷ついたものの内部に無限にぞろぞろ入り込んでくる反復強迫のイメージのように。

ストーリーの構成があって初めて、ウェーバーの音楽は正しい光のもとに置かれる。しばしば指摘されてきたように、序曲の希望の主題でのクラリネットの星空は、狼谷の場面では「ああ！　真っ暗な深淵が呪わしくも口をあけている」のセリフへと溶け込んでいく。しかし漆黒の空には一つの星も輝いてはおらず、マックスもよい知らせを持ち帰れない――深淵そのものの中に置かれている知らせ以外には。それはつまり、彼に幸運を与えるのを拒んだり、彼が勝手に破滅するがままにさせたりすることに意を注いでいる悪魔たちが、キリスト教世界の中で己の無力を証明し、交換契約を果たすことが出来ないが故に、勝手に破滅してしまうという、そういう知らせなのだ。だからこそ死にゆくカスパールは、神と共に悪魔をも呪うのである。〔狼谷の〕深淵に響くマックスの声は、希望として天の高みに高らかに昇っていくものの自己抹殺がこだましているにすぎないのだ。

太古的なドラマがキリスト教的運命劇へ取り入れられる道のりは、ドラマそのもののキリスト教化に等しいわけだが、こうした道程に子供は、子供言葉で作った格言でもって、目印をつけている。こうした格言は、森の中の道しるべに、根源と同時に目的地を記す。森の奥深く草木に覆われた場所とそこに開ける野原である。そこに音楽が付されることでこの格言は、あらゆる時代に引用可能なものとなる。「ああ、愛と胸の痛みとは、常に二つ同時にやってくる」――「あいつは前から悪人だった、報いを受けるのは当然さ」。こうした格言を用いてオペラは、時間性と永遠性のカードゲームを定式化するのであり、〔《魔弾の射手》の〕悪人カスパールは下手くそなラテン語でケーキみたいに甘ったるい韻文を口にする。「エデンの園で最初の罪が為されて以来、酒と女と賭けごとがなけりゃ、人は何のたのしみもない」。このアダムとイヴの原罪の記憶をカスパールは、夏の真昼の上演の遊び道具として、子供たちに贈るのである。

ワーグナー的神話の真正さにどれほど異議が差し挟まれようと、そこには今まさに太古の世界から追い立てられてきた一つの形象が姿を見せている。馬である。「暗い谷で安らかに眠っているのはなに？――それは馬、深い眠りのうちにやすらって」――極度のピアニッシモで沈んでいく和音の上に引用されるワルキューレのテーマとともに鳴らされるこの個所は、太古の英雄たちの剣や神々の住まうヴァルハラよりもっと古いものに聞こえる〔《ジークフリート》第三幕第三場〕。これほど古いのはただ記憶そのものだけだろう。他にはただ一度だけ、トリスタンが古い調べを聴いて目覚める場面において、ワーグナーはかくも完璧に、通常はトランペットが無駄な雄弁をふるうのみであった夢の古層を征服した。というのも英雄たちについては、馬の方が彼ら自身よりもよくわかっているからだ。馬は英雄の生き残りである。馬たちの現れるさまは、まるで犠牲に捧げられた者たちの声を、黙した者の声を通して聞き取るべく、最初の言葉が彼らに許されたかのようである。馬は吐き気によって我々から隔てられることなく、それ故に我々が食べようという気にならない唯一の動物だが、我々は言葉を持たない時代へと逆戻りするわけにはいかない。だからこそワーグナー自身においてそれは、草を食むものとして、まさにキリスト教的な言葉づかいで祝福されたものとして、現れてくる。「そこにグラーネが見える、祝福された私の馬が。目を覚まして草を食んでいる。私と眠っていたのに！ジークフリートが私と一緒に馬も起こしたのね」。草を食む馬と語る人間が一体となって、目覚めの形象を創りなす。それにワーグナーは、これ以上ないくらい恩恵に満ちた形で、《ニーベルンゲンの指環》を突き抜けて聳える音楽を書いた。

オペラの形式法則を満たすというとてつもない困難――どれだけ厳密あるいは大胆な形式もオペラのそれほど救い難く失敗にさらされてはいない――は、その法則が自己自身を突き破ることを要求するということ、そして突き破られることに耐えるのは最も強固な形式のみであるということに起因する。決まり文句がそう信じ込ませようとしているのとは違って、オペラは舞台の行為をなぞることで、それをより高い象徴的な領域へと高めるのではない。行為となった音が告知するのは、この行為を基礎づける〔音楽的〕諸関連の完結性にとって、その限界こそ何らかの自由に接しているということである。オルフェウスの音楽が死者たちを囚われの地獄から目覚めさせるように、オペラは登場人物たちの上に歌声を響かせることで、彼らを運命から引き離す。「オペラとは総じてオルフェウスのことである」。しかしその徴としてオペラは自分自身を超越しなければならない。オペラはそれ自身の基礎となる音楽的諸関連の中に、この〔音楽的〕関連を破壊することで〔新たに〕形式を作り出す、そういう切れ目を置かなければならないのだ〔「切れ目」は Zäsur の訳。これはヘルダーリンの悲劇論『オイディプス』への注解」に用いられていた言葉で、韻文の表象の連鎖に中断をもたらすものとされる。ベンヤミンは「フリードリヒ・ヘルダーリンの二つの詩」でこの言葉に注目し、さらに「ゲーテの『親和力』」では、それを「表現なきもの」と呼び換えている。オペラの切れ目について、アドルノが具体的にどのような場面を考えていたかについては、八〇頁の記述も参照〕。モーツァルトの《ドン・ジョヴァンニ》第二幕が《フィガロ》の引用をはさむことで中断するのは、ロマン派的イロニー〔における自己言及〕というより、構想の核心に属する事柄であって、どれだけ昇華された形であれ、あらゆる真正なオペラが舞台音楽〔リートの挿入や舞台上で演奏される挿入音楽など〕による中断の諸要素を用いているとすれば、それは最も厳密な意味でオペラの性向に従ったものである。〔ベートーヴェンの《フィデリオ》における〕地下牢の場面でのファンファーレによる異議申し立ては、単に劇的な瞬間であるのみならず、オペラ形式そのものの瞬間でもあるのだ。若きワーグナーが作曲技法的にはいわば無形式かつ旋律的に分節されない舞台音楽の身振りを、徹底的にオーケストラによる〔自律的な音楽形式の〕内在性に対置したとき、彼は同じことを心得ていたのであり、晩年の彼もまた、緻密な半音階的構造を全音階によってぐらつかせる場合は、ためらうことなく同じことをした〔《ローエングリン》までのワーグナーでは、歌詞が不規則な韻を踏むのとは対照的に、オーケストラは図式的な八小節単位の楽節構造を示すことが多く、また半音階的な《トリスタン》などでも調性的になる舞台音楽にあっては、同じ手法が見られることを指すものと思われる〕。だからこそ拘束力ある形式内在性の巨匠であるブラームスは、オペラを書こうとしなかったのかもしれない。彼は決して二小節余分に書くことができなかった。だが余分なこの二小節こそが、オペラの帳尻を合わせるには必要なのである。こうした余分な二小節については《フィガロ》のフィナーレ、アンサンブルで宥和が手短に成し遂げられた後の箇所が、この上なく崇高な模範を示している。こうした発想に忠実であることにより、アルバン・ベルクはオペラの設計建築士であると同時に、それ以上のものであることを証明してみせた。《ヴォツェック》の殺人の場面の後のロ音の上での謎めいたクレッシェンドの反復や、《ルル》〔第一幕第三場〕での《ヴォツェック》冒頭部の引用によって、彼は犠牲者たちを図像に囚われた冥界から、この図像の形式〔登場人物を枠にはめるオペラの形式〕の彼岸に通じる細い橋を渡って、もう一度こちらへ連れ戻すのだ。

「市民コンサート」。市民コンサートをお払い箱にする前に、それがどこから始まって、どうやってこれほど広まったかについて報告する弁護人たちに、しばし耳を傾けるべきであろう〔戦間期ドイツにおいては演奏会制度を十九世紀ブルジョワ社会の遺物として廃棄すべきだという議論がかまびすしかった〕。生みの親である市民社会とまったく同様に、市民コンサートは深い空洞から生じてきた。こうしたことはE・T・A・ホフマン〔の音楽小説〕からも読み取ることができる。しかしヴィルヘルム・ハウフの偉大な恐怖譚『歌娘』もまた、これについてリートを歌うことを心得ている。神童は生まれたときから既に苦しむために選びだされたかのようであり、その声の非人間的な美しさは専ら非人間的な扱いによるものなのだ。「あの男は一日中ずっと私を苦しめ、モーツァルト、グルックそしてスポンティーニの極めて難解な作品を私にヴァイオリンで叩き込みました。そして私は次の日曜の夜にそれらを歌いきり、大いなる喝采を浴びたのです。この「哀れなガタピシ声」――人々は私のギウゼッパという名前に、こう異端の烙印を押したのでした――は、その妙なる才能に自然が最大級の不幸を授けた、あの幸薄い神童の一人となったのです。あの悪魔みたいな男は来る日も来る日も私を歌わせ、鞭打ち、一日中何も食べさせずにおいたのでした」。彼女の最初の興行師だったこの義父は、こうやって調教された子を音楽愛好家の家に売り払った。そこではコロラトゥーラ・ソプラノという牛肉のロール巻きが演奏台のうえで輝いていた。歌娘がこの前のところで「それが私の商品としての値段でした」と述べているのと同じ黄金でできた喉が。煌々たる大邸宅の前で馬車が止まる。「私は次の夜、麗々しく装わされてサロンへと連れて行かれました。十二人の娘たちが演奏台やソファー、そしてグランドピアノの前に、美しく着飾って座っていました。……家の主人が私をピアノのところへ導き、私は歌うよりほかありませんでした。何とか大方の称賛を得ることができました」。これが甘美なひと時を与えてくれる真正の入場券としての、コンサート・チケット誕生の瞬間である。「私はあることに気が付きました。それは私がある夜、たまたま階段の前を通り過ぎたときでした。そこで私は、やってきた紳士たちがポーターにお金を渡し、それと引き換えに青や赤のカードを受け取り、それをまた客間の前で召使いに手渡しているのを見たのです」。こうした色鮮やかなカードを見て、かつて洒落者が「優しげな眼差しをもって」それを差し出していたことを察する者は、もはや誰もいない。しかし十四歳で初めてコンサートに行くことを許された子供は、〈今でも〉握りしめた赤や青のカードに力を得て、両開きの扉を通ってあの煌々と輝く屋敷に足を踏み入れる。ポーターや召使が彼の待ち焦がれていたものへ道案内をしてくれるだろう。彼は大きく胸を開いた《デコルタージュ》歌手に一心に耳を傾ける。彼女の開いた胸は、彼が朝の寝床でみた夢のバレリーナ以上に恥ずかしげもなく、金で買われた歌でもって身を任せてくる。次の瞬間に彼は、この見知らぬ歌手が大娼婦館から遣わされた者であることに気づく。そこでの気晴らし《ディヴェルティスマン》が公開コンサートを準備したのであり、シャンデリアの輝きのうちに一瞬蘇ってくるものの正体とは、このディヴェルティスマンの儀礼めいた記憶なのである。

一九三七年

打楽器。時としてマーラーは、軍楽隊や放浪楽師がそうするように、シンバルを大太鼓のうえに固定するよう指示している〔第三交響曲など〕。二つの楽器は同じ一人の奏者の手で演奏される。この節約したやり方が貧乏くさい響きをもたらす。二つの楽器の相互の自由、つまり芸術目的のための自由は、このケチくさい奏法とまったく相容れない。ハーモニカの響きの機械的に引き出される憧れと同じように。時代遅れの奏法の中で貧困と子供の夢が退行の快楽と混じり合う。というのも、思い出の中で蘇る幼年期の約束は、道端で拾い集めたキラキラ光るガラス片から輝きだしてくるのだから。そして打楽器はといえば、物音と殆ど区別しがたい硬直した音色の貧困と、最古のものの痕跡に付着している「かつて一度も存在しなかったもの」の約束を、二つとも具えているのだ。威嚇的な警告を発しながら大太鼓は、「坊や、今日は何かあったかい」と言う。この二重の意味を大太鼓は、偉大な音楽へと引き入れて救済する。

シンバル。無限の富がわき出すという角笛が音楽のクライマックスで口を開き、黄金が雪崩のように溢れ出し、ゆったりと流れてゆき、か細い小川となって、密やかな襞のうちへと消え去ってゆく。十九世紀の幸福のイメージ。

小太鼓。一つの楽器の軽く素早い三連打が、彼方を行進する群衆の感情を呼び起こす。あらゆる音楽、とりわけもっとも孤独なそれは多数者に関わっているのだということが思い出される。彼らの身振りをその物音は保存している。

トライアングルの連打。あるご婦人が自分の身体つきを意識して、巻き毛を震わせる。しかし、もしそれが単なるトライアングルのチリンという音であれば、他の諸楽器には光が降り注ぎ、金管楽器と弦楽器は火を噴くだろう。その明るさは太陽でも不可能なくらいで、ただ趣味の手に触れられずに守りおかれた画家のハイライトの手法のみが匹敵しうるものである。

木琴。色褪せた骨が素晴らしく色鮮やかな音楽をつくりだす。

動物園には動物だけでなく、音楽館や、時としてサモア人やセネガル人といった、エキゾチックな部族の展示があった。遠く離れた音楽館からこれらの展示まで、唯一響いてきたのがティンパニーである。このことの記憶か、それともとうの昔に過ぎ去ったものが圧縮されただけなのか――今日でもティンパニーが打ちならされるのを聴くと、タマゼセという族長の名前が蘇ってくる。と同時に、ティンパニーはそもそも族長に囚われた者たちの頭上で演奏されるものであり、あるいは野蛮人が人間の肉を茹でる鍋でもあることが思い出される。打楽器は人身御供にとってかわったのか、それとも今なお人身御供を命じ続けているのか。今日の音楽の中でティンパニーは、太古の痕跡として響いている。それは芸術に受け継がれた暴力、あらゆる芸術的秩序の根底にある暴力の遺産なのだ。精神化されたものとして芸術は、暴力を無力化する一方、未だに暴力を行使し続けている。自由と支配が音楽のうちで互いに離れがたく戯れている。音楽の自律の勝利としての統合的形式は、同時に聴き手を呪縛し、一人も逃すことなく、全員を無言のうちに刑の執行に従わせるものでもある。ヒューマンなベートーヴェンを外から十分な距離をとって聴いてみればよいのだが、そこに残るものはタマゼセを目にしたときの恐怖以外の何ものでもない。しかしひょっとしたら人間性《ヒューマニティー》とは、もはや取り返しのつかないことがあるという恐怖の意識を、保ち続けることに他ならないのではないだろうか。

一九五一年

リヒャルト・シュトラウスという名前が地平線を形作る様々なイメージを、私は子供時代から今に至るまではっきり胸に抱き続けている。それはギラギラした光とまったくの新しさをもって、私の日常へ入り込んできた。「シューベルトのロンド」や「クロイツェル・ソナタ」、さらに最初は作曲家たちによる四重奏――この四重奏に私はとりわけ好意を寄せ、また私がシュポーアの作品を知ることができたのもひとえに彼らのおかげなのだが――によって知っていただけのショパンのノクターンが、長きにわたって指定席を確保していた私の日常に。リヒャルト・シュトラウスという名前を聞いて当時の私が思い描いたのは、騒々しく危なげで、煌々と輝き、工業界というか私が好んで夢想した工場に似たような音楽であった。そしてこの名前はモデルネの幼少期の肖像写真に火を放ったのだ。両親や伯母が聞きつけてきた彼の騒々しい作品のストーリー。聞いたところで子供には分からなかっただろうが、誰も私に彼のオペラの内容を教えてくれなかったという痛い思い出――オセロでは失われたハンカチのせいで騒動が生じると、そしてサロメでは子牛の頭が主題になっていると、皆が私に吹き込もうとしたものだ――。こういうこと以上に私のイマジネーションをふくらませたのは、《エレクトラ》という言葉であった。この言葉は、故郷にあったそれとよく似た名前の大きな化学工場のように、轟音を立て人工的で、魅惑を放ちながら邪悪な匂いに満ちていた。この工場の名の由来となったと思われる電流《エレクトリシティー》のように、それは冷たく白い光を放っていた。そこでは電気で動く歯車装置が輝き、塩素を放出し、大人になって初めて立ち入ることを許されるその場所は、不吉でメカニックで不健全なものであった。それから十五歳で私がシュトラウスの音楽を実地に知るようになったとき、オストハーフェンへの日曜の遠足と同様の期待でふくらんでいたかつての欲望の対象を、私はそこに殆ど見出すことができなかった。今や私はベルリオーズ、リスト、ワーグナーを知り、楽器法を学んでいた。かつて立ち入り禁止だった未知の《エレクトラ》の駆動システムに向かったのと同じ興奮をもって、私はバス・クラリネット、イングリッシュ・ホルン、さらには今は使われなくなったセルパンについての記述を喜々と勉強した。実際に鳴り響く《ドン・ファン》や《英雄の生涯》に、私は上述の楽器のアイデンティティー以外のものを探そうとはしていなかった。かなり後になって初めて私は、そもそも自分のファンタジーが先取りしていたものこそ、実際の音楽の中に私が探そうとしていた真理証明などよりはるかに、シュトラウスの音楽に相応しかったことに気づいた。つまりある芸術作品の潜在的な内実は、アウラの中でのみ伝えられるのである〔ベンヤミンの記録によれば、彼の未完の主著『パサージュ論』の始まりには《カルメン》と《エレクトラ》をめぐるアドルノとの会話があったとのことである（『パサージュ論』Q25）。その会話の内容のいくらかは、先のカルメン論とこの断片から読み取ることが可能だろう。この一九二九年のエレクトラ論に現れる「アウラ」概念は、ベンヤミンの「複製技術時代における芸術作品」（初稿一九三五年）に先立つアドルノの用例であり、二人の問題関心の所在をうかがわせて興味深い〕。人は実際にそれを知らずとも、それに触れただけで、アウラの中に落ち込む。他方で作品〔自体〕の形姿は緊密な核の中にあまりにぴったり封じ込められているので、それが我々に明らかになった後には崩壊してしまうのだ。しかしあのアウラは光の放射のうちに形作られるのであって、眼前に素材のしるしとしてちらつくのだが、我々の眼は重さのある質量ではなく、流れ去る粒子としてしか、それを受け取ることはできない。〔かくして〕我々が作品を隅々まで見通すとき、アウラは消え去り、もう一度だけ最後に燃え上がることになる。いかなる作品もシュトラウス以上にそのアウラにおいて真正で、その形姿において欺瞞ではない。シュトラウス作品を本当に知っているのは、それを実際に聴いて知っている人間ではなく、ただそれを伝聞で聞き知っている人間だけだと主張したとしても、おそらく誇張ではあるまい。自分では一度も行ったことはないのだが、その街々の名はよく知られているような地方を旅する際、人は似たような経験をする。たとえこの地方の地理にまったく不案内であっても、同じ地方の他の場所からの遠さや近さといった、個々の地名に貼りついている空気感のようなものだけを頼りに、次の駅名を言い当てることは簡単なのだ。フルダとくれば次に続くのはエアフルトであり、これは連想の織物のなかではヘッセンのカッセルのような街とチューリンゲンのような街との間にある。次にはワイマールが予想される。これは確かに空想の中ではチューリンゲン地方なのだが、しかし例えばハレのようにザクセン訛りが話されるような地方ではもはやなくなっている。〔とはいえ〕もしエアフルトとハレに実際に滞在したなら、こうした違いはあまりなくなり、人々と街の様子も似たり寄ったりに見えてくるということは、いかにもありがちである。色々な街の写真を一枚に集めた絵葉書を作ってみて初めて、根源にあったイメージが再び生み出されることになる。シュトラウス地方への精確な概観が必要である。さらに言えば、人はこの地方を既に再び立ち去っていなければならない。そうしてこそ、彼のユーゲントシュティールに見られる高度化学産業のイルミネーションで彩られた性格、かつてエレクトラという名前がその広告塔だったところのあの性格に、もう一度気づくことが出来るのだ。

一九二九年

原　註

（1）文章末の年はその都度、それに先立つ全ての断章の出版年を示している。

音楽の商品分析

1

グノー《アヴェ・マリア》　あるイギリス人がミュージック・ホールの格言を次のように定義した。「三人のセミヌードの女性を回転ステージの上にのせる。そしてオルガンを弾く」。この音のイメージが《メディテーション》の中に告知されている。これは聖なる俗謡であり、懺悔と乳房が一体になったあのマグダラのマリアの血をひくものなのだ。彼女は後悔に打ちひしがれて裸体となる。甘美化された宗教が、黙認のポルノグラフィーのための市民的口実となるのである。人はバッハと言いつつ、グノーを思い浮かべる。厳格なプレリュードから目くるめきのメロディーを聴き取る。一番いいのはオルガンで聴くことだが、歌にオブリガート・ヴァイオリンつきもいい。これぞファウスト的精神からのヴリッツァー・オルガン〔十九世紀に人気が高かったオルガンで、甘美かつ人工的な音色を特色とし、無声映画の伴奏にもしばしば使われた〕の誕生、原映画音楽の誕生だ。

この曲の身振りは真正な断念としての哀願のそれである。魂が服の裾をからげながら自らを至高の者の手にゆだねる。こんな身振りでヘニー・ポルテンも哀願することが出来た。彼女の最も初期の映画のタイトルは『牧師の娘』で、その結末は死であった。

歌詞はあらゆる艱難を越えて前へ進む。歌詞が不十分なときは反復される。「fructus ventris tui（汝の肉体の実りが祝福されんことを）」の言葉は適切なところに置かれていない。この言葉もまた音楽の中で、子供の頃に〔ドイツ語で〕唱えた「汝の肉体の実りが祝福されんことを」と同じ、あの模倣的かつ二義的な性格を帯びている。しかし使われる語彙の中に一つだけ、その最も内奥の細胞の中へと音楽が食い入ってくる語彙がある。「peccatoribus（罪人たち）」である。「Ora pro nobis（我らのために祈りたまえ）」のあの抑制とともに救済の効果——すでに早くからそれがこれからどれだけ盛り上がるかは容易に見当がつく——が高まってくるとすると、ラテン語の奪格の語尾は罪人の超越のための跳躍台である。「peccatoribus（罪人たち）」にはスカートの裾をからげる身振りが置かれる。天国へ連れて行ってくれるスカートが太ももを露出させる。しかし跳躍がかくも長大なために、私たちの死の時ですらもはやそれに手出しできない。なぜかクライマックスは「hora（時）」に置かれている。そして一旦「peccatoribus（罪人たち）」が幸福に浴した後は、もはや彼らがどこへ運んで行かれるのかはどうでもよくなる。この昇天は、「hora mortis（死の時）」さえ引き離し、息もつかせないまま、もはやどうでもいいアーメンによるハッピーエンドをも越えていく。偉大な音楽からユートピアの幸福のイメージが失われた今、それはただ低い音楽によってのみカリカチュアの形で、つまり祈りの完璧な仮象として、保存されているのである。

ラフマニノフ前奏曲嬰ハ短調　青少年や学生のコンサートで弾かれる曲では、「グランディオーソ風に（堂々と壮大に）」と指示された箇所がおなじみである。小さな手が力の身振りを演じる。子供が大人の真似をしようとする。出来るならばリストをぶっ叩くヴィルトゥオーソの真似を。それは途方もなく難しげに、少なくとも騒々しく響く。しかし嬉しいことに実際は、それはとても簡単だ。ピアノを弾く子供はあの巨大な個所で絶対に間違わないことが分かっている。そして何の努力もなしに勝利が得られることを前もって確信している。ラフマニノフの前奏曲は、こうした子供の勝利を幼児的な大人のためにとっておいてくれる。演奏者と同一化する聴き手たちに、この曲は人気を負っているのである。彼らは自分たちも同じくらいうまく弾けるだろうことを知っている。フォルテが四つついた四段譜を征服する力を讃嘆することで、彼らは自分自身を讃嘆しているのだ。彼らの手にはライオンの爪が生えてくる。精神分析家はネロ・コンプレックスなるものを発見したが、この前奏曲はこういう症例の人々を予め満足させてきた。それは逮捕されることなく誇大妄想に雄たけびをあげさせることを可能にするのである。これらのとどろく和音をノーミスでやってのけるディレッタントが、それによって世界の支配者になるなどとは、誰もそこから予測できまい。この音楽における白昼夢の最も向こう見ずなケースの一つにおいては、大胆と確実が混ざり合っている。四分の三が暗がりのホールにおいてアンコールとしてそれが弾かれる時、熱狂は最高に高まる。この曲のスラブ訛りが脅迫しつつ賛美する徹底的破壊の暗鬱は、こうした不吉な薄明においては自分もまたグランド・ピアノを木っ端みじんに出来るという確信を、あらゆる聴き手の中に喚起する。ただしこれにあって貢献しているのは、重々しい大砲と簡単な弾きやすさという配置だけではなく、巨大なバガテル〔アフォリズム的性格を持つ手すさび風の小曲で、ベートーヴェンのものが有名〕のようなこの曲の性格である。ほとんどすべての調性音楽、とりわけ前古典期のそれは今日、終止カデンツにおいて力を誇示するというチャンスをアマチュアに与えてくれる。それは肯定的であり、「こうなのだ」と言ってくる。力の誇示それ自体であり、先立つものが何であろうと関係ないのだ。だからこそそのリタルダンドである。それはアンダーラインを引いて強調するのであり、弾き手は自分の荒々しさを制御し、ブレーキをかけ得ることで、リタルダンドを通して自分の力を測るのだ。終止カデンツのこうした身振りの意義は、ロマン派の頃からようやく強調されるようになるものであり、ラフマニノフは何より後期ロマン派の時代の摩滅にあって、それを完璧にあらゆる内容――音楽におけるあらゆる出来事――から解放し、商品として市場に投げ込んだと言える。この前奏曲はたった一つの終止カデンツなのである〔この曲ではひたすら終止カデンツが物々しく反復される〕。お望みなら、たった一つの、飽きることのない、延々と反復されるリタルダンド、と言ってもいい。それはパッサカリア形式の低音進行のパロディーである。パッサカリア〔低音進行を主題とするバロック時代の変奏形式〕の主題を締めくくることもできたはずの、三つのカデンツ的なバス進行音自体を、この前奏曲はパッサカリアの主題にしているのである。反復がそれに無遠慮な広告という性格を与える。諸々のフレーズの息の短さは、なまくらな聴き手すら、わかった気にさせるだろう。モチーフを作ることもできたはずの対声部もまた、単にカデンツをなぞっているだけだ。音楽が言っていることはただ一つ、「それはこうだ」のみである。何がそうなのかを誰も知らないというところが、この曲のロシア的神秘の核を成す。中間部では三連符の安っぽい走句がやってきて、ヴィルトゥオーソ的練達を偽装してみせる。まったく無益に。これらすべては単にモチーフの対声部にすぎない。運命は相変わらず、「それはこうだ、これ以外ではないのだ」であり続ける。しかし、最後には曲が〔終止カデンツの〕慣習という根源的な力にぶつかって粉々に破裂するとすれば、それがそうなることをとっくの昔から知っていて、それをもう見ていたあらゆる人の感謝は、もう勝ち得たも同然である。

ドヴォルザーク《フモレスケ》　かつて新聞の付録の娯楽欄では、一種のおふざけのクイズが流行っていた。隠し絵である。そこにはたとえば「侵入者は誰でしょう?」などといった言葉が添えてある。誰もいない寂しい通りが描いてある。家の一つに高い非常はしごが立てかけてある。ここにも誰もいない。電灯のともった家々には小雨が降り注いでいる。どこにも侵入者はいない。紙面を横にしたりさかさまにしたりして、一生懸命探さなければいけない。そしてようやく、小雨の模様と太い煙突があるところで渋面の柄に、つまり犯人が捕まったときの顔つきになっているのを見つける。この判じ絵の記憶がドヴォルザークの風俗曲の中にとどめられている。どこにフモール〔ユーモア〕が隠れているのでしょう?　市民的な経済感覚は自分たちの芸術消費のために、「感性豊かな人」という概念を発明した。それは芸術作品に対する、収集家に似たある振る舞いをあらわす言葉である。「感性豊かな人」の理解の仕方は、切手を見て透かし模様を見つける人のそれに似ている。こうすることで作品に具体的になじんでいることを示唆するのである。しかしそれは見かけに過ぎない。「感性豊かな人」は本物の収集家ではない。収集家と違って彼は、取捨選択によって作品を解き明かすことが出来ない。彼はもう既に定評のあるものを、孤独なまなざしでもって追体験しているだけなのだ。彼が読み取る透かし模様は月並みの名声である。フモレスケの愛好者はまさに「感性豊かな人」である。世界は彼らで満ちている。

月並みの名声が曲名である〔解き明かされるべき作品の秘密はこの場合はすでにタイトルに示されている〕。愛好家がその微笑を捧げるフモールは、ただ曲名の中にのみ逃げ込んだ。ユーモアを例えばまだ冒頭メロディーのリズムのところで見つけ出すには、すでに途方もなく感性豊かでなくてはなるまい。それが始まりを引きずって付点リズムでぴょんぴょん跳ねているのは確かだ。それから曲は加速する。それはメランコリックなぴょんぴょんである。感性豊かな人にとっては涙のぴょんぴょんかもしれない。このメロディーが曲の終わりで戻ってくるときは、性格が一変している。切れ切れの短調で、すすり泣くように高揚する六度によっているのである。クーベリックのヴァイオリンにかかると、それはまるでアレクサンドル・モイッシの演じる〔レフ・トルストイ『生ける屍』の〕フェージャが「夕映え」と言うときのようである。

この曲にはたくさんの夕映えがある〔曲は悲哀に満ちていてフモールは見当たらない〕。名声を見つけるにはタイトルだけでもぴょんぴょんだけでも不十分である。秘密は広々としたボヘミア風の三度の中に隠れている。美しい。その上で転げ回ることもできるほどだ。そこに飛び込んでみる。恐らく侵入者が一番いそうなのはここだ。

三度はボヘミア風だ。そもそも中間部全体がスラヴ風である。それは情熱をかきたて、そして暗い。それは舞踏にもなりうるはずだが、何も起こらない。情熱はトンネルのように短い。このトンネルの出口にはまたもや既に夕映えが差し込んできている。興奮する必要はなく、型通りの再現部とともに朗らかな諦念というご褒美が手渡される。人生もかくのごとし。いつも同じ。人は何もすることが出来ない。

万人に共通のこの感傷は、自分がどこにでも見られるものだということを知らない〔隠し絵の犯人と同じように〕。だからこそそれは選り抜きのものであるかのように、小洒落て（piekfein）感じられるのだ。古風で趣がある（quaint）と言ってもいい。この曲はアメリカのどこかで書かれ、そこに記念碑が建てられた。口元の意味ありげな微笑は――まさにその記念としてフモレスケという曲自体が生き続けているのだが――世のあらゆる下劣をまずは理解してこそ、よりよくそれを許せるのだという達観のしるしである。

チャイコフスキー第四交響曲緩徐楽章　クリミア半島での明るい月の夜。将軍の家の庭、白い雲、バラ園のベンチ。映像は緑色の色調を帯びている。若くて潑剌とした士官。テノール風の高貴だが穏やかな容貌をして、制服に身を包んでいる。カメラはずらりと並んだ勲章を映し出す。時折彼の胸には宝石が輝く。ホルンのメロディーはかぐわしい香りと士官の熱烈な求愛をあらわす。恥じらいを含んだ優しい娘の声が応える。これがオーボエである。彼女は将軍の娘なのだ。二人の気持ちは既に通じ合っていなければならない。何ら抵抗はない。士官が彼女の前にひざまずく。「私はあなたのためにすべてを犠牲にしましょう、キャリア、名声、そして命さえ、名誉さえも」。彼は自分の頭を彼女の膝に埋める。おそらく南ロシアのナイチンゲール、タチャーナという名のそれであろうが、木管の声部がメランコリックなアラベスクを描く。ここで勲章のついた制服が娘の純白の衣装とコントラストで映し出される。娘はスイスの寄宿舎から戻ったばかりなのだ。そこに切り裂くような戦いの物音が入ってくる。老将軍が率いる皇帝の衛兵たちだ。情け容赦なく将軍は若き士官の釈明を求める。彼はこうべを垂れ、当惑し、しかし直立不動で、言葉もなく立ち尽くす。長い沈黙。クリミア半島の明るい月の夜。将軍の庭、若い士官、タチャーナ、ナイチンゲール、皇帝の衛兵。しかし今度は主人公は衛兵に撃ち殺される。そして再び彼は繰り返す。「私はあなたのためにすべてを犠牲にしましょう、キャリア、名声、命、名誉さえ」。因習をメロディーのあられもなさと結びつけることで、人々の心を奪い去ったあの十九世紀末の音楽は、映画が発明されるより以前に既に映画の機能を果たしていたとしよう。フィルム的で快適な知覚の個々の細部に至るまで、それは映画的な技法を内に含んでいるとしよう。それは本来のその消費者が生まれるより前の文化産業であって、その意味でチャイコフスキーはワーグナーに後れをとっていると見えつつ、逆にそれ故に彼に先んじていたと今では分かるとしよう。――だとするならば、そのふるまいの報酬として、聴衆の幼年時代から何か宥和的なものがそれにプレゼントとして付け加わるだろう。これらの交響曲が映画に似ているとしても、少なくとも入場料が高いという理由で、はじめから終わりまでつきあわなければならないような、そういうもったいぶった映画には似ていない。その形式は、話の途中で入場したとしても、なにも理解できないまま、しかしすべてを理解できるような、とうに時代遅れの形式なのだ。私が言っているのは、全体が既知の名前と身振り――決定的なのはチャイコフスキーがそれらのためにメロディーを見つけたわけではないということだ――へと解体する瞬間、取り逃がされた冒頭がカタストロフの後で何事もなかったように戻ってくる瞬間のことだ。だからといって、すべての謎を解こうとする忍耐強い観察者を、その場から追い払ったりする必要もまたない。キッチュは多くの希望を知っていて、時間を逆転することすら出来る。それは最も偉大な芸術作品にのみ許される、瞬間における静止状態〔Einstand im Augenblick の翻訳。Einstand の動詞形 einstehen には「静止する」という意味がある。一九三〇年代頃からアドルノはこの言葉を用いるようになるが（たとえば『ワーグナー試論』）、その背景には静止状態の弁証法（Dialektik im Stillstand）という言葉へと自らの思想を収斂させていったベンヤミンからの影響がうかがえる〕の、堕落した反射だ。キッチュが歴史に対して寄生虫的な振る舞いをするようになり、歴史の判決に追従し、自分自身ですぐさまそれを埋め合わせることを己れに禁じざるを得なくなるとき初めて、キッチュは自らの権利を失うのだ。まさにそれ故に今日のマスカルチャーは、そのモデルであるチャイコフスキーのアンダンテよりもたちが悪い。なぜならそれらは、悲劇的なゲネラルパウゼの後のホルンのメロディーの回帰のようなものを、もはやまったく許さないのだから。チャイコフスキーがこれら小賢しい素朴さに先んじて持っていたところの、頼りなげな素朴さの残滓は、芸術が拒まなくてはならないと同時に、まさにそのためにこそ芸術が存在しているところのものの避難所である。

2

《Especially for you》　かつてカール・クラウスは言葉の深淵にとりわけ深く沈潜した。この深淵において彼は、商品——その存在をひとえに利益の原理に負っているところの商品——を人間の特殊な欲求、つまり買い手のそれから正当化し、それによってまさに市場で流通させようとする意図を発見した。しかし特別に自分のためにこそある物が作られたと信じている者は、実際は生産物の側から単なる顧客として狙いを定められたにすぎず、彼の特別な欲求と見えるものも、他ならぬ生産物によって初めて作り出された一般的な欲求の交換可能な一代表にすぎない。クラウスが他でもないこの言葉を呼び出した引用のあの非難調は、同時に以下のことを示唆している。つまり商品性格はそれが取り入ろうとする個人的なもの自体をわしづかみにしているのだ。個人だとか個人主義的な共同体といったものは、個人的なものという旗印のもとで勝利をおさめるべき商品と、どっこいどっこいである。つまり「特別にこのような人々だけは没落しないだろう」一方で、特別にそう語りかけられている瞬間にも、彼らは没落を始めているのである。アメリカの流行歌生産からの光が落ち込んでいくのは、この深淵である。特別にただ一人のために生産された大量生産品という戯言は、おぞましい必然性の性格を帯びる。というのも、個人の欲求は生産物から極めてラディカルに切り離されているので、自分の身の上に遂行される殺人の儀式に犠牲者である顧客が気づくのを阻止するべく、まるで魔法の呪文のように個人の欲求なるものに助けが求められねばならないからである。ある恋する男の全人生が特別に彼だけのために生産されたものであると、手当たり次第に赤の他人に向けてアナウンスされる。「Especially for you それが僕の生きがいのすべて／Especially for you だから僕はここにいる」。それと同時に八方美人なメロディーの完璧なる陳腐さが、この誓約の嘘を罰する。それがビジネスの領域を担当しているものであることについて、歌詞は一切疑いを残さないのだ。この歌詞は銀行口座を連想させるだろう。「どんな恋が僕に降りかかってきたか分からないかい？／Especially for you のせいだよ」〔英語「just on account of（のせいだよ）」の account は「口座」の意味を持つ〕。ペテンは見え見えであって、そのことを自らシニカルに白状し、それがほとんどナンセンスであるような話題まで特別呼ばわりするのだ。たとえ「小鳥が Especially for you のために歌っている、鈴が Especially for you のために鳴り響いている」としても、それどころか「Especially for you だからこそ月があるんだ／Especially for you だからこそ六月はあるんだ」などと、太陽や月や星の存在の説明として大量生産品の目的論が引き合いに出されようとも、こんな手に入らない特別なものを押しつけられる者は、自分がバカにされていると感じざるを得ないだろう。このシニシズムには正確な機能がある。消費者が生産品に口出しをすることはならず、企業家が彼の欲求に示す関心は、お月様が自分に向かって吠える犬に対して持つ程度のものでしかないということを、消費者に思い知らせることにより、彼に自分が茶化されていることを分からせるのである。特別なものとやらを真面目にとったり、それを信じるようなことは期待されていないと消費者に感じさせるのだが、しかしこうした啓蒙は結局のところ、生産品を前にして、そして〔そんな風になれない〕自分を前にして、自分自身を笑い者にする以上の役割はもっていないのだ。その際に声高に響く笑いのトーンは、ラジオではおなじみのものである。ラジオのアナウンサーが笑ってみせ、それによって自分の笑い自体を笑い、自分が聴き手に仕掛けた騙しまで聴き手から騙しとってみせる、あれである。しかし顧客は制度の笑いに従順に従うしかないことが分かっている。購買者として、歌手として、恋人として、まさしく宇宙的規模の組織の一員として、どう振る舞おうが受け流す以外のことはできないのだ。交通標識のようにこの歌につけられている警告によって、ようやく真実が明言される。「この歌の歌詞ないし音楽あるいはその一部でもコピーすれば、アメリカ合衆国の著作権によって侵害者を告訴することが出来る」。そこに何か特別なものがあると信じ込まされて、だからこそそれを購入した者も、これを読めばもはや、この歌がよもや自分の所有物であるとは思うまい。彼の方が商品の所有物であって逆ではないのだ。彼が状況を変えようと欲するなら、牢屋にぶち込まれるだろう。もう既に収監されていなければ、の話であるが。

《In an Eighteenth Century Drawing Room》　モーツァルトはいかが。彼の音楽は市場受けする情緒を進んで提供しはしないし、派手さやパワーやリズミカルな命令調でもって消費者を彼らが密かに望んでいるよう服従させることもない。にもかかわらずザルツブルクはツーリズム的価値をもっている。モーツァルトは幾重もの捏造によって順応させられたのだ。人々はモーツァルトを、彼がまさに打ち壊そうとしたところの、ロココの人だということにした。それはプラリーネの箱によって、おさげと蠟燭とシルエットつきのチェンバロを弾く様式化された婦人へ貶められたロココなのだ。モーツァルトのメヌエットは、フィガロやケルビーノやスザンナやツェルリーナを時代の因習に結びつけている、絵に描かれたリボン以上のものではない。今日ではモーツァルトは、あたかもメヌエットの創始者であるかのように扱われている。しかしヒューマニストに時代衣装を着せてコスプレさせるにあたっては、まさに彼の〔作品の〕主観的内実が大きくかかわっている。深く息づく声部は、アンシャンレジームの装飾的な嘆息に見せかけられている。〔ゲーテの〕ヴェルテルの時代のエスプレシーヴォは、〔当時の〕無鉄砲が形式に満ちた過去に投げかけるセンチメンタルな省察として姿を現している。こうした〔過去を振り返る〕無鉄砲に、この流行歌は深く結ばれている。それはモーツァルトのソナチネを解体利用しているが、これはよく考えられた選択である。その簡潔さは聴き方の単純化に合わせたものであるが、同時にエチュード風の音階は当世風の無知無鉄砲な連中に、自分たちが密かに憧れている過去を嘲笑し、自分たちがモーツァルトをはるかに凌駕したと確信することを許すのだ。進歩をうぬぼれる精神薄弱がこのソナチネを襲う。四小節の前奏。古めかしいオルゴール風という愚にもつかぬフィクション。そしてモーツァルトのオリジナルなメロディーが八小節。ただしサブドミナントの方向へ和声進行は変えられている。何の意味もない変更である。安っぽい流行歌の要求からしても、その必然性はない。それは純粋な侵害の喜びからなされたものだ。世界史のいかなる事柄もティンパンアレーにあってはそのままであってはならない。世界史に敬意を払えば払うほど人々は、絶対君主たちを絶対的に支配する者としての自分が快適というより高い名声を得るうえで、この敬意が役に立つと判断するのだ。それからモーツァルト風の音階が続き、そして一発を食らう。いや、三発だ。それはKOされて、最後の二小節はあの種のガヴォット、メヌエットをイメージしているつもりらしいが、モーツァルトのものではないガヴォットを装ってみせる。ここから中間部が作られる。これは本物のレイモンド・スコットだ。再現部にもまた愚にもつかないあの導入部がつけられている。ただし「オプションの間奏」と但し書きをつけられて。いわばテープ編集者が一緒に作曲されているわけだ。テクストではまずロココが太古へと引き移される。そこには先祖の遺した古い本が置かれていて、ピカピカに磨かれたモード・サロンを手に入れる手形が入っている。「かび臭い古い本の中で見つけた／長い間遠く忘れられたすみっこでなくなっていた本だ！　そこで色あせた写真を見つけた／そしてかすかな香水の香り／十八世紀の客間の（In an Eighteenth Century Drawing Room）二人のオールドファッションな恋人たち」——またしてもガヴォットがアルカイックなサロンから慰めを引き出してくる。新しいことは決して起きないというそれである。今が決して昔よりよくないとすれば、昔も今より悪くないということが、人々には慰めになるのだ。「何も新しかったことはない／私たちが愛し合ってこのかた／彼女の二つの青い瞳をごらん／彼女の扇の後ろで秋波を送っている瞳を／彼女のシルクとレースをごらん／洒落てないかい？／そして彼女の微笑は／二人が分け合っている愛を語っている」——再現部は実りの瞬間に集中していて、さかさまにしたオペラ・グラスを通して見た絵として自分を眺めており、最後に憧れを表現する。ただしこの憧れは、過去を振り返っているにもかかわらず、完全に抽象的なままにとどめられておかなくてはならない。決して目立たないためである。パラダイスへの憧れは、まさにこの憧れを食い物にしている流行歌への憧れにすぎないのだ。「二人の胸が静かに脈打つのを聴いてごらん／あと一瞬で二人の唇が触れ合う／なんて甘く愛らしい絵だろう／愛の勝利、愛の果実／十八世紀の客間（In an Eighteenth Century Drawing Room）に僕らも行ってみたいと思わないかい？」——金輪際ごめんだ。

《Penny Serenade》　レコード・ジャケットの絵には南国の傾いた通りが、ポスター・キュビスム風にトルコブルーで描かれている。そして白い月、白いファサード。その前には縞模様のギター片手にソンブレロをかぶり、カウボーイ風のズボンをはいた歌手。彼は暗がりに立っているので、それがトルバドゥールなのかローンレンジャーなのかよく分からない。女の姿はない。その代わり右側から、タキシードに身を包んだキングコングのように巨大なガイ・ロンバードが、この光景を見つめている。彼は髪をポマードで撫でつけ、破廉恥なユーモアにウィンクし、月のように白い歯を剝いている。彼はご満悦だ。まず自分自身で物語を導入してから、ことが上首尾に進むのを見物するのである〔以上はこの曲のレコードのジャケットの描写。そこには、「introduced by Guy Lombardo」と書かれている〕。

ただし彼はあまり自慢できたものではない。この歌はイギリスから来たものであり、しかも退化したそれだ。何もないのだ。それが何物でもないことを容赦なく告白してくるのである。コーラスの物語を切れ切れに語るヴァースはない。そもそもヴァースもコーラスもないも同然なのだ〔以下の分析については巻末の「用語解説」の「ヴァース」を参照〕。この流行歌はただただ自分自身を呼び出しているだけである。クープレとルフランはだいたい同じくらいの重さである。どちらも非常に短く、クープレはルフランより四小節長くて十二小節、「セレナーデ」と題されたルフランは八小節である。それはまるで遠くから思い出される記憶のように些末で貧相に聴こえる。商品そのものの中身がもはや商品スタンプしか残っていないというかんじである。だからこそそれは、何もかもを一緒にまとめて自称するのだ、「タンゴ・フォックストロット・バラード」と〔これもレコード・ジャケットに書かれている言葉〕。言葉少なに、ただし優美さがまったくないというわけでもなく、ヴァースは冒頭三音を繰り広げる。印象派風の九和音がその間にシミをつけるが、すぐに取り消されて主調へ戻る。まるで聴き手がそれを真に受けないようにするかのようである。商品性格が初めて引用されるのはドミナント上であり、変格のシンコペーションが可愛く悲しげに砕けた言葉のアクセントをつけるところである。ミニチュア・ルフランはそもそも〔四小節から成る〕たった一つのモチーフであり、二度繰り返される。それは「Si, si, si」と「たった一ペニーでそれを聴けるよ」の歌詞から出来ている。しかし「一ペニー」の箇所も結局「Si, si, si」の音型をひっくり返したものにすぎない。全体、つまりヴァースとコーラスは繰り返される。〔曲の終わりで〕ヴァースを省いてルフランだけを変奏する通常の流行歌の習慣は、いわばその材料を奪われている。〔ヴァースがほとんど〕目立たないので、ビジネスのやりようがないのだ。とはいえ、通常の図式とは違って、この曲にはトリオがある。それは属調の並行短調で、ルフランのモチーフをひっくり返したものから出来ている。トリオもまた八小節しかもたない。まるで隠れ頭巾をかぶったみたいにそれはその時間をやりすごす。ほとんど目に見えないのである。それを締めくくる五度がヴァースにぴったり続き、三度目のヴァースが来る。その二分音符は、まさにヴァースの重心と思われる箇所に焦点を合わされている。それからもう一度ルフラン、そしてコーダが来て、曲は消えていく。

歌詞は判で押したみたいな恋物語で始まる。「昔々、俺は可愛い可愛い婦人の窓の下をさまよっていた」。彼女はまだ微笑んでいるが、だからこそ彼女自身は忘れられてしまうだろう、顔から剝がれた微笑のせいで、つまり自らの商品性格のせいで。恐らく三文オペラの名前が思い出されるだろう。ただしそれはもはや貧乏人を招待するのではなく、自らの貧困を宣言するものになっている。イタリア風のシラブル〔Si〕――ナポリ風ではなくスラム風の、まるで南イタリアの街角の音楽がソーホーの失業者やアメリカへの移民たちの間に避難してきたみたいなそれ――は、年老いた乞食のように頭を振りながらよろめいている。とはいえ、それは肯定を表しているのではない〔イタリア語の Si は肯定の返事を意味する〕。このセレナーデの内容は、誰でも三文でそれが聴けますよというだけのことである。まさにペニー・セレナーデである。確かに可愛いご婦人はもう一度請われて登場し、ペニー・セレナーデが恋人たちのセレナーデとしてキッチュに仕上げられさえする。しかしそれはあくまでジョークであり、サスペンス映画における警察の勝利と同じ程度の効果しか持たない。新種のアブラカダブラとして、このペニー・セレナーデは人間性の亡霊を彼方へ追い払うのである。

音楽のキッチュが正体を現す。もし本当にこの流行歌の大文字〔レコード・ジャケットにはタイトルがすべて大文字でPENNY SERENADEと記載されている〕の中から交換価値が偶像のごとく凝固してこちらを見つめているのだとすると、ペニーという言葉が出た瞬間にそれは救済される。ペルセウスによって自分自身の姿を眼前につきつけられたメドゥーサのように、その魔力は打ち砕かれるのだ。幸福の可能性がもはや考えられておらず、その代わりに裸の数字が居すわっているところでは、夢はいわばトゥルン&タクシス切手〔柄として値段の数字だけが書かれた切手〕のような場所に避難所を求めるのだ。極悪の貧困都市を前にして、「究極の不幸は秩序の簒奪された幸福よりまだましだ、いずれにせよ秩序の権力はあの不幸には及んでこないのだ」という冒瀆的な嫉妬の感情にとらわれない者はいないだろう。この嫉妬の経験の痕跡を、この流行歌はとどめている。その痕跡は商品の本質につきまとうものであり、以前から自分が持っている以上のことを約束していたが、ついには自分の故郷であるこの世界が持っている以上のことを約束しうるまでになったのだ。

3

映画は夢工場であり、ハッピーエンドは願望充足だという大衆社会心理学者の考え方は短絡的である。売り子娘は、社長と結婚する私設秘書に扮したグラマーガールに、直接同一化しているわけではない。あの幸福に直面し、そういうことが可能だということに圧倒されて、彼女は通常は人生のあらゆる仕組みが告白することを拒んでいるはずのことを、告白せずにはいられないのだ。つまり自分は幸福と縁がないのだという事実を。願望充足とされているものは、ちっぽけな解放にすぎない。幸福を手にする可能性が存在しているかもしれないのに、自分はそれを手にしていないという事実を知るという、最後の幸福の可能性。それまで断念する必要はないという点に、この解放の要点はあるのである。売り子娘の経験は、他人の結婚式で泣くママのそれに似ている。彼女は自分の存在の不幸に酔いしれて泣くのだ。すべての人がいつか宝くじで大当たりを引くなどというペテンに、とうの昔に誰もひっかからなくなっている。人生のチャンスを逸したのではないかという予感を束の間解放してやることにこそ、キッチュの意義はある。このことは何より、音楽において明らかになるだろう。つまり大多数の人は情緒的に音楽を聴く、つまり何でもかんでも後期ロマン派およびそれに由来する商品音楽のカテゴリーで聴くのだ。後者についていえば、それは当初より情緒的な聴取のために編集カットされていると言っていい。情緒的に聴けば聴くほど、彼らは抽象的に聴く。結局のところ音楽は彼らにとって、最後は泣かせてくれるためだけのものなのだ。だからこそ彼らは、幸福そのものの表現より、むしろ憧れの表現を好むのである。大衆の音楽消費においては、規格化されたスラヴ風メランコリーの方が、モーツァルトや若きベートーヴェンの最も満たされた感動的な瞬間よりよほど大きな役割を果たしている。音楽のもつ泣きのツボを押す効果——俗に解放と呼ばれるもの——とは、そもそも何かを感じられるというチャンスに他ならない。ただし感じる内容はどのみち断念以外のものではない。音楽は「こっちにおいで、そしてお泣き、いい子よ」と言う母親のイメージになる。音楽そのものが大衆のための精神分析になったのだと言ってもいい。しかし、それはますます、彼らを手元において生き血を啜ろうとする精神分析だ。

〔ただし〕このことはもはや容易ではない。音楽にとってすらそうだ。ジャズに熱狂する人々を精査に観察すればするほど、彼らの反射的な行動に注目するだけでは不十分だという疑念がわいてくるだろう。一般にそう詐称されているような、そして彼ら自身そう詐称しているような、意志を持たずただ魅了されているだけの人々では、彼らはない。命じられた快楽のためには、特殊な自発行動が必要とされる。「ステキな時間〔グッド・タイム〕」を過ごすことを決意するようにして、彼らは熱狂する決意をするのだ。快楽を命じる審級〔社会〕との一体化は次のようにして行われる。つまり彼らはあくまで自我として、快楽せよという命令を自らに下すのであり、公式には衝動的ということにされているリアクションを、もっぱら合理化によるものとして生産するのである。彼らの原イメージとは、「今日は悪い子になる」と宣言する子供、あるいは「今日からはあの先生のことを好きになる」と日記に書くガキだ。あらゆるファンの行動におけるモノマネ的要素、模倣しようとする熱意は、意識の表面のごく近いところで生じているところの、ある種の決断に由来するものである。ユーモアもしかりだ。ジルバを踊る連中〔Jitterbug の翻訳。文字通りにはジタバタする虫の意味。あとで出てくる昆虫の比喩はこのことを念頭においている〕は、自分の熱狂を本当には信じていない。なぜなら自分で自分の熱狂のスイッチをひねったのだから。彼らは、葛藤から生じるアンビヴァレントな感情の助けを借りて自家発電を続けるのだ。ここに盲目的な怒りのメカニズムが作動する。熱狂すると決意した者は、目を閉じて歯を食いしばらなければならないのである。

社会に直接関わる多くの問題と同様、こうやって考えてみると、私たちは次のように真剣に問わねばならないだろう。意識と無意識という精神分析的な区別は、そもそも今の状況にどれだけ即しているのかと。この区別は人格のモナド的な密度と自律を前提としており、しかしその前提はもう存在していないのである。とはいえ、抑圧を行うために、人は少なくとも自我でなければならない。今日の大衆の〔無意識の〕反応——そのモデルとして音楽のそれはあるわけだが——は、薄い皮によって意識から隔てられているにすぎない。〔そうであれば、〕この皮は破られてもよいはずだが、まさにそれこそがほとんど不可能なのだ。そもそもことの真実は、主観にとって無意識的なものではまったくなくなっている——同様に客観的な実践はイデオロギーを嘘によって置き換え始めている。であってみれば、自発性の代わりに、押しつけられたものの盲目的な受容が登場したのだというテーゼも、修正されねばならないだろう。今日の人間は昆虫のように反応するのであり、単なる服従センターと化しているのだという信仰すら、まだ表面的なものにとどまっている。こうした考えは、神話についておしゃべりしている連中にとって、あまりにも都合がよすぎる〔この文章の執筆時期が一九三四年から四〇年であることに鑑みれば、ここで念頭に置かれているのは、アルフレート・ローゼンベルクの『二十世紀の神話』（一九三〇年）のようなナチスのプロパガンダ作品だと思われる〕。むしろ次のように言わねばならないだろう。つまり、押しつけられたものの受容が、周章狼狽する人々に負わせる法外な〔適応の〕努力のせいで、自発性はいわばやつれ果てているのだ、と。しかもその理由こそ、押しつけられたものを包む皮がかくも薄くなってしまった〔商品がキッチュという形で世の無情をあからさまに告知するようになった〕からなのだ、と。ジルバを踊れる人になるためには、そして命じられたものに熱狂するには、自分を放棄して受け身で従うだけでは、まったく不十分である。人間が昆虫に変身するにはエネルギーが必要なのである。ただしこのエネルギーはひょっとすると、彼らを人間に変身させることも出来るはずなのだが。

カルメン幻想曲

トーマス・マン八十歳の誕生日に
心からの敬意をこめて

カルメンこそヒロインだ――舞台上の全員がただちに知ることになる。まるでもうこのオペラを知っているかのように。煙草工場の女工たちが昼休みで持ち場を去ったあと、集まった若者たちは口々にカルメンのことを話題にし、他にも可愛くて奔放な女たちがいるにもかかわらず、ただ彼女の登場だけを待ち望む。徳とは正反対の純粋な自由への衝迫から、今日こそカルメンは愛に惑わされまいと決めている。誰が主役か、共演者たちに対して疑いの余地なく明示するというオペラ的お約束――それは選ばれし者の伝記作者やその読者が、戦場での軽い被害も所詮は脇役のことだからと自分を慰める気持に似ている――は、まったく無邪気に、ある程度は劇作上の都合から、そして形而上の意図で濁らされることなく、通例は作品が慎重にぼかす本質と現象の秩序を光り輝かせる。別世界の空の深い青の奥底にある理念の天空においてのみ、カルメンシータは彼女と似たり寄ったりの他の女工たちよりも重要なのである。もちろん彼女は身元を隠してひとを煩わせたりはしない。野原を走る一匹の白鹿のように彼女は、目につくものたちのうちにあってもひときわ目を引く存在として振る舞う。詰問されても答えるかわりに歌うのだから。そのことによってさらなる面倒が惹き起こされないのは、ひとえにオペラという芸術がアバウトなおかげである。舌をちらつかせて口笛を鳴らす彼女の蓮っ葉な振る舞いは、太古の娼婦の誇りを市民たちのレパートリーに捧げたのであり、尊敬すべきこの習わしは、情けないまでに北方的な伍長を――大抵それに劣らず不可欠の優雅さを犠牲にしてでも――スカートをまくって挑発的に罵倒するよう、今日なおカルメンのような女に対して命じている。彼女が人々の注目をもぎとるのは追放された者としてであって、飼いならされた者としてではない。アンサンブルのセリフを信頼していいだろう。「カルメンが闘争を始めた」のだ。子供っぽいアナーキーな取っ組み合いを始めるのであり、事件の火蓋を切って落とす破壊的脱走、しかも最初からいかなるハッピーエンドも予見されえないような脱走劇を開始するのである。なぜなら彼女はジプシー女なのだから。

さしあたり彼女がセヴィリアの地元民たちより歌と踊りがうまいということ、また彼女のくだけた様子が、その魔力を宿した眼差しを向けられた伍長を参らせてしまうということ、これら以外にたいした意味は置かれていない。第二幕のジプシーの場面もオペラ的慣習に留まっている。このオペラ的慣習というやつは、ウェーバーの《プレチオザ》以来、ジプシーの歌を娯楽に用いながらも、彩り鮮やかで奔放な彼らの暮らしへの嫉妬の中で不満をつのらせてきたのだが、市民的な労働社会において蔑まれ、空腹を抱えたルンペン生活を余儀なくされているジプシーたちに、市民社会は幸福のすべてを仮託してきた。自らの理性の非合理によって諦めざるをえなかった幸福を。《カルメン》もこうした族外婚から生まれたオペラの一つであり、〔アレヴィの〕ユダヤ人や〔マイヤベーアの〕アフリカ女からアイーダ、〔ドリーヴの〕ラクメ、そして蝶々夫人を経てベルギー女のルルに至る、文明からつかみがたきものへの突破を賛美するオペラの系譜に属している。だからこそニーチェはカルメンを次のように聴いたのだ。「ムーア人の踊りの我々にかたりかける様のいかに心安まることか！　その淫らな憂鬱に我々の満たされない思いはいつの日かどれほどの満足を学ぶだろう！　――結局は愛だ、再び自然へと移し替えられた愛なのだ！〈高邁な処女〉の愛ではなく」〈以下、本論でのニーチェからの引用は全てニーチェ「ワーグナーの場合」からのもの〉。こう言うことでニーチェは、はっきり明言してはいないが、彼ならびにビゼーの対立者から最も深いところで自分たちを区別するものを言い当てた。対立者とは近親相姦と聖杯共同体のワーグナー的世界にほかならない。ワーグナーの場合、愛はただ自分に等しいもののみへのものであり、本来的には自分自身だけを愛していて、故にそもそも何も愛してはおらず、自然を一様に社会という地獄のマシンに引き渡すのだが、そこではこのマシンが同時に象徴によって呼び出され、賛美されているのである。

仮装したジプシーたちがようやく姿を結ぶのは話も終わりの第三幕、カルメンが彼女によってごろつきたちのもとに攫われてきたことに不満げな恋人に和解を拒み、「もうオレのことをなんとも思っていないのか」という問いに対して、彼女の台詞の一々をまったく未知の裁判のための調書として研ぎ澄ますラテン的直截さでもって、「いずれにせよこれだけは言えるわね。あなたを以前ほどには愛してないし、あなたが私に思い通り自由にさせてくれなかったときがそもそも縁の切れ目だったのよ」と答える、その後のことである。結果がどうなろうと彼女の知ったことではない。会話が不吉に中断されるや二人のジプシー女と密輸仲間がカードをあやつり、三人はそろって自分自身のことを占おうとする。音楽は長々と逡巡したりしない。〈ワーグナーの〉《指環》が独りでに回る車輪についての一重々しく託宣をくだすところで、〈ビゼーの〉音楽はまるでルーレットのように、それについての一言の講釈もなしに、弦楽器のアレグレット音型によって回転し始める。イ短調に達するとともに〈アルコーア版ピアノ・スコアの練習番号16より五小節目。本論の練習番号は以下同スコアによる〕音楽は魔法陣を描き出し、カード遊びで言う「一刺し」のような、コショウの効いたいくつかのアクセントによって、それに目印をつける。偶然の滑車、運命そのものの盲目性にほかならない災いを呼び寄せるものとしての糸紡ぎとカード遊びの近さを、この音楽は承知だ。すべては無窮動のように止めどなく進み、ただ半音階のバスがあてどなき渦の旋回を不吉に下塗りするのみ。この運命の旋回に二人の運命の姉妹はヘ長調のルフランで応答するが〔練習番号19〕、彼女達の歌は〔ワーグナーの〕ノルネとはまったく違うヴォードビルの流儀で歌われる。ニーチェが「性悪、狡猾、呪わしい」と絶賛した音楽について、「この音楽はここでは通俗にとどまっている――これはある個人というよりはある種族の手管である」と付け加えた際に考えていたのも、恐らくこの箇所のことだ。しかし彼はビゼーの傑作の手管を、ひょっとしたらそれでもまだ過小評価していたのかもしれない。というのも、通例は決して通の目にかなう作曲法を忘れることがない《カルメン》だが、それがオペレッタともつれ合うところでは、このへりくだった姿勢それ自体が様式化の原理に従っているのだから。つまりそれは誇張される必要のない真面目さを愚行によって表すものなのだ。軽薄さを表現するものに対して少し調子を変化させただけで、地平は一変するのである。モデルネの作曲家の誰でもなくビゼーのこうした手法こそが、アードリアーン・レーヴァーキューンに着想を与えたのではないだろうか。彼にとって不協和音とは高邁なもの、精神的なものをあらわし、それに対して和声や調性は通俗性とクリシェの世界としての地獄のためにとっておかれる。「笑いにまきこむようなフランス印象派の響き、ブルジョワのサロン音楽、チャイコフスキー、ミュージック・ホール、ジャズのシンコペーションやリズムのとんぼ返り、――こうした音楽は、馬上での輪突き競技のように色鮮やかにきらめきながら駆け巡る。メイン・オーケストラの基本言語について言えば、それは真面目で暗く難解で、根っからの厳格さでもって作品の精神的位階を主張するのだ」(トーマス・マン『ファウストゥス博士』(新潮世界文学35)円子修平訳、新潮社、一九七一年、三八一頁)。もちろんビゼーは、暗さや難解さと同様、「地獄のばかげた空騒ぎ」とも無縁である。激越なコントラストを必要とする無調とは逆に、彼は「歌と踊り」のクリシェを引用するだけで、高貴を下賤から際立たせることが出来た。彼にはいいアドバイスをくれる精霊がいたのだ。運命は運命のように響きはしない。それはむしろタンバリンをもってカーニヴァルの子供パーティーに出かける赤頭巾ちゃんに似ている。運命は無表情であり、星々のように冷たく遠くにかがやくのみで、その星々が描く天体図に人々は、自分が無意識に作り出している秩序のもつれを映し出す。運命とは絶対者となった物象化であり、絶対者から声を借り受ける音楽も、まずは自分自身が物となるべきであって、決して運命の連鎖に限界を設けるべく異議申し立てする、人間的なものであるかのように振る舞ってはならないのだ。かくしてフラスキータとメルセデスは、フランス語のテクストで、あたかも赤新聞に掲載されているもののように未来の出来事を知ろうとして、魂のこもらないさえずりを聞かせる。同じく神の声ならざる声を模倣する者として、自らを犠牲に捧げたアードリアーンにも魂がない。最後に第四幕でこの二人の神話的脇役が、ヒロインに死の近づいているこ とを空しく警告するとき(練習番号58)、成熟期のワーグナーが稀にしか用いなかったフルート・ソロの三度音程でもって、音楽は感覚的無感動の極地に達する。これは、同じく取り逃がされることになる最後のチャンスをラインの娘達がジークフリートに与えるときに用いられる、どれだけ偉大であるにせよ遠近法的な不協和音の、まさに対極にあるものである。《カルメン》というオペラは、神聖さと堕落が無差別になる地層、簡潔な表層と無意識——技法的には《カルメン》よりはるかに複雑な表現音楽もこれまでその精神的複雑さに到達できなかったような無意識――の区別がなくなる地層に通じている。偉大なバレエ音楽の主題や第二幕のあとの謎めいたインテルメッツォは、この地層に属するものだ。この底なしの軽率さ、仮象なき仮象は恐らく、運命や神話そのものが仮象であり、「それは人間だ」という答えを聞くや奈落へと落ちてゆくスフィンクスの魔力のように束の間のものであるという事実から生じてくるのである。

こうした緻密さには極めて精確な作曲法が必要とされよう。ニーチェのカルメン賛美の中で考えられているのも、この精確さであった。「カルメンの音楽は曲を組み上げ、編成し、完成させる。それによってこの音楽は、音楽のポリープである〈無限旋律〉に対立している」。こうした音楽的精確さは帰結によって証明される。一度でも生じた事実は痕跡を残し、時間とともに結果を生じさせるのだ。この論理によってのみ、つまり同一性を保持することによってのみ、音楽は同一性と真逆のもの、同一性の内で変わりゆく歴史であるもの、つまりは他者になりうる。これこそワーグナーにできなかったことである。その身振りの一貫性にもかかわらず、そもそも彼には楽曲の本来の一貫性というものが欠片もない。すべては流れてゆき、そして何も変わらないのだ。しかし《カルメン》では、いったん運命がその影を舞台に落としたなら、舞台はそれをパロディーにせずにはいられない。カード占いの情景のあとのペッツォ・コンチェルタートの箇所〔練習番号40〕、ジプシー女たちが自分にはどうにもできないカードは見なかったことにして、色好みの税官吏たちを密輸取引が無事に終わるまで足止めできるだろうと考えて満足気にしている箇所にも、このパロディーの精神がはたらいている。しかし〔既に〕まず予言の場面自体において、よく作られた音楽がそこでただもう一度だけ運命の車輪を回した後、彼女らは引き続きそれをパロディー化している〔練習番号24〕。もう身も心もパロディーに浸されているといったかんじだ。彼女達にとって不可避の運命などはまったく取るに足らぬものなので、彼女達はそれを真面目にとったりせず、その中で自分自身を嘲笑するのである。それに際して音楽は迷信深い人間の身振りに似せて書かれている。卓見である。迷信家は自分が信じていると主張するものを決して完全には信じていないが、熱心に妄想を否定すればするほど、自分の妄想に深く魅せられていく。彼女らが歌う、あるところは騎士道もので、あるところは市民もののバラードは、一方の女にはメルヘンの王子様のような盗賊の首領を、もう一人には金持ちの老人を約束する。老人は彼女を相続未亡人にして死ぬのだ。富と運命が同じヤギの角からわき出してくるというわけだ。しかし八分の六拍子のこのバラードは、ニーチェがしたのとまさに同じやり方で、シューマンの若貴族たちを嘲笑している。橋と装飾の友にして、迷える者たちの幻影がさまようパリでは、ドイツ的夢想はかくも愛らしくかつ滑稽に鳴り響くよりなかったのである。フラスキータは熱心にこの夢を力説し、メルセデスは後楽節で大急ぎで茶々を入れてくる。メルセデスは堅実さを夢見ているのであり、彼女の夢見る未来の男とは、彼女が真剣に願っているよう、自分と結婚してくれる誠実な男のことなのだが、彼女の夢の冷静さはフラスキータの夢見る山や馬や城などを否認し、ついにはオペラ的大逆転を嘲笑するのであり、そして二人の笑いはヴォードビルのルフランと溶け合って、狂言としての運命の車輪となる。

そこにカルメンが現れる。彼女にとって良い事が何一つ予感されないにもかかわらず、彼女はまったく焦る様子もない。自分に何が残されているのかと、彼女は空虚な二分音符にのせて達観した風に問いかけるが、この二分音符はフラスキータとメルセデスの未来への扉にもまったく同じようにアーチを拵えていた。運命のモチーフと呼ばれる、ジプシー音階から生じる減七和音上のどぎついそれのところで、彼女はカードをひく〔練習番号34〕。彼女がまず自分の、そして次に彼の死を察知する前、恐怖に硬直したオクターヴに伴われ、半音進行の突きがやってくる。三全音での重い和音と打ち込むようなハ音〔練習番号36の五小節前〕――「舞台上でかつてこれほど痛ましい響きが聴かれたことがあろうか」とニーチェが言うときに考えていたのは、恐らくこの悲劇的なアクセントのことである。「そしてこのアクセントはどれほどの高みに達することか！　真面目くさったしかめ面なしに！　贋金なしに！　偉大な様式という嘘っぱちなしにだ！」　実際、本質的なものだけに凝集されたこのアクセントの効果は、アクセントを打ち立てながらも、それを反復したり、様式へと拡大したりしない省略から生じている。結果としてこの悲劇のアクセントは、それ自体以外の何ものも表象せず、どのような構造によっても和らげられず、媒介もされずにいる。しかも、まさにこの省略によって、それはぴったりと形式に嵌め込まれるのだ。いわば情動を開いたままにしておき、聴き手にそれを補わせることにより、極限の情動を表現しようとするこのレチタティーヴォは、暗示的なそれとして完全な形で作曲されている。そしてカルメンが歌い始める。彼女の歌は決して運命の歌ではなく、運命に対する主観の回答であり、だからこそ三重唱全体の中で表現の第一パートの座を占めている。こうした叙情的表現にもかかわらず、このオペラには古代めかしたもの、擬古典主義や教養を尺度にしたものは殆どない。そこにあるのは、言葉や振る舞いという形で今日でもロマンス系の国々に実体をもっている、脈々と息づく古代である。この古代は民族の客観的精神に深く棲みついているが故に、世界の諸々の危険な力とのかかわりの中で実際に経験され、〔だからこそ〕神話体系と懐疑主義が混ぜ合わさってできた自らの異教的心情を断念することなしに、キリスト教化が可能になったものなのだ。ギリシア語で「メソテース（中庸）」とは表現の緩和を意味するが、この言葉の中ではミメーシスを禁じる文明の戒律が煮詰められた絶望と一体になっている。ここでいう絶望とは痛みの呻き声が和らぐことはもはや期待できないということであり、こうした希望の断念の中で初めて、この絶望こそが痛みに正当な権利を、取り返しのつかない自然の崩壊というそれを与える。ジプシー女カルメンの歌が教えてくれるのは、このようなことである。盛期スコラの神学大全や堂々たる哲学の体系よりもよほど彼女の存在自体の方が、アリストテレスやストア派について多くを証言してくれるのだ。「簡潔に良く拍子をとって」、彼女の地中海的文明の中に残された自然のように自明然として、彼女は歌い始める。あたかも運命を支配するのと同じ拍子を彼女自身が刻んでいるかのように悠然と。もはや避けられないものについて、彼女は死ぬほど悲しげに歌う〔練習番号36から〕。どんなに弱々しい光もこの声からは差してこない。「希望のなさの彼岸にある希望、絶望の超越」などは言うまでもない。短調や短九度の和音は陰鬱であり、へ音上のオルゲルプンクトは逸脱も突破も許さない。しかしこの〔超越に対して〕閉ざされた作品は、可能性と現実の区別がついている。有利なカードが配られたとしよう。たとえカードが死を示したとしてもたいした意味を持たないのと同じように、彼女はこの有利なカードを敢えて切り直して構わないのだ。そして実際、和声は勇気づけられたようにこの可能性へ向けて前進し、長調のカデンツへ流れ込む。ただしそれは抑制され、高揚もない。まるで死と同じく幸福自体も自分のあずかり知らぬ宿命であるかのように。カルメンの神話的意識にとって幸福と死は結び合わされた天秤の両皿であって、これとは別の秩序の中に幸福が存在するなどという約束を、彼女は夢想だにしないのだ。だがまさにこのことが芸達者なビゼーをして、息の長いさらなる展開を可能ならしめる。ここに初めて、半音階の中声部に導かれて、極めてゆっくりと、嘆きが高まってくる。それはまるで、自分を制御しようとするセックスと同じように、「早すぎる」ことを嫌うかのようだ。二度目のアプローチでようやくこの嘆きは、Ⅳ度上の六和音のところでフォルティシモにまでクレッシエンドされ〔練習番号39の一小節前〕、これ見よがしの挑発も和声の照明もなしに、ただ歌声の衝動に従って急激に崩壊する。いかなる再現部もない。その代わり主調のへ音に再び達した後は、肩をそびやかすようなコーダ、短く合いの手をいれる間投詞、それを彩る装飾の前打音といったものが運命を操っており、実際のところ、それはカロとピケの遊びにすぎないかのようなのだ。

その直後、カルメンの沈黙の後で、あらゆる劇音楽の中でも最も偉大な瞬間の一つ、《フィガロ》での伯爵夫人の和解の言葉に続く後奏や地下牢に差し込む《フィデリオ》のファンファーレの尊厳を備えた、オペラ形式そのものがそのために発明されたとでも言えそうな瞬間が、殆ど何の前触れもなしにやってくる。ただし脱魔術化された世界――それは《カルメン》において神話を悪しざまにいうどころか、突如として神話との親和性を露わにするのだが――においてこの瞬間は、〔これら《フィガロ》や《フィデリオ》における〕人間的なものを措定する区切り《チェズーア》〔この言葉については四一頁の訳註を参照〕の正反対のものを作り出すだろう。つまりわずか二小節のドミナントの高揚によって告知されて、二人のオペレッタのノルネは自分たちの姉妹の葬送歌を中断し、その憂いのないルフランを歌い始めるのだ。痛みの爆発を飼いならし、戸外への脱走を拒否する運命の内在性は、ここで形式の内在性となり、ロンドになり、輪舞となり、始まりと終わりが互いを呑み込み合う円環となる。カルメン自身もそこに加わって、メゾソプラノの深い音域で自らの死を歌うが、しかしそれは《リゴレット》の四重奏で盗み聞きするジルダのようにコントラストをつくるものではなく、たんなる対声部、打ち合わせ済みの対位法としてのことに過ぎない。神話の中の死は無差別に生の連関に降りかかってくる。そして再び曲は転がり始め、三人の女は仲睦まじく寄り添って、ライトモチーフがひっそりと低音のなかに姿を消すと、この箇所は最もありきたりなへ長調で消えていくが、それはもちろん最後の力を込めたカデンツなしの、解決せずに短調の下地に軽薄さを添えるピカルディー終止である。

カルメン全体に言えるように、カードの情景でも超越や意味は拒まれている。それどころか超越と意味への問いは、作品構想――それは『ボヴァリー夫人』と同じように正当にも、そして実は同じくらい不当にも、実証主義的と呼ばれてはいる代物なのだが――にはなから含まれていない。この構想を統治するところの運命、どんな人間的なものも押しとどめることの出来ない運命とは、世界に先立ち、精神にも先立つセックスそのものに他ならないのだ。人間は単なる自然存在として、しかしまさにそれ故に、自分とまったく違うもの、外的なものに規定された存在として提示される。単なる現存在に他ならない人間は、自分自身にとって完全に疎遠で摑みがたいものであり、殺人犯ドン・ホセは結局のところ自分の犯した犯罪について文字通り何も知らない。ニーチェは《カルメン》に「自然に翻訳し戻された愛」をたっぷり聞き取った。「この愛は宿命として、呪わしさとして冷笑的で、無垢で、おぞましく――そしてまさにこの点において自然なのだ！　愛とはその中心において戦いであり、その根底において二つの性の死ぬほどの憎悪なのだ！　――「おれがあいつを殺した、／おれが――おれの愛しいカルメンを！」　この作品を締めくくるドン・ホセの最後の叫びほどに、愛の本質をなす悲劇的な機知が厳格に表現され、ぞっとするような定式となった例をわたしは知らない」。ワーグナーに対するアンチ――まさにそのためにニーチェは、当然のようにビゼーを対抗馬に祭り上げたわけだが――はまったく完璧だ。ワーグナーではあらゆる小節、あらゆる身振り、あらゆるモチーフと全体の連関が意味を担わされているのに対して、ビゼーでは形式形成の非人間性と非情、つまり形式そのものの暴力が、意味の痕跡を最後の一片まで消し去るために用いられている。そして生のうちで生じた出来事がその現象した姿以上のものであるかのようなほんの微かな幻影すら現れて来ないようにするために。この点で、およそ禁欲的理想の罪を咎めることなどできないと思われている《カルメン》は、実は諦念の人たるワーグナーのどの作品よりも禁欲的であり、ニーチェを夢中にさせたどのような過剰装飾もない「明晰さ（limpidezza）」と乾いた空気の透明感は、この禁欲のおかげで《カルメン》に与えられているのである。

しかし禁欲のおかげだけではない。カルメンは自然連関の内在性を厳格に見て取り、情念の表現と表現なき遊戯しか受け入れまいとする一方で、ニーチェが暴力的なまでにその賞賛に固執した運命論の力を借りつつ、人間のイドラに敵対する真の啓蒙の一部である自由を、まさに人間解放のためにこそ目指そうとする。作品に呼び出される唯一の理念が自由であり、その名のもとにヒロインが死ぬことになるのは偶然ではない。あらゆる意味の幻影の不在、問答無用の神話的呪縛の執行が、作品が目を見開いて見つめている呪縛から、それを救い上げる。自分の鏡像を認めたメドゥーサのように、神話も自分を二重化することで崩壊する。意味の全体性を組み立てようとする芸術作品の場合、それは一瞬たりとも聴き手を解放することなく、また一音たりとも自由にすることがない。この全体性は救済を魔法で呼び出そうとしながら、結局は救済を否認し、そのせいで死を不透明で曖昧な形で救済と混ぜ合わせるだけの逃げ場のない強迫を行使するのみである。〔しかし〕どのような神聖さの仮象もなしに自然を自然自身の手にゆだねる《カルメン》でこそ、人は息をつくことができる。情念の自然連関の冷徹で手加減しない提示が、慰めの意味を引き入れると芸術作品から逃げて行ってしまうものをもたらしてくれる。情念が美的イメージとして自らを省みることで、外にある一つの審級が指示される。それは、かつて世界の経過がエピクロスの神々の前で演じられたように、作品のすべてがその前で演じられるような審級であり、そして運命の歩みに歯止めをかけることができるかもしれない審級である。これは一つの希望である。芸術作品そのものがその肯定的表現を求めてきたどの希望よりもはるか彼方にあって、しかしそれらより少しだけまっとうな希望である。というのも、情念が美的に屈曲されることによって、主観性は自然としてのおのれを知覚し、自分が精神であり自律した存在であるという仮象を手放すのだから。〔ちなみに〕こうした仮象は、「平均的にみて、カルメンとおよそ縁のない至上の愛の内面に住みつくものだ。ニーチェの言うところでは、世界中の芸術家がしているのはこのようなことであり、さらに悪いことには——彼らは愛を誤解している。ワーグナーもまた誤解していた。彼らが信じるところでは、自分の利益に反して他者の利益を望むが故に、自分たちは愛において無私の境地にいる。しかし、その代わりに彼らはこの他者を所有しようと望むのだ。……さらに、愛において神は例外を設けたりはしない。「私がお前を愛するとき、それが何かお前に関係あるだろうか？」などと神はまったく考えない——そして人が神を愛し返さないとき、神は恐るべきものになる。「愛とは、あらゆる感情のうちで最も利己的で、故に傷つけられたときには最も不寛容になる感情のことである」。神々と人間のもとで正しくあるために覚えておくべきはこの格言である」。愛についての誤解を、カルメンは訂正する。彼女はニーチェ的なあのエゴイズムへの忠誠を告白するのだ。彼女の寛容さとは、いかなる寛容も主張せず、故に何も所有しようとせず、この世でも別の世でも手元に何も留めておかないというものである。カルメン的運命論を通した人間存在のあらゆる支配要請の放棄と断念の身振りこそ、人間存在にかなえられる宥和の形象の一つであり、終わりある自由の約束なのだ。超越の禁止は「死すべき存在以上のものである」という自然の仮象を打ち破る。これこそカルメンにおける音楽の精確な機能である。精神分析理論は音楽をパラノイアの防衛として、そしてパラノイアをすべてを覆う永遠の夢として考える。もしパラノイアがそのようなものであるなら、人は音楽を目覚めの試みとして、また起床ラッパ〔本書所収のマーラー論前半のしめくくりでも起床ラッパについて触れられている〕を音楽の最初の現れとして読み解くこともできよう。祭儀の仮面を身につけるのと同じように、この音を味方につけることで、不安な夢にうなされる者は、自ら悪鬼たちに等しい存在に変じるのであり、その彼を前に悪鬼たちは逃げ出すのである。迷信から癒えた者にして初めて亡霊譚を楽しめるのであり、《カルメン》の音楽が各情景での出来事に施すのもこうした治癒である。悪鬼の仮象が消えるにつれて、自然は自らの盲目的な自己措定の暴力が描く殲滅の円環から、自己省察を通じて抜け出してくる。自然は故郷へ戻る。無表情な運命のメリスマ〔呪文のように細かく音をふるえさせる歌い方〕とフルート音型の謎めいた性格は、ここから来る。自然の法則の非情にして天空の星にも似た図像として、それらは同時に、眠りに入っていくときの敷居の上の幸福な安寧のエコーでもあるのだ。脱魔術化された《カルメン》についてニーチェが皮肉な調子で証言していることは、皮肉を抜きにしても、また、そのためにこそ彼がワーグナーに代わる自分の対立教皇としてビゼーを選び出した、あの魂の食餌療法のことを考えずとも、そのまま当てはまる〔魂の食餌療法は Diätetik der Seele の翻訳。ニーチェの文章では「魂の診断学（Diagnostik der Seele）」。こう書き換えたアドルノの意図は、精神の治癒もまた自らの自然＝肉体に立ち返ることで成立するというものであろう〕。「この作品も救済する」とニーチェは言ったのである。

劇場の自然史

我が母
マリア・カルヴェッリ＝アドルノ
の思い出に

拍手喝采

拍手喝采は音楽と聴き手の交わす客観的コミュニケーションの最後の形式である。音楽に耳を傾けている間に聴き手の心に浮かぶことは、彼の個人的な事柄にすぎない。音楽はそんなことなどどこ吹く風といった感じで、ひとりで演奏を続けていく。聴き手の心の動きはひとまず錯覚であって、訳も分からずに拍手する中で初めて、音楽と聴き手は出会う。拍手はとうに忘れさられた古代の生贄の儀式を想起させる。我々の祖先である男たちと女たちはかつて、司祭が生贄を屠る際に、恐らく両の手を打ち鳴らしたのである。〔だが〕音楽はもはやそんなことなど気にかけていない。人々は舞台《ポーディウム》によって音楽から切り離されている。売りに出されている商品から切り離されているのだ。今では手拍子の中でだけ、大抵はその独房の奥深くに慎重にしまい込まれている音楽の神話的な起源が、明瞭に響き渡ってくる。

従って本来の意味での拍手喝采は、一般に思われている以上に、観客が気に入ったとか気に入らなかったといったこととは無関係である。喝采が最も起こりやすいのは、何かの祝賀公演のような公式の催し《リプレゼンテーション》、あるいは音楽のヒーローたちの栄光に包まれた名前を前にした時である。最も激しく拍手が打ち鳴らされるのは、演奏に対する自由な判断の結果としてではなく、それが儀式的な機能から湧き上がる時なのだ。室内楽の聴衆の通めいた拍手には、常に一抹の疑念が紛れ込んでいる。この賞賛は聴き手の判断それ自体、つまり聴衆の自律性に由来していて、だからこそ、その友好的な態度にもかかわらず、既にそれだけで喝采の魔力の邪魔になるのである。

こうしたことはブーイングとの関係の中にも容易に見て取れる。もし喝采が自由な決断だとすれば、ブーイングもそれと同等の権利を主張してよいことになる。しかしある作品や演奏が気に入らなかった時ですら、我々は自分でも分からないうちに、ブーイングに対して怒りを覚える。この怒りの中には、生贄の儀式に対する神話的な忠誠が逃げのびている。

拍手喝采は他の誰よりヴィルトゥオーソのためのものである。なぜなら彼は供儀を執行する司祭の特徴を最も明瞭にとどめているのだから。ヴィルトゥオーソが聖なるひとときにおいて皆に分け与える贈り物について、それなりに報告できる才能を持った田舎評論家は、正しい事柄についてのそれなりの功績がないわけではない。ヴィルトゥオーソは闘牛士に似ている。今日でも彼は、雄牛と張り合うというより、それを聖人や王侯に供物として捧げるのだ。これと同じようにヴィルトゥオーソは、金縛りになった観衆の名のもとに作品を殺害し、彼らの罪を清める。その代償として彼は、作品を刺し損なって、《超絶技巧練習曲》の角で突き殺されるリスクを負わねばならぬ。しかし長時間の練習と厳格な習慣を経た後、彼は殺害された作品の内臓を取り出し、未知の神性を燃え上がらせることが出来るようになる。血の滴る肉の塊が聴衆の享楽のために降ってくる。実際、聴衆はヴィルトゥオーソの振る舞いに何の疑念も抱かない。聴衆は我を忘れ、その熱狂は血に飢えた狂乱に姿を変え、飽くことなくアンコールをせびる。もちろんコンサート会場におけるこの儀式的性格は、夢の中の出来事と同じようにどこかもつれてはいる。しばしば我々は、一体そこで誰が供儀に捧げられているのか分からなくなってしまうのだ。作品なのか、ヴィルトゥオーソなのか、結局のところ我々自身なのだろうか？

儀式行為としての拍手喝采は、芸術家と喝采を送る聴衆のまわりに、両者を閉じ込める魔法陣を描き出す。この魔法陣は外から見て初めてそれと分かる。舞台上で拍手がされるような劇のことを考えると分かりやすいだろう。この拍手喝采は遠方の舞台上から恐怖の波紋をひろげてゆく。喝采をする人々は、この世の彼岸、つまり舞台上にあって、太古の亡霊のように見える。供儀の恐怖に感染していく只中で彼らは、参加せずにいる我々にいわば儀式用の仮面を差し出す。何を考えているのかよくわからない表情をした仮面のにたにた笑いに、我々はぞっとして飛びのく。しかしその刹那、我々は思い知る。一体どれだけのコンサートで我々は、知らないうちに、このような仮面に変身していたことだろうか、と。結局ラジオが喝采から魔力を奪ってしまった。ラジオ中継される喝采は、供儀のために高く積み上げられた木片から燃え上がる炎みたいな音がする。

天井桟敷

今日の天井桟敷が広がっているオペラ座の最上部――ここだけは壁によって仕切られず、まるでオペラ座の垂直的な位階秩序がそこでは権利を失ったかのように、境界線も曖昧に横に広がっている――は、かつて空の光が劇場の中に降り注いでくる場所であった。かつてそこでは、たなびく雲のお芝居が、透明な至福の青空のもと、人間たちの芝居を気づかわしげに見守っていたのだった。かつて天井桟敷に席を占めていた人々は、舞台という裁判における雲の代理人であった。彼らの異議申し立てはドラマの掟に慈悲を求め、あるいはそれを打破しようとした。ここでイビュコスの鶴が証人として呼び出されたのであり、それへの応答が刑の執行のうちで復讐の女神たちの合唱となったのもここであった〔ギリシアの説話によるもので、詩人イビュコスが郊外で盗賊に襲われ殺された際に飛び去る鶴に犯罪の証人として呼びかけたところ、盗賊がそのあと劇場に足を運んだ折に上空の鶴を見て「イビュコスの鶴だ」とこぼしたところからことが露見し、その罪に報いが与えられたというもの〕。〔しかし〕とうの昔に劇場の上部は丸天井によって閉じられてしまった。それが天空への眼差しを解き放つことはなく、舞台の響きをこだまさせるのみ。しかしそれでもなお、舞台から一番離れたここに安い入場料で真っ先に座る人々は、であればこそ、自分たちの頭上の屋根がそれほどしっかり組まれてはいないことをよく知っており、いつの日かそれを爆破して、舞台情景と現実世界の統一をもたらすことができるのではないかと期待している。我々のうちで過去の想起と未来への希望は、この統一のイメージへ向けて収斂していくのだ。今日ではドラマは台本に拘束され、観衆は市民道徳に縛りつけられているので、劇場のうちで真の即興が生まれる場所であり続けているのは、天井桟敷だけになってしまった。天井桟敷は劇場空間の外縁に立てこもり、折りたたみ椅子でもってバリケードを築いてきたのである。

南ヨーロッパを訪れて初めて、天井桟敷の自然史の正体は明らかになる。そこで人は闘牛を観覧する人々の狂乱に出くわすだろうし、熱狂の波が泡のように広がって天井桟敷に至り、遮るもののない円形闘技場の上空へと吹き上がるのを目にするはずだ。私がこれに気づいたのはマルセイユの寄席でのことだった。その小屋で上方に座を占めていた港湾労働者は、ここ以外に帰る家もないといった風情で、タバコの煙がもうもうと立ち込める中、ベレー帽をかぶって片手には酒壜を握りしめ、もう片方の手には女の子を抱きかかえ、今夜の長旅のためここに投宿していた。全財産を差し押さえられたという顔つきをしたこの種の人々は、観客席にいるというよりはむしろ、各々が舞台の登場人物のような印象を与えていた。彼らがお上品な人々の頭越しに「よう！」と叫び、手を打ち鳴らしては舞台を囃し立てることで俳優たちとの結束を強めていく様は、あたかも舞台上の仮面舞踏会と天井桟敷の仮面の人々が互いに共謀しあって、彼らの間にいる観客たちを皆殺しにしたうえで、自分たちだけで一つになろうとしているかのようであった。その際、天井桟敷の人々が舞台の上になだれ込んだのか、あるいは劇場空間全体が舞台上の解放されたフリークス・ショー（エログロナンセンス）に感染したのかは、どうでもいいことである。

現在のドイツではこれらすべてがもっと隠蔽されていて、スキャンダルの喧騒がない限り露わにならない。しかし当地でも即興の可能性は、その両極の緊張関係のうちに保たれている。一方で天井桟敷には、何にでも狂ったように興奮する連中がいる。彼らは〔レハールの〕《微笑みの国》からやってきたテノールを何も考えずに崇拝している。そして他方で、《トリスタン》のスコアを広げて、その中声部を冷徹に追いかけている、音楽に通じた専門的な人々がいる。両者とも中庸な観客の彼岸にいるが、この中庸な観客は内輪の専門知識にも異常な熱狂にも侮辱を感じている。しかし天井桟敷で互いを排除しあっている熱狂主義と専門知識がいったん一つとなるならば、そして、上演の展開が専門的な譜読みの秘密によって聴衆から切り離されず、それを皆が一緒に体験する中で熱狂が確保されるなら、そのとき、天井桟敷に向けて声を張り上げる歌手は、自分のなりわいの最も厳格な試金石を最大限に満たしたことになるだろうし、客が一掃されて空っぽになった平土間席はドラマのために自由に使えるようになるだろう。これこそブレヒトがかつて語った未来の「三文劇場」である。

オーストラリアないしアメリカのワイルド・ウェストで語られているような逸話が、天井桟敷とはどういうものかを教えてくれる。あの伝説のバーの人々はそれを承知で、次のような言い回しで対処しようとした――「ピアニストを撃つな、そいつは精一杯のことをやってるだけだ」。〔しかし〕天井桟敷から銃弾が発射され、射撃の的のような悪漢を演じる俳優の心臓を撃ち抜くとき初めて、それは天井桟敷を舞台ともどもも救済するのである。

平土間

平土間は劇場における市民たちの安住の場である。まるでアゴラのように押し合いへし合いしながら、彼らはここに集まってくる。全員が均一に傾いた床の上の椅子に着席し、各人は肘掛けによって隣の人物と慎重に隔てられている。彼らの自由とは自由競争の自由だ〔平土間はかつて庶民に開放された立見席であり、近代になってようやく座席が置かれ、代金を出せば誰でも買えるようになったという意味で、万事金次第の民主主義の申し子であることを揶揄している〕。〔身を乗り出して〕他人の邪魔をし、舞台の一番いいところを掠めとる自由である。彼らの兄弟愛は一列に続く長い座席の並びから生まれる。そこではすべての座席がまったく同じ格好をしているが、しかしすべての座席が事物の秩序の中にがっしりとはめ込まれている。彼らの平等は席順と値段のヒエラルキーによって制限されているのだ。ただしこの秩序は目に見えない。平土間前方の肘掛け椅子と後方のそれは、見た目だけでは区別がつかない。

平土間の肘掛け椅子は折りたたみ式だ。その赤い上張りは、それがロジェに置かれていた頃の記憶をとどめている。というのも、今や平土間の住人は世界の支配階級に昇進したのである。しかしながらそれでもなお、彼らは〔遅れてやってきた〕隣人を通すために――この隣人も彼と同様、ロジェとは縁のないままでいなければならない人だ――立ち上がって、座席をパタンと折りたたんでしまうことで、肘掛け椅子からそれが不動の玉座としてオーケストラ上に君臨していたときの威光を奪い去ってしまわなければならない。肘掛け椅子は既に簡素な腰掛け椅子になっている。平土間の折りたたみ式の椅子として、誰にでもからだを開かねばならなくなったこの椅子の四肢は、その内側でがたがた震えている。

きちんと整頓され、合理的で見通しのいい平土間では、各人に正確な座席が与えられている。そこではもはやいかなるアヴァンチュールもありえない。何がしかをやりおおすことを許されているのは目だけだ。目を閉じて、オーケストラから丸天井までの全空間を、耳だけに解放してもいいだろう。あるいは人頭がぷかぷか浮かんでいる海の上のオデュッセウスよろしく、まさに神話上の人物と同じ「誰でもない者」として〔『オデュッセイア』第九歌でオデュッセウスが一つ目の巨人キュクロプスに与えた嘘の名前。そのせいで巨人は仲間に彼のことを知らせることができず逃してしまう。以下の喩えもホメロスの叙事詩に基づく〕、目は舞台へ向けて大胆な航海に出発することも出来る。まず彼はカリュプソの虜囚の身から己を解放する。この大柄なご婦人の髪型が、彼の目から洞窟の出口を隠していたのだ。次いで彼は、互いに押し合いへし合いしつつ、間を通る全てのものをすり潰してしまうという、スキュラとカリブディスの隙間をくぐり抜けないといけない。セイレーンたちの島、つまり輝かしいブロンドをした年頃の娘のむき出しのうなじを掠めていったりもする。その誘惑に打ち勝った彼にとっては、最前列にいる禿頭のパイエケス人も既に危険なものではなくなっている。ついに眼差しは、故郷のイタカの岸辺にたどり着いたオデュッセウスのように、コロラトゥーラを奏でるスーブレット〔《フィガロの結婚》のスザンナのような喜劇オペラの女中役〕の膝の上に至福のうちに降り立つ。

平土間には奇妙な側面出口があって、それはロジェ〔ボックス席〕の廊下に通じている。そこから平土間に入れてもらうことはできない。平土間のクロークが混み合っている時だけ、市民でもその脇道を使うことが許されるのだ。しかし恐らく平土間からロビーに行くには、この出口を使うのが一番の近道だろう。ここからロビーに出た場合、その人はあたかもロジェの住人であるかのように周りに思われる。あれだけ短く人目につかない廊下が、そこに足を踏み入れた際には堅実な市民であった人物を、尊大な似非紳士に変身させてロビーに送り出すのである。

平土間の不安の種は、ローマの円形闘技場という自らの出自を隠さねばならないことである。今のところそれは成功している。剣闘のゲームは芝居の情景として舞台上に追い払われ、アリーナは至るところ椅子で埋め尽くされてしまった〔前述のように平土間はもともと座席のない立見席だった〕。もはやそこでは小指一つ動かすことさえ出来ない。かつての闘技場は飼い慣らされた観客たちによって占拠されたのだ。しかし一つだけ忘れられていることがある。それは平土間に通じているいくつかの主要な通路である。斜めにせり上がって、オーケストラの外縁と観客席の壁のあいだにあって、見通しの悪いその様子は、まったくもってサーカスの通路そのものだ〔多くのオペラ劇場の平土間前方への通路はクロークから上り階段になっている〕。そこには常におが屑を撒いておかないといけないところだ。そしてまた、オーケストラと客席を仕切っている壁は、サーカスの円形演技場の周囲を囲んでいたあの神聖なフェンスに似ていないか。人々はこの壁を、かつてのアリーナの中心から、劇場の外縁へと追放したのだ。我々の分別と教養をそなえた劇場の中に、もう一度猛獣使いを呼び込みたいという邪悪な夢想が、クロークという檻から王者のようなベンガル虎を解き放ち、これらの通路を通って悠揚迫らぬ様子で〔会場に〕突如として押し入って来させる。

ロジェ

ロジェには亡霊が住み着いている。彼らがそこに居ついたのは一八八〇年からか、はたまたウィーンのリング劇場が焼け落ちた後のことか。彼らは入場券を買ったことなど一度もないが、有史以前から受け継がれる会員券を所有している。黄ばんだ叙爵書のようなそれを彼らに遺贈したのが誰か、神のみぞ知るである。本物の幽霊の常として、彼らは一箇所に縛りつけられている。彼らは他の場所に座ることが出来ない。ロジェにいるか、あるいは消え去るかだ。劇場にいるすべての生者たちから、彼らは切り離されている。しかしロジェの隠し扉からは、舞台裏の機械仕掛けに繋がる通路に出られる。今でも彼らは幕間にしばしば、偉大なコロラトゥーラの歌い手にシャンパンつきの晩餐を振る舞っている〔多くの劇場においてかつて、ロジェの客にはフリーパスで楽屋に出入りする権利が与えられていた〕。しかしその場を見た者は一人もいない。本物のロジェとは暗がりに潜むものなのだ。

本物のロジェ。これは何と言っても、ガストン・ルルー〔『オペラ座の怪人』（一九一〇年）の作者〕によって永遠の輝きを与えられた、プロスツェニウム〔舞台真横のボックス席〕にあるロジェのことだ。外国人用ロジェ——しかし魔法の小部屋に招待されるのでないなら、そもそも外国人はロジェで何をしようというのか？——と比べた時のプロスツェニウムのロジェは、安物の乗合馬車に対するエキパージュ、つまり白馬をつないで悠々と疾駆する高級馬車のようなものだ。外国人用ロジェにいる人々となら、仕切り壁ごしに平土間からでも会話を交わすことができる。彼らを覆い隠すものは殆ど何もなく、また批評家にはしばしば外国人用ロジェのチケットが割り当てられる。それに対してプロスツェニウム・ロジェは、ゴールドブロンズとフラシ天でできた王冠を頭上に戴くオーケストラの深淵の上に、悠然と君臨している。平土間から知りたがりのオペラグラスがロジェにいるX氏の奥方とZ氏の方に向けられるとする。すると緋色のカーテンがゆっくり降りてきて、舞台上のバッカスとアリアドネを覆い隠すように〔リヒャルト・シュトラウス《ナクソス島のアリアドネ》のフィナーレを指す〕、彼らの姿を見えなくしてしまうだろう。

プロスツェニウム・ロジェの中でのみ、舞台情景は風景として現れることが出来る。そう、それは〔人工的な〕風景なのだ。というのも観客はここでだけ、風景の光が眩しければ後ろに下がり、そして舞台と自分の間を〔カーテンで〕仕切ることが出来るからである。この仕切りこそが、変容しつつ永遠である風景として、舞台を創り出すのである。平土間だったら〔眩しくても〕目を閉じるより他ないし、そうすると自分自身にとらわれたままとなってしまう。〔しかし〕ロジェなら隣のご婦人と一緒に後ろに一旦さがって、その女性とまったく関係ないことについてお喋りしてもよいし、あるいは作品の出来の悪さを話題にすることも出来る。一段落して欄干のところに戻った時には、情景は一変しているという寸法だ。昼の情景を満たしていた光が、夕方の薄明に変わっている。この時初めて二人は、それが同じ風景であることに気がつく。

もし君が男なら、絶対に男連れでロジェに行ってはいけない〔十九世紀においてロジェは男女の密会の場としてしばしば用いられた〕。ロジェに二人の男となれば、それは男でないか、退屈かのどちらかしかない。それはさまにならない。しかし女性と一緒であれば、君はロジェの奥行きの親密さを彼女と分け合える。彼女は自分の部屋にいるようにコートを片手にもって、それを急いで小さな長椅子にかける。あたかも君たちが遅れて到着したせいで、少ししか時間が残されていないかのようだ。それから彼女は君と一緒に客席に現れ、そして〔再び〕身を隠す。――今夜の舞台の間だけは、彼女は君の恋人だ。たとえ君が彼女をものに出来るのは、狭くて暗い額縁、君たちを一枚の絵として一つにしてくれるあの額縁の中だけのことだったとしても。

ロジェには永遠に良い結末が訪れないだろう。これは鏡を見れば分かる。鏡は今や死に絶えた。劇場の支配人だけは実際上の即物的な理由から一枚だけ〔身だしなみ用のそれを〕所有しているが、このようにして新即物主義も古い呪いを〔相変わらず〕遂行しているというわけだ〔二十世紀に入って建てられた劇場は、鏡のような装飾品を極力排除して設計されているが、それでも特別な席には鏡がとりつけられていることを指すと思われる〕。なぜなら鏡こそはかつてロジェの主権を示す国章だったのだから。これらの鏡は、部屋にいながら通りの様子を伝えてくれる、覗き鏡に似た役割を果たしていた〔同時期に出版されたキルケゴール論では、路上の風景を室内に持ち込む覗き鏡について、十九世紀の市民社会における主観と客観の状態の写し絵として論じられている。アドルノ『キルケゴール――美的なものの構築』山本泰生訳、みすず書房、一九九八年、七九頁以下参照〕。それは舞台の風景の様子を絵のように壁にかけて映し出してくれたのだ。隠し扉を通ってこの鏡を持ってきた設計士の名前こそダペルトゥット〔オッフェンバック《ホフマン物語》の情婦ジュリエッタの情夫〕だ。そして君がロジェ――そこにいると次の火事で君は焼け死んでしまうかもしれないのだ――から姿を消そうと思い立ったとするなら、舞台の出来事にすっかり退屈した君――舞台にあまりに近すぎるところにいるからこそ、君はそれを鏡に映して見ようとしている〔古いオペラ劇場では舞台を映す鏡をロジェ側部に備えていることが多い〕——は、鏡の中の君の姿を舞台の風景に重ねて置かねばならない。すると君の向こうにある舞台の風景は鍵をかけて閉じられてしまう。〔鏡で舞台を見ていた〕鍵番の女性が割りを食う。

三階席、第一列目中央

派手なショーと俗物的なお約束——オペラ自体が両者を少なからず含んでいるが——が事象に即したオペラ上演の経験の前にしゃしゃり出てきてしまって以来、専門家はオペラ座の大伽藍の中で逃亡中である。シラーが地上を分割した際に貧乏詩人のためにとっておいてくれたかのオリンポスの高みに、自ら登りつめることができない以上、専門家は三階席の中央のようなところに隠れ家を見つけるしかない。そこの座席たちがほとんど匿名と言ってもいいくらいに没個性的であることは、観賞の際にはむしろ利点となる。理想的な音響設備が整った少数の劇場を除けば、ロジェの音響は——オーケストラに対する位置によって違いはあるにせよ——ひどく歪んで聴こえる。それに対して平土間、とりわけ前方の座席の音響は、まるで奥行きのある快適な響きに耐えられないように、しばしば鈍重かつ平板だ。そして天井桟敷では、あたかも自分がきちんとそこに臨席していないかのように、まるで大目に見てもらった見物人として盗み聞きしているように響く。音量や立体感、そして反響といった点でベストな席は、三階から五階を占めるラング〔階席〕に集中している。他の場所ではどこでも無駄に垂れ流される響きが、ここではまろやかに取りこぼしなく聴こえる。ラング席に座って初めて観客は、オペラにおける物自体に、印刷された音符ではなくその上演に、直接触れることが出来るのだ。

単なる効果としてではなく、その内側からしっかり上演を聴きたいと思っている人にとって理想的な状況は、三階席で聴くリハーサルである。日光の弱々しい縞模様が、ほとんど無人の大伽藍に差し込んでいる。永遠の朝の薄明、練習の中断、時々口をはさんでくる音楽監督のオーケストラへの指示、せわしげに行ったり来たりする人々といったものが、幻影の呪縛を解き、癒してくれる。そこで失われてしまった最初の魔法は、二つ目の魔法で十分に取り返される。それは、通常は人をとりまいているだけの秘密の内部に自分がいるという感情、指揮者、演出家、舞台技術係たちと兄弟のような親密さでつながっているという感情である。作品は分解してみて初めて、その秘密を開示してくれる。分解された部品を通して、つまり継ぎ目や亀裂を通して初めて、人はその構造の奥深くに入り込むのだ。そのためには三階席こそ最善の場所だ。気が散らない程度には舞台周辺の怒鳴り声から離れているし、完璧なプロポーションで立ち現れてくる響きにはっきりと耳を傾けることができるのだから。

この場所は社会的に定義することは出来ない。そこには名声も汚名もない。そこの座席には、通常オペラの精神と対立するような、得難い特権が与えられている。つまり見られることなく見るという特権だ〔平土間やロジェの客はオペラ劇場では他の客による衆人環視にさらされ、またそれを意識して振る舞うという意味でバロック的であるが、ラングではコンサートホールと同じく作品鑑賞そのものに集中することが出来るということ〕。対象をあるがままに客観的《ザッハリッヒ》に知るには、自分の身を隠すのがいい。煩わされることが少なければ、それだけ他人を煩わせることもない。例えば何一つ聴き逃すまいとして身をかがめている人は、どんな享楽家からも抗議されることはないだろうし、隣席の人物と一緒になって今しがた目の前を通り過ぎていったメロディーを口ずさんだとしても、お咎めなしで見逃してもらえるだろう。このような対象に即した振る舞い《ザッハリッヒ》は、ロジェにふさわしい〔観客もまた自らを演者と意識する〕それとは真逆のものだ。ラング席に着席しようとする人は、その瞬間に既に、かつてロジェが存在したなどということをすっかり忘れようとしているのだ。

利点と言っていいだろう。〔ここからは〕すべてが見えるし、すべてが見えにくい。ひょっとすると観客なら見える、一人一人の顔まで分かるかもしれない。だが舞台は眼下にあり、点のように小さく、おまけにオペラでこれ以上ありえないというくらいに歪んで見える。あたかも自分が舞台の上に浮かんでいるかのようだ。耳が正確に集中して聴くほど、演出の手管とか妙味とかを〔目は〕見損なってしまう。しかしオペラ通はけげんな顔をするだろう。「だからってどうなの？　音楽劇は聴く方が得意で好きな人のための埋め合わせとして作られたのではなかったっけ？　オペラの中の出来事は、あまりつべこべ言わず共体験するもので、オペラは昔〔から〕そうだったようなものとして、それ以上ではありえないものとして、そして演出家たちが絶望しながらその真逆のものを渇望する、そういうものとして、今も再演されているのでは？」　三階席の前列にいれば分かる――オペラは確かに眼下に見下ろす舞台を必要としている、しかし特別な演出上の工夫など出来るだけ気がつかない方が、オペラには適しているのだ。オペラ演出についての格言として、世界劇場についてのエピクロスのそれをあげることができるだろう。曰く、「よく隠れるものはよく生きる（bene vixit qui bene latuit）」〔オウィディウス『悲しみの歌』〕。

ロビー

もし劇場が時計のケースであって、夕べから夕べへと運命の針によって世界の歩みを刻んでいるとすれば、その時計の中でロビーは秒針盤の役目をはたしている。この秒針盤はマクロコスモスのミニチュア的模像をさらに縮小した形で再現しているが、それはまるで、鏡の無限反射の中で徐々に世界が消え去ってしまうようなシステムが作り出されたかのようだ。ロビーに入ると観客は、想像上の観客の前に俳優として立たされる。観客席というものは、舞台から観客を追放した。しかしロビーの彼らは、劇場の建物の縁のどこかで奇妙な周回軌道を描きながら、自分自身の舞台に登場してきた。休憩の間、彼らは自分たちの作品を演じる。それはパントパイムであり幕間劇だ。実際の舞台上の劇とそれとの関係は、両者の関わりが希薄であればあるほど明らかになるような類のものである。舞台上の人物たちを司っている目に見えないものが、〈ロビーという〉この理念の王国では、土地の精霊やデーモンとして本当に姿を現して、散歩を楽しんでいる。しかし誰一人としてそこで漏れ聞こえてくる言葉の意味を理解などしていないし、何より、舞台を見ている時の沈黙から回復しようと、そこでおしゃべりしている当人たちが、何を話しているか一番よく分かっていないのだ。

〈ロビーの〉彼らは絶え間なく円周を描いて歩いている〈事実ヨーロッパの伝統ある劇場の年配の客たちはしばしば、休憩時間に何をすることもなくロビーを時計のように一方向に逍遥している〉。誰かに命じられたわけでもないのに、彼らはその命令に従っている。規則を破ってまっすぐ横切ろうとする者は、ある種の反抗としてそれを行う。いや、それだけではない。良心の呵責とともに敢えてそうするのだ。

まるで星辰の配置のように、彼らも楕円軌道を描いて歩く。彼らの間には、明確な表現や意図をもたない、純粋な数学的規則が描き出される。それがこの舞台の物理学に法則を与える。ここで何かしゃべっても、君は何を話したかすぐに忘れてしまう。君の前にいる人、後ろにいる人が何を話しているか、まったく聴こえない。ただざわめきだけが君をゆりかごのように揺すり、その中では君が何もせずとも宇宙のハーモニーが密かに響いてくる。その響きを楽譜に書ける者こそ、真の劇作家というものだろう。

ロビーの左右のコーナーにはビュッフェがある。しかし君がお伴しているご婦人は、そこで何か食べることを嫌がるかもしれない。もし劇場の中で食事を摂ることは無作法で田舎じみているなどと心配してそうしたのなら、それは御門違いだ。平土間の暗がりで食べるチョコレートの包み紙は、何と愛らしくかさかさ音を立てることか。ロジェでの軽食については言うまでもない。しかし、である。ロビーという叡智界での君たちはただの影だ。君たちは自分のからだを観客席に置いてきたのであり、だからこそそれは、ロビーにいる君たちをいつでも正しい席に連れ帰ってくれる。ロビーで食事しようとすれば、君たちの顔には血の気が戻ってくるだろう。君たちのからだが貪るようにして君たちを追いかけてきた。君たちは死すべき者として生気を取り戻す。聖なる円環運動は中断されるだろう。そして君たちはビュッフェの前に立ち尽くしたまま、自分の重みで底なしの深淵に墜落してしまう。

緑に色づきはじめた公園、長く色鮮やかな夕べの薄明、そして温かい雨の中、ライトに照らし出されたすべての劇場が、それ自体イルミネーションのように輝きはじめる夏、ロビーもまたハイシーズンを迎える。この時期になると時折、劇場正面にある床から天井まで届く大きな両開きの扉が、バルコニーに向かって開け放たれる。ロビーの客はこの扉を通って建物の外に出ていく。そこで彼らはついに自分たちの観客を見出し、それによって彼らの言葉もまた解き放たれる。それ以外の時期の彼らは、ただ玄関ホールで紙巻煙草をひっそりとふかしているだけだったのだが。今や彼らは深く息を吸い込み、そしてバルコニーへの束の間の行列という彼らのお芝居が、新鮮な微風の中で、自然というその本当の姿を彼らに打ち明けてくれる。その足元の劇場前の広場では、占星術師の望遠鏡が彼らに向けられる。幕間の終わりを告げる三度目の鐘の音が鳴って、バルコニーに残っていた最後の人々も姿を消した後には、石造りの縁の部分から場をなごませるように、月がぽっかりとこの舞台の上に登場してくる。

要石＝終曲としての丸天井

オペラは、バロック悲劇研究がそう思わせているような、単なる没落形式以上のものだ〔没落形式（Verfallsform）という言葉から、ここでベンヤミンが念頭に置かれていることがわかる。ベンヤミンのバロック論では遊戯的な音の戯れとなったオペラは、音と意味の緊張関係を維持していた十七世紀バロック悲劇の「没落から生まれたもの（Verfallsprodukt）」とされていた。ヴァルター・ベンヤミン『ドイツ悲劇の根源』下巻、浅井健二郎訳、ちくま学芸文庫、一九九九年、一二三頁以下〕。このことを何より明瞭に示しているのは、近代の劇場設計における丸天井の存在である。というのも、ルネッサンス以来のあらゆる劇場の建物の頭上には、それが現代風であれ太古の様式を模したものであれ、常に丸天井がかぶさっているわけだが、その厳密な機能が発揮されるのは、オペラ上演の時だけだからである〔例えばヴィチェンツァにある十六世紀末に建てられたパッラーディオのテアトロ・オリンピコは、古代劇場を模した舞台と半円形の客席をもつが、上部は天井で覆われ、しかしそこには天空が描かれている〕。天井はそこで彼岸の天空を締め出し、太陽のように輝くシャンデリアと天井に描かれた星々によって、天国を召喚する比喩として、この此岸にあって自らをその位置にまで高めようとするだけではない。同時に丸天井は、オペラの上演の際にのみ生じるような、〔独特の〕音響空間を生み出すのである。丸天井は弁証法を秘めており、それがオペラによって解き放たれるのだ。それは彼岸と此岸を切り離す壁であると同時に反響板でもあるわけだ。かつてはコラールとして彼岸の神の耳に届こうとしていた音楽は、丸天井に遮られて此岸へと跳ね返ってしまう。しかし無慈悲な女神は、野外であれば跡形もなく消えてしまうだろう響きを集めて回り、柔らかくまろやかな響きにしてくれる。そして集めた響きを変容させて下に贈りかえす。オペラそのものが丸天井のような形をしていると言ってもいい。真のオペラはいかなる場合も丸天井からの反響を念頭に置いているし、偽物のオペラが命脈を保つことが出来るのも、ひとえにそのおかげなのだ。だからこそ、聴衆の胸に芽生えた情念が不規則な波を描きながら、どこまでも盛り上がっていった末、丸天井の頂点に反響して、まさにその心の暗がりからあの情念が生じてきた人々のもとへと、光の矢となって悠然と、また万人にたいして一様に戻ってくる点にこそ、プッチーニの旋律の魅力はあるのである。要石として我々の劇場の頭上に聳えることにより、同時に丸天井はあの形式を締めくくろうとする。バロック悲劇のいかつい舞台とともに謎めいた形で生み出され、今や劇場の天井の高みで柔らかく揺らめきつつ消え去ろうとしている、あの形式である。なぜならあらゆるイメージの悲哀は、舞台上での嘆きの台詞から引き裂かれ、空間の際までそれを破壊せんばかりにせり上がり、歌われる音として空間の限界にぶち当たって砕け散るのではなく、むしろそこから故郷への帰還の道を見出すのだから。丸天井の頂点で悲哀は慰めに変容するのだ〔悲哀（Trauer）はバロック悲劇＝悲哀の劇（Trauerspiel）を扱ったベンヤミン前掲書の中心概念。アドルノが丸天井について覆いのないギリシアの野外劇場との対比を用いて述べているように、ベンヤミンにとってもバロック悲劇をギリシア悲劇から区別するものは天上の救済の喪失であった。その際バロック悲劇とは、この世への内在を宿命づけられた人間の哀しみを表すものとされる。オペラを没落形式と定義するベンヤミンは、しかし同時期に成立した「近代悲劇とギリシア悲劇における言語の意味」では、その救済の可能性を音楽に見ている。ベンヤミン『ドイツ悲劇の根源』下巻、前掲、二〇一頁〕。此岸にとらわれた被造物の声は、歌声として上空に飛び立った後、粉砕されるのではなく、こだまの中で声を放った当人に再び出会うこととなる。この〔円環を描く〕歌声は、「一度でも歌うことのできた被造物は、決して失われることはない」という希望を響かせている。丸天井は、我々の閉ざされた劇場の救いのない内在性を、古代の開かれた劇場における祭儀の遂行から最も厳格に区別するものであるが、同時にそれは、次のような約束を告げてきた。つまり、そこで起きたことは何であれ、決して忘れられることはなく、そのまま高められて保存され、いつの日かほんの少しだけ変調されて、エコーとして、あの有限の世界空間の辺縁で我々を迎え入れてくれるという約束である。「我が身の滅びることはないだろう（non cconfundar）」〔聖歌《テ・デウム》の最終節〕。これこそ、混濁して間違いだらけで不純な歌声に丸天井が施してくれる、澄んだ共鳴である。いつの日か、とそう思えるのだが、丸天井の丸みは劇場全体を自分のなかに引き入れてしまうのではないだろうか。そのとき劇場は、もはや上もなければ下もなく、それどころか、歴史的時間という一方向への時間すら知らない球体となるだろう〔スウェーデンボルクに感化されて書かれたバルザックの神秘小説『セラフィタ』（一八三四年）における、上も下も右も左もない球体の天国のイメージを示唆している可能性がある。スウェーデンボルクの思想はシェーンベルクにも強い影響を与えた〕。この時間を支配することこそ、我々の劇場の憧れだったのである。この夢の球体劇場では、単に最良の仮装劇として、過去が現前しているだけではない。そこでは同時に、現在が透明な姿で舞台に登場し、また舞台を去るのだが、この「過ぎ去りゆく束の間のはかなさ《フェルグングリッヒカイト》」という力によって、現在もまた永遠となるのだ〔「Vergänglichkeit」もベンヤミンがバロック論で用いた術語。これについては本書所収のストラヴィンスキー論の一九七頁に付したVergängnisについての訳註を参照〕。自律美学が自信たっぷりに確信しているのとは逆に、演劇的イリュージョンとは劇場の決して死滅することのない願望であり、それが正当化される理由はまさにここにある。最もはかないはずのものが、球体の反響の中で、突如として救済されるのだ。球体劇場では暗い森が舞台装置なるだろう。その下で作動している機械の水蒸気圧のざわめきは、隠された泉か秘密の地下道――いわばヴェデキントが『ミネハハ』のシュルレアリスム的ユートピアで都市と劇場をつなぐものとして描きだしたそれ――から響いてくる。しかし自分に形を与えてくれた丸天井を、そのメロディーでもって後から描き出していく歌が、よりによってもはや黙した人々に分け与えられるのは、決して無駄ではない。歌が歌える者たちは唱和するだろう。そして歌を口ずさみ、またもう一度歌ってみては、それがエコーとなって響いていくその連なりが、たゆたうように満たされた空間の同時性の中へと消えていった後、その静けさは自らの内で〔再び〕震え始めるだろう。

第 II 部

現　前

Vergegenwärtigungen

マーラー

ウィーンでの記念講演

グスタフ・マーラー生誕百年について話すべくドイツからウィーンにやって来た者は、賢人に説教を垂れるような真似をしないよう気をつけねばならない。マーラーの本質であった様々な逸脱ですら、彼がそこから逸脱したところのもの、それ自体が既に逸脱であるような何か、即ちそのオーストリア的イディオム抜きには、そして同時にヨーロッパの標準的な音楽伝統のイディオムとの関係抜きには、理解できない。ウィーンのオペラに彼が捧げた十年は、演奏史のみならず音楽史そのものにとっても、「マーラー時代」として不滅のものであった。音楽のすべての領域において、マーラー時代は規範を打ち立て、それは今日なお作曲系譜上の最も細い支流にまで及んでいる。いわゆる伝統なるものがその拘束力を失っていることをいち早く意識していた彼は、明晰さと責任感を最後の一音に至るまで貫徹しつつ、それをスケールの大きい熱狂的な全体の直観に結びつけた。オーストリア的なものから彼は、単に機械的に流れていくだけのあらゆるものに抵抗して踏みとどまろうとする、音楽における有意味性への感覚を受け継いでいた。しかし同時に彼は、明確にくっきり刻まれた形象を脅かす、〔オーストリア的な〕快適かつ妥協的な自由放任主義の危険にも気づいていた。こういうものに対するマーラーの抵抗は、教養を売り物にする文芸欄による言語の堕落と闘った彼の同時代人カール・クラウスのそれによく似ていた。この点でマーラーは、既に演奏家として、当時支配的だった順応主義を拒否するあの時代の精神運動と深くかかわっていた。彼が団員たちに覚え込ませ自ら指揮した演奏が、本来は時とともに消え去るはずであるにもかかわらず、それをもはや聴くことの出来なかった後世の人々にとってすら不滅の何かとなったというのは、逆説的である。愛する人を亡くした人物が、故人の知人や少なくとも同じサークルに属していた人々のもとに、その言葉遣いや表情や身振りの痕跡を探し求め、ひょっとしたら見出されるかもしれないある種の抑揚のニュアンスから、「死者も完全には死んでいないのだ」といった慰めを引き出すのと同じように、彼を直接知っていた指揮者の演奏法の細部から聴衆は、マーラーの指揮が一体どのようなものであったかを再構成しようとする。往々にして人々は、苦悩に満ちた繊細さと力強い真面目さといった彼の顔つきまでもが、指揮や作曲の分野でのその後継者たちに分け与えられているのではないかとすら、考えてしまう。

作曲家マーラーを正しく聴くためにはまた、音楽がオーストリア訛りで話すところで生まれるあの〔互いにうなずき合うような〕了解の感覚を、人は分かち合わねばなるまい。マーラーの知己だったブルックナー、そして恐らくマーラーの最も正統的な解釈者であったウェーベルンという両極までもが、そこでは互いに触れ合っている。若きマーラーの諸々の曲からは、母国語として身に染みついたオーストリア訛りが語り出してくる。例えば和声の色価の豊穣な細分化のおかげで、甘美なくして甘美に響く第一交響曲のトリオなどがそうである。恐らくマーラーを愛するすべての人を最初に惹きつけるだろう第二交響曲のアンダンテの長大なレントラーの旋律も、オーストリアの訛りによっている。今日なお彼に対して向けられる「旋律的発想の欠如」という非難に反駁するには、この箇所だけで十分であろう。こうしたメロディーの大きな弧を、必要なら彼はどこでも使いこなせた。第七交響曲の最初のセレナーデの第一トリオ、あるいは第十交響曲のアダージョ草稿の比類ない嬰ヘ長調の主題のような、最も成熟した時期の作品ですらそうだった。彼がこうしたことに対して倹約的だったのは、発想の貧困などではなく、最も美しい部分形象すら軽々と飛び越えていく彼の交響的なるものについての理念の故であった。そして何より彼の対位法もまた、オーストリア的であった。それは旋律をまず設定し、そこに幻想的に諸々の対旋律を加えて歌うといったものであり、〈通常のフーガのような〉収斂による圧縮ではなく、溢れ出るままの気前のいい横溢によるそれであった。また晩年の消え入るような諸作品にすら、オーストリア的なトーンは回帰している。例えば第九交響曲の死の舞踊のヴィオラには、レントラーの面影が偲ばれるのである。

しかしマーラー最後のスケルツォのこの微光のいくばくかは、彼の全作品を覆っているものでもある。マーラーの音楽の故郷は、それ本来の故郷と完全に合致してはいない。マーラーの音楽にとってなじみのはずのものが、常にどこか違和感を生じさせるのだ。同時代のどんな音楽よりもそれが尊重していたはずの伝統的な音楽言語が、マーラーの音楽にとってはどこか非本来的で、何か困惑しているように、そして聴き手を困惑させるように響くのである。いまだに彼の名声にはどこか怒りの声が、鼻つまみ者というニュアンスがつきまとっている。あたかも彼があまりに人間的に文明化のタブーを冒瀆したかのように、彼に対して眉をひそめるむきがある。自分自身の感情の高まりを何ら恥じることなく目いっぱい表現しようとする彼の音楽は、二重の意味でショックを与える。というのも彼の音楽は、この種の様式化されていない表現を既に禁じているはずの語彙、このような表現の緊張のもとでは引き裂かれてしまいかねないような、全音階的な語彙を用いているからである。だからこそマー的に、マーラーを抑圧しようとするのだ。

ラーは、目利きが良心の呵責をごまかすときの言い回しを使えば、要するに後期ロマン主義者として、二つの時代にまたがった人間として、あまりに主観的であると同時にあまりに記念碑的であるとして、拒絶されるのである。趣味と穏健な進歩に飼いならされた中庸の音楽文化は、社会的な意味でも反動的に、マーラーを抑圧しようとするのだ。

マーラーといえば自動的に湧いてくる、これらとっくに標準化された異論から彼を擁護するには、身の程知らずの上から目線でもって、彼にその歴史的ニッチを与えてみたところで、あまり役には立たない。明らかにすべきは、よってたかって抑圧されてきた彼の音楽を生き生きと経験する時が今訪れているとして、それが何故なのかということである。そしてこれを正当化してくれるのは、これまで抑圧されてきたもの自身でなくてはならない。それこそマーラーにおいて真実にして、〈同時代人の〉怒りを超えて生き続けているものなのだ。もしマーラーを単に偉大な作曲家たちの一人として再評価し、その偉大さ――彼がそれを疑問の余地なく遂行していることなど今更言うまでもない――について断言するだけでもって救済しようとするなら、その際に人は予め「ほどほどの中庸」という尺度を受け入れているのであって、そんなことになればマーラーから最上のものがだまし取られてしまうであろう。彼にあって非本来的なのは、人がその都度「根無し草のアイロニー」とか「弱々しいセンチメンタリズム」と非難してきた、オーストリアやボヘミアの音楽的な民族言語との関係だけではない。彼の音楽言語そのものが、隅から隅まで屈曲しているのだ。それは「音楽こそ純粋な直接性の芸術」という作り話を挑発する。人間相互の関係が媒介されたものになればなるほど、世界が管理されるようになればなるほど、人はこの与太話に執着する。シェーンベルクがその重要なマーラー論で、「第九交響曲からは作曲家が直接語りかけてくるのではなく、第三者が語っている」と述べた時、それによって彼は、大なり小なりマーラーの全作品に妥当する事実、二重底性ともいうべき、マーラーにおけるある種の居心地の悪さのおおよそを説明してくれる事柄を言い当てていた。マーラーのほとんどすべての楽章、いやすべての主題すら、それが現れるがままに文字通り取られてはならない。第四交響曲のような傑作は、最初の音符から最後の音符まですべて「かのように」なのだ。音楽的直接性と自然は、〔この作品で〕自然の祝福を自称する作曲家によって、着想の細胞の奥の奥まで疑問符をつけられている。見紛いようもない個性と極度の造形性にもかかわらず、少なくとも初期ロマン派以来磨かれ、かつ擦り切れてきたオリジナリティーの理想に、彼が従うことはなかった。その主題たちはその場にあるもの以上のもの、そしてその場にあるものとは別のものとして意図されており、これらをマーラーは様々なところから借用し、あるいは俗っぽいという異論に抗して露出してみせる。えり好みの多い洗練された文化の規範に対する無関心、いや、それに対する反抗が、全体の関心だけでなく細部の造形をも支配している。最後の諸作品に至るまで伝統的な図式はある程度効力を保っていた一方、それらは具体的な形式造形によって否認されていた。各楽章内の個々の部分の比率が伝統的な図式感覚と一致しないというだけではない。音楽の神経繊維そのものがこの図式、とりわけソナタから生じた形式カテゴリーの感覚――マーラーは晩年に至るまでこれを完全に振り払うことはなかったのだが――に矛盾するのだ。予め与えられた型に沿って音楽を聴く人々にとっての、時としてカオスとも言いたくなるような印象は、ここから生まれてくる。音楽文化についての既成概念の生命線が脅かされる。第一交響曲の第一楽章の頂点で響き渡るファンファーレは、いわば確実に組み上げられた形式の壁を叩き壊す。あらゆる〔既成の〕芸術に逆らってそれは、闖入してきた無制約者のステージへと芸術を変えてしまおうとする〔この一文は、作品の意味は肯定的な記述によって内容的に示されるものではなく、作品全体をその現れとして解読せねばならないとするアドルノの意図を表明したものと読める。例えば、初期のキルケゴール論において、この哲学者では主観性が存在論の内実ではなくその舞台として現れていることを指摘した箇所に、アドルノのこうした考えは既に認められる。アドルノ『キルケゴール――美的なものの構築』山本泰生訳、みすず書房、一九九八年、四四頁参照)。美的なものという己に確たる自信を持った秩序、無限のものの自己充足した有限化という秩序を、マーラーの音楽は激しく揺さぶる。突破、内部からの瓦解、全体の只中で孤立するエピソード、そして何より互いに乖離していく諸部分の分解の瞬間を、この音楽は知っているのだ。和声や旋律や色彩という素材の点ではシュトラウスやレーガーと比べてむしろ保守的であるにもかかわらず、その形式感覚の点で彼の音楽は、無謀なまでに前へ突き進んでいく。内在的で閉じた文化のありようの代表者として、第二交響曲のパリ初演の際にドビュッシーは、抗議の意味をこめて途中で席を立った。彼を恐れさせたのは、怪物的かつ――明晰に見渡せることを尺度とするなら――あまりに超次元的なものであった。市民たちが音楽をあまりに私的かつ因習的に狭隘化することに対して、マーラーが激しく反抗したという事実を、後年になると人々はすっかり忘れてしまった。彼はヴィルヘルム二世やリング通りの記念碑性と比較され、その美的巨象性を非難されるようになった。かくして「やりたい事とやってる事が全然かみ合ってない」という古くからの悪意に満ちた批評家の決まり文句が、ある程度流線型のスマートな形でもって、ベックメッサー風の嘲笑――規則に従って始めるのではなく、小鳥たちから旋律を授かった者への嘲笑――に、到達されたモデルニテの聖別を与えたのだ。

　しかし真正さの使徒たちがマーラーについて非難するもの、つまり徹底的な屈曲、すなわち音楽の現象とその背後にあるものとの不一致は、今日〔の新音楽において〕それ自体が持っていた必然性により開花しつつある。美的主観と現実との乖離という世界苦は、シューベルト以降の音楽精神の基本的な立ち位置であった。しかし形式言語の諸前提をシューベルトが攻撃したことは一度もなかった。それはマーラーによってなされた。自分自身に投げ返された魂は、その生まれ故郷のイディオムの中にもはや居場所を見出せない。その中で魂は疎外されているように感じる。魂の苦悩の直接的な荒々しさに、イディオムはもはや触れることが出来ないのだ。社会の辺境からやって来て、自分の出自の経験を決して否定したことのないマーラーだが、この点では彼はホーフマンスタールによる高貴な生まれのチャンドス卿とさほど違わなかった。チャンドス卿にとっても言葉は、それが言うべきことをもはや言うことが出来ないが故に、粉々に砕け散ってしまうのである。ただしマーラーの場合、そこから沈黙という帰結を引き出すことはしなかった。むしろ音楽における因習的な単語と言い回しに、それらがもはや耐えられないような意図を流し込むことを通して、マーラーは亀裂を告白した。音楽言語の非本来性が、内実の表現となるのである。彼の調性的な和音の数々は、疎外された社会に囚われた主観の苦痛を、様式化も装飾もなしに丸裸で投げ出し、それらを社会の頭上で爆発させる。それらはモデルネの暗号文であり、彼より後の時代の音楽言語となるところの絶対不協和音のための場所を予め確保するものであった。第五交響曲の葬送行進曲の第一トリオにおけるような、まったく様式化されていない驚愕の爆発——そこでは非人間的な首切りの命令がこだまして犠牲者の阿鼻叫喚となるように聴こえる——は、それも杓子定規にパターン化された行進曲の形式図式の只中とあっては、そもそも調性言語と共存することなどもはや不可能なものだった。にもかかわらず彼がそれをやり遂げ、馴染みの語彙によって真に前代未聞の事柄を言明したということ、これは音楽史のスキャンダルとも言うべきものであった。音楽がこうした体験のための適切な素材をようやく見出した今日、マーラーの音楽が一瞬稲妻のように閃かせ、そして後になってようやくリアルなものとなったところの、こうした筆舌に尽くせない経験が、〔素材と内容との〕適切なバランスのせいでむしろ弱められ調和させられてしまうのではないかなどと、思わず考えたくなるほどである。マーラーの通俗性、つまり因習的なものの化石は、その主観との和解不可能性をますます浮き彫りにしている。歴史が進むにつれほの見えてきたこうした否定性に迷わず身を任せる意識にとって、こうした通俗性は不可欠なのである。この通俗性は同時にまた、低いもの、貶められたもの、社会的に不具にされたもののアレゴリーでもある。ドストエフスキーの熱烈な読者だったマーラーは、極限のわざでもってこれらを芸術言語へと引き入れる。引用する通俗的なものを、決して彼は通俗的に響かせない。罵られ雄弁に意味を帯びることにより、それは作品を満たすことになる。そうすることで彼は、音楽における芸術言語がその社会的前提である教養特権に組み込めないものすべてを締め出し、そうやって自らを実現しようとした際に、それが侵さざるを得なかった太古の不正のいくばくかを、埋め合わせようとしたのである。

音楽によって世の成り行きを有意味なものとして確証すること――リヒャルト・ワーグナーの悲劇の形而上学も含めて、かつてこれはいかなる例外もあり得ない公認の習慣だったわけだが、それがもはや不可能であるという形而上的否定性の経験が、第八交響曲以降のマーラーの意識にのぼってきた。これを説明してくれるのが有名なブルーノ・ワルター宛の手紙である〔『マーラー書簡集』ヘルタ・ブラウコップフ編、須永恒雄訳、法政大学出版局、二〇〇八年、三〇七頁所収の音楽が味わうのは感じ考え呼吸し悩む人間全体である、しかしそれは画家になることによってではなくあくまで音楽家としてであると力説する書簡を指すと思われる。ただしこれはアドルノが言う第八ではなく、第六交響曲の完成後の文章である〕。あらゆる音楽の足元で大地が揺らぎ始めた表現主義的状況についての、これは最も初期の証言である。マーラーを聴いた際に秩序好きの耳にはカオスのように響くものは、ここから生じてくる。彼の音楽は何ら保証された意味を持ってはおらず、またベートーヴェンのように上位の動的かつ建築的な論理によって意味を現前するものとして放電しようともしない故に、マーラーは無防備かつ何の覆いもないまま、個々の衝動に身を任せるしかない。低いものが作曲の層の一つとして入ってくるのを許した彼は、下から上へ向けて作曲する。個々の領野を時間軸上に層のように積み上げることによって浮かび上がってくるそれ以外、この交響法はいかなる全体性ものにすることはない。全体性に文句なしの優位が与えられていたウィーン古典主義音楽の理想を、演劇のそれに譬えることが出来たとするならば、マーラーの理想は叙事的であって長編小説に近い。情熱の高揚もまたそれを想起させよう。予期できないもの、見たところ偶然に見えるもの、にもかかわらず必然的なもの、それだけが道であるような回り道の数々。かつての宥和的なシンメトリー関係の覆いが動揺し始めた状況にあって、あの音楽の散文という果実が熟れ始めていたのであり、やがてそれは次世代の音楽言語そのものとなっていく。つまりマーラーを理解するとは、因習的な型という補聴器を可能な限り放棄して聴くということなのだが、これは〔マーラー作品のような〕多様かつ長大な諸楽章においてはかなりきつい要求ではある。作曲家が下から上へと作曲したように、聴き手も下から上へと聴かねばならない。続きがどうなるかまだ知らない物語を聴くようにして、楽章から楽章へと全体の流れに身を任せるしかない。するとやがて第二の、より説得的な論理に気づくことになるだろう。それは予め定められた抽象的なプランからではなく、個々のキャラクターのはっきりした刻印と明確さから生まれるものだ。マーラーの発展において、この論理はどんどん強くなっていった。全体を組織する力は、個々の部分が向かおうとする方向から全体を展開する力と一体になった。彼は単なる実存という偶然性を引き受けたが、それを彼は——もはや何の保証もなくなったものに頼ることなくして——拘束力あるものへと成長させた。大作曲家の一人としてのマーラーの格はここにある。つまり野放図なまでに主観的なものを客観化する能力という点で、その後のどんな作曲家も彼には敵わないのだ。しかし彼を冒険的な作曲へと突き動かしたものは、それ自体決して個人的ないし偶然的なものではなかった。それを遂行しさえすれば何らかの意味——実際はそんなものは現実社会に存在しない——を打ち立てられるかのように振る舞う諸形式が、本当はもはや止めようもなく崩壊しているという事実を、彼はなんの幻想も抱くことなく勘案していた。こうした崩壊から彼は客観的傾向を読み取り、それに従ったのである。彼の作品の暴力的なまでの力は、ここから生まれてくる。

マーラーの音楽は批判的である。それは美的仮象への批判であり、文化——それこそが彼の音楽の活動の場であり、その使い古された諸要素からこの音楽は組み立てられているのだが——に対する批判である。彼は文化の下にいるところで、同時にその上にいる。幸か不幸か命拾いした幼年時代を下地にして、音楽の公式の社会契約である成人の諦念や自己限定への義務に、彼はサインすることをしなかった。彼の本性はフォーヴ、つまり野獣のそれであった。しかしそれは文明化の圧力のもとで孵化させられつつある野蛮の復活ではなく、がっちり継ぎ合わされた秩序とその不能——通常の芸術作品はその単なる実存を通じてこれを反復しているにすぎないのだが——の上方にある人間性をこそ望む。その交響曲は倦むことなく手を変え品を変えて、あの満たされた状態を召喚しようとしているのであり、それを通して芸術を破棄することを、彼の芸術作品は夢見ている。だからこそ彼の作品は矛盾に満ち満ちているのだ。「やりたい事とやってる事とが違う」というクリシェが衝いている特徴とは、美的な不十分さではなく、むしろ美的なものそのものの不十分さである。一方は他方なくしてありえないということは明らかだ。文化の上方にある芸術作品は、文化を決して満足させることは出来ない。しかし最高度の要求を掲げる作品は、まさに自らの弱みを強みに変えることによってこそ成功する。マーラーが《さすらう若人の歌》の終曲以来、主観的にはその神経症ないし貧困ユダヤ人という現実の不安から、その真剣さの点であらゆる美的模倣、あらゆるラプレゼンタティーヴォ様式の虚構〔本書のモーゼ論「聖なる断片」の章を参照、音楽が具体物を表象する虚構となることにより、絶対的なものの顕現の場ではなくなることを指す〕を凌ぐ表現力を引き出してきたとすれば、彼は直接性の欠落、そして最重要なはずの器用さと作曲上の名人芸が欠落していることを、いわば酵母として自らの作曲に用立てたと言える。彼の初期作品における磨きのかかっていない貧相さから、既に一世代前にエルヴィン・シュタインが正しくもマーラーの即物主義と名づけたところの、飾り気のない作曲上の節約法と明晰さが生まれてきた。彼は「神秘の合唱」〔第八交響曲フィナーレで歌われる『ファウスト』終曲の歌詞による合唱〕を怯むことなく作曲したが、その言葉を借りるなら、彼のもとで真に「至らなさが出来事となった」のである。五十年後に生まれたという利点を彼に対して予めもっている人々にとって、彼の記念碑性はまったくお気楽に小馬鹿にできるわけだが、それですら、いつの間にか風俗的装飾に落ちぶれてしまった親密さ――最も教養ある作曲家だったブラームスやドビュッシーもそこに引きこもってしまったわけだが――などに甘んじようとしない、強い意志の表現なのだ。この記念碑性の可能性は個人主義的社会の只中において問題含みのものであったし、マーラーもそれに対してはそれなりの犠牲を払わねばならなかったわけだが、その代わりに彼はまたしばしば、バッハ以来のすべての近代音楽が告知し、とりわけオーストリアの交響法に受け継がれた一つの真空〔Desiderat の翻訳。文字通りには「望ましいもの」を、ドイツ語ではそれを逆から表した「欠如」も意味する。本書では両者の意味を兼ねて、また、音楽の動向が必然的にそこへと向かう一点として捉え、真空と訳した。本書の「アンフォルメル音楽の方へ」でも用いられる）を満たした。つまり空虚に流れるだけで、もはやアーチを描かなくなった時間を充足させ、幸福な持続へと変容させせんとする欲求である。シューベルトでは冗談半分に「天上的な長さ」と呼ばれているもの、ブルックナーにおいてもきらめくが、叙事的理念と伝統的図式の食い違いを処理できず挫折したものが、マーラーの故郷なき屈曲した交響曲にあって帰郷するのである。芸術上のあらゆる重要な構想がそれ自身の中に逆説を含んでいるとすれば、マーラーのそれは、偉大な交響法の成功が既に禁じられた時代において、彼が偉大な交響法に成功したという点にあった。

角笛交響曲としてひとまとめにされる、互いに密接に関係しあった最初の四つの交響曲のような初期作品の場合、マーラーの基層を成している世の成り行きと突破、方言の近しさと苦悩に満ちた屈曲といった要素は、まだばらばらのコントラストのまま放置されている。時としてこれらは、ほとんど標題音楽的な文学的企図に近づくほど、過剰なまでにはっきり現れてくる。〔だが〕そのおかげで今でもそれらは新鮮さを保ち、諸々のキャラクターの消えることのない香気を漂わせてくれる。第三交響曲の第一楽章ほどの果敢さをもってマーラーが作曲することは二度と再びなく、だが恐らくまさにそのせいで、今日この曲はなおざりにされている。ゆっくりしたテンポの部分において、きちんと区画整理された音響空間から荒々しく飛び出してくるあのトロンボーン〔練習番号7〕、そして例の一連の行進曲〔練習番号11ほか〕など、この楽章こそマーラーの原現象である。後者についていえば、それらは固定された基点から聴かれるのではなく、パニックの連続の中で耳自体を運動の中に引きずり込むのであり、そして耳はいわば絶えず違った場所からそれに耳を傾けることになる。そして展開部の終結部では、その後の新音楽の英雄時代のオーケストラを予告するように、家畜化されていない響きが姿を現す〔練習番号51以降〕。ここでマーラーは伝統的な交響曲の目標点を完全に放棄し、いかなる演出も弄さず、荒れ狂う嵐がその力を使い尽くすのを待っている。〔そして〕彼がこの嵐を冒頭部分の回帰〔練習番号55〕に結びつける際に用いるものこそ、ほかならぬあの太鼓のリズムである。モデルネ初期の多くの絵画に顔をのぞかせるキャンバスの白地のように、そこでは空疎な時間が音の背後に透けて見えている。——自分自身の大胆さに対する不安は、その後のマーラーに襲いかかったに違いないものだが、ここではそれが生産的な力を発揮しているのである。つまり第三交響曲のエピローグとも言うべき第四交響曲では、すべての層が〔この不安の故に〕調教されてしまっているのだ。しかしそのサイズ、幼年期へとむかう縮小コピーのそれは屈曲したままである。因習的な諸基準を最も手っ取り早く満たし、どんな馬鹿にもモーツアルトの名前を叫ばせる、そんな作品がここから出来ただけではない。第四交響曲には同時に、カフカの描くオクラホマ野外劇場の損なわれた千年王国〔カフカの小説『失踪者』（当時は『アメリカ』のタイトルで出版されていた）に登場し、主人公が団員に応募する劇場のこと（『カフカ小説全集』第一巻「失踪者」池内紀訳、二〇〇〇年、白水社、三〇八頁以下）。ベンヤミンのカフカ論（『ボードレール他五篇——ベンヤミンの仕事2』野村修編訳、岩波文庫、一九九四年所収）とこれを受けて書かれたアドルノのそれ（『プリズメン』渡辺祐邦・三原弟平訳、ちくま学芸文庫、一九九六年所収）には、この劇場についての印象的な解釈が記されている〕だけが持ちうるような、どこか謎めいたところがある。マーラーの交響曲の中でも、この《織天使の交響曲（第四交響曲）》ほど深い悲しみに浸されたものはなく、そしてこのことがそれをしてモーツァルトへのオマージュたらしめているのだ。自分の手仕事的な能力の自明の中に身を隠すことをしなかったこの遅咲きの人物は、ここで初めて作曲手段を自在に操れるようになったのである。この後の三つの偉大な器楽交響曲は、初期作品の絵本的な図像世界への省察である。それらは既に十分なメチエを自家薬籠中のものとしており、当然ながらそれによってあの絵本的図像世界はまた距離化され、純粋にそれ自体として徹底的に形象化された音楽連関へ止揚されている。まさに言葉の弁証法的な意味における反復である。よく引き合いに出される第六交響曲の悲劇的性格は、恐らくそれ自体がマーラーの作曲が追求した内在連関の表現である。内在性が一つの出口も許容しないからこそ、第六交響曲の巨大なフィナーレでは生命がみなぎっており、やがてそれが自分自身の内部へと崩壊していく。このカタストロフは、外部からハンマーの一撃に襲われたからではないのだ。死に至る病としてのエラン・ヴィタルの正体が露になる。滔々と叙事的に繰り広げられていく音楽理想という力強さの次元、つまり長編小説が持つ聖体拝領のような身振りを、この楽章は主題労作の有無を言わせぬ密度に結びつける。かくして交響曲の理念がその宙づりと一体になりつつ実現される。第六交響曲に比肩しうるのは第七交響曲の第一楽章である。ここでマーラーの言語は拡張され、それまでは彼の大胆さと一体であった、あの微かに時代錯誤な要素は放棄される。ここでオーケストラの色彩スケールは、輝くような超長調とも言うべきものから、漆黒の影に至るすべてを含みこんでいる。和声法もそれに劣らず豊かで、四度音程の形成は一年後に完成したシェーンベルクの室内交響曲の直接の刺激になったと考えられる。さらに驚くべきは、立体的で、音楽を一つの肉体のようにくっきりと浮き上がらせるところの、第二主題〔118小節以降〕の和音の両支柱である。その後の第八交響曲では巨匠的な練達の手つきでもって、かつて青年期に第二交響曲でマーラーが先取りしようとしていたものが、もう一度懐古的に腕試しされている。賛歌「来たれ、創造主たる精霊よ」には、始めることの不可能性自体が、あたかもことが首尾よく始められたとでも言わんばかりの暴力となっている箇所がいくつかある。しかし「代表作というものの力強い肯定が、彼には我慢できなかったのだ」という論法ほど、マーラーを力強く擁護するものはないだろう。この点において、世間と折り合いをつけた肯定的な類のもの自体が、彼には疑わしく思われたのだ。マーラーは突破の理念——これを彼は決して断念することがなかった——を、かつて存在したことのないユートピアとしての過去の生活の想起へと昇華した。《大地の歌》において初めて、主観的な表現衝動は交響曲的な客観化衝動を打ち破った。その見出しに普遍的な孤独を掲げるこの曲は、それ故にマーラーの最も人気のある曲になったのであり、その自律性と徹底形成された楽曲構成にもかかわらず人々を屈服させた、今のところ最後の曲でもある。しかしこの曲に謎めいたところがあるとすれば、それは巨匠性すら超えていく能力であり、これを技術的に記述することはほとんど不可能だろう。時として《大地の歌》では、極度に簡潔なイディオムや定式が充実した内容で満たされきっているが、それはまるで、経験を積んで年を重ねた人物の日常の言葉が、字義通りの意味の向こうに、その人の全生涯を隠しているかのようである。まだ五十に手の届かない人物によって書かれたこの作品は、内的形式という点で断片的であり、〔ベートーヴェンの〕最後の弦楽四重奏以来の音楽の晩年様式の最も偉大な証言の一つである。ひょっとするとこれをさらに上回っているかもしれないのは、第九交響曲の第一楽章である。これは小川や松といった中国のそれに似た東アルプスのドロミーテン〔風光明媚で知られるオーストリアとイタリアの国境の山岳地帯〕の〔簡素な〕風景の中をたゆたいながら、しかしはちきれんばかりに身のつまった声楽的な充溢を、スパンの大きな交響的な客観性の中で実現し、しかも後者は最終的にソナタと縁を切っている。長調と短調の二つの主題が、対話を交わすように交代する。この対話は過去の思い出語りへと広がっていく。両者の声は絡み合い、打ち消し合い、互いにざわめき合いながら、ついには第三の動機〔29小節以降〕によって駆り立てられた作品は、やがて情念に満ちた現在へと巻き込まれていって、そして作品冒頭のリズム以来常に予感されていたところの一撃でもって崩れ落ちる。後に残されるのは空しく心をくすぐる甘さとばらばらの断片だけだ。これはマーラーが完成させた最後の曲であり、その第三楽章はすでに通奏低音の図式から離脱しつつあるポリフォニーを含んでいて、これこそ新音楽の最初の作品である。

今日になって初めて完全な形で明らかになったあることから、マーラーは既に帰結を引き出していた。つまり統一的で自己完結し、ある程度体系的な音楽──そこでは統一へとまとまっていくことが有意味性と同義であるとされる──というヨーロッパの理想は、もはや持ちこたえないという認識である。それはもはや人間の現状と一致していない。自分の実存を肯定的で有意味なものとするという拘束力ある経験を、彼らはもはやものにすることは出来ない。それはまた世界の現状とも一致しない。世界は人々に幸福な統一のためのいかなるカテゴリーも提供せず、いまだに標準化された強迫のそれを差し出すだけなのだ。マーラーは最上の形而上学的な意味においても即物的であり、意味を打ち立てる全体という美的仮象など、たとえそれがかつて存在したとしても、現実にはもはやないものとして打ち捨てる。シュトラウスやドビュッシーのような同時代の快楽主義とは、容赦ない精神化という点で、彼は決定的に違っていた。単に現前している以上のものを我を忘れて現前させようとする点に、彼の天才はあった。同時に彼は、迷うことなく自らの意図に従っていった結果、その不可能性を見出すことになった。ベートーヴェン以来の最も形而上学的な作曲家であった彼は、形而上学そのものの不可能性自体を自らの形而上学とした。文字通り頭を不可能なものにぶつけた。同郷人カフカと同じく彼の世界は、無限に多くの希望に満たされているが、ただしそこには我々のための希望はないのだった。赤々と燃えあがりつつ、それでもまだ何かが生まれるかもしれないという不条理に、この世界はすべてを賭けている。しかしこうした内実は、抽象的に音楽の頭上を漂っているわけではなく、技術的な処理法に至るあらゆる部分に浸透している。そして処理法もまた、理念へ向けて具体的に定められているのだ。一片の恣意も効果連関への配慮もなしに作曲しつつ、同時に論理を乗り越えるという原理に、マーラーの技術は極めて論理的に従っている。その憧憬の先に見据えられているのは、構成と自由の静止状態である。構成に執着しない限り、自由は無益な蠢きにすぎまい。しかし構成もまた、素材に満たされ、しかも素材が構成に従うのではなく、構成と和解させられるのでないなら、自己措定する精神の単なる暴力行為にすぎない。マーラーの音楽が見据えていたところの、彼自身も意識していなかった目標の中には、オーストリア的なものの霊的な回帰、我が家にいるごとき居心地よさがもつあらゆる愚鈍さから純化されたそれの回帰を認めることも出来るかもしれない。そこには何か受け身なもの、恭順さ、流れ込む様々な形象にありのままに身を任せるような態度が見られるのだ。マーラー以降の音楽史、とりわけその最新の局面は、統合への傾向を極限まで貫徹してきた。それはバッハやベートーヴェンやブラームス流の主題労作の原理を、あらゆる音楽要素が一つの潜在的な共通分母から完璧に決定されるところまで推し進めた。それは本来綜合されるべき多様性を、その際に実質的に溶かしてしまった。最新の音楽にとって個別は、既に当初から全体の単なる機能に格下げされてしまうことで、その実体を失ってしまった。〔だが〕統一は、それが何かの統一であることをやめるのなら、空洞化してしまう。弁証法的な対立物がなければ、それは空虚な同語反復に脅かされることになる。このところ偶然性の名のもとに構成に組み込まれたもの〔ブーレーズやシュトックハウゼンのいわゆる管理された偶然音楽を指す〕は、この状況を批判的に反省するものだ。それにとってマーラーは最強の支えとなる可能性を持っている。作曲の中に彼は――自分自身がそうであったのと同じく――抑圧されてきたものという次元を獲得したのであり、これこそが今日の音楽の可能性の条件に他ならないことが、明らかになりつつある。それは諸キャラクターという次元であり〔キャラクターについては一五八頁の訳註を参照〕、現在の統合的言語の無差別的統一の中では、それらの間の差異はほとんど消し去られかけているものだ。〔それに対して〕マーラーの作品におけるあらゆる個々の領野は、極めて明確かつ一義的に定式化されていた。「私は継続です、私は移行です、私はその後です、私は結びの部分です」と、それらは語る。しかしながら、あらゆる個別をその機能――全体の中でのその形式上の意味――によって個別たらしめている、こうしたどぎついまでのキャラクターの徹底性によって、個別はまさに個別以上のものとなる。原理として外からこれらの諸キャラクターに調達されるのではなく、まさに個別の中から結晶してくるような全体性へ向けて、個別は開かれるのだ。だからこそマーラーにおける諸キャラクターは、観相学的に見紛いようがないにもかかわらず、決して作品プロセスの中で同一のものにとどまったままではなく、絶えず変化し続けるのである。マーラーにあって強い感銘を与えるのは、常にそれが予想外の方向へ進むという事実にあることに、かねてより正しくも人々は気づいていた。にもかかわらず長編小説風のこの非図式的なキャラクターは、単なる恣意ではまったくないのだ。彼が活用する処理法は変奏である。諸キャラクターは全体に対してあまりに自立しており、また生成の中であまりに存在を主張しすぎるが故に、伝統的な主題労作の法則に従って分解したり、継ぎ目なしに全体に溶かし込んだりすることが出来ない。〔しかし〕変奏の中ではそれらは常にそれと認識できる形を保っており、主題と変奏形象の構造は守られている。しかし個々の相貌は変化していくのだ。口頭伝承や民族音楽の原理が芸術音楽に入り込んでくるのであり、旋律が反復される際にちょっとしたフェイントや小さな差異を持ち込むことで、同一的なものを非同一的なものへと変えるわけである。技術の領域に至るまでマーラーは、逸脱の作曲家であった。ただしこの場合の変奏は、予期せざるものであるとはいえ、ベルリオーズやリストやシュトラウスの楽派が不意打ち《アンプレヴュ》として利用し尽くした類の効果とは真逆のものである。マーラーの変奏のどこにも、単に目先を変えるためだけに別のものを持ち込む箇所はない。時間の中での変奏の順番は、あらゆる不規則性にもかかわらず、ある程度は有機的で目的論的な合法則性に従っており、この法則性を細かい音程に至るまで追うことは可能だ。違う進み方をする箇所は、その必然性があるから、その形象が初めて登場した際に告知された潜在的な緊張が維持されきっているから、そうなるのである。なぜ先行するものがこうで、後続のものはこうなのか、常に極めて正確に動機づけられている。例えば既に第四交響曲の第一楽章では、ある主題がその当初の音程の一つの拡大を待ち望み続け、かなり長い発展の後でようやくこの大音程が叶えられるのが見られる〔268小節〕。マーラーの交響曲の呼吸、つまり部分から全体性への移行は、まさに変奏のこうした緊張の中で実現されるのである。

地平線上に姿を現すもの、そのまま保たれるもの、消えていくものといったキャラクターと、マーラーの内実は密接不離に結びついている。キャラクターとは表現そのものであり、しかもその表現が形式の機能ならびに構成要素となるのだ。マーラーの構想にあって筆頭にくるのが突破の理念だとすると、作曲的にそれが対象化されるのは〔期待の〕充溢というキャラクターにおいてである。無数の伝統的音楽が、決して成し遂げられない何かを約束してきた。しばしば不能自体が、不能の強迫の祝福が、その音楽の約束したはずのものの代理となる。しかしマーラーにおいて、それは本当に実現される。これが彼の魅力なのだ。他方でマーラーの経験は、社会の呪縛が解かれていないような社会において、期待の充溢という図像自体が図像であるが故に歪められたままであるという事態に突き当たる。そのとき彼はこうした経験に対して、強烈なまでに作曲し尽くされた崩壊というキャラクターを与える。既に第二交響曲の第一楽章のあちこちでこのキャラクターの構想が見られるし、後になると第五交響曲の最初の二つの楽章で、また完全な形では第九交響曲のカタストロフに続くアンダンテの箇所で、それは完全に作曲される。最後の時期のマーラーにとって超越的な意味の現前化という音楽の理念は、真にプルースト的な失われた時——友人と集う中国風のパヴィリオン〔《大地の歌》第三曲〕やほっそりした花咲く乙女たちの美——の探求へと収縮していったが、崩壊のキャラクターおよび統合要請の断念によって、作品はこうしたものに完全に対応しきっている。その真の慰めを作品は、絶対的な喪失を見据える力に、つまり何の希望も残されていない時にこの大地を愛する力において見出す。こうしたキャラクターの例が、統一を偽ることなく断片へと解体された《大地の歌》および第九交響曲の終楽章だ。こうしたキャラクターが与えられたマーラーの暴力なき暴力こそ、真の人間性がもつ暴力である。彼にとって作曲行為の偉大さは、ルターの命題とは違い、音符にその向かうべきところを指示することにあるのではない。彼の方が音符の行きたいところへと従うのだ。それも美的規範や文明化そのものによって根本から残酷にも調教され、損なわれてきた犠牲者と同一化することを通じて、である。要するにマーラーは、非‐我とのこの自己放棄的な同一化のせいで、主観主義的だと難詰されるのである。自分のものであれ、重荷を引きずらねばならない誰かのものであれ、その苦悩の表現はマーラーにおいて、「こうであって他ではあってはならない」ということにこだわる主観の命令調の要求に、もはや従いはしない。これこそ彼の呼び起こす憤激の源なのだ。若かりし日の彼は「シュトラスブルクの砦に」という詩に作曲したことがある。生涯を通じて彼の音楽が味方したのは貧しい鼓手の若者、命を落とした歩哨、死者になってもまだ太鼓を叩かねばならない兵士であった。彼にとって死そのものが、闇雲に猛り狂って人々を巻き込む地上の災厄の続きであった。偉大な交響曲の数々、とりわけ彼の全作品を通じて轟く行進曲は、自分を見せびらかす個人に制限をかけている。個人は輝きと生命を、闇の中にいる人々にこそ負うているのだ。始まりつつある個人の無力が、マーラーの音楽において、自分自身に気づく。圧倒的な社会の優位に対するアンバランスの中で個人は、自分が無に等しいことに目覚める。マーラーは形式を措定する主権を断念し、しかし自分自身に投げ返された主観が満たすことも責任を取ることも出来ない小節をただの一つも書かないことによって、こうした状況に応える。始まりつつある時代の他律性に順応する気などないが、しかしそれを否定するのでもない。彼の強い自我は、弱められ言葉をなくしたものが表現に到達する手助けをしてやるのであり、その図像を美的に救済するのだ。彼の歌曲と交響曲の客観性は、私人の生活の中に居心地よく満足いくようしつらえられたあらゆる芸術から、決定的に彼を切り離しているものだが、それは宥和を得た全体がもはや不可能であることの比喩であり、その意味で否定的である。彼の交響曲と行進曲は、あらゆる個別とあらゆる個人をその下に跪かせる調教の類ではなく、不自由の最中にあっては亡霊の行列のようにしか響き得ない解放された人々の行列の仲間へと、彼らを次々に引き入れてやろうとするものだ。マーラーのすべての音楽は、その歌曲の一つの題名が言うところの「目覚め」の民衆的語源、つまり「起床の合図（Revelge）」〔邦題「惨殺された鼓手」〕なのである。

エピレゴメナ

一九六〇年のウィーンの生誕百年展示会に対しては、次のような異論があったかもしれない。つまり『「マーラーとその時代」』というプログラムのせいで枠を広げすぎ、マーラー固有のものが時代という一般性の中に消えてしまった、そもそも視覚展示ならこれについて他のやり方で何がしかのことは出来たはずなのに」というそれだ。しかしながら学ぶべき重要なことは、展示物とそこで祝われている人物との無関係さの中にこそあった。例えば彼の円熟期はユーゲントシュティールと完全に重なっていた。アルフレート・ロラーや、とりわけ彼の妻の義理の父でもあるカール・モルは、まさにマーラーの生活圏の中にいた人物であった。しかしマーラーをして文学も含めたその周囲環境から大きく距離をとらせることになった原因は、彼の音楽におけるほぼ完全なまでのユーゲントシュティール的特徴の欠如であった。リヒャルト・シュトラウスではこうした特徴が強く見られるし、若きシェーンベルクにもそれは欠けていない。レーガーにすらユーゲントシュティール的なものは見つけることが出来る。ひょっとするとマーラーの晩年作品における一服の異国趣味も、ユーゲントシュティールと数えることは可能かもしれない。だが多くの場合それは、当時モダンと考えられていたものを基準にするなら、随分時代遅れに響いただろう。ユーゲントシュティールのスローガンも形式言語も、彼の作品には何の痕跡も残していない。マーラー作品が糧としていた諸イメージは、新ロマン主義的というよりむしろ後期ロマン主義のそれであり、まさに当時の人々が反旗を翻そうとしていたところのものなのだ。〔しかし〕時代に完全には伴走しないこの時代錯誤の契機が、いつの間にか彼において時代を超えて進んで行く力となった。それが主観化のプロセスに対する一種の抵抗力をマーラーに与え、偉大な客観的交響法のモデルに素朴に固執させたのであって、技術的に自らを完全に支配できるようになるや直ちに、まさに〔偉大な交響曲が〕不可能であるということが、彼の作品にある種の集団的な拘束力を与えたのである。時として芸術においては、それが引きずっている過去、それがいまだ未解決の課題と感じているものの現在における遅れこそが、最も進歩的なものの隠れ家となる。いまだに障害であり続けているものを拾い上げ、新たに考え直すことを通して、芸術は単なる「アップ・トゥ・デート」を超えていくのだ。この音楽が自分自身と、つまり作曲者の主観と関わらなかったということ――これは同時代人には繊細さの欠落と聴こえたはずだが――は、既に潜在的にマーラーにおける無私な自己忘却を意味していた。これこそが彼の交響曲の数々に、孤独な人々という様式――マーラーがそれをものにすることはなかった――が既にどうでもいい古びたものとなっていた時代にあって、時代を語る言語としての正当性を与えたのであった。

「あなたの傷から輝きわたる光」〔シュテファン・ゲオルゲ「表題と献辞」、『魂の四季』〕――ゲオルゲのこの詩は、彼の年上の同時代人であるマーラーのためのモットーのように読める。しかし失敗の傷跡がマーラーにおいて表現の担い手となっており、作品の第二の成功のための酵母へと作り変えられたことは、決して単なる彼個人の資質の問題ではない。彼の音楽が問うのは、「どうすればソナタ形式を、かつてのように細部の生命に暴力的に押しつけられるのではなく、むしろそれと一体となるような形で、内側から再組織化できるのか」という問題である。これは円積法ともいうべき解決不可能な問いであって、合理主義と経験論を統一しようとする哲学のシシュポスの労働にも比べられよう。

あらゆる最上の芸術には、どこかこうした逆説的なところがある。才能が不足しているせいではない。より深いところを作品が衝いており、より大胆に作品が自らの不可能性に立ち向かう程に、客観的に立てられた問題の解決不可能性は、ますます作品の生命を脅かすことになるのだ。むしろこう言った方がよいだろうか。本物の芸術家にとって主観的な欠落は、客観的に歴史的な挫折の現れる地点になるのだ、と。芸術は偶然に失敗しただけなのか、それとも偶然の失敗を通じて何か必然的なことを語っているのかは、それなりに有意義な芸術の試金石だろう。マーラーにおいてこれは、個人の署名のようなものとなった。

マーラーの音楽において行進曲が奇妙に支配的だという事実は、固定観念のような幼年期の記憶だけでは説明できない。彼の行進曲の振る舞い方のうちに客観化されているものは、マーラーの交響曲の長編小説的な構造と密接に関係している。行進曲は歩行の集団的な形象だ。日常の成り行きの中に現れるどうということもない偶然の出来事を、それは拾い集めていく。しかし同時に、一つの目的へ向かうという、全体の合意による不可逆の運動も示唆している。撤収や後戻りや反復は、そもそも舞踏に由来するこうした要素が行進曲の中に入ってくることもあるにせよ、〈本来〉行進曲とは異質なのである。行進曲の時間意識は、物語の語り部の時間の音楽における対応物のように思える。「時間は行進し続ける（Time marches on）」――これは結び目もなく延々と続く威嚇的な時間の比喩であって、かつあの歩行衝動の中ですら時間経過からまったく感情が湧き出してこないような時の、こうした時間経過に対応する運動衝動の比喩でもある。このすべてをマーラーの行進曲は意図している。彼の天才はこれらの行進曲を幼年期の記憶から時間経験の原イメージとして掘り起こしてきた。それは、

〔新古典主義風の〕駆動法的な音楽の中ではむしろはっきり見えなくなってしまうのと逆に、何の幻影もなく醒めた現存在の中でこそ一層苛烈になる、そんな時間経験なのだ。

第六交響曲の主要主題には公式のものの手先という非難が向けられるかもしれない。当時既に音楽以外の分野でも教養の残滓に下落していた「悲劇的」という形容詞のように、それは響く。しかしこの主題の振る舞いがどれほど強烈であり、そこには――真の交響曲の身振りとはまさにそういうものなのだが――どこか芝居じみたところがあるとしても、決してそれは襞飾りに甘んじてはいない。いきなり登場する冒頭において、この主題はその暴力的なまでの力をトーンにおいていわば僭称しているのであり、であれば主題はこの力を追々普遍的な媒介によって〔本当の意味で〕獲得しなくてはならない。つまり加工によってである。第六交響曲が統合的であるのは、そこでは個別が単なる個別としてではなく、全体の中で正体をあらわすものとして初めて、なにがしかの意味を持つという点においてだ。この種の作品を理解するには、知ったかぶりをして主題ばかり追うのではなく、それは一旦先送りにして、生じてくる出来事をじっくり待つ必要がある。主題に続く部分において直ちに、この曲は公式のものという装いをかなぐり捨てる。伴奏の行進曲のリズムが初めて中断されるところでは、まるでそこから花が芽吹いてくるかのように、冒頭の充実してまとまった響きに裂け目が生じる。主要主題はヴァイオリンから節度のないトロンボーンに飛び移り、ヴァイオリンはその対旋律を、すべての高音の木管は十六分音符を奏で、和声を支えるバスは姿を消す〔10小節以降〕。それが中断される動きの後でようやく行進曲が、冒頭の四分音符の打撃とともに、次いで耳をつんざくようなオーボエの旋律とともに、再び曲を貫く〔14小節以降〕。その時には既に数小節の動機的介入によって、あらゆる義務教育的な類のものはマーラーの胸の張り裂けるようなトーンを前に消え去っている。

第六交響曲のスケルツォの不吉さはとりわけ、中声部に挿入されたクレッシェンドと半音階のフォーブルドン進行〔デュファイら初期ルネサンスの作曲家が用いた和声パターンの一つ〕によって、オーケストラがまるで肉体のように膨らんで破裂し、災いをまき散らすように見える点にある〔25小節以降〕。そこで表現を担っているのはオーケストラの三次元性、いわば空間的ボリュームとも言えるものだ。マーラーの苦難に満ちた発展がこうしたたっぷりして肉体のような響きを獲得したのは、ようやく中期の器楽作品になってからだった。だからこそオーケストラのこのような表現の質が可能になったのかもしれない。少なくとも最初の三つの交響曲は、ひたすら明晰さを目指して混じりけなしにオーケストレーションしようとする努力のせいで、響きの点では奇妙に平面的であり、ある意味で空間の奥行きを持たないままだった。空間の奥行きはマーラーがポリフォニックにオーケストラを考え始めてようやく可能になったのであって、同時にそれは音楽的意味、つまり表現の契機ともなった。

同楽章のトリオでは周知のように八分の三拍子と八分の四拍子が頻繁に交代する。しかしそれがポリフォニックに構想されているため、提示された音型がその後不規則な間隔で次々に入ってきて交差し、その結果として、ある声部では拍子の中にきちんと入っているものが、別の声部ではもうずれてしまうということが起きる。それによって極めて奇妙なリズムの相互干渉が生じる。全体として聴くと、重心がぐらぐらするような感覚が生まれるのだ。間隔の不規則さは一貫した拍子といった表層に限ったものではなく、音楽の垂直次元の組み立てといった内部にまで及んでいる。後になるとこうしたリズム上の新機軸は、ストラヴィンスキーとバルトーク以後ただリズムとのみ人々が呼び慣わすようになってしまったものの呪縛のせいで忘れられ、他の作曲家たちによって追求されることはほとんどなかった。音楽の諸次元のうち、最も頻繁に言及されるにもかかわらず、リズムの次元ほど最近に至るまで何も起こらずにいる領域はない。マーラーはこのことも思い出させてくれる。

第六交響曲のアンダンテ・モデラートからは、どれほどマーラーの形式感覚が明らかな断絶もなく伝統的な図式を食い尽くしているかが読み取れる。それは《亡き子をしのぶ歌》の一つのように歌心に満ちた上声部の旋律とともに始まり、それにもう一つの主題が続く〔練習番号46〕。初めのうち各部分は規則的に交互する。しかし展開部——楽章最後の「歩み」というべきか——が辿り着く高揚〔練習番号59以降〕は、まるで潮がひとりでに溢れ出て、ひとりでに引いていくかのような躍動を、この箇所に与えている。この強度のためには、アンバランスが生じたり展開が唐突に途切れたりしないよう、かなりたっぷりした時間が必要だ。しかしこのように滔々と音楽が繰り広げられた後となっては、主要主題の諸段落のための再現部はもはやあり得ないだろう。そんなことをすればアカデミックな付け足しのような効果——展開部最後の動機解体の部分を占めている、あの落下するようなドラマの形式感覚を単にダブらせただけというような——しか持たないはずだ。だからこそ展開部の終わりは、目立たない形で全体のコーダの機能を引き受けるという具合に、その役割を微調整されているのである。つまりバランスを図るためにこそ、通常ならバランスをとるはずのための再現部がカットされるのだ。マーラーの円熟期の交響法は、かくも繊細かつ慎重に、時間の不可逆性についての経験を告げる。ヴァリアントというマーラー的な逸脱の原理が、大形式の配置からの逸脱となる。楽章を全体として見た時、それは極めて具体的かつ断固として、作曲家——というか建築的な形式プラン——が望んでいたはずのものとは別の地点に到達するのである。現代の絵画理論によればまさにこれこそが、多くの場合クリシェと化している独創性という考えに本来内在している真理の核心なのだ。独創性とは生成してきたもののことである。既にゲーテが画家ハッケルトの伝記の中で、彼は「徐々に自分自身のオリジナルなものへと高まっていった」と賞賛した。逸脱〔という概念〕は、「すべての生は自分自身が前提としているものと徐々にずれていくのだ」という実体験を、美学的に表現したものである。逸脱であればこそ逸脱していく音楽の軌道には、公式の音楽理論などよりはるかに強い必然性がある。逸脱自体が誰もそこから逃れえないものなのだ。

マーラーの音楽には「具体的な理念が定められている」とよく言われる。この言い方が暗号のままで終わったり、あるいはフリードリッヒ・グンドルフ〔ゲオルゲ派の文芸批評家〕の空疎な定式による「標題音楽か絶対音楽か」という二者択一の駄弁という疑念に晒されたりしないためにも、次のことには裏づけが与えられるべきであろう。つまりマーラーの観相学にこれほど深く刻みつけられた特徴はないという事実である。第六交響曲のフィナーレでは、導入部の領野の最後の回帰〔練習番号164以降〕——それは既にコーダに入っている——の直前、金管が再度この楽章の主要主題の一つを吹き始め、さらにそれを最後のハンマーの一撃〔練習番号164〕に先立つ四小節のあいだゼクエンツで繰り返す。この数小節にはもはや何物にも動じない感覚、没落を前にそんなものをもはや恐れる必要もないというような勝利の感覚が、語られる言葉と同じくらいの明晰さでもって誤解の余地なく、しかし音楽と異質な文学的なもの、形式プロセスの外にあるものは一切なしに、表現されている。言われることはすべて完全に音楽言語によって言われる。しかも図像や概念への仮晶（擬態）〔Pseudomorphose の翻訳。元来は化石のように、ある形象が姿はそのままに別の物質に置き変わる現象のこと。アドルノがここで意図しているのは、概念や図像を纏うことで音楽が自らを論理的に見せかける擬態作用であろう。『否定弁証法』でも、同様に、哲学の芸術への仮晶（擬態）を禁じる旨の記述が見られる。アドルノ『否定弁証法』木田元他訳、作品社、一九九六年、二三頁参照〕を通じてではなく、音楽自体がもつ言語との類似性によって。かつてマーラー以外のどんな作曲家にもこれは出来なかった。彼のユートピア的色彩はここから生まれてくる。あたかもそれは、彼が秘密のすぐそばまで肉薄しているかのようだ。言葉では語れないことを語るといいながら、言葉を持たないが故に常にそれを取り逃がしてきた音楽であるが、それでもそれは語りえないものを語りえないものとしてそのままに語ることが出来る――彼はこう約束する。

だが私は根拠もなしにマーラーにこの能力があると言うのではない。それは長い前史に即してはっきり示すことが出来る。かつてエルヴィン・ラッツによって彼の交響曲の中の否定的領野と名づけられたものさえ、〔実は〕まったく非文学的であり、その起源は古典主義まで遡ることが出来るのだ。すぐに思い出されるモデルの一つはベートーヴェンの第五交響曲のトリオである。そこにある辛辣なユーモアは決して表現キャラクター――そんなものが存在しているかどうかそもそも異論があろうが――などではない。〔しかし〕極めて一義的に、そして客観的な説得力をもって、それは具体的な音楽との関係の中でイディオムとなる。２番カッコでもう一度トリオの主要主題が入ってくるが、一度目のようにきちんと流れに乗らない〔162小節以後〕。八分音符のフレーズがひとしきり終わった後、再びトリオ主題が始まる前には、二つの四分休符が大口を開けて待ち構えている。〔ここで用いられる〕イディオムおよび先行するトリオの流れは、当然ながら運動が続くことを予測させるが、それは裏切られる。フォルテッシモによる低音のモチーフの身振りは強い音の到来を暗示する。しかしそれはやって来ない。そこでは投げられた岩塊もまったく遠くまで飛ばないし、そもそも鈍重な巨人の手がそれを放り投げることも出来ないのかもしれず、まずもって岩塊など存在しないのかもしれない。そこから直ちに、概念など与えられずとも、力の無益さと自己省察しない限りにおけるその愚鈍さというものが明るみにだされる。すべては一瞬のきらめきであって物象化されてはならず、〔冒頭の〕アレグロの現象と同様にすぐさま消えていき、しかし〔冒頭と〕同じくらい明確に規定されている。総じてマーラーの音楽、とりわけ否定的領野は、この種のベートーヴェン的処理法のモデルを拡張し、考えうる限りの表現キャラクターを持たせているのだと言ってもいい。マーラーがどれほどあのトリオから影響をうけていたかは、彼の第二交響曲のスケルツォが証明してくれている。

マーラーのリズム法の特異体質的な特徴の一つは、孤立したいくつかの音——時として、そこで流れが静止したり、あるいはむしろ宙づりにされたりする伴奏モチーフ——である。それは既に第二交響曲の「原光」に見られる。そこでは「あそこに天使がやってきた」という歌詞のところでイ長調にがくんと転調する直前、流れを密接に継ぎ合わさせるという意味では余計な二分音符のホが加えられている〔43小節〕。とりわけ第四交響曲のフィナーレの「我々は天上の喜びを享受する」の箇所は、こうしたリタルダンド的な要素が豊富だ。そこから全体効果として生じてくるのは、あたかも曲が四分の二拍子ずれていて、そのために音楽全体が自分自身に遅れをとっているかのような印象である。

ここから二重底のような感覚が生まれるのだ。似た効果は《大地の歌》の「美について」や第九交響曲の第一楽章にも見られる。これらの箇所は、ワーグナーにしばしば見られるエスプレシーヴォ的に引き延ばされた音、あるいはベートーヴェンのソステヌートのアクセント記号のような、後にそれを放電するための力の堰き止めではない。また運動が静止してしまった単なる中断でもない。それは第三のもの、つまり音楽が自分自身から逃げられないという意味での持続の印なのだ。マーラーの交響法の叙事的な形式感覚はモチーフの細胞にまで浸透しており、ドラマならびに交響曲の本質である拡大衝動を非暴力的に拒む。これらの数小節を正しく解釈する困難、例えば「緊張」といった形式カテゴリーを外から借用するのではなく、それらが自身の意味を交響曲のプロセスの中でこそ獲得するような形で解釈する困難は、まったく法外なものである。マーラー演奏一般の試金石は、ほとんどこれが成功するかどうかにかかっていると思いたくなる程である。

作品の規模を拡張したためにマーラーは、交響曲全体を大きく照応の原理に従って構想することになった。例えば第五交響曲では〔第一楽章の〕葬送行進曲が第二楽章で展開され、他方アダージェットの主題がフィナーレで展開されて、この点で相似の構造にある二つの部分の間に、第三楽章の長大なスケルツォが切れ目として入る。第六交響曲の両端の楽章もまた、単にどちらでも長調／短調モチーフが出てくるという以上に、行進曲のリズム、カウベルを伴う和声の継起、そしていくつかの動機形象によって、密接に関係づけられる。動機と主題の点からすれば、フィナーレの第一主題の主要部分も導入部およびコーダも第一楽章の中心モチーフの逆行形であって、a－c－h－aの代わりにa－h－c－aが用いられる。そして何より両端楽章は、二分音符による明らかにコラール的な管楽器のストローフを共有していて、それらは動機的には確かにまったく異なっているのだが、しかしまさにコラール的な性格の点で互いに対応している。さらに第九交響曲も大建築的なシンメトリーで作曲されている。最初と最後の楽章はゆっくりしたテンポだ。両者はその終結部の解離の点でも類似している。コマの早送り——例えば第五交響曲——やスローモーション——例えば第九交響曲フィナーレにおける第三楽章のブルレスケ〔卑俗でドタバタ喜劇風の楽想〕のエピソード主題の引用——のような映画に似た技法の発見は、大きなスパンでのこうした構造化の必要という点で、マーラー作品に資するものだった。ただしこれらは〔新機軸自体を追求するものというより〕後になって初めて生産的だったことが分かるという性格のものであり、むしろ作品それ自体の「今ここ」の背後に控えめに隠れている。大建築はまだ完全に音楽の神経繊維になってはおらず、いわばスケッチのように細部を縁取るのみ。配置におけるいろいろな照応は、それを発見した人を喜ばせるといった程のものであって、生きた意味に対してあまりに大きな力を持ちすぎることはない。視覚芸術と音楽の違いがこれほどはっきり分かる箇所はざらにはない。画家や建築家の格にとって決定的なものが、まさにマーラーではいわば後から加えたような小さな手入れなのだ。新音楽においてすら長い間、マーラーのこうした構成から引き出された教えは、素人の物真似のような雑音を含んでいた。最近になってようやくそれらは、音楽全体の中にしっくり組み込まれようとしている。これは恐らく、現代における絵画と音楽の潮流の一致についての、最も重要な証言であろう。そしてマーラーこそは、音画などではなく、作品というキャンバスに注がれる指揮者の透徹した眼差しを通してそれを予告した、最初の人物であった。

マーラーの作品になじむほどに、逆行形式——ということは彼の中に先取りされている新音楽の中心的な形式衝動の一つ〔シュトックハウゼン《クロイツシュピール》など〕——の起源がはっきり見えてくる。〔未来に向けて〕開かれた行進曲が構成から奪った力のいくばくかを、逆行的な形式は構成に返してやろうとする。提示部の諸主題を展開部では逆の順序で加工しようとする第三交響曲の傾向——これは恐らく、単に抽象的であるに過ぎない形式構造の機械的な反復への嫌悪感によって引き起こされたものだろうし、またひょっとすると提示部の終わりと展開部の始まりの間に直接的なつながりを作ろうとするためだったかもしれないが——が既に、このことを示している。第六交響曲のフィナーレはさらに進んでいて、その再現部は第一主題と第二主題の配列を入れ替え、第二主題を導入部の再現と溶け合わせている。第九交響曲のアダージョのフィナーレでは、逆行的な構成が完全に自覚的に使われていて、その最後の再現部は激しい爆発の中で主題の後半とともに始められ〔126小節以降〕、極度の緊張の後にようやく主題前半が応答する〔138小節以降〕。細部における素材の処理というより、もっと大きな構造上のそれとしての逆行の理念について、ベルクは《月に憑かれたピエロ》の「月の染み」と同じくらい多くのものをマーラーから受け取った。文字通りの逆行——もちろんそれ自体も重要な役割を演じているのだが——などどうでもよく、後退しているという効果それ自体が大切だったという点でも、ベルクの処理はマーラーに似ている。その際に構成上の拘束力の不足と見えるものは、〔聴いた際の〕現象の激烈さによって埋め合わされる。しかしながらマーラーの処理構想の背景には、静止状態を作り出し、その中で時間を消してしまおうという意図とはまったく別の何かがある。逆行的な部分は後ろを振り返る形式、音楽における現在が過去の想起へと移行する形式である。かつて和声や個々の色価がそうだったように、後になって技術上のストックの一つとなったこうした形式意図だが、マーラーにおいてもそれは当初、強い表現の必要性から生み出された。言うまでもなくそれは初めから、音楽的建築法へのあの嫌悪と一体であった。いずれにしても音楽は、起こった出来事からの帰結に即して自らの秩序を得るのであって、何事も起こらなかったかのように同じものが同じ形で戻ってくるなどということに、マーラーは耐えられなかったのだ。ただしあの経験が素材の層へと移調されることによって、何か決定的なものが忘れられたのではないだろうかという疑問には、今日まで決定的な答えは出ていない。

マーラーにおけるあらゆる形式の部分、あらゆる形象、あらゆる問いが、一切のルーズさなしに、それが何であり、全体の中で何でなければならないかを正確に語っているとすれば、それらは交響法における因習的な形式言語のトポスに内側から光を当てるよう、〔今日の〕作曲家たちに迫ってくる。その処理法を通してトポスを活性化し、それらがかつてそうであるべしとされたところのもの、しかし後になるとトポスとなることで忘れられてしまったところのものを、再び目覚めさせるのだ。それについてのイメージは、いくつかの後期作品のオーケストレーションから得られるだろう。例えば属音上のティンパニーのトレモロは、オーケストラの色彩を通して緊張をかきたてるための一つのトポスだった。しかしいつの間にかそれは使い古され、緊張は失われ、あるいは遊び半分のモノマネに矮小化されてしまった。マーラーはこうしたキャラクターを必要とする。ただしそれを考え直し、それ自体を超えたものへと高める。そうすることでもってトポスを、ウィーン古典主義における誕生の日にそうであったかもしれないものへと、再び新たに生まれ変わらせようとする。彼はこの難題をかくもシンプルに、そして天才的なやり方で克服する。つまり第九交響曲では折に触れ、ティンパニーのトレモロを大太鼓に代えるのである。太鼓の音はティンパニーのトレモロによく似ているので、記憶の中で同じ効果を引き起こせる。しかし同時に大太鼓は音の高さを調節できないため、単なる雑音にもよく似ている。何か飼いならされていないもの、音楽における文化圏とは異質なもの、ということはティンパニーのトレモロからは蒸発して消えてしまった不安のようなものが、そこにはある。慣習に成り果てたものが、再び出来事になる。マーラーのもとでありとあらゆる因習に降りかかったのは、詰まるところこれに他ならない。

ドラマ独特の統合という因習的な理念に対する偏愛の故に、マーラーが最も忠実にソナタ的なやり方で分節している箇所で、反図式的な独特の形式志向が強烈に現れてくる。予め決められている諸段落の意味が変化するのだ。第六交響曲の第一楽章にはごくオーソドックスな移行部がある〔練習番号7〕。しかしこれはコラールとして構想されており、従って静的であって、図式が期待するのとは違い、そもそも前進する気がない。その際に不協和音の衝突によりそれは変色させられる。このことが直ちに構造とプロセスにとって決定的な帰結をもたらす。コラールはどこにも出口を見つけられないのだ。それに続く野蛮で目が眩むような副楽節の主題〔練習番号8〕は、コラールとまったく媒介されていない。とはいえ、馴染みの箇所に置かれている移行部が副主題へとつながっていかず、コラール終わりのニ短調の属音には、いわば偽終止ならぬ偽進行として、ヘ長調の主和音が続くという、まさにその故に、この移行は唐突で聴く者を驚かせることになる。第二主題の叩きつけるような強烈さ、つまりキャラクターとしてのセンセーションは、単にそれ自身の中にあるだけではなくて、同時に形式構成の結果でもあるのだ。形式構成はその後も引き続き、こうした刺激を受け続ける。〔しかし〕驚きの効果は反復され得ない。再現部での第二主題はただ断片として現れるのみ。主題が途切れることなない旋律としてあまりにはっきりした形をとっていたり、一つの完全な部分を作っていたりするような交響曲楽章において、マーラーはしばしばこうしたことをする。副楽節の聴く者を瞠目させるような要素は、まさにその時その場において引き出され、そしてコーダでようやく驚きは埋め合わされる。この楽章は「それにも関わらず」といった風にソナタ的ではあるが、しかし常に音楽の内容に沿って方向づけられている。

マーラーの内実はごく簡単に言い当てられると人は思いがちだ。絶対的なものが考えられ、感じられ、憧憬されながら、しかし存在しないという風に。彼以前のほとんどすべての音楽がお経のように繰り返してきた存在論的な神の証明を、マーラーは信じていない。すべて正しいのかもしれない、しかしその中身は失われている――彼の痙攣的な身振りはこのことに反応している。しかしながら、まさにそれ故にこそ、彼の作品を前にしたとき〔神は存在するという〕不毛のお題目は、何と惨めで、抽象的で、誤ったものに見えることか。マーラーの音楽においては、世界観的スローガンが釘付けにしようとして取り逃がすものが、個々の点しか見えていない判断などには決して明かされることのない経験の全体の中で開花し、獲得される。これがあるからこそ彼の真理内実は、人々の心情を揺さぶることが出来る。生の意味についての空疎な決まり文句が、ただ無力に生の背後に取り残されるしかないのと同様、判断もまたその背後に取り残されるしかない、そういう心情を。

「デスマスクの表情は人を欺く。それはよく分かっている。「これぞ一つの人生が観相学的に要約されたものだ」と人々が信じ込もうとする何かは、単なる筋肉変化でしかない。しかし私がウィーンの記念展示で初めて目にしたマーラーのデスマスクの場合、こうした自然科学的な考え方をするのは難しかった。もちろん他のデスマスクも笑っているように見える。しかし〈マーラーの場合〉その苦悩に満ちた繊細と命じるような顔つきを兼ねたような表情には、狡猾に勝ち誇る何かが加わっていた。今にも「さて、私は君たち全員を光の裏側に連れてきたわけだ」とでも話し出しそうな何かが。どんな光の裏側なのだろう？　考え抜いた先に見えた答えはこうだ。つまりマーラー最後の諸作品の底なしの悲哀は、すべての希望に安値をつけることによって、あらゆる幻影を回避しようとしたのではないか。それはまるで、「希望などというものは迷信でいう「何かの霊の召喚」と大差ない」と、「何かを望むからこそ望まれたものは手に入らない」と、言わんばかりなのである。その発展の中でマーラーの音楽が比類なく描き出してきた幻滅の道程は、狡智と解されるべきではないだろうか？　ただし理性のそれではなく希望の狡智として。とどのつまりユダヤ人マーラーは、図像化禁止の掟を希望にまで拡張したのではあるまいか？　彼が完成させた最後の二つの作品が閉じることなく開かれたままなのは、〈望むことによる対象の〉殲滅と〈望まれる〉他者との間の不確定領域を音楽へと翻訳しているからである〈アドルノの考えによれば、人間の認識は概念によって対象を理解可能なものに抽象化する働きによって、その個別性を取り逃がしてしまう。しかし、認識を手放してしまえば、なにも理解できない。この矛盾を「同一化」とそれを逃れる「非同一的なもの」として位置づける彼の議論は、晩年の『否定弁証法』において全面的に展開される。この文章に見られるのは、殲滅＝同一化という人間の本性と、それを動機づける他者＝非同一的なものとの相克を、マーラーが音楽において両者の無差別地点へともたらしたとするアドルノの評価であろう〉。

ツェムリンスキー

折衷主義者というけなし言葉は、「技巧（マニール）」と同じ連想圏に属するものである。後者の名において人は、ある芸術家が孤立した特徴に徹底的に造形を施し、硬直した形で孤独に、生き生きした全体を過剰に犠牲にして、その一箇所に固執したと言って非難する。そしてあらゆる可能な要素、とりわけ様式のそれを摂取し、それらを自分のトーンなしに結びつける芸術家は、折衷主義者として批判されるのである。どちらの概念も、均衡とバランスの理念をその尺度とするコンセプトの、二つの極である。どちらも本質的に古典主義的なものなのだ。芸術は硬直化した特殊になってもいけないし、ぼやけた一般に流れてもいけない、正しい中庸を守らねばならない。そのモデルが人格性《ペルゼンリッヒカイト》というカテゴリーである。一般に信じられているところによると、このカテゴリーは頑なに特殊に固執することはせず、包括的なもの、つまり全体性へと、自然かつ有機的に自分の幅を広げるものである。他方で誤解があって、それはいわば窓のないモナドのように、純粋に自分自身からこうした全体性を作り出せると思われている。これは正しくない。天才崇拝が要求するように、芸術家の想像力が純粋に一人の主観性に帰すことが出来たためしなど、一度もない。最も個人的な刻印すら実は集合的なものが作り出すのであり、逆に特異体質と見えるものもまた集合的なもの、つまり歴史的に満期のきたものを記録しているのだ。いずれにせよ、古典主義的で調和的な規範にもはや従うことはなく、個人的なものと一般的な所与との完全な一致など存在しない精神段階に、どちらの概念ももはや合ってはいない。綜合という言葉——マニエリスムおよび折衷主義の反対語である——が気の抜けたように響くのは当然だ。〔綜合を主張する人々は〕相反するものの媒介は、妥協的な均衡ではなく極端なものによってのみ成功すると考えている。しかしながら綜合の概念を折衷主義と競わせるときに考えられているのは、内側から到達できないものが今日なお、かつてと同じように天才によって完璧につなぎ合わされることが出来るのではないかという怪しい希望なのである。要するにマニエリスムや折衷主義というのは、個人の能力の欠陥ではなく、歴史的な聖痕なのだ。人が相も変わらず両者をけなしているということは、美学的な思考法が、具体的な芸術に対していかに遅れているかの証明にすぎない。それは救い難いまでにイデオロギー的遺産にしがみついているのである。非常に長い間、最も重要な作曲家の一人がシェーンベルク一派のマニエリストだということにされてきた。ウェーベルンである。振り返って偉大な音楽的傾向だと分かったこと、つまり不協和音の解放はかつて、排他的なまでに高められたマニエリスムだと思われていたのである。ドビュッシーの選り好みの多い断念も含めて、である。何がマニールで何が様式かは、事後的にのみ言うことが出来るのだ。他方で人は、同様に強い傾向、つまり音楽のすべての次元を徹底的に組織し統一しようとするそれ〔第二次大戦後のトータル・セリー音楽を指す〕を、折衷主義的だと呼べないことはあるまい。なぜなら音楽の各々の次元における実験は、つい数十年前まで、それぞれいくつかの楽派に分かれて行われていたものなのだから。そして前衛的な作曲技法の実践が、これらの楽派を徐々に吸収していったのである。ごく頻繁に、もしそれほど成功を収めなかったなら折衷だと言われていただろう多くの人々に対して、綜合の名誉が認定され続けている。違いが何であるのかの具体的な基準もなければ、何がその際に許されて何が非難されねばならないのかについての、深い思索もない。とはいえ、折衷主義という言葉には本当の経験が告知されているのも確かである。ただしこの言葉は、質とは直接一致しないというだけのことだ。カペルマイスター音楽とは何か、それが意味しているものが、優れた音楽的技巧をもっていて、あらゆる可能性に熟達しており、にもかかわらず新しい名前を見出せずにいる音楽であることは、あまりにも明らかである。にもかかわらずワーグナーは、伝統的な独創概念のスポークスマンたち——その頂点にいたのがシューマンだ——が束になってもかなわない程の暴力的な力を持っていた。生前から既に執拗に攻撃されていたように、カペルマイスター音楽の特徴とされるものが、ワーグナーにはあるにもかかわらず、である。そしてマーラーについて言えば、彼には極めて雄弁な独創性と並んで、折衷的な特徴が明白に存在する。お利巧な作曲家——そういうものを彼はバカにしていたが——が熱望するほどには、前者が後者を完全に吸収していたとは言えないことを忘れてはならない。

とりわけドイツにおける折衷主義に対する拒否反応は、古い層に由来するものである。そこにプロテスタント的ドイツ的なギリシア愛がもつ、アンチ・ローマ的情念のようなものを見つけることが出来るかもしれない。キケロと彼および彼以後の時代の哲学に対するあの憎悪、宗教改革が養い、そしてヘーゲルさえあからさまに示していたところのそれである。初期のもの、根源的なもの、素朴なものが、文明的なものを仮想敵として自己を省察する教養によって理想化される。それに与する様々な連想は不吉なものだ。自分自身について確信が持てる文化——反文明的な嫉妬感情はただそれを羨むしかないのだが——は、このような嫌悪を抱くことはない。ただしこの嫌悪も、まったく理由がないわけではない。完全に文明化された精神は、まさにそれに即して自らが精神となるところの、自分と対立するものを始末しようとする。それが薄っぺらいものなのは、自分自身が築いたものを足場にして、勝ち誇って満足しているからだ。自分の中にある非芸術的なものの最後の痕跡が跡形もなく消えてしまった芸術など、もはや芸術ではあり得ないだろう。更に近代になって、つまり作品が作者から独立して、手本を真似するのではなく自らの構成のみによって、まったき自分自身であろうとする時代には、折衷的な契機は作品に固有の客観的な要請と矛盾することで、作品の嘘を露呈させてしまう。しかし他方、美的な「今ここ」の純粋な実現であれという要請も、手本がもはや役に立たないのと同じように、満たされることは難しい。かくして折衷的なものに対する有罪判決の中には、常にごまかしが紛れ込むことにもなる。恐らくそれは、結局どちらも成功しないと言われることへの苛立ち、あらゆる作品にはその下でそれが崩壊するしかないような重荷が背負わされてしまうことへの苛立ち、と言っていいだろう。折衷への憎しみを糧としてきた者は、「それならいっそ崩壊してしまえ」と思わず口にするであろう。〔そういう者にしてみれば、〕現実世界においてはあらゆるものが等価性、つまり交換可能性に呪縛されており、だからこそ芸術においてはすべてのものがまるで絶対的に個別的なものであるかのように輝かねばならないのである。人間に対して何千年も厳しく言い聞かされてきたところのミメーシスに対するアルカイックなタブー、似ていることへの怖れは、芸術作品においては、それが交換可能であることを口に出すことに対する禁止と一体になる。似ていることを怖れない芸術家は、所有物崇拝――それはまさにとらえどころのない音楽という芸術において、最も深く根をおろしている――に対して禁を犯しているだけでなく、自分は他人が作った音楽を気に入ったと告白したも同然なのだ。彼は集団規範に対して十分真剣でなく、猿真似する子供であり、自分と折り合いをつけた自我、集団規範が一人前の人物《ペルゼンリッヒカイト》と呼ぶようなしっかりした自我ではどう見てもないというわけである。上述したような不透明な事態が少なくとも中断を余儀なくされる場所があるとすれば、それは折衷主義への非難が、その正体を見極めるにはあまりに一瞬のこととはいえ、自分の秘密を打ち明けているところであろう。区別されるべきは、劣った折衷主義と、自ら何事か——それは美的現状の窮状でもあろう——を語っている折衷主義である。

マーラーの精神的風土の出身であるアレクサンダー・ツェムリンスキーは、その世代の一級の他のどんな作曲家にもまして、折衷主義者だとけなされてきた。生来の感受性は彼の創造にとって不可欠な条件の一つであったが、彼にあってそれは印象に対する敏感さと一体になっていた。いわば彼は、折衷主義という非難が自分に向くように挑発した。彼が選んだ素材と形式は、あからさまにその同時代人の有名作品を想起させた。タゴールの詩による《抒情交響曲》作品14（管弦楽とソプラノとバリトンのための）は自動的にマーラーの《大地の歌》を、ワイルド原作の一幕オペラ《フィレンツェの悲劇》はシュトラウスの《サロメ》を連想させる。折衷的な特徴、自分の時代の傑作に対する指揮者としての愛——自分自身の作品にあっても彼の感受性はそれを抑えることが出来なかった——は、自身の音楽においても否定することが出来ない。言うまでもないが、そもそもこうした愛なしには、偉大な創造は不可能なのだ。ある時代の本質的なものにしっかりなじんでいたとしても、時代の全体のレベルに達していない独創性などというものは、何の価値もない。音楽が様々の断片的な意図——それ自体としてはそれなりに各々の真実が認められてしかるべきであるにせよ——に分裂してしまったという事実に直面して、ツェムリンスキーの時代においてはまだ、それらを統一するという課題が存在していた。今日になってようやく、その課題の解決が不可能であることが明らかになったのである。しかしツェムリンスキーは、自分を否定してまで、そして失敗覚悟で、あらゆる偏狭さから逃れた音楽的知性でもって、この課題に取り組んだ。その際、結合されたものが完全には結合されていないという印象、断続的に手がしびれて、受け入れたものを常に完全に形成しきることが出来ていないという印象は、否定できない。しかし彼の折衷主義は、あらゆる刺激に浸りきることのできる、真に地震計のような反応能力にまで高められた感受性という点で、天才的だった。決して創造として振る舞うことのない弱さは、かくして第二の自然ともいうべき強さを獲得する。人格性へのパトスの無条件の断念は、それに対する批判に、そして至上の人格性になる。優しさ、感じやすさ、神経過敏、異質なものを混ぜ合わせるファンタジーが、決して交換できないものをもたらすのだ。意地の悪い老練な耳の持ち主なら、彼の音楽言語のみならず、その作品の手本が何かまで苦もなく言い当てることができるだろう。しかしこのことは、優れてツェムリンスキー的なものに、何の傷も与えないのだ。ただしツェムリンスキー的なものが何であるかを正確に言うのは難しいのだが。プラハ・ドイツ劇場〔プラハ国立劇場〕の人気音楽監督の、世慣れて友好的な身振りは、見たところシェーンベルク楽派の非妥協性から遥か遠くに隔たっているが、にも関わらず実際シェーンベルク楽派において、彼は非常に高く評価されていた。ベルクは自分の最も円熟し最も完全な作品である、弦楽四重奏のための《抒情組曲》を彼に捧げ、そのタイトルをツェムリンスキーの《抒情交響曲》の思い出として選び、その中のある個所ではその一節を引用している。

今日まで人は、因習的な美的観念論に呪縛されるあまり、ある時代の作家たちを単に個人的という以上に結びつけている糸を無視しすぎてきた。個人の作品に現れる集団を結びつける力というものは、一聴して分かる以上に多くのものを、この糸に負っているのである。こう考えるならツェムリンスキーは、彼の世代の最も記憶されるべき人物の一人と言わねばならない。一八七一年または一八七二年——どちらか記録が一致したためしはない——にウィーンに生まれたということは、シェーンベルクより三歳だけ年上なのだが、当地で彼はフックスに学び、ウィーンのフォルクス・オーパーで第一カペルマイスターをやった後、一九一一年にプラハへ呼ばれた。そこで彼は長い期間にわたり極めて大きな成功を収めた。一九三〇年ごろ彼はベルリンへ行き、第三帝国が台頭して以後は移住してニューヨークで亡くなった。彼の師の中にブラームスの名前はない。ハインリッヒ・ヤロヴェッツによる簡潔な伝記は、今日では忘れられたプラハの音楽雑誌『アウフタクト』に一九二二年に載ったものだが、手に入れることは出来なかった。しかしブラームスが彼に強い関心を示し、いわゆるバックアップをしてやったことは間違いない。アルフレート・アインシュタインにより一九二六年に編纂された、エンゲルフィールド＝ハルの新音楽辞典のドイツ語版では既に、正しくも「ツェムリンスキーはウィーン楽派においてしばしばみられるところの、ワーグナー的要素とブラームス的要素の綜合の代表者である」と述べられている。ウィーンのアマチュア・オーケストラ「フィルハーモニア」〔「ポリュヒムニア」の間違い〕の指揮者として、ツェムリンスキーはそこでチェロを弾いていたシェーンベルクと知り合う。シェーンベルクは彼の作曲レッスンを受けた。ツェムリンスキーの影響がどの程度のものか、それが単に友好的なアドバイスに過ぎなかったのか、それとも広範囲にわたる共同作業だったのかは、もはや確認することは難しい。彼らの関係は非常に深かったに違いない。シェーンベルクがツェムリンスキーの意図していたことをはるか後方に置き去りにするような帰結を引き出した時も、二人の関係が曇ることはなかった。シェーンベルクの最初の妻マチルデは、ツェムリンスキーの妹だった。彼はシェーンベルクからのその後の展開に際しても、演奏者として献身的に参加し、《期待》やベルクの《ヴォツェックからの三つの断章》のような重要な作品で素晴らしい演奏を行った。後の作品、特に室内楽においてツェムリンスキーはシェーンベルクからの影響を示しているが、これは老ハイドンがモーツァルトから刺激を受けたのと似ている。ツェムリンスキーの最初のオペラであり、受賞作品である《ザレマ》のピアノ版の編曲は、シェーンベルクが行っている。既に早くからツェムリンスキーはマーラーを知っていたに違いない。マーラーはツェムリンスキーのオペラ《昔々》の一九〇〇年の初演を自分で指揮した。また《夢見るゲルゲ》のウィーン宮廷歌劇場での初演も計画したが、マーラーが解任され後任に座ったワインガルトナーがそれを却下してしまった。マーラーの書簡は、彼とシェーンベルクとツェムリンスキーが互いの活動に非常に注目していたことを示している。——音楽的な交差接続はまだまだある。ツェムリンスキーは神童ヴォルフガング・コルンゴルトの師であり、その《雪だるま》のオーケストレーションをしたと言われる。ツェムリンスキーはフランツ・シュレーカーとも親友だった。ツェムリンスキーの《小人》とシュレーカーの《烙印を押された人々》の台本のアイデアは非常に似通っている。明らかにそこには関連があったはずだ。そしてもう一つ、ツェムリンスキーはウィーン楽派の作曲家として恐らく最初にフランス音楽への強い志向を持った人物であり、ドビュッシーの《ペレアスとメリザンド》およびデュカスの《アリアーヌと青髭》をとりわけ好んでおり、後者を一九二六年のプラハ音楽祭において素晴らしい上演のもと指揮した。ちなみにベルクの《ヴォツェックからの三つの断章》もこの時に演奏されている。右の二つの劇作品の原作者であるメーテルランクはまた、ツェムリンスキーにとって非常に重要な役割を果たしていた。ツェムリンスキーの最も美しい作品の一つである《六つの歌曲》作品13はメーテルランクの詩に基づいている。ただしこの作品が出版されたのは第一次大戦中だったので、ツェムリンスキーは愛国主義の圧力を顧慮して、ピアノ版の出版に際しては詩人の名前を伏せなくてはならなかった。メーテルランクの名前が記載されたのは、一九二二年および一九二六年のオーケストラ版においてである。

非常に先鋭的かつ公式の音楽生活には背を向けた運動だったと思われているウイーン楽派が、既にその初期から同時代の音楽潮流の全体といかに深く結びついていたかは、こうした細部からも明らかであろう。最初からそれは、その出自にも関わらず地方的なものではまったくなかったのである。シェーンベルクの作品において、同時代の互いにまったく背反する諸潮流が絡み合っていて、それらが構成的な作品という理念に実を結んだのだとすると、これらの諸潮流をそもそも互いに比較しあうことができるような音楽製作の領域としてツェムリンスキーが選んだのは、ブラームスとワーグナー以外では、とりわけマーラー、ドビュッシー、シェーンベルクであった。しかしこのことを、「いわゆる重要な同時代潮流について彼が情報通だった」という意味に取ってはならない。ウィーンの友人たちの間で常にそれとして通っていたところの、そういう人物として聴かれるべきツェムリンスキーの真価は、まさに彼の作品にあって、これらの諸潮流が極めて生産的な形で互いに火花を散らしあっている点にある。注意深くではあるが、次のように言うことができよう。つまりゼクエンツの埋め草による助けを借りず、根音進行だけによって完璧に作曲し尽くされた楽曲——ブラームスの遺産だ——とワーグナー的な半音階との無限に豊かな結合が、シェーンベルクとツェムリンスキーによって、ほぼ同時期に達成されていたのである。二人ともまず、音階固有ではない和音を構成的な形で楽曲の中に組み入れたが、同時にこれらの曲は調性の概念と極めて真剣に取り組むものでもあった。作品7としてツェムリンスキーは《ばらのイルメリン》を出版したが、これは後にマーラーと結婚することになるアルマ・マリア・シントラーに捧げられている。作曲が始まったのは恐らく一九〇〇年より前だ。その歌詞が、シェーンベルクも同時代に作曲していたところのデーメル、そしてイェンス・ペーター・ヤコブセンに依っているというだけではない。とりわけデーメルの「崇拝」における奇妙に熱い音調——《トリスタン》第二幕の二重唱との類似は否定できない——は、驚くほどシェーンベルクの初期の歌曲を連想させる。それに対してクリスティアン・モルゲンシュテルンによる一曲目、「昔々二人の子供がいた」は、例の末期調性の慎ましい見本である。つまりそこでは十二の半音すべてがいわば同等に扱われてはいるが、しかし半音階的に次から次へ滑っていくことはないのだ——やがて十二音技法の作曲理念へと結実する和声意識の前身である。その際この歌曲は、非常に節約されたスペースにおいて、軽やかで明るい優美さから陰鬱な性格へと展開していくが、その出自であるユーゲントシュティールの領域のはるか先を指し示す、文句なしの傑作である。

やがて新音楽にとって本質的となるある特徴の点で、ツェムリンスキーの初期の音楽はユーゲントシュティールと異なっている。それは楽曲の思慮深い簡潔さである。極めて繊細な和声にもかかわらず、装飾音符で豊満に飾り立てられたピアノ伴奏は断念されている。音楽の出来事は誇張なしに、一貫して裸で、ほとんど学校和声のコラールのように書かれているが、これは例えばシュトラウスは言うまでもなく、フーゴー・ヴォルフと比べても対極にある。つまり歌の旋律がただのデクラメーションになり、ピアノの奏でる諸動機によって解釈され、このピアノ伴奏の方が主役になるなどということはない。音楽の本来のエッセンスは——ここでもブラームス的な意味で、ただしより決然とした形で——歌の旋律に圧縮されている。ピアノは旋律に内在する和声を汲みつくし、しかし決定的なことをつけ加えたりはほとんどしない。シュトラウス的な不意打ちと打ち込み効果はない。初期ツェムリンスキーにおいては、粗雑な決まり文句がそれを相も変わらず後期ロマン派的と形容しようとも、実に豊富な音楽言語の下に、簡潔化ないし即物化への意志が感じられる。もちろんそれらは、シェーンベルクでは既に初期においてそうだったのと違って、強い対位法的衝動と結びつくことはない。ツェムリンスキーは生涯、本質的にホモフォニー的な作曲家であり、この点で十九世紀の子であった。彼はまた、外面的に付け加えられた多くの声部の網目によって、そのことを覆い隠そうともしなかった。確かに彼の才能の限界は対位法にあった。しかし彼は自分のホモフォニー的な資質から、非常に透明で軽やかかつ明澄な様式という長所を作り出した。しかもその際に決して、俗で不定形なものに流れることはなかった。作曲家として最も成熟した作品において彼が、簡略化され、重量過多ではない繊細な喜劇——ホーフマンスタールがシュトラウスに空しく求めたようなそれ——に他の誰より近づいたとすれば、それはあらゆる作曲技法の完全な熟達の只中における、彼のあの知恵ある慎み深さのおかげであったに違いない。最後の二つのオペラ、《馬子にも衣装》（一九一一年、一九二二年に改訂）と《白墨の輪》は、選り抜きの簡潔の真の見本である。それに際して明らかに彼に影響を及ぼしたのはドビュッシーのある側面、つまり極限まで簡略化された、〔ことさらな旋律より言葉の朗誦を重視する〕オペラ論争的モノディーである。ドビュッシーにおける玉虫色の鮮やかさとか忘我、つまり印象派風のパレットというよりも、省略と沈黙、つまり作曲における慎ましさの芸術に、彼は反応した。ブゾーニと並んで彼は、最も初期のアンチ悲愴主義者であった。彼の暗黙の美学は後の六人組に通じていくものである。特に《ペレアス》のスコアを彼は完全に消化しており、とりわけ——彼自身の伝統が要求するような、常に何もかも作曲し尽くすやり方と違って——暗示することを学んだ。しかし同時にウィーン的なフットワークの軽さとダイナミックな思考という基礎は、何といってもはるかにクリアすべき課題の多い〔《ペレアス》という〕抒情劇の単調さから、彼を守ってくれた。アルカイックなものを装う誘惑に対しては、彼はまったく心を動かされなかった。

しかしながら、ツェムリンスキーにここで取り組もうとする理由は、そのあらゆる音楽史上の貢献にもかかわらず、歴史的なものではない。ヨーロッパの破局の後、文化的遺産などという概念はとうに疑わしくなっているのだから、そしてかつての発展への貢献からはもはや何も擁護することは出来ないのだから、そしてかつての発展への貢献からはもはや何も擁護することは出来ないのだから、そして擁護するならただひたすら、今日なお生きて現前しているものを通してすべきなのであるから、普通であればツェムリンスキーについてあれこれ言う必要はないはずである。それは既に死後数年で忘れられてしまい、単純なデータすら確定できず、楽譜を入手することさえ難しいような人についての、単なる回想にとどまってもおかしくはないのだ。しかしながら彼の作品の磁場は、まさにいわゆる偉大な発展潮流がそれを無視して通り過ぎたが故に、そのアクチュアリティーを救い出された。他の音楽がツェムリンスキーにあったこうした衝動をほとんどとどめていないことは確かだ。彼の衝動は新しいものをもたらしたが、その後は放置されたままである。しかし、自らその犠牲者となったツェムリンスキーの音楽は、直線的な進展が払わねばならなかった代償について、何事かを語っている。つまり、明瞭かつ生き生きとした無二のキャラクター〔具体的な連想と結びつく定型表現の意味。こうした定型の喪失にアドルノは近現代の音楽の危機を見る。「マーラー」の章でも中心概念となっている〕の刻印という代償である。それは全面的な統一化、つまり統合的な作曲という理想の抑圧の犠牲者となったのだ。しかしながら、こうした誰にも明らかな無二の個性だけから、全面的な明確化や音楽形式の組織化を生み出すだけでなく、それらを真に正当化してくれる輝きのいくばくかが、生まれてくる。個人の衝動という実質がなくては、全体性は単にピュロスの勝利〔古代ギリシア王ピュロスに因む言い回しで、被害の甚大さが勝利による利得を上回ってしまうという意味〕を祝うだけだ。ツェムリンスキーは最良のものを示唆しているのであり、それを忘れてはならない。アルバン・ベルクはとりわけ作品13のメーテルランク歌曲が好きだった。恐らくそれは真にベルクの創作の中心だったと言っていいだろう。「目隠しされた乙女たち」の内気な中世、これらの歌における陰鬱で謎めかした民謡のトーンは、マーラーとの関係を示している。とりわけ三人姉妹のバラードである第一曲、そして終曲「彼女はお城にやってきた」がそうだ。後者は若きマーラーの《さすらう若人の歌》を曇った鏡に輝きださせている。同時にこれらの歌曲の多くの箇所、特に第一曲では、ドビュッシー的な二度の摩擦を伴う和音の平行移動と並んで、ブラームス的なテクスチャーが拡張された調性と結びつけられているのが見つかるだろう。しかし決定的なのは、圧縮されたメリスマを作り出し、その中で抒情的な甘さをいわば密房のように濃縮するツェムリンスキーの能力である。まさにこの能力を、ベルクはマリーの子守歌や《ルル》におけるアルヴァのロンドで自らのものとしたのであり、その点で彼はツェムリンスキーに非常に親近感をもっており、彼の作品の比類ない箇所——とりわけ暖かく大きな音程によって特徴づけられる部分——を暗記していた。こうした例の一つが、乙女の歌の最後のストローフ、「愛（liebe）」の言葉を導く長九度のところである——これは表現主義盛期になってようやく見られるような表現力を伴う調的素材によっているが、にもかかわらず、自明でありつつ非慣習的に響き、いわばカデンツを絶え間なしにパラフレーズしつつも、それに逆らうようにして和声づけされている。あるいは第五曲の金の指輪の優しくも哀しげな箇所、あるいは同曲のすぐ後、「開いた扉を見せて、そう、光は消えてしまった」のところの爆発。そして終曲の「どこへ行くの?」の問い。作曲の最近の展開、例えばブーレーズの《主なき槌》が、個別的なキャラクターの問題を再び投げかけているとすると、ツェムリンスキーの歌曲のこれらの箇所は疑いなく、個別的なキャラクターが因習的なロマン派のパターン遺産に寄りかかることなしに成功した、最後の例の一つである。独特の成熟、つまり短縮されたこれらの旋律の持つ衝撃を示すには、こうした発明の成功例として、ヴェルディの《オテロ》を思い出すのが最も手っ取り早いかもしれない。その原理は決して歴史の発展の中に完全に吸収されることはなかった。

ツェムリンスキー本来のものとは、旋律の抑揚である。それは文字通りの意味での抑揚、メランコリックに先取りされ、表現たっぷりに沈み込む声だ。旋律ラインは作曲者の気質をあらわしている。ただし孤立した、いわゆる美しい箇所がばらばらに散在しているのではない。こうした箇所はむしろ、極めて大きな視野をもって構想された形式プロセスが、凝集するところなのである。こうした形式を作るべくツェムリンスキーは、有節歌曲において、マーラーのヴァリアント技法を引き継いだ。節の最後は決してはっきり凝固したような形で反復されることはない。節それ自体は明確だが、常に予想外の形で、しばしば集中力を高めながら、先へ進んでいくのである。そのヴァリアントは和声構造にしっかり組み入れられ、曲全体の起伏に非常に巧みに関係づけられている。詳細な観察は総じて、ツェムリンスキーの折衷主義という表面上の印象を修正してくれる。様式的に背反する諸要素が、有意味なニュアンスとして、作品の連続性の中にいかにうまく統合されているかが分かるのである。例えば「そして彼はようやく故郷に帰った」のシェーンベルクに由来する四度和声がそうである。四度和声は調性的読み替えからこぼれて目立つことは決してなく、和声の流れを中断しつつも、絶えず別の解決をされることによって、和声の流れに溶け込んでいく。シェーンベルクやウェーベルンのもっと過激な連作歌曲を前にしても、このメーテルランク歌曲は決して恥じる必要はない。しかし純粋な素材という観点からシュトラウスのことを連想するなら、それは見当はずれというものだろう。四六の和音や不意打ちのように和声をもってくるといったことは、音楽の定義とは関係ない。シュトラウスとは極めて対照的にツェムリンスキーは、こうした瞬間を効果として使うことはなく、それらを和声進行から機能的に展開させた。〔響きの〕繊細さにもかかわらず、ツェムリンスキーは単なる刺激剤の誘惑には負けなかった。彼は聴衆のために（ad auditores）作曲するのではなく、事象の論理に従った。これとも関係するのが、彼の音の置き方の独特の禁欲、そして表現の恥じらいと内向性である。舞台作品においても彼は、何より抒情を大事にしつつ、あらゆるギラギラしたどぎつい身振りを躊躇した。この点でまさに彼はフランス人たちの弟子であった。しかし何より表現内容自体が、非劇場的でフィクションから解放された暖かさを持っていた。それは感じられたものの直接の告知であり、その模倣ではなかった。その点でツェムリンスキーは、非常に伝統的な手段にもかかわらず、既にポスト・シュトラウス世代に数えられていい。自己演出を断念する際の彼の音楽の誇り高さこそ、それ本来の近代性であり、逆説的なことだが、今日その普及の邪魔をしているものなのである。

彼の器楽曲も高い質をもっている。例えば一九二四年の弦楽四重奏第三番がそうだ。それは拡張されてはいるが、見紛うことない調性の中で動いていく。最初の三つの楽章は、柔らかい不協和音で閉じられるにもかかわらず、である。短い諸楽章はリラックスした筆の運びで書かれている。諸声部を手堅く弁別した、四度和声の極めて熟達した用い方にもかかわらず、ここでも本来的な意味でのポリフォニーの開花は拒絶されている――その代わり諸形象が桁外れに軽やかに交代する。多彩さは継起的なのだ。和声は選り抜きかつ豊かであり、拍節法は不規則なものが好まれる。目につくのは、ツェムリンスキーが運動を中断する際の前衛に与する市民的勇気〔伝統に抗って前衛を擁護する市民の肯定的側面を表現する言葉。本書所収の「アンフォルメル音楽の方へ」でも用いられている〕とでも言うべきものである。彼はリズム的衝動を決して、それ自体が欲する以上に追い続けない。あらゆる〔新即物主義において流行った〕駆動法《モトーリク》の対極である。リズム的推進力が減衰し、そして再び活気づく様子は、彼独特のものである。それが老化ゆえの弱さか、まさに存在者の身振りを音楽形式の身振りへと迷うことなく翻訳する力であるのかを議論してみても、あまり意味はあるまい。シューベルトやブルックナーのようなウィーン的伝統は、この身振りと無縁ではなかったはずだ。〔それに対して〕第一楽章は恐らく、晩年のワーグナーの「交響的ディアローグ」を書くという理念に刺激を受けている。それは通常のソナタ楽章以上に専ら、ただ二つの対立する主要主題によって労作を行っている。一つは「ゆったり内面的に動くように」と記されたそれ、もう一つはもっと速いテンポの、「鋭いリズムで」演奏されるそれである。後者には一小節の動機上のゆったりした終結部が続く。走り回る十六分音符の展開部の論争は、ほとんど第二主題だけで作られていて、再現部に戻ろうとする部分になってようやく、終結部の動機の拡大型に到達する。その代わり、極度に短い再現部においては、第二主題はカットされていて、その結果、展開部が再現部の先取りのようにも聴こえてくる。つまりこの再現部は大きく見て提示部を逆転しているようでもあるのだ。要するにソナタ形式が自由自在に、まったく非慣習的に扱われているのであり、それはソナタ形式を満たすというよりスケッチするという風であって、そもそもソナタ形式からはもう遠ざかってしまった者が、それを回顧的にもう一度用いてみようとしているようである。同様に緩徐楽章も、さっと刷毛で描いただけのような八小節の主題を選んでいる点ですでに、非慣習的である。それに続いて、非常に速いテンポで、多彩な変奏曲が次々交代する。第三楽章はロマンツェと題され、その主要な諸旋律はリート的に浮き上がり、単純だが多彩な楽器によって伴奏される。終楽章はブルレスケであり、ロンドに近づいている。すべては技巧を凝らしつつ尊大ではない。自己批判の思慮深さによって、本筋から脱線したがるもの、決して強く自己主張しないものという印象が喚起される。拘束的に定式化された非拘束性と言ってもいい。

あるいは一九三五年にようやく出版された《シンフォニエッタ》ニ短調作品23。既にタイトルからして、ツェムリンスキーが次第に強く意識するようになっていた意図を示している。これは弦楽器と二管編成の木管、そしてもちろん四本のホルン、三本のトランペット、三本のトロンボーンによる小編成オーケストラのための曲だ。ここでは一貫して、明快で閉じた楽節《ペリオーデ》的な、ほとんど〈ブレヒト＝ワイルの〉ソングに似た旋律が追求されている。第一楽章はプレストで、遠くからまだマーラーを、例えば第五交響曲のスケルツォをかすめている。主要主題グループは弦楽四重奏風、副主題はカンタービレ、展開部はかなりはっきりそれと感じられ、それに対して再現部はかすかな回想へと収縮している。強調したり、長々と同じ場所にいることへの恥じらいは、ひょっとすると弦楽四重奏第三番をも凌いでいる。第二楽章はバラードと題され、物語るように演奏されるが、それはまるで交響曲のアンダンテのもつれを恐れているかのようだ。ロンドは主要声部を途切れることなく保持している点で、ほとんどクオドリベットのようである。総じてこのシンフォニエッタは、ものを知るようになったモデルネが、長い間埋没していたウィーン古典派の基本類型と戯れ、それを完全に自由気ままに輝かせ、いわば自分自身の重圧からの解放に利用する、そういう創作の周辺のうちで繰り広げられる。いずれにしてもツェムリンスキーのシンフォニエッタは、ストラヴィンスキー流の新古典主義とは無関係だ。それはかつての構造的静力学を拝借しもしないし、過去をパロディーにしたりもしない。むしろそれは軽々と因習的な形式相手に軽業を演じてみせ、それでいて伝統的な形式の高い要求と個々の箇所の繊細な抒情とは決して衝突することがないのだ。今日において交響曲を作曲することの極度の困難を、好んで省略と回避によって克服しようとする形式省察の中に、ツェムリンスキーの趣味は目標を見定めている。彼は〈新古典主義者のように〉がつがつとした真剣さをもって後ろを振り返ったりしない。しかし交響曲に由来する精神に則って徹底的に隅々まで構成しようとする最近の潮流のリスクからも逃れている。こうした態度は、機知に富んだシャープなトーンと実によく合っている。ひょっとするとベートーヴェンの第八交響曲のフィナーレが、ロンドの隠れたモデルだったのかもしれない。すべてが偽りのないオーケストラ経験と結びつけられ、説得的に響くことは言うまでもない。

しかしツェムリンスキーが創作の中心に置いたのは、歌曲でもなければ器楽曲でもなかった。このオペラ劇場のカペルマイスターは、自分をオペラ作曲家であると感じていた。彼が書いたもののほとんどは、舞台のための作品なのだ。初期交響曲と同じく、彼の初期のオペラも紛失してしまった。円熟期のものである二つの作品、《フィレンツェの悲劇》と《小人》は、非常に高い音楽的な質にもかかわらず、ドラマの筋のせいでほとんど上演されない。前者は、マックス・シリングスの《モナ・リザ》と一緒に冥府へ落ちて行かねばならなかった、例の新ロマン派的などぎついルネサンス・ドラマの一つである。《小人》は相変わらず人気のあるワイルド・メルヘンによっているが、一夜の公演としては十分な長さがなく、たった一つの状況に絞ったドラマであり、そこから溢れるものは必然的に劇の埋め草に陥ってしまっている。それに対して《馬子にも衣装》はツェムリンスキーの最良のスコアで、演劇的にも非常に効果が高い。人間的な音楽喜劇がないことに対する不満が絶えないにもかかわらず、そして相も変わらずゲッツの《じゃじゃ馬ならし》を空しく再演しては葬り去っているにもかかわらず、この作品を頑強に人々が拒否しているのは理解しがたい。台本は才知に満ちており、少々工芸品的だとはいえ、ゴットフリート・ケラーの『ゼルトヴィラの人々 (Die Leute von Seldwyla)』に基づいて、原作の人間性のいくばくかを救い出している。しかし音楽の優しさと恥じらいを含んだ優美は比類がない。その際、決定的な個所において音楽は、極めて当意即妙に作られており、音楽によるユーモアにつきまといがちな押しつけがましさなしに朗らかである。サディスティックなまでに気まずいシチュエーションが味わい尽くされるところはどこにもなく、むしろ詐欺師は意に反して慰められることになる。《マイスタージンガー》におけるワーグナーは既に直観的に、音楽喜劇を個別的なキャラクター描写の形式、すなわち彫琢された細部のそれとして認識していた。そして音楽喜劇は、《バラの騎士》を経由してシェーンベルクの《今日から明日へ》に至るまで、そういうものであり続けていた。ツェムリンスキーの資質はそういうものと相性がよかった。極度の慎み深さによって、楽劇的な要求、つまりダイナミックに作曲され尽くす発展は回避されている。多くの場合、個々の段落に対していくつかの動機的モデルが設定され、安っぽいゼクエンツなしに、次のモデルが登場するまでヴァリアント技法によって加工されていく。「仕立て屋さん、あなたは一体何を作ったの？」のような魅惑的なリート、ブルレスケ風の間奏曲、抑えられているが感動的な愛の場面などは、こうした例である。後にクルト・ワイルが解き放ったような、劇音楽を簡易化しようとする傾向は、その作品の楽曲構成にかすかに先取りされているが、ただし商業主義的な娯楽に譲歩することはない。既に先細りしていた伝統から来る礼節をもって、《馬子にも衣装》はポピュラーなものでありつつ、形式水準を失わないことに成功した。ラヴェルの《子供と魔法》に匹敵する、しかし鈴が鳴るような響きの点でより純粋なこの作品は、趣味というものの遅れてやってきた勝利である。新ウィーン楽派が総じて本質化を目指し、それは多くの点で簡略化も含んでいたとすると、ツェムリンスキーは逆の方向を進んだ。つまりコミュニケーションに背を向けるのではなく、コミュニケーションへ向けて進んだ。彼の簡略化が使用機能を否定する代わりにそれに接近したのは、彼におけるフランス的な点である。

その最も適切な証人は、クラブント原作による《白墨の輪》の作曲である。この作品はヒトラー独裁時代の初期のベルリンにおいて、素晴らしい初演をされたが、言うまでもなくすぐに好ましくないとしてレパートリーから外され、恐らく今日まで再演されていない。ケラー・オペラにおける繊細で感性豊かな簡略化の傾向は、さらに進められている。確実に《三文オペラ》を知っていたツェムリンスキーが、作曲当時にあっても結局はその影響下にあったが故に、ソングの粗暴さをエキゾチックな魅惑でもって和らげようと試みたのだと想像したくなるほどである。実際ウィーン工房の息吹が全体を包んでいる。しかしツェムリンスキーの発展を全体として見るなら、こうした評価が不当であることは分かるはずである。すべてを最短の音楽的個別キャラクターで表現するやり方は、晩年のツェムリンスキーがオペラにおいてひとえに楽劇的ないし交響曲的な膨張への対抗手段として用いたものだが、それは既に《馬子にも衣装》ではっきりあらわれている。様式プロセスの中に現れる微細で瞬間的な動きは、十分ブレヒト゠ワイルのものと似た効果を生み出している。ツェムリンスキーは《三文オペラ》的類型を独力で考案した最初の人だったのだとほとんど言ってしまいたくなるほどである。

「ほとんど」という言葉に言いあらわされる彼の運命とは、通常はむしろ科学の世界で知られているようなものである。つまり、ある学者がほとんど決定的な発明をするところだったのに、いつの間にかそのチャンスを奪われたといった場合だ。作曲というものの非合理的契機を探すとしたら、インスピレーションの中などではなくて、まさにここだ。それはまた、たまたま新機軸の点で後れを取っただけのライバルたちを没落へと呪うそれとも似た、悪しき意味での社会的な契機でもある。大作曲家においてクラリネットは、それほど正確にイメージされていないときですら、正確にイメージされているかのように響かねばならない。あるいは言わんとすることを違う次元において示すなら、自分が曲の展開の中で無意識のうちに目指している形式タイプを、大作曲家はまったく無頓着に、右顧左晒することなく定式化しなければならない。こうしたことについて、人は偉大さという概念自体を——もしまだ信用しているなら、の話だが——信用できなくなるかもしれない。場合によっては他ならぬ無謀さの不足が、ある作曲家からその世間的な格を騙し取っているかもしれないのだ。彼がその天才の割に繊細すぎるということもあるだろうが、結局のところ、偉大な才能には野蛮という地金——それがどれほど隠されていようとも——が必要なのだ。まさにそれがツェムリンスキーには欠けていた。そしてその限りにおいて彼には、卑俗な物言いならそう表現しそうだが、天才になるための幸運がなかった。彼はことさらに「物静かで繊細」という判定を呼び込んでしまった。しかしこうした弱点の批判の仕方自体が、暴力的な力としての偉大さというイメージを内面化しているのであって、最も繊細なものに至るまで、このイメージの影は及んでいる。〔しかし〕ツェムリンスキーのような芸術家にとって重要なのは、まさに暴力の不在であり、自身をいわゆる時代潮流に任せ、その声となることだった。成功神話の残滓から完全に解放された者は、この種の才能に対して、違ったふるまいをすることになるだろう。たとえその種の「優しさ」——これはウェーベルンの仮借なさの対極にあるものだ——が、時として成功のカテゴリーと関わりあいになることがあったとしても、である。しかし今こそツェムリンスキー評価の修正をするにふさわしいチャンスだというのは何より、過去の芸術がこれからも存続するかどうかは、決して過去におけるその誰にでも分かる新しさによって、自動的に判定されるわけではないという理由による。アクチュアルな芸術生産に対する批評においては、その生産が妥協なくその状況から帰結を引き出し切っているかを問うことが不可欠である。しかしながら他方で、こうした基準を後ろ向きに、つまりその帰結が一体どうなるのかという論理がまだまったく読み取ることができないような段階にある音楽的意識へと投影することは出来ない。しかし同時にまた、人々が非難し、あるいは忘れてしまっているが、ずっと後になって発見されるかもしれないような可能性がそこで告知されているかもしれないのだ。芸術作品がその観察者ないし聴衆に対する「今ここ」の緊張をいったん失ってしまったなら、その時かつての素材段階とはまったく違う側面が、そこに開けてくる。造形芸術の表現を借りて、それを絵画《パンチュール》と呼ぶことも出来るだろう。こうした側面はしばしば、かつての前衛ではなく、かつての後衛の中でこそ、より永続的であることが証明されている。例えば人々は今日、中庸なラヴェルの方を、その作品の内的な組み立ての点で、六人組よりも高く評価したがっている。後者のラディカリズムの多くの部分は、彼らが役立たず扱いしたラヴェルの印象主義とは、徹底的な形成の点で、比べ物にならないほど劣っており、あさましい「時代とドンピシャ（Justament）」に過ぎなかったことが露見しているのだ。もちろんツェムリンスキーにも同じようなことが起きると予言することは難しいかもしれない。彼にあってはすべてが際どいところにある。しかしいずれにしても、今日出版されているオペラの大部分は、技術および形式のレベルからして彼の作品に遠く劣っているというだけではない。「アップ・トゥー・デート」たるべしという主張――「これはもはや私たちに何も語りかけてこない」という抽象的な言い回し――が、単純に時の流れを引き合いに出すことによって、美的な価値の見分けや美的な反応能力の衰退をごまかす口実になっていないなら、という限りでの話ではあるが、既成レパートリーの多くのオペラは、創造性を欠いた冷淡――ツェムリンスキーの非常に繊細でもろい作品に対するこうした態度が、かつてはまったく当然だと考えられていたわけだが――によって今度は自分たちが尋問されなくてはなるまい。今日のものであれ過去のものであれ、この世界には――絵画と比べて――「良い音楽」が呪わしいほど少ししか存在しないという事実を、いつの日か人々が囚われなく口にするようになれば、そして公式の文化財の大部分が客観的に調えられたものだという幻想を、人々が放棄するようになれば――また他方では同時に機械的な複製メディアが絶え間なしに色々な音楽的流行を始動させているのだから――、異論が出るのは承知でなお――ただしこれらの異論を人はろくに曲を聴きもせずに口にしているのであって、しかし実際はその背後には、芸術の内部でも世のならいとやらの悪しき偶然や不正と手を結んでいるところの歴史の審判を追認するという意図以外の何もないのだけれども――事実巨匠であったツェムリンスキーに是非とも注目してくれるよう懇願することは許されるであろう。

シュレーカー

戦後における歴史の連続意識の喪失は、ドイツにおいて様々な点で見られるものだが、音楽もまた例外ではない。ヒトラー独裁以前に大きな影響力があった作曲家の多くが、今日ではまったく忘れられているのである。そのうち最も有名だったのはフランツ・シュレーカーである。彼がその処女オペラの主人公のごとく熱烈に探し求めた劇場での成功は、言うまでもなく既に生前から、彼のもとを去っていた。栄光が彼を包んでいたのは一九二〇年代初期であり、上演能力のあるすべての劇場が《烙印を押された人々》と《宝堀り》を演奏した。そして恐らく《狂った炎》の初演から、公衆の好意は彼から離れて行った。崇拝されていたスターの顔つきが、彼のファンたちによる無意識の復讐として、ある日〔突如として〕嘲られ始めるのにも、それは似ていた。彼が最も成功した時代、つまり一九一八年以後、人々は彼を新音楽の代弁者の一人に数えていた。パウル・ベッカーは文字通り『新音楽』と題された著作の中で、彼を劇音楽におけるその最も優れた代表者だと祝福した。恐らく当時の彼は既に、様式および作曲素材の点では、シェーンベルク楽派や初期ストラヴィンスキーにはるかに後れを取っていた。彼が多くの点を共有していた分離派の絵画が、キュビスムや表現主義の後塵を拝していたのと、それは似ていた。だが音楽の歴史は他の諸芸術と単純な平行関係にあるわけではない。進歩的な絵画ではほとんどあり得ないほどに、音楽の歴史にあっては精神的に非同時代的なものが、隣り合わせで居場所を持っていたりする。シュレーカーの芸術的風景が持つクリムト的な側面は、最初のうち別に人々の気に障ることはなかった。実際シュレーカーのスコアには、若い〔より前衛的な〕人々に近さを感じさせる特徴も欠けてはいなかった。

恐らくこうした特徴は、技術的に正確に把握できるというより、特定の雰囲気に棲みついていたものである。《烙印を押された人々》の一九一八年のフランクフルトにおける初演には、スキャンダルの空気が漂っていた。話題になったのは、指揮者のルートヴィッヒ・ロッテンベルクが決定した、ありえないほどの数のプローベ〔通し稽古〕であった。人々は何か巨大なうねり、途方もないもの、そして自然主義という言葉、また作曲家の名前が連想させる何か恐ろしげなもの、ショッキングでエロティックな出来事を想像した。十四歳の少年の耳にはこの期待がすべて満たされたわけではなく、作品全体は予想よりはるかに容易に理解できたとはいえ、それでも芸術作品が放つ噂は、時として正確な分析よりも作品そのものに迫ることがあるものだ。豪勢な横溢、向こうみずな大胆、そして放埒で野放図なモデルネ像という布置が、シュレーカー作品からは魅惑的に輝きわたっていた。

シェーンベルク自身、常に彼に最大限の敬意をもって接しており、その和声学の中で――他の多くの例の一つとして――《遠い響き》のある個所について触れている。解決されない四和音の最初の例の一つとしてである。しかし若い世代、とりわけシュレーカーの生徒たちは、彼がまだベルリン音楽院の院長をやっていたころから、自分自身の時代や周辺サークルの成功者たちをキッチュ野郎呼ばわりして拒絶する前衛画家の身振りでもって、激しく彼に反旗を翻していた。こうした異論に対してシュレーカーは、職人気質の人間の少々鈍い素朴さ、十九世紀末に人々がよく使った表現でいえば、芸術家バカ的なそれでもって応じた。彼を取り巻いていたのはアトリエ的空気であった。事実、彼の最も成功した場面は、《烙印を押された人々》の）アトリエのそれであった。細かい音符のグリッサンドとアルペジオがひしめきあうスコアのページの豊満な瀟洒、新ドイツ派の装飾的オーケスラの豊穣が、ドビュッシーやラヴェルの感覚的な甘さと結びついていた。時として天性のこの劇場人は、いわゆるプッチーニ・オクターヴを屈託なく使った。ポスト・ワーグナー楽派の粘着質の重さを、彼はほぐして脱物質化し、同時に色彩強度の点で凌駕した。また彼はどこか地中海的なきらめきを、膨張的な巨大オーケストラに与えた。〔ただし〕これらの到達すら、ひょっとすると既に生前、他の作曲家たちによって追い越されてしまったのかもしれない。彼の大きなカルトン〔画版〕に対して厳格さと精神的な力の不足を指摘することは、あるいは彼の台本の趣味の悪さにクレームをつけることは容易だった。しかし彼の音楽は、例えば《遠い響き》の次のようなト書きに、あまりにもぴったりと合っていた。「まるで湖中に飛び込もうとするかのように彼女は腕をあげる。この瞬間に月があがり、風景は一変する。湖は月明りの中できらめき、蛍が飛び回り、ナイチンゲールが歌い、鹿は水を飲むために水辺にやってくる。蒸し暑い空気が乙女を包む。夜の森の魔法。自然は愛と約束で息づく。グレーテは黙したままじっと見つめ、驚嘆したように立ち尽くす」。ワーグナー風の聖金曜の魔法の場面のための入念な指示を、このト書きはオイル印画法とユーゲントシュティールとの中間領域へと連れ去る。いずれにしてもシュレーカーは、ドイツのワーグナー後継者たちの中にあって、ワーグナーからファンタスマゴリーの契機を読み取り、それを自分のアルファにしてオメガとした人なのである。こうした文学的な異形に劣らず専門家たちが文句を言ったのは、シュレーカー作品の音楽の作りである。数字和声的な意識の弱さ、つまり枕を転がすように保持音上で色々な和音を滑らせていく手法、そしてとりわけ後期作品において不吉の相にまで達した主題の非造形性、色々な点でアモルフに近いリズムなどだ。〔しかし〕これらすべては、彼の生徒たちが証言するシュレーカーの能力と、奇妙に矛盾していた。彼はレッスンで桁外れに素晴らしい厳格なパレストリーナ対位法を書くことが出来たし、自分の作品の和声が滲んだように聴こえるところですら、きちんとそれを伝統的な機能和声で説明出来たというのである。彼のオーケストラのパレットの輝きは、確かに非難はされたが、その明らかな能力には誰も異論を唱えなかった。アトリエ芸術家には仮装パーティーと大学教授風の威厳の結合が似合いだ。一方には、美しい響きを好むにもかかわらずほどほどにしておこうという小賢しさが徹底的に欠如した音の形象の挑発があり、他方では、世間とそれなりにうまくやっていく能力が規則を守ることを要求する。陶酔とざわめきの快楽主義を禁じ、拘束力ある芸術作品という理念を布告しようとするタブーを、彼は犯すだけではない。シュレーカーにあっては、何か家畜化されえないものが、自らの響きを求めて蠢いていた。だから彼の技法的なやり方についても、あまり早計に否定的な判断をするわけにはいかない。つまり人々が——これは嫌というほど繰り返されたことだが——シュレーカーの混淆色に反発して、いわゆる純粋かつ明晰にくっきり区別された声部や部分を要求した時、それは粉飾するような魅惑の刺激に対するもっともな拒絶反応——単なるうわべの飾り、塗りたくられた駄作と感じられるような何かへのそれ——というだけではなかった。シュレーカーが呼び覚ましたのはまた、屈曲したもの、虹色のもの、誘惑的なものに対する、不機嫌かつ禁欲的な反感でもあったのであり、人々はそれを恭しくも軽蔑的に扱うことで撃退しようとしたわけである。シュレーカーのシランクスはブロックフレーテ〔リコーダー〕の対極に他ならない〔「シランクス」は元々ドビュッシーの官能的なフルート曲の題名であり、ここでは学校教育の楽器であるリコーダーのやせた響きと対照させられている〕。シュレーカーのオーケストラで悪魔の声を聴いた者は誰しも、彼以上にうまくオーケストレーションをすることは難しいと思い知らされるだろう。シュレーカーが時代遅れであるということの両義性とは、次のようなものである。つまり一方にまやかしじみたいかがわしいものが、否定しがたく存在する。そして他方、彼の最良の音楽が意図するもの、つまりあらゆる束縛からの解放を前にした時の不安は、もう一度シュレーカーを取り上げて、そもそも芸術においていつ、犯罪的なものの表現が〔これほど格好の〕居場所を見出したかについて検討することを、正当化してくれるのである。シュレーカーの芸術的空気の中にある微かな無作法さには、こうした居場所がなかなか似合いなのではなかろうか。

当時人々が好んでよく口にしたジャルゴンによれば、シュレーカーは「響きの経験を音楽の基礎にした」。確かにいくばくかの真実がこの言い方にはある。彼の最初のオペラのタイトル〔《遠い響き》〕がいみじくも示しているように、響きというアイデアが彼の全創作を一貫して貫いているのである。オルゴールとか、《烙印を押された人々》の混濁したデッサンとか、《宝堀り》のリュートとか、《歌う悪魔》におけるアマンドゥスのオルガンといったものである。しばしば響きがオペラ台本の象徴的なテーマになっているというだけではない。音楽的にもまたそれは、和声と管弦楽の色彩との統一のシンボルとして、シュレーカーにおいては他のどの作曲次元よりも重要である。彼はメロディーも対位法も主題労作も形式構成もすべて、様式化の原理としての響きに従わせる。以前はおざなりにしていたものを後期の作品で取り返そうとした時、彼は救い難い不毛に陥った。その人独自の資質を、能力の欠如故に彼が諦めねばならなかったことから区別するのは、芸術作品にあってはしばしば難しい。しかしシュレーカーにおいて響きというものが一体何を意味していたかは、いまだに明らかにされないままだ。しばしば人々は、このキーワードを出すことで、すべてを言った気になっている。〔しかし」そこに隠されているヒントをもっと追いかけなければならない。つまり現象そのものが、響き《クラング》という言葉に似ているのだ。それ自体が音楽的なものを模倣しようとするこのオノマトペ的な言葉を、シュレーカーの音楽はもう一度音楽へ翻訳し戻そうとしているのである。いわばどこから来てどこへ行くのかも分からない鳴り響きのイメージが喚起される。あたかも弦がかき鳴らされたように、突如として、それはそこに存在している。耳の蜃気楼のように、宙づりのまま、色鮮やかに、透明に、そしてその性質を変化させながら。手でつかむことも出来ず、それは消えていく。それはファンタスマゴリーとして音楽から時間を奪い、空間に引き移す。思わず幼少期の幸福を思い出させる香りの束の間の痕跡、それにこびりついているような音楽、いわばこんな音楽の憧れを、それはかきたてる。シュレーカーの理想の響きとは、空中に根を出しているような音楽である。それは根源と帰結を、何よりあらゆる本来的な作曲上の規定性を、拒否する。通常、音楽的関連を決定するもの、発展的変奏や広い意味での作曲上の論理などは、潜在的に排除されている。これが彼の音楽に、その素材自体は中庸であるにもかかわらず、方向性の点でラディカルな特徴——そのファサードが想像させるよりもずっとアヴァンギャルド的といっていいような特徴——を与えている。シュレーカーと深く取り組んだベッカーはかつて、自分の楽想を〔わざと〕ぼんやりと定式化する必要性が、どのような意図から生まれたかについて、注意をうながしたことがある。恐らくその根底にあったのは、作曲家自身の一つの綱領である。つまり伝統的な音楽においてもシェーンベルクにおいても「性格的なもの」としてはっきり認識でき、曲を通して保持されるような主題を、シュレーカーははねつけるのである。あるいは、そういう主題に対する感覚が、彼には欠けていたのかもしれない。主題ははっきりした記憶からこぼれ落ちなければならない。聴き手はそれをただぼんやりと、暗示的に、無意識的に再認識しなくてはならない。その点で明らかにシュレーカーは、進歩的な音楽においてまったく別の局面下で、つまり圧縮と構造の組み換えという局面のもとで行われていたところの、因習的なメロスに対する批判の一翼を担っていた。彼にアクチュアリティーがあったとされるなら、それはまさにこうした点においてである。素材と意識の変化は、必ずしも新音楽と同じ方向で一元的に進まなければならないわけではないということを、それは教えてくれる。第一次大戦以前には、大きな歴史の流れの外に置かれていた副次的なカテゴリーにも、既成のものの解体への衝動は姿を現すことができた。こうした大きな歴史の流れが全面的かつ機械的なものとなりかけている今日、そうこうする間に音楽の進歩にとっては副次的な流れだとされてしまったものの多くに、かつてとは違った位置と評価が与えられてしかるべきであろう。

それに際してシュレーカーの響きの理想は、決して単なる思弁、空虚な符牒にとどまってはいなかった。彼はそれを手に入れるための固有の技術を自分で開発した。アカデミズムが彼をよしと判断したのは、まさにこの点においてであった。響き《クラング》という言葉を文脈から切り離して眺めるなら、それが真っ先に連想させるのはハープである。実際シュレーカーの綱領的な芸術家オペラの主人公が、作品の中で構想していることになっている空想の主要作品は、《ハープ》と題されている〈《遠い響き》の主人公フリッツは新作オペラを構想中の作曲家という設定になっている〉。ハープはユーゲントシュティールにとって不可欠な象徴的小道具であり、デーメルの写実的な詩の題名だけでなく、ゲオルゲの『第七の輪』もまた「崇高なハープ」を奏でるし、世紀転換期の本の挿絵はハープで溢れかえっている。ハープは無神論者にとっての魔法の象徴だった。シュレーカーの管弦楽法でもそれは一際目立っており、今日の彼の音楽に対する病的嫌悪の多くがそれに起因していることは間違いない。ハープと同じような役割をもっているのがトライアングルだが、シュレーカーの弟子だったクシェネクは、最初のオペラ《影を超えて跳ぶ》の独白で、それを「どうしようもないクソッタレ」と罵倒している。しかし同定できないものという移ろいゆく幻影、シュレーカーの音楽が夢見る感覚的なものの奇妙な非感覚性は、同時に、何らかの形ではっきり固定できる管弦楽の色彩との一義的な関係を禁止する。理論家ではまったくなかったシュレーカーだが、驚くほどはっきり明言したことがある。単独の楽器、例えばチェレスタがはっきりそれと分かる形で浮き上がるのは、自分にとって耐え難いというのである。彼によれば、オペラの伴奏手段としては、そもそもたった一つの楽器、オーケストラという楽器があるだけなのだ。揺らめくもの、とらえ難いものは、他ならぬ弁別されたもの、まさに初めて響きの酵素として解放された数多の色価の統合を、要求する。こうした傾向がやがて後に、例えばアルバン・ベルクのような偉大な新音楽の管弦楽法の芸術によって、さらに進められることになる。ベルクの《ルル》のオーケストラにおいては、シュレーカー風の明暗法《クレール・オブスキュール》が、あらゆる次元において徹底的に形成されたコンポジションの一つの層として、それ本来の姿にまで高められている。しかしベルクの後年のオーケストラの響きは、シュレーカー抜きにはありえなかっただろう。《ヴォツェック》の中の一節、大尉が「私もかつて愛を感じたことがあった」と歌うところでは、見紛うことないシュレーカー的なトーンの歓喜が認められる。その際、何がパロディーで何がベルク本来の性質に近しいものなのかを推測するのは無駄だろう。ちなみにベルクの多くのオペラの場面、例えば《ルル》のアルヴァのそれは、《烙印を押された人々》のカルロッタのアトリエの場面のようなシュレーカーの最良の場面とまったく同様、ルフラン風に分節されながら積み重ねられる。——カクテル（ミックス・ドリンク）とは時として声高にジャズについても用いられる表現だが、それとの類似はシュレーカーの媚薬の本質を衝くものである。それは玉虫色に輝く。ハープの滴、高い音域のソロ・ヴァイオリン、チェレスタとだぶらされたクラリネット、あるいは重さを奪われたようなホルンなど、特定の楽器が一瞬輝き、すぐに全体の中に沈み込み、何の楽器だったか分からず、ほとんど感じることすら出来ない。ジャズとの連想は恐らく、それ以外ではほとんど理解できないことの理由、つまり非常に有名な作曲家がこれほど短い間に、公的意識から忘れられただけでなく、ほとんど忘却という重しで蓋をされたように葬り去られた理由を衝いているはずである。つまり彼の響きの酵母は、ひとまとめにして、完全に娯楽音楽によって吸収されてしまったのだ。娯楽音楽のマタドールたちがシュレーカーに学んだのか、響きをいわば味見するような彼のやり方が、既に娯楽音楽の領域に踵を接しており、シュレーカーにあっては絶対に娯楽たるまいとしていたものを、娯楽音楽が自分自身で生み出したのかはともかく、である。しかし〔いずれにしても〕上の音楽と下の音楽という厳格な二分法は、どちらの側でも、今や管理された音楽文化によって法律にまで高められてしまい、かくして上の音楽の管理者たちは、時として下の音楽において飼い慣らされ、上の音楽が売り物にしている神聖そのものの偽りを暴きかねないような響きに対して怖気を感じ、そして同様に、下の音楽の狂信的な信者たちは、「芸術としての音楽」という要求が少しでも感じられると激高する。〔だが〕シュレーカーはそのミクスチャーによって、こうした状況をはるか高くへ超えようとした。このミクスチャーが作り出す陶酔は、波打つ雪崩のキメラを、古代ギリシアの遊女の時代の混沌を、生み出そうとする。それはいかなる次元においてもはっきりした輪郭を持たない音楽というキメラだ。それは物象化に逆らうようにして、輪郭に対して逆らう。それは自らに固有の純音楽的な素材すら、まるでそれが音楽外的で芸術とは異質であるかのように嫌がる芸術である。

こうした反抗的な心情。シュレーカーを前衛的なモデルネの仲間としたのは、まさにこれである。そしてその手助けとなったのが、色彩に次いで彼の最も本質的な部分であるところの和声法であり、とりわけ既にリヒャルト・シュペヒトによって指摘されていた、弱くてはっきりしない根音進行である。こうした根音進行上で音楽は、それが前進するに際して、まるで一か所でたゆたっているような効果を作りだす。その中のいくらかはベルクの下に保存されている。その音楽は、往々にして再び地盤喪失へと落ち込むように思える。とりわけ特徴的なのは、いわゆる「シュレーカー風の間違った音」である。協和音と不協和音が互いに混じり合って、その快適な響きが刺激的な痛みの感覚を増大するのである。ドミナント関係にある複数の長三和音が幾重にも堆積されて、一種の超長調ともいうべきものへ強化される。それは単なる長三和音がとっくに失ってしまった、何か輝かしいものを再現しようとする。こうした手段は印象主義、そしてマーラーの第七交響曲の第一楽章に由来するものだ。シュレーカーはそれを極度に洗練させ、印象派的な光の力は無鉄砲なまでの蕩尽へと高められた。

こうした類の響きこそ、彼の音楽的造形の目的であるばかりか、それに霊感を与えたところの憧れ、あらゆる拘束から解き放たれた幸福への欲求の目的でもある。芸術以前のものであるこうした欲求は、グルメ的なものとしての音楽、つまり文字通り物理的な刺激としての音楽と、徹底的に形成されたものとの亀裂を無視して構成的な規律に向かうことをしなかった。しかしその代わりにこの欲求はまた、自分を値引きすることも一切なかった。《遠い響き》は感覚的逸楽の直接的で無限定な約束である。彼は諦めるということをしなかったので、到達し難いものという感覚が常に彼につきまとい続け、それ自体がさらに刺激剤となった。この矛盾をシュレーカーの音楽は、よりによってそれが最も人間的に語るところで、希望のない優しさの身振りでもって模倣する。《遠い響き》のヒロインが、追われて身も心もずたずたになり、路傍の娼婦に身をやつして、劇場のカフェに入ってくる時の身振り。あるいは《宝堀り》の追放された愛人の身振りなどである。キッチュと光輪という点でシュレーカーのユートピアは、フンパーディンクの《王様の子供》のユートピア——もちろん後者の小市民的な理想主義はシュレーカーにおいては引き剝がされているが——である。これらのユートピアは、あらゆる中庸の秩序から逃れ、世界へ一緒に旅立つ人々を祝福する。彼らはアモルフに至るまで衝動を追い続けるのをやめるくらいなら、破滅した方がましだと考えている。虹を追う人というイギリスの表現は、シュレーカー作品の遍歴者および誘惑する女たちの人相書きそのものだ。彼の構想は印象派の音楽の独特の要素の一つをじっと見つめている。ドビュッシーの最もシュレーカー的な作品がその名を負っているあれ、つまり《喜びの島》である。シュレーカーの二つのファンタスマゴリー的な幕——《遠い響き》の第二幕と《烙印を押された人々》の第三幕——は、シテール島を暗示している。シュレーカーの響きと同じく、そこでは島の幻影が波打つ深淵によって経験的現実から切り離され、それでもなお感覚的なものであり続けている。しかしシュレーカーの音楽はこうしたユートピアの理念にとどまってはおらず、実際に聴き手をまっすぐそこへ招待しようとする。無意識のシュルレアリスムによって美的な距離は吸収されてしまい、聴き手の肉体は逸楽によって満たされる。美的に秀でたどんな点よりも、まさにこのことが、シュレーカー作品に異端の烙印を押す結果となったのだろう。しかし到達し難いものという意識、禁止の暴力はまた、本当はシュレーカーは正反対のことを表現しようとしたにもかかわらず、意地の悪い連中がしばしば彼について指摘したところのあの相貌を、彼に与えることともなった。つまり無力とインポテンツである。だがまさにこの両義性の中でこそ、シュレーカーの響きは膨張する無意識の秘め事のような性格を持つのであり、そしてその最高の瞬間にあっては、涙と至福が混ざり合ったような甘美を溢れさせる。

シュレーカーについてもはや何も知らない人たちに対しては、《室内交響曲》と《烙印を押された人々》の前奏曲を例にとって示すのが一番いいだろう。両者とも、シュレーカーが自分の用いる手段を既に完全にものにしており、しかしアイデアはまだ枯渇しておらず、筆致もルーティーンになっていなかった時代、第一次大戦当時の作品である。《室内交響曲》は明らかに機会音楽であり、ウィーンのアカデミー会員のために書かれ、一九一七年に初演された。当時室内交響曲というジャンルはまだ流行ってはいなかった。シェーンベルクの作品9以外にモデルは何もなかった。一楽章形式ということ、あるいはせいぜい、再現部では冒頭を省略して、各形式部分の反復へと滑り込んでいくという傾向以外には、両者の共通点はほとんどない。シェーンベルク作品とは非常に対照的だが、楽曲の作り方は極めてホモフォニー的であり、時として見紛うことなくウィーン風に響くことすらある。オーケストラはまったくソリスト的に弁別されてはおらず、たっぷりした響きの塊として鳴る。これはとりわけハルモニウムの凝った控えめな使用のおかげである。ストラヴィンスキーが打楽器を自分で学んだように、作曲家はその奏法を勉強したに違いない。玉虫色のシュレーカー的響きを、導入部の最初の小節が呼び覚ます。この響きはあらゆる形式のターニングポイントで戻ってくる。全体としてこの曲は、圧縮された形でもって、四楽章形式の交響曲の主要部分を含んでいる。アレグロの提示部、アダージョ（その三小節目ではいわゆるシュレーカー風の誤った響きが出てくる）、かなり長大なスケルツォ。フィナーレの代わりには、シェーンベルクと同様、提示部とアダージョの自由な再現部が来る。シェーンベルクのモデルと似て、シュレーカーは交響曲の四つの楽章を一つのソナタ形式楽章へと結合する。にもかかわらず各部分、特にソナタ形式の主要楽章にあたる部分は、むしろ静的であり、交響曲のように前へ前へと展開される代わりに、エピソード風に配置される。様々な響きの相貌をもった各段落が並列され、主題的な要素が弁証法的に変奏されて前へ駆り立てられることはない。室内交響曲においてすら、鳴り響きながら漂い遠ざかっていくもののために、はっきりした主題は回避されているのである。また形式の各部分ははっきり対照させられず、明瞭な分節なしに互いに浸透しあっている。こうした意図に対しては――「空しい結果になることを避けるために、よい音楽家なら必ずやるはずのこととは違った方向に、この音楽は進んでいく」などとすぐに文句を言わず――まず慣れる必要があるだろう。人が当然のように外から音楽にかぶせる諸々の規範に対して、これほどうまくはまってくれない音楽も少ない。

《烙印を押された人々》の前奏曲は恐らく、シュレーカーの創作のエッセンスそのものである。このオペラ台本の主題は間違いなくシュレーカー最良のものであり、小人と王女様というワイルド的メルヘン――シュレーカーの若い頃の舞踏音楽《王女の誕生日》もそれに基づいていたが、こうした主題は今日まで多くの作曲家を魅了してきた――による新ロマン派的ルネサンス劇である。この序曲――拡張された演奏会用の版もあり、それはソナタ形式だが、もちろん作曲の内容に対してこの形式はいくぶん外面的なものにとどまっている――はドラマのカーブを追うというよりは、主人公たちをとりまく雰囲気に焦点を当てている。美への欲望にとり憑かれた背むし、彼を破滅させる不治の病を患った女流芸術家、輝かしく生命力に満ちた恋敵――彼らのために音楽は、いわば響きによるエマナチオとも言うべき流出現象を見出す。豊かに彩られ、リズム的には重心をぼかされた音楽は、偉大な一貫性をもって、独自のやり方で間違いなく非常に慎重に隅々まで構成されているのである。それはゆっくりした導入部とアレグロから出来ていて、後者の主要部分は第三幕の祝典の音楽からとられている。しかしアレグロの頂点、つまり色男タマーレのイタリア的な主題には、展開部は続かず、その代わりにはっきり音符で構成されたリタルダンドとともに響きは弱まっていき、ヒロインのカルロッタのモチーフへ流れ込んでいく。最後に曲全体は、きわめて非図式的な形でもって、気づかないうちに導入部のトーンへ向けてゆっくりと逆流していく。とりわけ冒頭はシュレーカー的ファンタスマゴリーの見本のようである。主人公の三つの主要主題――テノールの音域で立て続けに現れる――へのデッサンとしての、無数の楽器の音色が互いに混じり合いながら滴るオパール色の響き。ニ‐嬰ヘ‐イおよび変ロ‐変ニ‐ヘという二つの三和音から成る複調的なペダル効果。その結果としての響きは逆説的だ。響きそのものが前景となり、三つの主題は不思議にあまり目立たず、それ自身の伴奏の対位法みたいに聴こえるのである。音楽の歴史において単なる刺激剤がその棘を失うスピードがどれだけ早いものであるにしても、この《烙印を押された人々》序曲の冒頭にある刺激は、それがかつてどれほどオリジナルなものとして聴かれたのかを、今日なおリアルに感じさせてくれる。茶番と言っていい程に彩られたアレグロの提示部の後のバランスのとり方は見事なものだ。全音階的で輝くように入ってくるが、再びルバートしながら奇妙に逃れ去っていく対立主題によって、あの導入部の和声の揺らぎがバランスをとられるのである。そして対立主題は、長調と短調を交代させる響きの鏡のファセットの中で、余韻を残しながら消えていく。

シュレーカーの創作のカーブは、実際は既に《烙印を押された人々》の後から沈み込み始めていた。彼の最も成功した作品である《宝掘り》は、作品としての質から言えば、《烙印を押された人々》との比較には耐えない。両者の比較をすれば、恐らくこの偉大な才能が最終的には屈することとなった欠陥が何か、よく分かるだろう。《烙印を押された人々》の後の《宝掘り》において、作曲家はまるで自分の様式を自家薬籠中のものとしていると見える。しかし新芸術が誕生して以来、その最もオーセンティックな代表者たち――とりわけカンディンスキー――は、それが終わりの始まりだということを知っていた。《宝堀り》のシュレーカーは、恐らく〔台本の〕民俗性を考えてのことか、大して力を入れずにことを済ませている。曖昧なものが公式になっている。細部はもはや徹底的に形成されることはない。そしてこの作品のエロティックな頂点とも言うべき、ひどく長い第三幕のオーケストラ間奏曲では、〔シュレーカー得意の〕大波《ゲヴォーゲ》が単なるいわずもがな《ゲシュウェーゲ》になってしまっている。分節されないものの表現のはずが、それ自体分節されていないのだ。ドビュッシーの対極である。恐らくシュレーカーは、自分の絶頂期を利用し尽くそうとしたのであり、自分自身のイディオムのなすがままになり、齢四十にしてもはや省察の力を示すことが出来なかったのである。「肉の精神」というヴェデキントの公式が観念劇に挑戦したように、音楽の精神化という構想に挑んだシュレーカーだが、まさにこの構想に彼の限界はあった。セザンヌ風の現実化《レアリゼ》ともいうべき感覚的実現に彼は耽ったが、まさにそれこそが精神を必要としていたはずであり、しかしシュレーカーの衝動的な性分はそれをものにすることが出来なかった。彼は自分の手法の技術的な不十分さを、徐々にルーティーンでもって補おうとし、いわば自身の呪縛にとらわれてしまって、発想を変えることが出来なかった。まさにだからこそ彼は、精神を満たすことが出来なかった。彼には純粋に音楽的な知性、つまり音楽的愚鈍に対する抵抗が欠けていた。〔しかし〕要求の高い創作は、まさにこのような知性を要求する。力とコントロールを通して初めて、作品は作品となる。シュレーカーの躍りかかるようなエランは素朴さの賜物だったが、この素朴さが彼の命取りとなった。音楽に内在する契機としての精神――それは決して単なる作曲家の意識などではない――が、彼に復讐したのだ。つまりそれなくして魔法は成功せず、彼が召喚しようとしたものも最早やってくることはなかったのである。彼自身もこのことに薄々気づいていただろう。作曲家の悲劇などということを言うのがまずくなければの話だが——悲劇的たりうるのは芸術作品だけだ——、シュレーカーには次のような大仰な美辞麗句が似合いだった。「この桁外れの才能の没落が、朦朧としてすっかり気が大きくなってしまった賭博師のように彼が浪費した掛け金の報いでなかったなら、彼の運命にはどこか無慈悲なところがあった」。

シュレーカーの音楽について正しく理解するには、恐らく未成年の時代にそれに飛びついた経験が必要だろう。ペラダンの小説は未成年の時にそれを貪り食う必要があるのと同じだ。そろそろ狭くなり始めた子供部屋に、これほど似合う芸術もない。若者にふさわしくないとされる芸術ほど、そこに瞬く間に棲みついてしまうものはないのだ。それは思春期の芸術である。思春期の心の状態そのものから生まれ、どんな忠告も聞かない強情さによって、そこに焦点を合わせている。かくして例えば非常に才能に恵まれた十五歳の少年は、即興でピアノを弾く。右手は次から次に複雑な和音をつかんでいき、左手はアルペジオを奏でる。それを楽譜に書き留めるために——それはしかしまた演奏に惑わされない気迫をもってのことではあるが——作曲家先生はそこに立ちつくすことしかできないのではないだろうか。〔もちろん〕そこから一貫した様式を蒸留するには絶対に天才が必要だ。あの時期だけが持っていて、やがて成熟が避け難く破壊してしまう輝きのいくばくかが、その様式の中には生き残っている。そして同じく創造力も。〔ただし〕誰しもこうした年齢の時はそれを持っており、やがてなくしてしまうものであるため、人はこうした創造力を軽視しがちである。それが自らの言葉を見出すことは滅多にない。これらのオペラのユートピアは、後世まで残るための洗練が不足している。これらのオペラは自然を抑圧してはいけないという芸術の申し立てを、あまりに文字通りとりすぎる。

そのつけとして、粗野な素材的なものへと押し戻される。まさにこうしたものをシュレーカー自身、手でつかめるようなものとして音楽の中に持ち込むことをまったく好まなかったにもかかわらず、である。新芸術の本質はどこにあるかといえば、ユートピアが否定の力へ、その名前の禁止へと踏み込む点である。色鮮やかなものは闇の中で、幸福は禁欲の中で、宥和は不協和音の中で救われるのだ──これらすべてをシュレーカーはただ遠くから掠めるだけだった。特殊な領域での桁外れのヴィルトゥオーソぶり──管弦楽のファンタジーの確実さの点でシュレーカーは、恐らくリヒャルト・シュトラウスをも凌いでいた──にもかかわらず、精神分析が言うところの自我形成に、彼の音楽は失敗した。それは文化の諸要求に対して治外法権の場所にとどまり続けた。しかしそれは、文化が社会的美学的に軽蔑するものについて、恥じの感覚を上回る、やむにやまれぬ衝動から証言することによって、文化そのものに対する疑念を声高に語ることとなった。文化がそれに触れることを悪習だとしてやめてしまい、卑俗の領域へと追放したものに、シュレーカーは敢えて踏み入った。文化がそれらなしにやっていかねばならないということは、文化自身の無力、ひいては文化の失敗に対する警鐘に他ならない。つまり文化は欲動〔衝動〕を、和解の形で自らの中に受け入れるのではなく、力ずくで自分の下に押さえつけておかねばならないのである。フロイトが後期の著作で描写したところの「文化における居心地悪さ」、あの人々を脅かすようにして高まってくる不快感は、ここから生まれてくる。遊びを知る人々のいなくなった世界の辻音楽師であるシュレーカーは、欲動〔衝動〕の断念に与することはしなかった。〔ポスター画家などと区別した〕「芸術画家」というとんでもない言い回しを皮肉って、ある断章の中で「芸術芸術家」という言葉を作り出したフランク・ヴェデキントは、もう一つの芸術家のありよう、つまり自分自身をそれに対置したわけだが、音楽においてシュレーカーはまさに後者のタイプの芸術家であった。文化と洗練された作法が彼に下した判決、いかなる控訴審もそれを撤回することのできない判決は、〔いまや〕みずからが下した審理の犠牲者といった様相である。シュレーカーがいかなる意味でも既成の価値基準を満足させなかったとすると、それはまた、彼がそれらの欺瞞、つまりイデオロギー的なものに強引にスポットライトを当てたからでもある。つまり文化というものは、その約束がなければ文化の概念自体が存在しないような、そういう欲望の充足をためらうのだ。シュレーカーはバルザックでもドストエフスキーでもなかったが、彼の中には途方もないもの、何かを突破するものの可能性が輝いている。〔しかし〕偉大な芸術は、文明的な論理と軌を一にして自ら意図しているその内在的論理へと、より純粋かつ完全に自らを委ねるほどに、この可能性から疎外されてしまう。文化を超越する可能性、カラー刷りの仮綴じ本から顔を覗かせているこの可能性とは、紙幣を火にくべてしまう〔ドストエフスキー『白痴』の〕ナスターシャの身振りであり、あるいは〔バルザック『浮かれ女盛衰記』の〕リュシアン・ド・リュバンプレに宛てた、自らを犠牲にするエステルの別れの手紙である〔アドルノ『マーラー――音楽観相学』龍村あや子訳、法政大学出版局、一九九九年、九四頁でもナスターシャおよびエステルへの称賛が出てくる〕。シュレーカーの父親の職業こそは、彼が決して書くことは出来なかったであろうオペラの真のタイトルであったのかもしれない。即ち、《モンテカルロの写真師》である〔ウィーン出身のシュレーカーだが、父親はモンテカルロで活動する写真師であり、シュレーカーの音楽におけるファンタスマゴリー的ないし映像的なものを示唆している〕。

ストラヴィンスキー――ある弁証法的イメージ

ヴァルター・ベンヤミンの思い出に

イーゴリ・ストラヴィンスキーの作品は第二次大戦後、それまでとまったく違った星座〔この言葉Konstellation はアドルノのキーワードであり、ドイツ語では個別の対象がそこに組み込まれている状況という意味を兼ねている〕に組み込まれてしまった。一九三〇年ごろには――自分たちこそ最もアクチュアルであることを証明しようとしていたごく狭いシェーンベルク・サークルを除けば――ほぼすべての音楽家にとっての様式規範であった人物も、いまや大長老になってしまった。それは世間が「モデルネの古典」という生息区域《ニッチ》をあてがったところの人々の最後の生き残りといった風であるが、こんな場所に囲い込まれては、人がモデルネ古典を砦として守ろうとしたモデルネとしての質は、不可避に失われてしまうことになるだろう。ピカソと同じくストラヴィンスキーは、一九二〇年代に新古典主義に向けて発進した。ただしピカソと違って彼は、三十年以上にわたってそれを利用し続けた。オペラ《道楽者のなりゆき》の後になって初めて、彼は自分の作曲方法を復古的な調性以外の素材で試し始めた。戦間期には広範囲にわたって創作活動を支配していた新古典主義は、今や消滅したも同然になっている。教育用音楽という落伍者たちの間にすら、ほとんど避難場を見出せないくらいだ。ストラヴィンスキーへの批判は、彼を正当かつ拘束力ある規範と見做すべしという要求に対する批判であったが、こうした状況にあってはストラヴィンスキー批判もいくぶん気の抜けたものになってしまわざるをえまい。彼ほど世の趨勢の逆風が激しく吹き荒れた対象に対しては、思わずそれを救出したい気持ちになる。理論は生々しい論争にこそ加わるべきであって、古来より悪名高い後づけの審判者になってはいけないのだ。かつての少数派が勝利し、恥ずかしくなるほど無数の作曲家が十二音技法やセリーで書くようになって、これらすべての祖であるはずのシェーンベルクからして既に居心地がよくなかった。前衛は勝者の栄冠などとは折り合いが悪い。ストラヴィンスキーが敬して遠ざけるの類の無礼の犠牲になったことは、時代遅れの流行に対するうすらバカの嘲笑をおもわせる。彼が用いる素材は回顧的かつ色々な点で故意に因習的に作られていて、その伝統主義がストラヴィンスキーの音楽に言語との類似性を与えるのだが、この素材を頼りに彼は、言語との類似性を逃れるような異化された音楽を夢見た。こうした音楽は、今日の前衛のような完全に脱言語化された素材の中で初めて、〔完全な形での〕実践が可能になったものである。最新の音楽はシェーンベルクから導き出されてきたわけだが、こうした理念の点でひょっとするとストラヴィンスキーは、彼よりずっとこれら最新の音楽に近かったのかもしれない。ただしストラヴィンスキーにあってあの夢は、作曲されたものとどこかしっくり合っていなかった。それは即物的な工業デザインのユートピアが、十九世紀の鋳鉄とつり合いが悪いのと同じだ。若い世代がストラヴィンスキーに対して神経質になるとすれば、それは次の理由による。つまり彼らはストラヴィンスキーの中に自分たちと近いものを感じつつも、過去との一筋縄でいかない関係を通じて彼が自らあからさまに露出する瑕疵について、いたたまれない思いをしているのである。これらの瑕疵が自分たち自身の進歩性に疑念を抱かせるのだ。さらにストラヴィンスキーには、彼らの多くにみられるあまりに単純すぎる客観性への要求に対する、〔彼ら自身の〕不安が投影されているのかもしれない。ストラヴィンスキーにおける客観性が単なる演出にすぎないことが露呈されたとすれば、音そのものとか音の純粋な特質といったものへの信仰という、最新の作曲家たちによるより手に取れるように明白な客観性に対しても、いつの日か同じ不幸が降りかかるのではないかと、彼らは内心恐れているのである。ストラヴィンスキーは相変わらず一つのスキャンダルであり続けている。なぜなら、生涯を通して奇術師であった彼は、客観性なるものが実は非本来的であることを、客観性それ自体の現象を通して、いわば渋面〔アドルノ&ホルクハイマー『啓蒙の弁証法』第五章の「反ユダヤ主義の諸要素」第五節においても重要な概念として用いられている〕として作品にしたのだから。彼の音楽があらゆる田舎臭さと百万光年の隔たりをもつとすれば、それは誰にも真似できないマジシャンだけに許される手つきで、自分のトリックを常に同時に種明かししているからである。彼の偉大さは、音楽における言語的で有機的なものがもはや壊死したものとしてしか可能ではないということを、本能的に感じ取っていた点にある。彼の作品構造の鋳型になっているのはこの本能だ。そのイディオムを彼は調性——現代の入り口までそれはずっと有機体という仮象を引きずってきた——から借り受けてくるが、同時にそれを歴史によって処刑されたものとして提示してみせる。彼の作品はその権威を客観的な身振りに負っていたわけだが、同時にこの身振りをくりかえしさらし者にし、権威自体がフィクションにすぎないことを暴露するという名誉を、客観性に与えたのだった。すべての穏健なモダンの命を奪った男は、極めてラディカルに物事を考え抜いていた。ストラヴィンスキーにおける破損した和音進行は死せるもののモンタージュであり、それによって彼の肯定的と見える諸作品は、このことについての危険な証言を行っているのである。いま再び彼に視線を向ける理由としては、これで十分だろう。

『新音楽の哲学』のストラヴィンスキーの章を書いた私自身にも、新古典主義の終焉に何がしかの責任があるのかもしれず、だからこそ私はもう一度彼をとりあげたいと強く感じていた。一九四七年の著作で撤回すべきことは何も見当たらないと私は思っているが、批判的な自己省察をしながらさらに展開しなければいけない多くのことがある。私が深い恩義を感じているその論文の中で、ハンス・クドスツスは次のように私を擁護してくれたことがある。「いずれにせよ今からでも予想がつくのは、アドルノへの批判が可能であるのは、それが文学形式に反映されている彼の思考構造を見落とし、この思考を彼とはまったく無縁の、そもそもヘーゲル主義者であるアドルノが否定した認識モデルによって判断するときだけだということである」[1]。なぜ私が公にされた批判からほとんど学ぶことがないかを、この文章は説明してくれるかもしれない。私には何も学ぶことはないとか、学ぶ気がないといった話ではない。しかし私に対する巷の異議のほとんどは誤解に基づいており、それは私のように精神的な影響の多くが誤解を通して生じるということを知っている人間ですら、呆気にとられる程なのだ。とりわけあのストラヴィンスキーの章は、他のどれよりひどく誤解されてきた。それは「アドルノは音楽における秩序や存在論的なものに対してまったくセンスを持っていない」といった類から、「彼はストラヴィンスキーにシゾフレニーの疑いをかけている」という非難にまで及ぶ。前者について言えば、私がストラヴィンスキーに異論を唱えたのは、その秩序ではなく、秩序をみせかけている仮象性に対してであったし、後者について言えば、私が幾重にも強調しておいたのは、ストラヴィンスキーはその音楽の複雑さを強迫神経症やシゾフレニーから学び取ったのであり、つまり様式化の原理としてそれらを選んだということ、あるいは著作の別の箇所で述べておいたように、シゾフレニー的モデルを構想したということだった。音楽を哲学的に解釈する際に突き当たる最も大きな困難の一つは、音楽についての診断は作曲者の主観的精神ではなく、事象の客観的内実に向けられねばならないという点にある。私がストラヴィンスキーについて書いたことは、ひょっとしたらそもそも、彼自身が自分の作品の行動様式の呪縛にとらわれていなかったからこそ、可能だったのかもしれないのだ。ストラヴィンスキーの人格を病理学的症例として取り扱ったり、それをでしゃばりな心理学者と一緒に触診する気など、私には毛頭なかった。人間としてのストラヴィンスキーは多くの機会において、例えばシェーンベルクの死に際し、あるいはアメリカのマッカーシズムの時代にあって、高潔かつ勇敢に、そして人間的に振る舞った。作品が持つ何らかの歴史哲学的含意を、彼〔の人柄〕または彼の心情に押しかぶせようとするなら、それはまったく下劣なことと言わねばならない。芸術作品の客観的な形象を、それを生み出した人物、ストラヴィンスキーのようにすべてをテーブル上に並べ、作品における魂とやらを消去した人物の魂と勘違いするほど俗なこともあるまい。事柄を把握することが出来ていない人々だけが、人格にその償いを求めるのだ。

私の批判者たちを見ていると思わず、彼らを手助けしてやりたいという気になってくる。内在的な批判であれば、私のストラヴィンスキーの章に対して、もっとましなことが言えたのではないかと思えるのだ。例えば私が書いたように、彼の音楽では虚偽の意識やイデオロギーが客観的な形で表現されているのだとすれば、ある種の読者なら次のように反論することも出来ただろう。「物象化された意識というストラヴィンスキーの音楽は、単純にその意識と同一化しているのではなくて、それ以上のものではないのか。彼の音楽はそれを名指すことなく見つめ、言葉にすることなく虚偽意識自体に語らせることで、それを超えたところに到達しているのだ」と。さらに高度な批判であれば、次のように考えたかもしれない。「ストラヴィンスキーのそれのように、その時代の精神の謎めいた暗号文であるような芸術は、それ自体で真であるようなものを体現しようとしている作品よりはるかに、その「こんなものさ（Comment c'est）」を通じて、より多く真理に参与しているのではないだろうか。というのも即自的に真なるものは、歴史の力によって、それ自身の内部からいかがわしいものに成り果てているのだから」と。次の反論にもそれなりに説得力がある。「アドルノが分析したのは、ストラヴィンスキーに端を発し、そうこうするうちに雲散霧消したイデオロギーにすぎず、作品そのものではない。『新音楽の哲学』では、ストラヴィンスキーにおいて主観性は犠牲者の性格を身につけていると書かれている――しかしそもそもそれこそが主観性の運命ではないのだろうか？」こうした議論の鍵となるのは、私が少なくとも詳細に論じることをしなかったところの、「犠牲者ではなく殲滅を行う側に彼の音楽は同一化している」という命題である。とりあえず次のような反論が想定されるだろう。「彼の音楽が何と同一化しているかなどが問題なのではない。彼の音楽の固有の客観的現象は、個々の主観を潜在的に犠牲者へと貶めている主観の無力化という現実的状態の現れとして、見事に成功していたのだから。たとえアドルノが《春の祭典》に聴き取った客観的な絶望が、虐殺を行う集団に対する〔主観の〕完全な無力状態にふさわしいものでなかったとしても、この絶望は主観的な音楽表現などよりはるかにラディカルに、集団の暴力を告発してはいなかっただろうか？　ストラヴィンスキーの静的な音楽が生きたものに対して下すタブーこそ、否定的真理そのものの現れではないのか？　つまり彼の作品がその図式を構想したとされる退行とは、今や曙光とともに地平線上にのぼりつつある真理についての、嘘偽りなき図像に他ならないのではないか？」弁護側の論告は、さらに次のように続くだろう。「フローベール以来の偉大な文学が約束してきたものを、ストラヴィンスキーは音楽にもたらしたのだ。つまり外からつけ加えられたいかなる意図も持たない、何の混じりけもなくそれ自体で一貫した「こんなものさ」こそが、感傷やそれに伴う感情の偽装に対して自らの優位を証明できるのであり、それは内容空疎な嘆きよりもずっと強い力を持っているのである。今や芸術における人間的なものの力は、非人間的なものを映し出す鏡としての非人間性へと移行しつつあるのであり、他方、人間性があたかもヒューマニティーの声であるかのようにヴィブラートで歌ってみせる限り、それは単なるイデオロギーになり果ててしまうのだという洞察を、彼の即物主義は検証してみせる。こうした即物主義はストラヴィンスキーの芸術家としての原理と完全に合致している。それは自分を伝えようとする主観だの、その感情だの、その意志だのと聞くや、選り好みして手を引っ込めてしまう。これが彼の音楽に、「こうとしかなりようがない」というあの身振り、「諸様式の操作を通して拘束力ある本質というフィクションを演出する存在論的仮象」と呼んでアドルノが攻撃した身振りを与えた。アドルノのように、断言的性格とか真正さとか本来性といったイデオロギーに対して芸術作品の仮象性格を擁護しつつ、同時に、それが仮象だからと言って仮象を断罪することなど出来まい。ストラヴィンスキーの音楽を仮面舞踏会だと非難することで、アドルノは敬虔な眼差しで天井を仰ぎながら、世界の中心の喪失を嘆いて見せるあの陰険な連中の仲間になってしまった。縺れた神話的な輪を模する、強迫的で出口なしに反復されるストラヴィンスキーの音楽の形式法則、つまり希望なしに円環を描く運命の連鎖に対するアドルノの拒否反応は、数多ある長編小説の中にあって、超越なき世界の顕現とも言うべきマンの『ファウストゥス博士』に疑念を抱く連中の自己聖別化の試みと大差がない。ストラヴィンスキーの音楽の内在的な無時間性という静態的理想に対してアドルノは、それ自身として展開していく時間構成的な動態的理想を擁護した。しかしそのことによって彼は、まさにストラヴィンスキーがそれと闘った、そしてストラヴィンスキーにとっては異質の規範によって勝手に彼を評価し、それによって結局、アドルノ自身が最も重要な原則と考えていたはずのことに反してしまった」等々。

私は以上のような異論の説得力を過小評価するものではない。ただしそこでは中心的な問題が放置されている。それはつまり、ストラヴィンスキーの音楽の中では何かが内在的にしっくりしていないという事実である。「何かがうまくいっていない（il y a quelque chose qui ne va pas）」のだ。時間芸術である音楽は〔時間という〕その純粋な媒体を通して継起性という形式に結びつけられており、それ故に時間と同じく不可逆である。始まるや否やそれはもう、先へ先へと進み、新しいものとなり、自己展開していくよう決められている。音楽における超越性――つまり音楽とはあらゆる瞬間に生成したばかりのものであり、つまり常に他者であって、自らを超えた何かを指し示すということ――とは、音楽に外から割り当てられた形而上的な戒律などではなく、それに逆らっては音楽がそもそも成り立ちえないような、それ自体の本性なのだ。ベケットの『名づけえぬもの』の中の「このまま続けよう（Je vais continuer）」とは、それがまだ絶望と呼べるものかどうかもはっきり言わないままに、この絶対的絶望の小説を締めくくるセリフだが、これは新たな文学とあらゆる音楽を統一する契機を言い当てている。音楽が存在して以来、それは神話や常に同じ結末になる運命、すなわち死に対する異議申し立てに他ならなかった。たとえどれだけ無力な異議であったとしても、である。客観的には絶望的な状態の中にあり、この絶望を自身の表現対象とするときですら、音楽はその反神話的本質を断念することはない。「他者はある」と音楽が保証してくれるわけではないかもしれない。しかしトーンというものが成り立つには、これを約束することが絶対に必要なのだ。音楽にとって自由とは、内在的に不可欠なものなのである。これが音楽の弁証法的本質である。ストラヴィンスキーは自由という音楽の義務を否定したが、恐らく彼は客観的な絶望の圧倒的な優位のもとでそうしたのであろう。つまり音楽をして黙させるという、これ以上ない偉大な動機から、である。(2) 彼の書いた音楽は、そもそも窒息させられた音楽なのだ。だが出口なしというその構想に、それは耐えることが出来ない。しかもよりによって、音楽が緊密に構築されればされるほど、そうなっていくのである。彼の音楽がどこかしっくり合っていないという印象を与えるとすると、その原因はこれである。純粋な時間形式のおかげで彼の音楽も先へ先へと進んでいくし、他のあらゆる音楽と同様、今とは別のものになるという要請に対してアプリオリに敬意を表している。だが他方、この音楽は先へ進まない。反復に依っているが故に原理的にそうなるのだ。その内実は転倒している。作品を内的に組み立てる歴史にも似た特性を力として、シシュフォスの運命を打ち破る代わりに、彼の音楽では時間そのものが、単に野放図に解き放たれた儚さとして、災厄へと転じるのであって、この儚さを手品のように美的に消し去ってしまうことが、救済のファンタズマとなる〔「儚さ」と訳したVergängnisは、ベンヤミンが『ドイツ悲劇の根源』で用いたもので、アドルノも初期の講演「自然史の理念」で該当箇所を引用している。過ぎ去りゆくものという意味からこのように訳出したが、この箇所でも、またベンヤミンの用法に照らしてみても、この言葉は滅びへと向かう時間の流れを意味しており、日本語で儚いと言ったときに通常連想される「むなしさ」とは随分異なった事態を指していることを考慮されたい（ヴァルター・ベンヤミン『ドイツ悲劇の根源』下巻、浅井健二郎訳、ちくま学芸文庫、一九九九年、五〇頁以下参照）〕。「永劫回帰は無限反復から劣悪に模造された永遠性である」という、ニーチェに向けられたエルンスト・ブロッホの言葉は、そのままストラヴィンスキーの音楽の構造について当てはまるだろう。彼の作品は前進の仮象を呼び覚ましつつ、それを幻滅させるか、または——まさにこれが彼の音楽の形而上学的身振りの特徴なのだが——

一見時間の秩序に従いつつも、取り憑かれたように「この音楽は前へ進みはしない、その中で時間は廃棄されたのだ」と示唆してみせる。つまり〔時間ではなく〕「存在である」と言い募るのだ。神話的意識に夢中になることで逆に、彼の音楽は契約という神話の根本カテゴリーに反することになる。最初の一拍によってすでに署名していたはずの契約を、それは履行しないのだ。

音楽の内容は時間形式と無関係ではありえない。時間形式と音楽そのものが和解できないくらい乖離しているのでない限り、音楽的出来事の継起は時間によって具体的に規定されねばならない。つまり先行するもの、後続のもの、現在生じているもの、そしてそれらの諸関係の質によって、規定されねばならないのである。逆に音楽的出来事の時間的性質が、時間経過そのものを形作ることもある。双方ともストラヴィンスキーの反復は拒否する。反復とともに常に何か他のものが登場するが、しかし常にそれは同じものにすぎない。これが反復のもつモノマネ的要素、ピエロ的性質である。ピエロは常に何か重要なことをするのだが、しかし実際それは重要でも何でもない。大いに奮闘しながら、しかし実際には何も起こらない。シェーンベルクは「彼自身の音楽は発展の袋小路（Sackgasse）だろう」という、耳に入れれば自動的に気分を害さずにはおかない懸念に憤って、自分と対置されたところのストラヴィンスキーのヴァイタリティーなるものについて洒落をとばしたことがある。曰く、「彼の《春の祭典（Le sacre）》ほど行き止まり（sack）になっている小路（Gasse）はない」。こう言うことで彼は、無意識にある微妙な点に触れていた。静態的であることを褒めそやされている音楽は、袋小路を秘かな理想としているのであって、先へと進む気もなく、『ゴドーを待ちながら』の最後で行進を始めるウラジミールとエストラゴンのように、その場で足踏みし続けているのだ。実際ストラヴィンスキーにおいて人々は、しばしばパロディー的要素を強調してきた。歪められ、ねじ曲げられて、おまけに腐食銅版画まで付けられて嘲笑されている、いわば偽の聖典の音楽版のようなものの利用のことである。幸いポルカやギャロップを馬鹿にして楽しむ程度には成長した聴衆の喜びは、たわいもないものである。〔しかし〕どちらにしろ馬鹿にされているこれらのジャンルに対する安っぽい勝利を、才知にあふれているなどと賞賛することは、ストラヴィンスキーに対する侮辱である。そんなことをする代わりに、パロディーのように聴こえるだけでなく、実際そのように振る舞うものが一体何かを、音楽そのものから引き出さねばならない。ストラヴィンスキーのあらゆる作品が次々に露出するモデルの連続は、実は決して連続などではなく、静態的な無時間性のイリュージョンを生み出すために堰き止められているのである。ただしストラヴィンスキーの鋭敏なセンサーは、「継起する連続が互いに似ていて、単調であってはならない」と、彼に告げる。あらゆる音楽を反復だけから組織してきた彼は、文字通りの反復の対極にあるものに、彼と対立するウィーン楽派でも数人しか例のない程に、魅了されていた。あらゆる小節において彼は、音楽の解放を前提としている。意気揚々と不自由の只中へ踊り込んでいくところでこそ、ますますそうなのだ。彼にとって素朴なシンメトリーなど音楽的な愚鈍であり、嘲笑の対象にすぎない。時間芸術をそれ自体で無時間的に制作するという困難が、彼に飽くことなく技術上の問題の解決を迫る。展開せずに反復しながら、しかし単調さは避けつつ、あるいは楽曲の中へなお統合することは、いかにして可能かという問題である。彼の作品の諸段落は互いに並列されるのが常だが、しかし決してそれらは同じものであってはならず、だが質的に異なっていてもいけない。発展に代わるものとしてここで登場するのが、それらのデフォルメだ。そしてこの聖痕をつけたのは時間——すべての同一的なるものの躓きの種であり、真に同一性を拒むものである時間——である。これこそストラヴィンスキーにおけるパロディーという様式現象の、形式内在的かつ非文学的な意味である。必然的に生じるデフォルメは、〔手本となった〕モデルへの嘲笑のように見えてしまう。〔しかし〕ストラヴィンスキーの音楽は、自分が様式モデルに加えた傷を、自分自身にも加えてしまうのだ。彼は常に音楽についての音楽を書く(3)。なぜなら彼は音楽に逆らって音楽を書いているのだから。音楽にとって外的であるどころか、敵対的ですらあるような原理に、彼の音楽は自ら従う。それは抑圧装置として音楽現象の中に深く埋め込まれている。集団的暴力の同一化は、彼の音楽に技術的に内在しているのであって、イデオロギー的な添加物などではない。これが、先に私が自分自身に対して申し立てた異論への、最初の自己弁護である。そして第二の自己弁護とは次のようなものだ。つまり彼の音楽は提示の手段を強調するが、それによって、提示されているものを褒め称えるべきものとして主張するということである。というのも――ストラヴィンスキーほどこれをすんなり受け入れてくれる人物はいないはずだが――演劇と違って音楽は、距離をおいた提示というものが出来ないのだから。音楽は何より描写対象をそのまま音にする行為であり、従って描写対象の肯定とならざるをえないのだ。これに対してマーラーや――手法はまったく違うが――シュトラウスといった後期ロマン派の人々は反乱を起こした。そしてストラヴィンスキーは、音楽の中からあらゆる提示されるべきものを、瞬いては消え去る束の間の意図まで含めて追い払うことにより、彼らを凌ごうとした。しかし彼が熱心にそうすればするほど、彼の音楽はそこに現れる奴隷根性や不自由を肯定的なものとして言い募ることになった。『新音楽の哲学』で考察したように、シュルレアリスム的で世界の悲鳴を象った破壊的な作品から、新古典主義の祭儀的な音楽へのストラヴィンスキーの移行は、単にたやすかったという以上に、事象そのものに即したことだったのだ。音楽がその身振り以外でありえないという事実は、〔例えば言語作品や絵画のような表象芸術が外的世界に指示するような〕異質な素材を含まない純粋さというその特権が音楽に投げかける、影のようなものである。いわば原始的な形で音楽は自らを、その「こうなのだ（Sosein）」に限定する。音楽の精神化の逆説的な限界はここにある。つまり〔音の震動のように〕予め精神化ないし霊化されておらず、素材に即して初めて精神となるような〔例えば言語のような〕芸術媒体の方が、音楽よりはるかに精神化をよくなしうるのだ。そのあらゆる太古的で神話的なものへ向かう性向という点で、ストラヴィンスキーはスピリチュアルなキメラを追い求めていた。〔もちろん〕それがいかなる超越とも無縁だと独善的な難癖をつけてはいけない。独善的なのはむしろ彼の音楽が超越を要求することの方である。芸術において超越とは、もはやプロテストとしてしか存在しえない。ただしストラヴィンスキーは魔術師のように、超越の真逆を超越に、地獄を天国に、デフォルメを秩序に変えてしまった。自分自身に対する、そしてあらゆる希望に対する酷薄を、それがまるで中毒からの精神の治癒の証であるかのように、彼は居直って言祝いだ。言うまでもなくそこには、あらゆる文化に共通する伝統、つまり人間の内および外の自然に対する支配という伝統との、深い整合性がある。だが精神が衝動を押さえつけている限り、それは精神とは言えない。〔実際に演奏せずとも〕内的に既に一つの演奏行為であることが彼の音楽の本質であり、ストラヴィンスキーが演奏者を嫌ったのも偶然ではないのだが、その力によって〔初めて〕麻痺をかかえた障害者は「青銅よりも永く存続する記念碑（monumentum aere perennius）」〔ホラティウス『歌集』第三巻のエピローグに見られる言葉〕となる。〔しかし本当は〕この障害者は記念碑ではないわけだから、当然ながら音楽は彼のことを舌を出してからかっていることにしかならない。こうした支配者じみた変わり身の早さと容赦ないあしらいと跳躍が、彼岸という審級を簒奪する。ストラヴィンスキーで非難されるべきは、このあられもない実証性だけであって、その曲芸的技巧ではない。それは彼のシンパであるすべての人々と比べても格違いだ。しかしこの技巧こそが仮象なき真理として、時には解き放たれた意味として、姿を現すのである。

それがもたらした一連の帰結のせいで、ストラヴィンスキーの新古典主義は不当な誤解を受けてきた。ネオバロック信者に至るバカども、見事に大失敗してみせる曲芸師というモデルが、よもや音楽においてすべきこととやめるべきことについてのカノンを提供してくれるだとか、拘束力ある音楽言語を再び導入し、いわゆる主観主義――それはひっきりなしに悪口を言われているわけだが――を克服できるかどうかは、エネルギッシュな様式意志に懸かっているだとか想像しているバカどものせいで、である。新古典主義――ストラヴィンスキーほどの広い影響は持たなかったが、そこには同時代絵画のそれも確実に含まれる――の経験の核心は、常にものほしげにそちらの方へ手を伸ばしてはいたにせよ、決して第一に過去の諸形式の再構築であったわけではない。新古典主義に様式理想の道が開かれたのは、それがまだ完全には個人主義化されていなかった過去に対して、個であることに飽き飽きした個人たちの空虚を通して、リビードを注入備給してみせたからである。しかしストラヴィンスキーの反主観主義は、そのまま様式規範になったわけではない。「古典主義的完成、一言一句に至るまで厳格に」という、シェーンベルクの《三つの風刺》作品28の第三曲「新古典主義」の一節は、いくらなんでもストラヴィンスキーと息を吹き返したアカデミズムを大雑把に一緒くたにしすぎている。むしろ新古典主義の初期の段階では、「高貴な単一さと静謐な偉大さ」というヴィンケルマン的な理想には、相応の悪事が加えられていた。決してこの理想は規範として再建されたのではなかった。それは夢に出てくる両親の衣装箪笥の上の石膏像のように、ただそこに存在するだけの店晒しの商品として現れるだけであって、決してジャンル概念ではなかったのだ。かつては型であったものが個別化されてショックイメージとなるなかで、型は没落していった。アレンジされた寄せ集めの夢の残骸によって、この型の図式はデフォルメされ、無力化されている。新古典主義の底にある地層はシュルレアリスムに近い。ストラヴィンスキーのバロックの幽霊は、マックス・エルンストの『百頭女』に現れる彫像と瓜二つなのだ。天上から地上の生者たちのもとへと墜ちてきた『百頭女』の彫像たちからは、あたかも夢の検閲機関が削り取ったかのように、しばしば顔面がぽっかりと抜け落ちている。ストラヴィンスキーの新古典主義の解釈を、いつの間にか古臭くなってしまった様式論争から救い出すには、小さな子供でもヘンデルの《ヴァイオリンとピアノのためのソナタ》を楽しんで聴けることの理由をもう一度よく考えなければならない。この子供は個々の和音の中に、通奏低音が持つ力を感じ取っている。かつてこのように六和音は鳴り響いたのだ。早朝のように爽やかに、力強く。だからこそ人々はそれにたっぷりと満足できた。まるでホメロスのネキュイアの亡霊たちが腹を血で満たしたように。しかしクシェネクがかつて「原初の感覚の再建」と呼んだものは、わざと弾き違えられた和音にはもはや不可能である。だからこそストラヴィンスキーは煌々とした照明によって、当該の和音の中に彼が充填した散発的な効果を増大させることにより、それをけばけばしく演出してみせる。表面からは分からないかもしれないが、その様子はかつてのロマン主義者よりもさらにロマン派的である。その格好の見本がピアノのための《イ調のセレナーデ》の冒頭である。それはピカソの新古典主義期の多くの大作にあらわれる湾曲した輪郭をもつ大女たちに似ていると言えば、容易に想像がつくだろう。一九二〇年代のストラヴィンスキーはバロックの洞窟壁画を構想していた。しかし遠近法のずらしそれ自体が〔また〕、過去の歴史からもぎ取られたものに他ならない。つまりありとあらゆる偶成和音、装飾音、非和声音の類、とりわけ掛留《けいりゅう》から、それはもぎ取られたのである。これらは常に二重の意味を持っており、その背後に聴きとれる規範的な和音進行を隠しながら示唆しつつ、しかし同時に独立した和音として鳴っていた。通奏低音の図式が与えることの出来ないある種の歯ごたえを、それは魔法のように作り出していたのである。通奏低音の時代においてそれらは、一つの機能を果たしていた。通常ならあまりにも互いにかけ離れていると感じられただろう二つの和音を、互いに密接に結びつけるという機能である。それらは幾何学的で殺風景な当時の和声感の補正であった。〔しかし〕新古典主義の時代のストラヴィンスキーは、それらからこの機能を奪った。十七および十八世紀においてそれらに有機的な印象を与えていたもの、ある和音が次の和音へと生長していくことを可能にしていたものが、今や反有機的な添加物になる。かくして生まれるのが結合なくして結合統一された様式である。技術的即物的な理解においても、形而上的な理解においても、そうなのである。かつて非和声的進行を、それだけ取り出して絶対的に理解した場合――というか誤解した場合――の感覚を、ストラヴィンスキーは意識的に作曲する。不協和音は前もって周到に用意すべしという戒律は、数世紀かけて歴史プロセスの餌食となっていった。皮肉にもストラヴィンスキーにおいてこのプロセスは、〔次もまた予想外の和音が来るに違いないと予測がつくことによって〕和声進行にあって次を用意するための契機へと転じる。時として新古典主義の和音が放つ倒錯的な魅力は、ここから生まれる。しかしこうした倒錯は、この種の和声結合を通常の文脈から切り離し、自在に使用可能にする技術の力によって、作品の内実にまで影響を及ぼすことになる。それは暴力の痕跡、作曲家が既成のイディオムに加える暴力の痕跡となる。そしてこの暴力、急変と容赦なさと跳躍、言うなれば音楽の生命を傷つけるような何かが、そこでは堪能されるのである。かつて不協和音が主観の苦しみの表現だったとすると、今日では苦痛が社会的強制の聖痕に転じる。その強制の執行人がモードを率いる作曲家なのだ。彼はその音楽的身体を、社会的強制の様々なエンブレムから組み立てる。主観にとって外的で何の共通点もなく、無理やり押しつけられるだけの必然性という強制である。ストラヴィンスキーのあれらの作品の集団的作用は、審美主義の口実のもと、それが無意識かつ独特のやり方で、人間をして何かに——ほどなく彼らに計画的かつ政治的にふりかかることとなった何かに——調教しようとしていたという事実と、少なからず関係していたのかもしれない。

反復強迫へ向かうストラヴィンスキーのミメーシスは、ジャズと同じく、その歴史的原像を労働過程の機械化にもっている。機械ならびに機械が及ぼす痙攣的な反射に適応してしまうことによって、ストラヴィンスキーの音楽はそれ自体で拘束的な作曲様式を結晶化させるというより、むしろ振る舞い方そのものを処方する。この外向きの権威主義は事象そのものに即したそれ、つまり作品の論理から逸脱してしまった。このことが彼の音楽が辿った運命の大凡《おおよそ》のところを説明してくれる。この数十年が過ぎ去るうち、楽曲内的な萎縮が明らかになっただけではない。第二次大戦後に権威というものがまったく薄っぺらになってしまい、社会的にもタブー視されるようになってからは、あらゆる権威に対する聴き手のアンビヴァレントな態度もまた、拒絶の側に傾きがちになってしまった。ストラヴィンスキーは追従者や模倣者の一団をひきつれているが、弟子といえる者はほとんどおらず、まして楽派なるものは存在すらしない。その理由としては、彼が明らかに授業するのを嫌がっていたという伝記的事実、つまり——非常にもっともなことであるが——教育への嫌悪感だけでは十分ではあるまい。そもそも彼における本質的なもの、つまり拒絶と差別というカノンに要約できるだろうその身振りが、ほとんど教えることの不可能な代物だったのであろう。ストラヴィンスキーのすべての小節は様式化の産物である。〔そして〕人は様式の中で生まれ育つことは出来るが、様式を学ぶこと、まして主観的な生命の弱い様式を学ぶことなど出来ない。それはただコピーされるだけだ。ストラヴィンスキーの美学が究極のところで接点をもつように思えるワーグナーにおいて既に、様式への意志は〈真の〉様式とは真逆のものであり、いかに様式とは伝承し難いものであるかを、様式は経験する破目になった。様式への意志は、憎き十九世紀、つまりユーゲントシュティール──〈自伝の中で〉ストラヴィンスキーは、シェーンベルクの《月に憑かれたピエロ》とオスカー・ワイルドという奇妙な比較を用いて、それに対するアレルギーを告白した──に対して彼が支払わねばならなかったつけである。その身振りによって自らに集団的な拘束性を約束し、その内奥に至るまでこの拘束性を目標と定めてきた自分の作品が、かつてなら様式をまったく欠いた作品だけがそうだったように、何の拘束性も手に入れられずにいるというのは、ボードレール的な意味で英雄的心情の持ち主だったストラヴィンスキーにとって、辛いことだったに違いない。集団的拘束力の弱さは、かつて何らかの庇護を求めるすべての音楽家を彼のところに馳せ参じさせ、そして結局は彼らを雲散霧消させてしまった。ある次元で彼への忠誠を守った唯一の人物であるカール・オルフは、その忠誠を音楽的犠牲によって贖った。電撃的な打撃効果〔モーゼ論「聖なる断片」でもキー概念的に使われる言葉で、「打撃＝打楽器＝リズム」の含意と、「一撃で聴衆をノックアウトする」というニュアンスをかけている〕を完全に舞台効果に従属させることで彼は、ストラヴィンスキーにおいて既にバレエ音楽の実用的性格によって切り刻まれていた作品の自律性の最後の残滓まで、放棄したのであった。ストラヴィンスキーが孤立したのは、音楽において伝承されうるのは伝統主義ではなく、微に入り細を穿つような作業のみだからである。客観性に色目を使うことなく、作品をそれそのものの中から客観化するような、そういう作業である。音楽が自分で自分の口座に客観性を記入するなら、音楽は自分自身の寿命をディスカウントし、自分の脆弱さを白状する破目になる。耐久性を自作自演することで時間の中での開花の可能性を避けようとはしないものだけが、耐久性のチャンスを得るのだ。〔そこにいくと〕ストラヴィンスキーは、正誤の厳格さにうつつをぬかす代わりに、望ましいものと望ましくないものの石板を刻んだうえで、それを自分で砕いてしまった。その誕生の日から彼の集団主義は孤独だったのだ。彼の音楽が絶望の淵から手を伸ばしておきながら、他者を求めるその心根は隠しておこうとするのは、まさしく他の音楽と同じくそれが、この時代の社会原理に由来するアトム化の傾向を、まったく食い止めることが出来なかったからである。その限りにおいて彼の身振りは、それが必死で否定している社会的現実と人間の意識の現状を証言している。感動させたり心を打とうとするような真似ほど、ストラヴィンスキーが軽蔑することはない。そして彼が聴衆にくれてやる電流のような打撃は、常にそうした感動の効果の可能性に向けられるのだが、しかし結局は相討ちのようにして、彼にも襲いかかってくる。

ストラヴィンスキーの新古典主義とその揺らぎの質についての問い以上に喫緊であるのは、〔自身が著作で書いているように〕出口のないハンディキャップのもとで作曲するというような、紐でしめつけるがごとき作曲条件を彼に選ばせたのは——個人の心理的な意味ではなく客観的作曲的な意味で——何だったのかという問いである。真にシュトラウス並の名人芸をもつ世界的な作曲家が、もはや熱狂的で広い成功をもたらすこともなく、かといってスキャンダルという否定的かつ秘教的な成功によって報いられることもなく、かつてストラヴィンスキーの全存在を定義していたところの世間の関心というものを取り壊していくだけの如き作品しか書かなくなったことには、何が関わっていたのかということを、明確に思い描いてみなくてはならないのである。ただ一人ブレヒトの晩年には、これに似た事態が生じていた。ストラヴィンスキーのこれらの作品がすべて世界中で上演されたのは、恐らくそれまでに貯め込まれた名声のおかげなのだ。しかしせめて《オイディプス王》や《詩篇交響曲》、そしてもう一つ加えるなら《道楽者のなりゆき》だけは、もっと大きな反響を聴衆のあいだに見出せてもよかったのではないだろうか。派手派手しい同時代のオペラの不足は、このパスティーシュ・オペラにとって有利だろうし、英米圏において「ソフィスティケイテッド」という翻訳不可能な表現で人口に膾炙しているものを、その台本は約束してくれている。自分自身が《春の祭典》の時期に拓いた地平を前にして、ストラヴィンスキーは誰よりも早く、そして誰より強烈に、ある恐怖――後になって彼の世代のもっと才能のない修正主義的な作曲家たちにも襲いかかったそれ――を覚えたのだろう。たった今手に入ったばかりの完全な自由は、すぐさま恐るべきものへと姿を変えた。これ以降のあらゆる音楽がとらわれることになるアポリアが、突然彼の前に閃いた。予め処方された関連システムから解放された音楽は、いかにして純粋に自分自身だけで拘束的になることが出来るのか、というアポリアである。実質があり、かつ固有の真理内実の点で有効な形式を社会が芸術家に与えようとしない渦中にあって、完全な解放が芸術の客観化を、そもそも芸術自体を許容するのか、いまだにつまびらかでない今日、ようやくストラヴィンスキーを正当に評価することが出来る。作曲素材の徹底形成が、外からの文化哲学的な支えやいわゆる指導的イメージなしで、それ自体としてますます首尾一貫した形で前進するにつれ、この問いはいっそう先鋭化している。ストラヴィンスキーが不運だったのは、こうした展開の入り口にあって、偉大としかいいようのないショートカットのパースペクティヴの中で、〔その先にある〕深淵に気づきながらも、自分はいまだに伝統で腹を満たすことが出来たが故に、伝統に支えを見出すことが出来るかもしれないと信じてしまった点にある。彼自身にインスピレーションを与えたものこそが、支えのはずの伝統を取り返しようのないところまで崩壊させせていたのに。芸術が先取りしてきた以上の不安を現実についてかきたてられている人々、トータルな自由がトータルな不自由に転じる可能性が現実になったと感じている人々は、ストラヴィンスキーをもはや声高に非難できまい。自由によって命じられたストラヴィンスキーの不自由がこうした逆転と親和性をもつということこそ、三十年前の彼において焦眉の課題であった。そして今日、そこからもう一つの課題が生まれてきた。「単なる文化、単なるおこぼれとしての自由とはいったい何なのか」という課題である。彼は自由の仮象性を見抜いたうえで、秩序の仮象をもって空しくそれに応えようとした。意味を喪失した自由のパロディーとしての偶然性に、彼はショックを受けた。その自律こそが自律的芸術の前提であったはずの個人が、実は社会的に自律していないのだと、つまり個人そのものが仮象なのだと、彼には思えたのだ。イデオロギーに対抗するものとしての自由の美的図像は、イデオロギーから切り離すことが出来ないのだ。これらすべて〔の矛盾〕がショートして、ストラヴィンスキーにおいて発火した。しかし発火には、彼の比類のない繊細な神経が必要だった。彼は作曲においてはラディカルとは言えなかったが、その反応、つまり極端なものに立ち向かう能力においてはラディカルであった。彼のショートカットを様式と勘違いした人々すべてに彼が勝っていたのは、この能力である。もちろん彼らにとって新古典主義的な生産は価値あるものであった。〔しかし〕総じて新古典主義にあっては、後継者を持つという以上の野心がかなうことはなかった。ストラヴィンスキーは音楽的意識を刻印するための練習課題を提供してくれたわけだが、それには他のあらゆる質の犠牲が伴っていたのであり、この犠牲が作品から刻印する力を奪ってしまった。《八重奏》やペルゴレージを編曲した《プルチネルラ》の総譜を見ると、才能の枯渇は既に隠しようがない。しかしストラヴィンスキーの拒絶は、彼が自分に許した狭い隙間〔ストラヴィンスキーの発言――「それゆえ、自分の企てた一つ一つのことのために自ら用意した狭い枠のなかに自分を入れることにこそ、私の自由というものが存在するのである」――が念頭に置かれている。ヴォルフガング・デームリング『ストラヴィンスキー』長木誠司訳、音楽の友社、一九九四年、一六〇頁参照〕に芽を出したものさえ無傷のままに放っておかず、どんどん萎えさせてしまう。ストラヴィンスキーの音楽は、自分から音楽を奪う音楽であり、何ものにも囚われない開かれた音を前にすると、鳥肌をたててしまう音楽である。彼の音楽の硬直は、この鳥肌の鋳型で作られている。ウェーベルンにおける純粋な内面の響きと同じく、ストラヴィンスキーにおける客観主義は疎外の産物なのだ。両者は互いに接近していくのであり、それは――古い哲学の洞察が言うように――絶対的な内面性が空虚へと移行する傾向を持つのと同様である〔これについては、例えばヘーゲルが「存在（Sein）」の純粋な直接性を主張する見解に対して、それが同語反復の空虚な普遍性に陥ることを指摘するような場合が考えられていると思われる。アドルノ『三つのヘーゲル研究』渡辺祐邦訳、ちくま学芸文庫、二〇〇六年、七三頁以下参照〕。そして晩年のウェーベルンにおいても同じことが起きたのである。ただしストラヴィンスキーが、彼より十年前にシュトラウスが《バラの騎士》でしたように、成功をもくろんで時計の針を逆さに回すようなことをしなかったことだけは確かだ。むしろ彼の中の天才は、極限的な縮小に際して、つまり音楽が持つ次の音へ進もうとする衝動を否定する中で、一体何が生じるのかを見極めようとしていた。ここには何か偶然性の実験と深く関係するものすら見て取れる。ウェーベルンが自分に出来ないことをすべて自らに禁じたとすれば、ヒステリックなまでに高まった主観への不信感の中でストラヴィンスキーは、何であれ自分が出来ることすべてを自らに禁じた。彼において主観性はもはや、それが自分自身から除去したものを通してのみ、自らを表現する。それはウェーベルンにおける主観性が、それが素材〔の自然な性向〕から除去したものだけを通して自らを表現するのと同じである。ウェーベルンの音楽の消失点は沈黙であり、ストラヴィンスキーのそれは聾唖者〔ストラヴィンスキーの自伝冒頭に出てくる幼少期のエピソードを想定していると思われる〕、おのれの器官を奪われた者である。

主観に対するストラヴィンスキーの警戒感は目新しいものではない。音楽の歴史を通してそれは、主観の解放のプロセスに常に伴ってきたものであって、啓蒙の歴史の全体を通して主観の解放が学問的な客観性理想の進歩と足並みをそろえてきたのと同じである。そもそも自律した主観的理性自身が、あらゆる精神的内実を倦むことなく人間へと還元してしまうことで、人間を純粋な事象をかき乱す闖入者として締め出そうとしてきた。正当にもアイザイア・バーリン〔ストラヴィンスキーと交流のあった思想家。宗教バラッド《アブラハムとイサク》の作曲に当たってヘブライ語の歌詞について手助けした〕はかつて、ストラヴィンスキーと新実証主義の精神史的並行関係を指摘していた。音楽における主観への警戒感は歴史的に変化してきたが、それは趣味の概念によってまとめることが出来るだろう。いずれにしても直接的である主観と、それに外から課される、そして完全に成功することはない社会的適合との間のズレは、主観自身にとっては、自分の主張のラッキーな差引残高としてだけではなく、何か否定的なものとして感じられる。〔かくして〕主観と対立するあらゆる形式を、主観の自己主張は危機に陥れる。つまり文化を脅かすのである。文化の中で芸術は、少なくとも一面では、野蛮の反対物としてそこに組み込まれようとしはするものの、それでもなお主観たろうとする。主観化のプロセスを通した美的形式の動態化は、単に形式を変えるだけではすまない。それは常に形式そのものの敵でもあるのだ。「それ自体において無限なもの」という、フランス革命期以後に生まれた音楽形式の主観的定義は、型と主観意識のバランスという地に足の着いた音楽概念を打ち破り、こうした従来の音楽概念とその秩序にとって何かとんでもないもの、破壊的なものとなった。形式を作り出す主観の暴力に完全に取り込まれた形式は、同時に主観の暴力行為を永続させることになる。至上のものとなった主観、単なる自然規定から脱したその主観は、飼い慣らされていない自然に近いものとなる。自律の中にそれが熊手でもって追い払おうとした野蛮が回帰してくる。ベートーヴェンにおいてもフィヒテにおいてもそうだ。徹底的に統合形成された芸術作品は有機体の仮象に近づくという事実が同時に、それを野蛮に繁茂した自然に近づけてしまうのである。そもそも当初より革命的市民層は、絶対主義を目の敵にする理性ともども、こうした野蛮さを誇らしげに見せびらかしていた。芸術における趣味とは、絶対主義の契機に逆らうこれらすべてを統一する概念なのである。こうした意味での趣味の命令に従ってストラヴィンスキーは、あらゆる種類の自然を連想させるものすべてを、絶対に高められた羞恥をもって、排除してきた。ドビュッシーを通じてパリの象徴主義と合流したこの人物は、この点においてもロシアのたくましい自然児というよりは、ボードレール主義者であった。音楽的主観主義とセットになってあらわれる趣味が、主観化の時代を通してずっと糾弾し続けたのは、小賢しく統合されることのない主観、つまり文化におけるコソ泥としてのルバート〔ロマン派音楽で頻出する自由なテンポの揺れ、語源は「盗まれた」〕、そして人間の弱さをことさらに露出するような人間性の声といったものであった。要するに——まさにこの点で文化の失敗はその担い手自身にとっても常に明らかになるのだが——従来の社会およびその芸術における、普遍と特殊の宥和の不可能性のことである。ストラヴィンスキーにとってこうした欠陥は〔芸術や社会の〕全面に及ぶものであって、あらゆる音楽がいまだに雄弁に語ろうとして主観によって媒介される今日にあっては、とりわけそうであった。そしてまたこうしたものへの彼の憎しみも、それに劣らず全面的なものであった。サロン音楽における不細工なリタルダンドは、ごく普通の素養ある音楽愛好家にも耐えがたく響くが、ストラヴィンスキーにとってはあらゆる表現、あらゆる飼い慣らされていない心の蠢き、フロレスタン流の「あなたに良きことがありますように」〔ベートーヴェン《フィデリオ》のセリフ〕が、それとまるで同じように聴こえたのである。彼の趣味は悪魔憑きじみたヒステリーとなり、文化の中から生まれて非人間的なものとなり、攻撃された主体が往々にしてそうするよう、抑圧者へと一変する。主観的な格率などは彼にとって、それが彼を傷つける恐れがあるなら、殺されてしかるべきものなのだ。しかしそれから身を守る術は存在しない。〔そもそも〕こうした反応の可能性は、それ自体が主観化の歴史的プロセスの中に巻き込まれているのであり、従って、それが反抗しているところのものと同じく、徹底して主観的なものなのである。だからこそ彼の下では、〔主観的なもの〕すべてが禁じられていながら、また再び〔パロディーの形で〕その禁止は破られ、趣味に対するより高次の趣味として許可されることになる。趣味は〔所詮〕主観の単なるネガにすぎず、主観に縛りつけられているのであって、その規範は客観的にもはや妥当性をもたないものの瞬間的なきらめきなのだ。〔ハイデガー流の〕新存在論にふりかかる呪いは、すべてストラヴィンスキーにもあてはまる。哲学的存在論よりも早く、この呪いは彼において執行されたのだ。

彼の趣味は趣味に対しても反抗する。飽くことないアレルギー的警戒感が、遠くからほんの少しでも繊細な味覚や甘さを漂わせるものすべて——それはかつて社交や適応の産物であった趣味と結びついていたのだ——に対して向けられる。素朴な感覚の持ち主なら、その洗練された味覚の約束に魅了されたであろうケーキ屋で、吐き気に襲われる飽食した男、それがストラヴィンスキーである。その三度堆積の中に心の蠢きが目指す快楽がいまだ存続していて、そうした心のうねりは常にこのような

〔甘い〕和音によって表現されてきたというだけで、苦痛に満ちた不協和音すらだめなのだ。そこにあるものすべてが甘いケーキというわけではないのに！〔「一見協和的に響く和音の中にも苦痛表現が隠れているケースもあるのに」という意味〕文化を毛嫌いする文化というストラヴィンスキーの病的嫌悪のルーツは、ドビュッシーやラヴェルにあった感性の層に、あるいは絵画であれば晩年のルノワールにあらわれる同じ感覚、さらにマティスの装飾的な優美さにある。〔実は〕ストラヴィンスキーはこの領域に繋ぎとめられている。彼の楽曲構造はドビュッシーのように特定の響きの領野の並列から成るが、ただしそれはおのれのアロマに憤ってそれを排除しようとし、湿っぽいところがあればカラカラに乾かしてしまう。しかし彼がどれほどカメレオンのようにスタイルを変えようとも、その段階のすべてにおいて、音楽の不可欠の構成要素である展開の原理を否定し続けることによって――この点からすれば、様式概念から見た時の違いに比べ、個々の作品や時期のそれなどは取るに足らないものである――、実際のところストラヴィンスキーは印象派の画家たちと同様に、偉大な形式という問題を回避してきた。交響曲においてすら彼は、それを見せかけのものとしてしか扱っていない。この作曲のヴィルトォーソは、作曲行為に関わる決定的かつ不可避の困難を前に、いかさまカードを使う。彼がバレエに取り憑かれていたせいだけではなく、それ以上にこのいかさま――ちなみにバレエへの彼のこだわりにもこれと似た身振りがあるが――こそが、大規模で意外さにも欠けていない彼の諸作品が、特殊技能の領域へと格下げされた原因なのだ。シェーンベルク晩年の諸作品における短い断片からなる作曲方法と、ストラヴィンスキーの《三楽章の交響曲》における断片の役割とを細部にわたって比較することは、きっと実り豊かなものになるだろう。十九世紀を前にストラヴィンスキーが戦慄を覚えるとき――さらに彼はこの戦慄を技巧的に味わい尽くすのだが――、彼の病的嫌悪はこの概念の中に常にかすかに混じっているもの、つまり近親憎悪を隠している。隠れ風俗作曲家として彼は、ドビュッシーの直系の相続人だったのだ。もちろん風俗性と交響曲の偉大さとの区別はもはやなくなってしまったのではないかという議論については、もっと熟考しなくてはなるまい。つまりストラヴィンスキーが美的全体性というよろめき始めた台座を風俗的要素でもって占領した際、彼は世界精神の目くばせに気づいていたのか否か、ということである。いずれにしても彼は、何の疑念もなく受け入れられた古典主義的理想とは無縁の人物だった。この理想のファサードを彼は髑髏の印をつけて再構築してみせ、返す刀でそれを放棄して、空洞化させる。

　絵画における印象派からキュビスムへの移行は、ストラヴィンスキーの音楽における平行現象にあっては、狂気の様相を示している。あらゆる生が彼にとってはサッカリンの味がしたとすれば、それはまさに、息づく生命の連想をどうしても音楽は払拭できないからである。だがまさにストラヴィンスキーはそれをやろうとした。ジャンルとの関連において見れば彼の交響的作品すら、前面に押し出される統合作用にもかかわらず、崩壊の論理に従っている。ベートーヴェンの交響曲が彼自身の室内楽と決定的に違うのは、それが二つの宥和し難い契機を統一した点にある。つまりそれらは何より、この二つの契機の差異をほとんどなくすことに成功したのだ。ベートーヴェンの交響曲は一方でウィーン古典派の全体性の理想、つまり主題労作による展開およびそれに伴う時間の中での発展に忠誠を誓っている。〔しかし〕他方でそれらは独特の電撃的な打撃構造を持っている。〔そして〕時間経過を圧縮して際立たせる手法によって時間は除去され、いわば空間の中で静止して収斂していく。彼以降にまるでプラトンのイデアのようにして確立された「交響曲的なるもの」の理念の本質は、この二つの契機の緊張関係の中に探されねばならない。哲学上の観念論の諸体系がそうであったように、十九世紀にはこの二つの契機はばらばらに乖離してしまった。有機的組織化の力は失われて、一見ものものしく、少なくとも迫力ある各瞬間の羅列に堕してしまうか、あるいはブラームスにその原型が見られるように、偉大な交響曲は打撃構造を犠牲にして、発展的変奏の原理に屈してしまうかのどちらかだった。後者では室内楽との違いはほとんどなくなり、単に用いる楽器規模がたまたま違っていただけ、というところにまでなってしまった。ブラームスの第四交響曲の第一楽章は、ピアノ五重奏として作曲することも出来たはずである。それと対照的にストラヴィンスキーは、打撃構造をきちんと踏まえる。それが交響曲の本質的な構成要素であることを、彼は熟知していた。だがバレエ作曲家として彼は、それだけに頼ってしまった。後期ロマン派によってその網目を緩められた交響的〔動機〕関連を、端的なアクセントによって生み出そうとしながら、他方で交響曲や交響曲的に構想された作品でも常に、主題労作を避けてしまった。彼の交響曲の無力さや幻影のような儚さはここに由来する。力の集中および分節のための強度を得るには、その力を保持するための対立や抵抗や時間的な広がりが不足しているのだ。そこにないものが克服されたことにされる。これこそが、芸術形式に必要な強度を備えた静止が打ち破られたときに、こうした綜合の身振りを模倣するだけの交響曲が支払わねばならなかった代償である。誇張して言えばストラヴィンスキーの交響的作品は、純粋に音楽的な内容との弁証法を欠いた形式である。そこでは形式が支配的に振る舞ってみせるほどに、それは一層自分自身の擬態になってしまうのだ。

息づく生命に対する殺人を行うのは、何よりまず彼の打楽器効果である。それは太古の戦争太鼓の写しであり、供犠の生贄や奴隷たちが耐え忍ばねばならなかったのと同じものなのである。打楽器においてはショックが生命の連続性を音楽によって爆破してみせる。単なる新奇な打楽器効果――それだって十分すぎるほど彼の作品にはあるが――をはるかに上回るものを、彼は発明した。他のあらゆる音楽的情動を拒否するこの男であるが、打楽器には情動を注ぎ込む。それは抑圧されたものを吸い上げてくる。エネルギーを充填された打楽器セクションは今や、ワーグナー以後の弦楽器や管楽器における色彩の解放についに追いつく。音楽における打撃を固有の本質をもった素材として解放して初めて、打楽器は伝統的な意味での構成――かつて打楽器がその冴えない背景に過ぎなかった構成――に再び立ち返ることが出来る。最近の作曲家が過大評価している打撃音の中に、ストラヴィンスキーは故郷を見つけたのだ。最初の頃の彼は、拍の打撃をサーチライトの電撃光のように和声パースペクティヴ上に照射するだけではなく、打楽器セクションの色価をすべて聴き取ろうとしていた。この点で《春の祭典》や《兵士の物語》の帰結は、二度と到達されない高みを示していた。前者では打楽器の響きの固有かつ非常に正確に音にされたイメージが、その極めて精緻な弁別と一体になっているし、後者ではいくつかの小太鼓の響きである。打つ身振りについての想像力が正鵠を射る、つまり文字通り頭に釘を打ち込んでくる。ストラヴィンスキーにとって打楽器の響きの活性化は、演奏法についての正確極まりない知識によって可能になった。これが彼とパリをウィーン楽派から遠く隔てている点だ。ウィーン学派では哀れなヴァイオリン弾きに対するベートーヴェンの罵詈雑言以来、響きについての想像力が圧倒的に優先されてきた〔ベートーヴェン後期の弦楽四重奏を、演奏を任されたヴァイオリニストが演奏不能と言ったと聞いた作曲家は、「私の頭の中で想像力の火花が散っている時に、私があの哀れなヴァイオリニストのことを考えたりしていると思うか」と語ったエピソードに基づく〕。まだ誰も聴いたことのない音を生み出す創造的想像力には、演奏に対するある種の無関心が伴うのだ。しかしこの無関心がファンタジーを損なうこともある。可能な響きすべてを予めまざまざと頭の中に思い浮かべられるわけではないのだから。ストラヴィンスキーの振る舞いははるかに実証主義的、あるいは実証主義者の言い方にならえば、道具的＝楽器的だ。彼の響きについての想像力は、今も五十年前も変わらず、いわゆるノウハウによって導かれている。楽器から出発して曲を作るというベルリオーズ的な意味での、「どう弾くか」についての知識から出発するのである。こうした作曲法は彼において桁外れの実りをもたらした。主観をタブーにすることで、いわば諸楽器が解き放たれ分娩されたのだ。道具は仕えるのではなく、自ら語り始める。それらが獲得したのは、分裂の力である。そこでは意図された全体の響きから各楽器が割れて突出したように響き、だからこそ新しく鮮烈なのだが、それは楽器が各々独自の性格を持っていることによっている。まさにこの点でストラヴィンスキーは、「素材に即する」という理想に最も近づく。しかもその際に、熟練のオーケストラ・アレンジャーの小手先の手仕事に堕してしまうことはない。彼が使う楽器の声は、まるで獣のようだ。それは自らの存在自体だけで名をあらわしているように見える。主観的な意図に対するあらゆる敵愾心にもかかわらず、彼の音にはなにか記号のようなもの、フランス語で言うエクリチュールを残している。演奏法を解放することによって、それらは単なる楽器のデモンストレーションではなく、まるですべての音が己の根源史を呼び覚まそうとしているかのような、謎めいたものとなる。彼を手本にしようとした連中に欠けているのは、まさにこの微量のコショウである。他方ストラヴィンスキーの最良の作品は〔実は〕主観性の契機に密かにこだわっていて、しかしこの契機は懸命にかくれんぼをしており、だからこそそれを安易なテクノロジーに翻訳しようとする追随者を嘲笑するのである。

打楽器においてストラヴィンスキーが獲得した効果には、金管も少なからず参与している。金管は常にティンパニーやトランペットの同盟者だった。金管を扱うストラヴィンスキーの技術は、打楽器と同じく、アタックのそれである。生成なき音楽という理念、無時間的なものとしての古代の抑圧のイマーゴは、管楽器から硬く尖って誇張された色価を搾り取る。これらの響きを初めて発見した大昔の人々の真似を、とっくの昔に誰もしなくなった時代にあって、ピッコロへの偏愛も含めたこれらの音色がスコアを征服する。ストラヴィンスキーの場合、《ミサ》や《道楽者》の多くの箇所でもまた、というか、よりによってそれが忌まわしく響くような箇所に限って、死神のように確実にそういう響きが腰を下ろして座り込んでいる。彼の音楽が自らに課する歪曲は、まったくもって巨匠の腕前だ。彼以前には剣がガチャガチャいう音や勝利の割れるような喝采の波といった形でしか合理化できなかったサディスティックな身振り、つまり邪悪なそれを、彼は音楽家として初めて敢えて表現対象にした。それは文学ではもっと後になってようやく広まったものである。遊戯と想像力によるこうした層の解放には二重の意味がある。それは一つには身体的生々しさの復活だが、それと同時に美的図像におけるその浄化でもある(4)。脱魂化はしばしば予期できないほど急激なトランペットやトロンボーンの旋律を特徴づけるものでもある。それに対してワーグナーの楽器であるホルンは、いわば管楽器に対する弦楽器の関係のように背景に退くか、あるいは別の機能を与えられることになる。そして弦楽器からは、ピチカートだけでなくスフォルツァートで突進してからいきなり停止するその重音奏法においても、弦楽器らしい奥行きが取り去られる。響きは変質され、ウェーベルンにおけるコル・レーニョやスル・ポンティチェロとほとんど変わらないものになっているのだ。それは打楽器に似た瞬間的な爪弾きとアコーディオンの引き伸ばしへと分裂してしまう。そもそもストラヴィンスキーの音には、芸術音楽では名誉を失い追放された要素に対する共感が欠けていなかった。《三文オペラ》と《マハゴニー》をブレヒト劇団のために作曲した際、ワイルはこれをストラヴィンスキーから読み取った。

ただし異化効果という術語がストラヴィンスキーの器楽の響きにふさわしいものとなるのは、彼が小編成を選んで以後のことである。彼の楽器の組み合わせ方は、個々の楽器の色価に劣らず瞠目に値する。旋律楽器としては最も素寒貧《すかんぴん》なハープに敢えてメロディーを弾かせてみたり、あるいは《アゴン》であればトロンボーンと強すぎるヴァイオリンの合奏、灰汁《あく》を抜かれたようなピアノの音色など、彼の後期様式のインスピレーションは驚嘆すべきものだ。ただしそこでは、過剰なまでの色彩の拒否と純粋に音楽的な出来事との間に、一種の不釣り合いが生じてはいるが。ファンタジーを告発するためにストラヴィンスキーが動員するファンタジーは溢れんばかりなのである。ストラヴィンスキーが指揮する自作を誰か他の指揮者と比較すれば、彼がどのような音楽家であるのか、はっきり分かる。並列されていると見えるものが引き締まって統合され、強度によって静止には第二の生命が与えられる。とりわけ瑞々しく張りつめているのはトゥッティ〔総奏〕の響きだが、それは単なる演奏法には絶対に還元しきれないものだ。彼が新ドイツ派の甘ったるさと無縁の冷静な人物であることは、しばしば指摘されてきた。しかしながらこれは決して、深みを欠いた平板で冴えない響きを意味しない。血も涙もない節約の精神にもかかわらず、彼の響きには空間の奥行きがある。トゥッティには意図的に内的生命が与えられないが、しかしすべての響きが名状し難いやり方でもって精神化されており、すべてが内側からの構想によって把握されているのだ。「響くままにする」ことは、楽器＝道具主義者ストラヴィンスキーにとって大罪だった。すべての音は自ら響かねばならないのである〔ストラヴィンスキーが重々しい余韻のあるトゥッティを嫌ったことを示唆している〕。

しかしこの老人が最後になって新調性の乾いた音に飽き飽きし、もう一度悪魔を演じようとした時、彼はとうの昔に地獄の親玉ベルゼブブによって悪魔を追い払ってしまっていた。《七重奏》以降の後期の諸作品――それらは全面的にしろ一部にしろ音列を使って作曲されている――には、《ピアノと管弦楽のためのムーヴメンツ》という極端なものを例外として、他の作品と比べて質的に新しいものは認められない。ストラヴィンスキーがいわゆる自分の筆致を堅持し続けたと言ってみても反論にはならないし、それは決定的なことでもない。ウェーベルンでも自由な無調による最後の作品と最初の十二音技法による作品は、前もって準備していない耳にはほとんど区別がつかないだろう。またベルクに至っては、十二音技法の受容が自分のトーンを侵害したことなどほとんどなかったと自慢していた。十二音技法が音程の順序を規定することで満足し、セリー的な全体性をまだ追求しないうちは、それはいわゆる個別様式に余地を与えていた。一九四五年以降の作曲家たちがとりわけ不満を感じているのはこの点である。彼らは音楽の構成原理と音楽そのものの分裂にご立腹なのだ。ちなみに既にウェーベルンの後期作品では、交響曲以来、個別様式の諸特徴は影が薄くなっていた。こうした〔個別様式か構成原理の一貫性かという〕二者択一を尺度にするなら、音列によるストラヴィンスキーの曲は、それ以外のことを期待しようもないとはいえ、古い方の時代に入ることになる。十二音への転換以後の最も大規模な器楽作品である《アゴン》では、ベルクの一九二六年の《抒情組曲》と同じく、自由な無調と音列の部分が交互に現れる。しかし筆致は相変わらず新古典主義のそれである。ストラヴィンスキーの最初の音列作品《七重奏》は、実際に三楽章から成っているが、そのパッサカリア主題はウェーベルンの交響曲の第二楽章や、とりわけシェーンベルクの《セレナーデ》の変奏主題なしには想像もできない。単に三楽章仕立てがイントラーダ、パッサカリア、ジーグという古い型と一致するだけではない。内部のテクスチャーまでもが、初めから終わりまでストラヴィンスキーではお馴染みのものなのだ。歪んだモデルが設定され、立ち止まりながらアクセントをずらし、反復される。

そしてそれ自体で静止した領野が、交互に入れ替わる。発展的変奏の原理は十二音技法を導いたものであり、同時にそれを正当化してくれるものでもあるわけだが、ストラヴィンスキーの音列作品は、それ以前の彼の作品と同じく、これとは無縁のままである。彼は自分に忠実であり続ける。もちろん全面的拒絶と反復強迫が、彼に自分自身を反復するよう迫ることになる。主題発展を分節するという音列技法の機能に距離を置くことでストラヴィンスキーは、新古典主義の始まり以来の〔彼が用いる〕他の既成モデルのイディオムと同様、それを〔単なる〕様式手段に仕立て上げる。少なくとも彼の後期作品は、新古典主義時代の作品が調性に対してそうだったのと似て、十二音技法に対して異質なものとして振る舞っている。そしてこの異質さを自らの酵母としている。新しい手段による古い効果と聴こえるのは、多くの場合このせいである。もっとも音列を使ったこの静的なサイコロ遊びの中には、既にウィーン楽派の十二音技法やその後のセリー技法にも内在していた、ある危険が露わになっている。彼らのデュナーミク——あらゆる生成を予定調和の構造にはめ込んでいく動機的主題的様式、その意味で「オブリガートな」様式が目指すトータルなデュナーミク——は、どれも一様に静止状態に帰着してしまうのである。シェーンベルクにおいて十二音技法の発見が、舞踏形式——自己充足して発展しない形式——と歩調を合わせていたことは、偶然ではない。歴史哲学的直感によって後期ストラヴィンスキーは、自分の競争相手〔であるシェーンベルク〕とのこうした一致を見出したのであり、もしそう言いたければ、それを音楽として作曲したのであって、それによって暗に、それ自身の起源に反するはずの静止状態に陥った十二音技法に対する若干の批判も行ったのである。しかし他方、音列的作品においてもストラヴィンスキーの擬態は、その変わることのないヴィルトゥオーゾの腕前にもかかわらず、作曲上の欠点になっている。他のどんな音楽にもまして即物性という綱領を実例で示そう、イラストしようとする音楽が、単なるイラストに色褪せてはならない。それは〔十二音技法の〕作曲の地盤となったもの自体を即物化しなくてはならない。それは応用される〔十二音技法という〕手段と作曲された作品の明快なバランスを必要としていたはずである。〔またたとえ〕こうしたバランスがあることをストラヴィンスキーの音列的作曲について証明したとしても、かつて彼を指導者に祭り上げた反動家たちをストラヴィンスキーが〔ついに〕拒絶したと思って喜ぶのは早い。特に目立つのは、挑発的なまでに節約された、そして終始十二音技法によって書かれた《トレニ》における、非経済的な要素である。即物的に言って音列技法は、それなしには消え去ってしまうような、まとまりがあると同時に弁別化されたものを組織するに際して、他の手段がない場合にのみ必要だった。これは別に新しい知見ではない。しかしストラヴィンスキーの揺らぐことのない様式理想は、まとまりを作ることも弁別化することも禁じる。彼の後期作品は、音列による組織化が本当に必要になる程にはポリフォニックでもなければ、多様な形象も持たず分節化もされていない。瞠目に値する《アゴン》だが、その籠目細工のような動機労作の残骸の中では、単に一つの楽器が他の楽器に嚙み付いてぶら下がっているだけにすぎない〔籠目細工についてはアドルノ『音楽社会学序説』の室内楽の章を参照。四つの声部を丹念に作り込むウィーン古典派の弦楽四重奏にその典型が見られる〕。システムが自己目的化して音楽的出来事の手前で硬直してしまえば、そんなものは無用の長物にすぎないという事実に気づかずに、システムに支えを見出せると妄想している人々と比べ、ストラヴィンスキーが卓越しているのは、音列の扱いでも規範性の緩やかさでもない。そうではなくて、「やり方を知っている(savoir faire)」という点についての、長い人生から得られた所持金こそが、彼の比類なさなのだ。〔彼にあっては〕まず響きがあって、それが構成を鍛えるのである。彼は構成を必要としていなかった。

そんなことはせず、彼は自分にとって異質なものを、大物紳士の洗練されたマナーでもって気前よく受け入れる。それはあたかも、愛人を監視するみたいに異質なものの過去を詮索したりはせず、賭けを大いに楽しむ大紳士のようである。そこで賛美されている人物のそれに劣らぬ優美さでもって、あるときブーレーズはこのことを次のように言いあらわした。「この人物が巨匠であるのは、安全よりも探求を好み、もっとも説得力に富んだ仕方で他者との接触と交流を守り続けているからなのです」。

十七世紀のスタイルによるアポテオーゼ〔大団円〕は平気だが、自分自身のスタイルによるそれには耐えられない人間のもとでは、一体どれだけ違ったことが起こり得たか——賭けをしながらそれを考え抜くよう、この老賭博師は誘ってくる。《詩篇交響曲》の初演のうちの一回を聴いた際、敬意の念を抑えきれず、私は次のように書き留めた。「パリは十分に一つのミサに値する。たとえそれが黒ミサであったとしても」。いつの間にか黒い文学は、時代に適う可能性を持った文学を、自分の他には許容しなくなってしまった。しかしストラヴィンスキーの可能性は黒い音楽の可能性であった。《エボニー協奏曲》〔ジャズ風のスタイルで書かれたクラリネット協奏曲で、ジャズ＝黒人のイメージとクラリネットが黒檀で出来ていることとをかけたタイトルをつけられている〕や黒の時代（période nègre）という意味での「黒」ではない。ストラヴィンスキーは自分の兵士とともに、彼が兵士を送り込んだところまで一緒に行軍していくことも出来ただろう。絶対の暗闇に閉ざされた空間、そこにまだ光がさしてくるのは暗闇を見えるようにするためだけといった場所にまで。《兵士の物語》が今でもほとんど古びていないとすれば、それは曲の冒頭やヴァイオリンのソロに定式化されているところの、目的を持たずひたすら前方へ向かって足踏みを続けるモデルニテというものが、今日になって初めてむき出しの展開を見せ始めたからである。「主観の完全な無力と退行の時代に主観はどのようなものになるのか」という問いは、反動的というだけではなく、形而上学的な実存の最小単位についての問いでもあるのだ。それはあたかも、突如として始まった氷河期の最中にあって、損なわれた生命に越冬の場を提供してくれる芸術における行動様式が、現実における行動様式を懸命に習い覚えようとしているかのようである。その中から時間の厚みを平面へと分解してしまう音楽が誕生することもあり得たのではないだろうか。否定的な永遠性の図像ではあるが、不滅についての幻像ではない、そんな音楽が。瓦礫で出来たこの音楽にあって主観の要素として残されているのは、もはや終わりのない足踏みと苦痛でしかない。かつて音楽の中で全世界を自分の内面として作り出した主観の力を、この音楽は慰めも抗議もない痛みとしてむき出しにするだろう。様々な主題はサド侯爵からとってこられてもよかっただろう。サドの乱交の情景は機械的バレエそっくりに組織化されている。最新の音楽を作っている最も才能豊かな人々は、こうした構想をかすめとりつつも、それを前に尻込みしているように見える。その経験と音楽上の反応形式の点でストラヴィンスキーは、恐らくそれへ向けた一歩を踏み出せた唯一の人物になれたのかもしれない。今や消えつつあるあらゆる音楽の内面性の空間を、彼はベケットの描く『名づけえぬもの』のそれへと変身させることが出来たのかもしれない。《春の祭典》から《ピアノのためのムーブメンツ》に至るまで、意識されない即自的な形で常に彼の音楽の中で機を窺っていたこうした極限的なものにまで、もし彼の音楽が対自的に意識して到達することが出来ていたのなら、自分で自分の不自由を告白する不自由は解放をもたらし、彼の作曲に内在する不十分さは自らの真理の中で消えていったはずである。ベケットになぞらえてこうした音楽を想像してみることは難しくない。しかしストラヴィンスキー自身が既に《兵士の物語》のスキャンダラスなコラールの中で、その曲の文学的マニフェストともいうべきものをスケッチしていたのを忘れてはならない。それについて彼は詳述してこなかった。それが成功しただろうかとか、彼の音楽は実証性の呪いを振り払えただろうか、などと考えるのは無駄だ。〔だが〕結局のところ絶対的否定性に固有の名前をつけることなど出来ないのである。〔しかし〕ストラヴィンスキーのすべての力の源泉である絶対的否定性との留保なき同一化は、この否定性をあたかもそれこそが真理であるかのように現象させることを強いる。悪魔は偽りを述べる必要がなくなった。悪魔はもはや偽りを述べるものではないのかもしれないのだ。ストラヴィンスキーの威力の中では、否定的真理もほとんど持ちこたえることが出来なかった。彼の音楽が何の希望もないまま身を捧げている神話は、真理を許容できない。なぜなら絶対的否定性とはその本質からして仮象なのだから。ストラヴィンスキーが神話の中で甘んじて、究極の帰結を自分で自分から奪ってしまったという彼の非一貫性は、それだけが究極の一貫性をもたらしたはずの過度の不安の必然的な帰結であった。それによって最終的に勝どきをあげるのは〔《兵士の物語》フィナーレのような悪魔ではなく〕趣味である。あらゆる不安をイカした規範へと客観化してしまうのだ。趣味には何でも出来る。文化の中のすべてを嘲笑することさえも。ただし救いの言葉だけは見つけられない。文化のベールが目の前にかかっているせいである。常に同じものに対するストラヴィンスキーの囚われは、同時に文化に対する囚われでもある。このことが彼を現状肯定に縛りつけており、彼の音楽とそれが描き出す恐怖の間に不吉な同盟を打ち立てている。しかし彼の音楽と非真理との共謀は、しっかり真理に結びついている。この風刺家はまた、弁証法の風刺家でもあるのだ。弁証法によれば新しいものとは、それ自体の中で自身を省察し、正反対へと転じる古いもの、である。ストラヴィンスキーにおいては古いものがしっかり確保されているが、常に同一のものに加えられる暴力は同一物から同一性を奪い去り、無理を強いることで、最後には首を刎ねてしまう。ストラヴィンスキーの曲に精神薄弱や白痴の諸特徴が聴き取られる瞬間、《ペトルーシュカ》以来常に回帰してくる道化のイメージの中に、物象化された意識が姿を現す。彼自身が音楽家としてその範例であったところの物象化された意識が。それは他者になることもなければ、他者を装うこともしないが、しかしそれでも、単にそこにある以上のものなのだ。それが可能になるのは滑稽の層のおかげだ。その中では単なる自然が寄る辺もなく、言葉もないまま、目を見開いている。彼の音楽が偽の意味を神聖化することなく、恐怖の対象との同一化を瞬間的に宙づりに出来るのは、ひとえにこの滑稽さのおかげなのだ。〔そもそも〕反復自体が動物となった者の行動パターンである〔アドルノ&ホルクハイマー『啓蒙の弁証法』のためのホルクハイマーによる草稿中の動物論を参照のこと〕。彼の音楽はこのパターンに身を任せることで、極限的な自然からの遠さをそれ自身がもつ動物的なものへと変容させる。音楽における精神が被造物に、動物になる。ストラヴィンスキーの曲でこれに成功している箇所は、本当に比類がない。

原註

（1） Hans Kudszus, Die Kunst versöhnt mit der Welt. Zu den literatursoziologischen Esseys von Theodor W. Adorno, in: Der Tagesspiegel, Berlin, 25. März 1962, S. 45.

（2） 最近、男性合唱とオーケストラのための作品《星の王》に注目が集まっている。この作品は傑作というわけではないが、他にないほどにストラヴィンスキーの手法の起源について考えさせてくれる。この作品は一九一一年に書かれながら、《春の祭典》の作業のせいで中断されていた。聴いてすぐには、これがストラヴィンスキーの作品だとは分からないだろう。しかし詳しく譜面を読んでいくと、《弦楽四重奏のための三つの小品》の第三曲における、詩篇メロディーとの意外な関係が見えてくる。詩はロシアの象徴主義詩人バリモントに由来する。音楽は完全に詩人の管轄下にあって、恍惚とした表現主義的な表現を目指している。音楽の調子はスクリャービンからそれほど離れておらず、〔ストラヴィンスキー独特の〕リズム型をずらす技術は痕跡もない。その後のストラヴィンスキーが飽きることなく行使してきた拒絶は、彼が自分の中に〔本当は〕感じていた衝動——後年はもはや、〔彼の〕音楽的不感症とは奇妙に矛盾するが、宗教的主題が選ばれた時だけ満たすことの出来たような衝動——にまで向けられているという気すらしてくるだろう。だとすると神話的な理想とは、ストラヴィンスキーのすべての作品の秘密の規則だということになるが、そうするとそのルーツは新ロマン主義にまで遡ることすら出来よう。例えばスクリャービンの有名なピアノ作品には、《焰に向かって》というタイトルがつけられている。ドイツの象徴主義の中心にあったのも、生贄の供儀という主題であった（Vgl. Theodor W. Adorno, George und Hofmansthal, in: Prismen. Kulturkritik und Gesellschaft, Frankfurt a. M.: Suhrkamp, 1955, S. 277f. [jetzt auch: Gesammelte Schriften, Bd. 10: Kulturkritik und Gesellschaft I, Frankfurt a. M.: Suhrkamp, 1977, S. 233ff.]〔テオドール・W・アドルノ「ゲオルゲとホーフマンスタール」、『プリズメン』渡辺祐邦・三原弟平訳、ちくま学芸文庫、一九九六年、三六七頁以下〕）。ひょっとすると〔後の彼の作品における〕拒絶は、この神秘的な合唱を前にした時に目ざとい彼を襲ったかもしれない、自分の能力不足の感情に原因があったのかもしれない。つまり彼は自分が不能になってしまうものを断念したのだ。ちなみにこの合唱曲は、三年後に書かれた弦楽四重奏と同じく、極めてホモフォニー的に書かれている。しかし和声は三度堆積による四和音であり、《春の祭典》並みに先端的である。そして性格の点ではこの曲は、極めて「アウラ的」である。数十年にわたってこの作品は、演奏不可能とみなされていた。

（3）　Vgl. Theodor W. Adorno, Philosophie der neuen Musik, 2. Aufl., Frankfurt a. M.: Europäische Verlagsanstalt, 1958, S. 168ff. [jetzt auch: Gesammelte Schriften, Bd. 12: Philosophie der neuen Musik, Frankfurt a. M.:Suhrkamp,

1975, S. 166ff.]〔テオドール・W・アドルノ『新音楽の哲学』龍村あや子訳、平凡社、二〇〇七年、二五四頁以下〕。

（4）　Zu dieser Dialektik vgl. Max Horkheimer, Egoismus und Freiheitsbewegung (Zur Anthropologie des burgerlichen Zeitalters), in: Zeitschrft für Sozialforschung 5 (1936), S. 161ff.〔マックス・ホルクハイマー「エゴイズムと自由を求める運動——市民時代の人間学について」、『批判的社会理論——市民社会の人間学』森田数実訳、恒星社厚生閣、一九九四年〕。

第III部

フィナーレ

Finale

ベルクが拾得した作曲技法

一九四五年以後、至るところでウェーベルンを手本にするようになった野心的な若い作曲家たちは、彼の筆舌に尽くせないほど完璧で妥協のない作品をかつて、まさにその〔大きな影響を持つことになった十二音技法という〕帰結の故に、音楽意識の端へと追いやったやましさと愚かしさを、そうすることで埋め合わせようとしていた。新しい構成原理のど真ん中にあってなお、伝統的な音楽言語の諸手段に固執していた師シェーンベルクおよび友ベルクと違って、ウェーベルンは――自分ではこの違いにまったく気づくことなく――それらを一掃したわけだが、その際のエネルギーは、始原から始めようとする、つまり根源要素とも言うべきものの上に音楽を築こうとするドイツ的欲求を満たすのみならず、彼によって導入されたところの、十二音技法を超えて音列技法を拡張しようとする試み、すなわち、やがてトータルな作曲の試みを惹き起こすこととなった彼の後期作品におけるトータル構成へのアプローチにもかなうものだった。十年くらい前、誰もがウェーベルンの後継者だという印象をぬぐえなかった。同じく、ある種の単調さ、音という原子および切り離された個々の響きから組み立てられた諸作品――例えば《バガテル》作品9や《管弦楽のための小品》作品10のようなウェーベルンのオーセンティックな作品と並べて演奏すると、それらは非常に機械的で緊張を欠いているように響いた――が、どれもこれも似ているという印象も拭い難かった。この表現は他の点では一面的かつ不適切であるが、当時「点的音楽」と呼ばれていたものは、テクノロジー的な見本と化したウェーベルンに他ならなかった。言うまでもなく、ウェーベルンの作品を偉大としていたもの、つまり自発的な関連、そして極小に還元されたものすら作曲手段によって分節する技術への繊細極まりない感覚を、新しく始めた連中はカットしてしまった。ウェーベルンのあらゆる孤立した音符は、この感覚を前にして緊張の火花を散らしていた。まさにこれが、耳になじんだ表面の連続性から引きちぎられたものに、シェーンベルク言うところの内的流れを与えていた。因習的には発展を欠いたと見える出来事の只中の、呼吸も出来ないような呼吸である。

点的音楽とウェーベルン的な身振りは今や、最も才能のある若い作曲家たちの間では消え去ってしまった。それは恐らく、点的作品が互いに区別がよくつかなかったせいというだけではなかっただろう。作曲モデルとしてのウェーベルンからの離反――それは決して彼の作曲家としての意義を貶めるものではなく、むしろウェーベルンを正しく作曲家として経験することを可能にしてくれるはずで、これはシェーンベルクをもはや十二音技法の考案者としてではなく、彼の作品そのものの中で聴く時に初めて、それが実り豊かなものとなるのと同様である――は、より強い動機として、各々に固有なものがなくなるのではないかという憂慮から来ていた。ただしこの固有のものとは、自分についてあれこれ考え始めた途端に、既に失われてしまうのであるが。音楽における息を吐きだす身振りは、作品自体がウェーベルンにおける息を吸う身振りとは違う組み立てられ方をすることを要求する。そしてまさにこの点において、アルバン・ベルクの立ち位置は異なってくる。つまり彼は今日の作曲にとって、賞味期限切れとされているのである。〔そして実際〕八方美人的な中庸な人間、成功の探究者といった疑惑に、彼の融通無碍の個人的な性格のみならず、彼の作品もまた決して矛盾していないのだ。

自分がシェーンベルクに学んだことを否定するような音を、一音たりとも彼は書かなかった。〔しかし〕決定的なところ、つまり、あらゆる作曲上の契機と次元がぴったり合った徹底的形成という点において、ベルクはウェーベルンやシェーンベルク自身に劣らず、極めて非妥協的であった。彼に対する防衛的拒否反応は、素材の点でその作品が厳格な無調ないし十二音技法の様式イメージに必ずしも完全には合致しなかったことを、その根拠にすることが出来た。とりわけ彼が完成した最後の作品、つまりヴァイオリン協奏曲の音列は、その中に三和音に似た音グループを含んでいる。それは調性と十二音性の驚異的な共存を可能にした。〔ただし〕そのこと、とりわけバッハのコラールの引用と扱いは、禁欲的な耳を容易に怒らせたかもしれない。〔だが〕オペラ作曲家の場合、当然ながら器楽作曲家たちよりもはるかに強く、お客たちにはっきり分かる性格づけを求めるのであり、高度に複雑になった十二音技法の中で、不協和な響きがその固有の性格づけの質を失い、単なる素材となってしまう程に、ますます補助手段を求めて気づかわしげに周囲を見回さざるをえないのである。ベルクにおける調性的な部分の役割は、マーラーにおける屈曲させられた卑俗な性格表現に似ている。〔実際〕音調の点でも処理の仕方の点でも、つまり彼の楽曲の細部繊維、そしてしばしば作品全体の構想においてすら、ベルクはマーラーと多くのものを共有している。《管弦楽のための三つの小品》の「行進曲」はマーラーの第六交響曲のフィナーレなしには考えられないし、ヴァイオリン協奏曲のスケルツァンドもマーラーの第四交響曲の第二楽章なくしてはありえなかっただろう。つまり〔マーラーにおける〕様式亀裂という契機は、引き継がれつつ別の方向に転じられたのであって、決して否定はされていないのだ。ポスト・ベルク的な作曲家たちがそれに幻惑されて、時として色彩を絵画的なもの《パンチュール》と取り違えたことは、せいぜい彼らの当初の反応のある種の素朴さ、少々偏狭なモデルネ観を証言するにすぎない。

今日〔以前と比べて〕変化したのはそもそも、ベルクに対する公正さではなく、彼の音楽を聴いて、ドミナント的な効果に出会うや否や、すぐにキッチュだと叫んだりすべきではないという要求である。つまりそれは作曲のアクチュアルな段階自体に関係している。今日では単なる素材の進歩についての問いは――それを生産に応用することが、今日なお〔作曲に際しての〕素材のストックに翻って影響を与えるとはいえ――、征服された手段によって一体何が出来るのかという問いと同じくらい、あまり重要ではなくなっている。長大な諸形式に対する新たな、そして真摯な欲求が生まれてくるとともに、〔響きの〕個々の現れの完全燃焼のみならず、見通しのいい全体構成を作ることが、喫緊の課題となっているのだ。こうした形式は明らかに、かつてセリーによって作れなかったのと同様、今日なお克服されてはいないのである。偶然性の原理が作曲家たちを魅了したのはその兆候なのかもしれない。セリー至上主義が疑われ始めたのか、その組織力をもはや人々が信じなくなったのか、それともトータルな組織化が希求する犠牲を払うことを人々がためらい始めたからかはともかくとして、である。しかしベルク――その作品の大半は十二音技法ではなく、このことが十二音技法を吸収する際にもその厳格さを和らげている――にあっては、組織化のためのあらゆる力が蓄えられており、それが素材の純粋主義を締め出すことになった。今日の作曲状況にとって彼がアクチュアルなのは、その手法が無調の原初的な衝動であるアンフォルメル音楽に、無調を〔十二音技法やセリーにより〕合理化した者よりはるかに接近していて、しかもそれを十二音技法とは関係なしに発展させたからである。このことは今日までほとんど理解すらされてこなかったし、他の作曲家にとって生産的となったためしもなかった。しかし彼の最も重要ないくつかの作品、そしてだからこそ分析的にまだ解明されていない諸作品において、ベルクが眼前に思い浮かべていたことは、まさに最新の〈新音楽の〉欲求にたいへん適うものであると見える。今やベルクからは、何を用いて作曲するかではなく、つまり指示とか原理ではなくて、前提となる解放された素材を使って、硬直化なしに、作曲の自発性を断念することなしに、いかにして大規模な音楽作品を作り上げられるかを学ぶことが出来るはずなのである。

ウェーベルンにおける小形式とベルクにおける大形式の違いは、単なる量的違いではない。要求度の高い音楽にとって、曲の規模はあらゆる細部の質を規定する。ウェーベルンにおいてそれは細部の労作、短い作品が少しの形象の対照と移行とで満足するまでに彫琢された細部である。〈それに対して〉ベルクにおける細部の徹底形成は、ほとんど細部を無にしてしまう止揚のごときものだ。彼は導音性、つまり最小の音程進行の偏在という点で調性に接続したが、それは全体による細部の無化というあの非伝統性を惹き起こしたところの伝統的手段であった。ベルクの音楽は、シェーンベルク楽派が総じてそうであるように、汎主題的である。演繹されない音符、全体の動機関連からの帰結でない音符は一つもないと言ってもいい。少なくともベルクが調的な和声法の支配――それは汎主題的な手法に〈本来は〉矛盾する――を振り払って以後については、そう言える。しかしながら汎主題的な作曲は、彼の作品において逆説的な帰結をもたらした。ベルクの楽曲、それも最もベルク的なものがそこから析出する基本単位――それを彼は飽くことなく変奏するのだが――は徹頭徹尾ミニマルに選ばれたものであり、ほとんど微分と言ってもいい。音楽がかつてタシスム〈アクション・ペインティングの一種〉を連想させることがあったとすれば、それはこの原理だ。しかも美術で標語になるより数十年も早い。一般に人々がベルクについては即座に否定するところのモデルネが生み出した、あの今日なお人々を驚倒させるようなものは、ここから生まれてくる。文明が薄汚い虫けらの上にかぶせたタブーを、彼は侵犯する。それは最もタシスム的な画家であるベルンハルト・シュルツェが「せわしなくうろつく」と呼んだものに似ている。エロティックな衝動において駆逐抑圧される、アモルフで混沌としたあの経験に、ベルクの音楽は近づく。それはピカピカに磨きたてられたものの対極だ。復古的な楽派におけるキュビスム的清潔は、自我とは異質な心の蠢きを根絶やしにしようとする意志をフォルムと勘違いしている。しかしフォルムが対立する要素を照らし出しながらそれと宥和する時のみ、フォルムはフォルムとしてある。心理学的で擦り切れた後期ロマン派という決まり文句がひっきりなしにベルクに張り付けられてきたということは、彼の作品のあのいわば非衛生な側面に対する反発だったのかもしれない。バスタブに似ていないものは全部病んでいるというわけだ。ベルクの微細な技法の純粋に音楽的な基礎は、言うまでもなく悪意や程度の低い先入見が「着想の不足」などと非難するものなどではなく、作曲素材の原子化——量的な意味での解体——を通じて、亀裂も角もない、つまりいわばそれ自体で充足した部分形象に邪魔されることのない、極度の密度を持った全体を得ようとする努力である。〔しかし〕それをいかなる場合で用いようとも、常にベルクは彫塑的な旋律の着想を自由自在に我が物としている。例えば《室内協奏曲》の変奏主題の終結部、《抒情組曲》の第二楽章の冒頭、ヴァイオリン協奏曲のスケルツァンドの主題などがそれである。密集して絡み合いながら、植物の生長衝動のように広がっていく有機体という構想は、個々の形象からなじみの明白さを奪う。にもかかわらず、細部の明白さがベルクの音楽の実質から失われることはないのである。

こうした微分的な傾向は、細胞にのみ限定されるものではない。原子化された出発素材という言い方が出来るなら、〔曲の展開の中で〕それがさらに分解される。ベルクにおいて作品の関連は一般に、分裂分割によって生じる。こうやってすべてが互いの距離を詰めてぴったり密接しあう。そのやり方について、《トリスタン》をその遠い原イメージとすると主張してもいいだろうが、それは半音階から引き出された《トリスタン》の構造的な帰結をさらに大胆に凌ぎ、まったく新しいものを実現している。完全な連続性、これ以上考えられないほど密なプロセスの論理、つまり極度の組織力は、一方でジャングルのような絡み合いと、他方で離散するカオスへの傾向と結びついているのみならず、両者を一体のものとしている。ベルクの資質の二重性格を、植物的で朦朧としたものと建築的で明晰なものと形容できるなら、これらの力を単に切り離して対立的なものと考えてはなるまい。彼の作曲における反応の仕方の点で、つまり具体的な技法の点で、これらは同一のものなのである。自らを解体するその音楽が絶えず自らを支配し続け、またそういうものとして形作られていることこそ、ベルクの最も重要な功績であり、〔同時に〕彼に極度の努力を強いたものでもあった。あの密集した絡み合い、あの文字通りの意味での具体性、対照への躊躇、あらゆる角のあるものに耐えられない、いわば音楽となった礼節にもかかわらず、ベルクの音楽は明晰に分節されていた。その諸契機が互いにいかに似ていようとも、やはりそれらは非常に異なっている。とりわけ自分の本性にまだ無制限に身を任せていた若い頃のベルクについては、有機的なカオスという表現をすることとすら出来よう。ちなみに、中産市民的な洗練から落ちこぼれた野蛮の響きという点で、ストラヴィンスキーの《春の祭典》とベルクの《管弦楽のための小品》作品6という、他の点では対照的な二つの作品が、互いに互いを連想させるというのは、今日の耳にとって非常に不思議な経験である。同じ成立期というものは、長い目で見れば、様式的技術的な違いよりも重要なのである。例えば《ヴォツェック》以後の後期のベルクは、若い頃より慎重になった。時として彼は、自分自身に慄いているように見える。初期のカオス的な諸作品は、非連続的で明快に互いに区別された諸部分というより、一つのものから次のものへ、違った構造を持つ領野へ、とりわけ違った強度へと前進していく、全体の衝動によって形成されている。動的な組織化が静的な組織化を対照によって置き換える。ベルクがシェーンベルクにいかに負っていようとも――彼の作品の多くは、シェーンベルクのちょっとしたモデルを大々的に展開したものだ――、彼はシェーンベルクに近い効果に、その手法の点で対極にある箇所において、到達した。中期のシェーンベルク、そしてそれ以上にウェーベルンにおいては、主題労作という概念は、細部の自立化と〔極度の〕対照による布置のせいで、問題あるものとなっていた。シェーンベルクの《期待》は今日まで二度と到達されたことのないその規範である。しかしベルクは主題労作を、つまり絶え間ない分析としての作曲プロセスを、主題労作がついにはそれに対する意味を失うところまで押し進めた。その極小の単位と永続的な解体領野を前にしては、〔提示部等で〕明快に対照されつつ措定され、そして〔展開部で〕変容される主題については、時にもはや云々できなくなる。至るところで非主題的な様式が浮き上がる。シュトックハウゼンの《ツァイトマッセ》や《グルッペン》のような大形式は、新たにこうした様式を探求してきた。主題の清算という意味では、単なる素材という点では中庸と見えるベルクの方が、彼の友人たちよりはるかにラディカルであったことは間違いない。彼の重要な作品のいくつかが、シェーンベルクやウェーベルンの作品のほとんどと違って、今日なお非常に理解が難しいことも、このことと関係している。迷うことのない大胆さでもってベルクの形式本能は、主題によって規定される伝統的な諸形式類型とは自分の手法が両立し難いことに、既に非常に早くから気づいていた。少なくとも器楽曲における彼は、シェーンベルクやウェーベルンよりもはるかに、こうしたものから遠ざかっていた。恐らくシェーンベルクの作品16の終曲を除いて、ベルクのいくつかの作品ほど音楽の散文という理想に接近したものはあるまい。

今日形成されつつある精神とベルクとの間に一定の照応関係があるとすれば、それは恐らくこのことである。自由な無調においては大きな、そして真に自律的な器楽形式を書くことが不可能だと言って、シェーンベルクが十二音技法を正当化しようとしたことは有名である。「でも誰もそれにトライしなかったじゃないか?」という反論に対しては、「誰もトライしなかったのは、そんな試みが机上の空論であり、そもそも不可能だったことの証拠だ」と人々は答えた。こうした議論は、十二音技法の体系的な全体性への要求ともども、十二音技法以前ないしその成立初期に書かれたベルクのいくつかの作品によって覆される。アードリアーン・レーヴァーキューンの人物像とその音楽をめぐるシェーンベルクとトーマス・マンの間の有名な係争は、二人の生前に何とか仲裁されたが、その際にシェーンベルクは「レーヴァーキューンの架空の作品を考案するにあたって、どうして自分に相談してくれなかったのか」と問うた。自分なら彼に、自分自身が実践している十二音技法——『ファウストゥス博士』ではレーヴァーキューンの技法ということになっている——以外の、無数の他の構成法を教えてあげることが出来たのに、というわけである。十二音の優位を信じたうえで、皮肉半分でこう意義を唱えた巨匠が、それでもって言おうとした以上の真実が、ここには含まれている。無数の指示から成るあの技法にはまた、恣意的かつ頭で整理されたものがくっついている。〔しかし〕ベルク——シェーンベルクと違って彼には受け身なところがあり、頑強なもの、独善的で演出されたものを嫌った——は、十二音音列なしに真に偉大かつそれ自体として完璧に一貫した器楽曲を作ったし、それらは十二音作品に決して論理性の点で劣っていなかった。それだけではない。これらの作品において彼は、措定されたものや指令されたものによるいかなる無理強い——これこそ今日のセリー作曲においても危機と感じられているものであり、恐らく偶然性の試みを惹起したものでもある——もなしに、やりくりに成功した。十二音技法が始まった当初は疑問視されていた、自由な無調による大形式の可能性は、ベルクが実現した。古い手法の多くの残滓、例えば比較的単純なゼクエンツなどが、音列の順番通りにやると関連が保証されないようなところで、関連を創り出す欲求に従っている。ベルクにあっては恣意を避ける試みが、大形式への配慮と何の問題もなく一体になっている。大形式はそれ自体として、つまり作品自身の作りに即して説得力を持つべきであり、予め設定された原理や処理法によって合法化されてはならないのだ。ベルクに固有なのは、自分自身を強く主張しないものが、絶えざる譲歩と傾聴、そして滑らかにすべるような身振りから、それでもどうやって大形式のようなものを作れるのか、という問いであった。

ベルク独自の潜在的な理念と見做せるものへ向けて彼が初めて突き進んだのは、弦楽四重奏（作品3）のフィナーレであろう。冒頭主題のルフラン的な回帰――言うまでもなく、戻ってくる度に常に非常に大きく変奏される――のせいで、それは一見ロンド・ソナタ形式に見える。提示部とその締めくくりの出来事に対応する再現部もある。同時にこのフィナーレは、疑いなくまだソナタ的に作られた第一楽章と密接な関係を持っている。第一楽章が引用されるだけでなく、その主題の構成部分が引き受けられ、変容されているのである。レートリッヒはこの作品の分析において、フィナーレ全体を第一楽章の一種の展開部としてとらえている。シェーンベルクの嬰へ長調の弦楽四重奏の変奏形式による第三楽章「祈禱」が、先行する二つの楽章の一種の展開部として機能しているのと同じである。ある楽章を先行する楽章の展開部として作る手法は、マーラーの第五交響曲から刺激を受けたのかもしれない。その第二楽章（「嵐のような動きをもって」）は、伝統的な構成の葬送行進曲である第一楽章に対して、〔ベルクやシェーンベルクほど〕深くかみ合わされてはいないにせよ、同様の関係にある。

しかしロンド形式と展開部の機能をオーバーラップさせることで、また主要テンポを相対化するゆっくりしたテンポを無数に挿入することで、ベルクの弦楽四重奏のフィナーレは、伝統的なものとは具体的にほとんど何も共有していないような構造となる。ロンド主題がもはや、それによってこそこの形式自体が意味を持っていたもの、つまり同じもの、いわば失われることのないもの、真のルフランの回帰というはっきりした感覚をもはや作り出さないところでは、ロンドを引き合いに出してみてもほとんど無意味だろう。回帰してくる部分自体が既に完全に解体され変容されて、そのアイデンティティーがほとんど感じられないところでは、つまり建築的なシンメトリーの感覚がもはやそれに反応しないところでは、再現部などというものもまた、ほとんど意味を持たない。複雑な動機労作および複数の形式理念のオーバーラップによって、この曲は――そのあらゆる音の拘束性にもかかわらず、そしてそのおかげで――何ものにも拘束されない散文となる。小節から小節へとそれがどこに向かっているかを懸命に追う者だけが、それを正しく聴くだろう。この音楽の把握は、〔諸部分のシンメトリックな〕照応を待ち受けるのではなく、音楽とともに拡張し収縮しなければならない。理解にとって決定的となるのは、もはや音楽のプロセス自体だけであり、既知の形式類型に従ったその分節ではないのだ。従って非常に印象的に登場する冒頭主題は――これまたマーラーによくある例なのだが――楽曲プロセスにとって重要ではなく、むしろ〔各部分の〕結合手段にすぎない。この主要主題も含めて、曲の中のどの要素よりも主題的に響くのは、何度も回帰し、その度にそれとすぐ認識できる特定の手法、例えば一つの音への固執、あるいは始まってすぐ流れをせき止めてしまう部分といったものである。こうした諸性格は、例えばいくつかのトレモロ和音とか、アラベスク風に解体される音型も含むが、こういったものが通常の主題の代わりをするのである。その際にとりわけ注目するべきは、後のベルク作品においてもそうだが、〔指導動機ならぬ〕主題的な指導和音〔例えばトリスタン和音のように、一般的なシェーマではなく、動機のように機能している特定の和音〕とも言うべきものである。十二音時代のラディカルなまでに対位法的だったシェーンベルクは、和声法はとりあえず議論する必要なしという見解だった。それは音列形成と対位法の副産物のようにして生まれてくるだけであり、それ自体が何か本質的な作曲の次元を供するものではないというわけだ。蕩尽と愛しみとが一体になっていたベルクの本性に、こうした断定はまったく反するものであった。とりわけこのことが、彼の調性への頑強な依存を説明してくれるだろう。《管弦楽のための小品》作品6は、シェーンベルクに捧げられているにもかかわらず、ベルクのすべての作品の中で、シェーンベルクの作曲世界に最も負うところ少ない作品だというレートリッヒの分析は正しい。彼の指導和音は無調だが、見紛うことない性格的な響きであり、決して単なる〔対位法の〕結果ではない。それは形式の切れ目で繰り返されるという点で形式形成的であり、場合によっては《ヴォツェック》の野原の場面のように、それ自体が主題的となる。もちろんこうした試みの端緒は、例えば《浄められた夜》の有名な九和音の禁止された展開型から《月に憑かれたピエロ》のいくつか、例えば「十字架」や「望郷」に至るまで、シェーンベルクにおいても存在している。こうした指導和音の手法を育むことでベルクは、十二音による構成の只中ですら——恐らく自分ではその意図に気づくことなく——垂直次元に固有のものを救い出そうとした。こうしたあらゆる手段が楽曲プロセスを組織するのであり、しかし決してプロセスに外側から、あるいは上から押しつけられることはないのである。

しかしながら、あの弦楽四重奏の本来のダイナミズム、つまり何ものにも拘束されることなく駆り立てる衝動は、動機労作の手法の発想を極度に独創的に転換した結果である。ブラームスやとりわけシェーンベルクにおいてそうであるよう、激烈な形象がまずはリズム的に規定〔提示〕され、次いでこのモデルが変奏されるのではなく、一つのまとまりの中から、いかなる種類のものであれ、さらに次のものを生み出す力が感じられるある契機がその都度切り出されてきて、さらに繰り広げられ、次のものへと流れ込んでいくのだ。ただしはっきりした形でまず措定されるものと関連づけられることはなく、その意味では徹頭徹尾、非図式的である。ベルクの作曲における有機的に繁茂するもの――恐らくは彼の本性であったところの、絡み合いながら編み込まれるものというあの理念――を説明する技法的な公式は、恐らくこれであろう。それが構造にとって意味するものが、最新の作曲実践においてようやく明らかになってきた。つまり主題や主題のまとまりの代わりに、領野で作曲するのである。どんなものからも他のものへと通じる道がある。しかし何ものももはや決して先行するものからの演繹や結果ではない。それらは対等に同じ平面上で隣り合って存在している。これは、ソナタ形式だけでなく、ソナタの精神もまた食い尽くされた後、交響的な手法から生じてくるべきもののプロトタイプだ。楽曲の単位は常に段落である。その関連は媒介の役割を果たす動機分解、そしてそれらの性格づけ――それが各段落をそれでもなおまとまりある部分として維持している――によって、そしてその領野で支配的な流れによって、作り出される。

完全にアンフォルメル作曲への傾向を伴う大規模な音楽の散文への移行が、弦楽四重奏のフィナーレにおいては、もはや薄くなりつつあるソナタ形式との接触の中で行われるとすると、完全に自由な作曲様式は《ヴォツェック》の前の最後の作品、《管弦楽のための三つの小品》の最後の曲「行進曲」において到達される。これをベルクはもともと交響曲の一部として構想していた。そのモデルであるマーラーとは違って著しく短いにもかかわらず、この行進曲は徹頭徹尾交響曲のような重量を備えている。今日なおこの作品がいかに多くの課題を課してくるかは、真の分析がいまだに成功していないことからも分かるだろう。一九三七年に出版されたヴィリー・ライヒのベルクについての著作の中で、私はこの作品の分析を引き受けた〔その後アドルノ『アルバン・ベルク――極微なる移行の巨匠』平野嘉彦訳、法政大学出版局、一九八三年に所収〕。これは時間に追われる中で執筆したものであり、私は満足していなかった。とりわけ今日の私は、三回目の閉じた行進曲主題の入りを、当時と違ってもはや再現部とは感じない。実際この曲は、行進曲が後ろを振り返ったりしないのと同様、立ち止まることなく前進し続けるのであり、ベルクは何よりまず、時間の不可逆性が非常に深いところで同一のものの回帰と矛盾するということを、この大規模な作品の中で十二分に表現しようとしていたと見えるのである。かくして私はレートリッヒの伝記の中に〔分析の〕ヒントを探そうとしたが、著者がご丁寧にも私のあの分析――私がもはや満足していない分析――を参照しているのを発見しただけであった。何十年もベルクの音楽に没頭してきたウィーン楽派出身の二人の音楽家が、この行進曲については分析をやりきることが出来なかったという事実は、恐らく事象の本質に関っているだろう。助けとなるのはただただ、動機から動機へ、音から音へ、極度の集中をしながら何カ月にもわたって分析をすることだけだと思われる。つまり私は単に、ハンス・ロスバウトのレコードを聴いて繰り返しスコアを読んだ際に目についたことのいくつかについて、ここで話しているだけなのだ。言うまでもなく私は、この曲における謎に満ちたものとアクチュアルなものとは、まさに一体であるという仮説に賭けている。行進曲のリズムの強調、符点、前打音、ファンファーレの三連符といった、行進曲の類型の非常に小さなパターン的要素を引き合いに出してくる点でも、この曲はマーラーを連想させる。これら因習的な行進曲のうちで残っているのは、これら行進曲の原子とも言うべきものだけである。これらはまず、かつて組み込まれていた文脈から引き剝がされ、それからモンタージュのようなやり方――ストラヴィンスキーよりはるかに先行している――でもって新しい関係の中に引き移される。そしてその結合の中から、絶えず新しいものが生じてくるのである。ストローフとトリオとストローフの回帰という、因習的な行進曲の建築法の記憶は、夢の中のようにずらされ、ぼかされている。そして立ち止まることなくそれは前進する。カントが色々な箇所で行っている区別をベルクの音楽に応用するとすれば、この行進曲の形式を、数学的それの逆としての、力学的形式と名づけることが出来るかもしれない。この音楽はまるで、静的な建築法の重荷を投げ捨てようとしているように見える。建築法というものは常に何か非本来的なものを含んでいるものだ。そしてこの音楽はそのプロセスを、ただひたすら音楽固有の媒体の中から、つまり時間の中から読み取ろうとしていると思えるのである。音楽自体が完全には発展の法則に従わず、例えば舞踏に由来する曲におけるように、諸セクター――それらの時間継起は入れ替えることが可能だが、それでもその意味はまったく変わらない――から組み立てられている時であれば、静的な建築法は可能だというだけでなく、むしろ出来事の分節の助けになってくれる。しかし発展の必要性がいったん厳格になるや、シンメトリーと対応はどんどん機能と意味と存在根拠を失っていく。それらは、こうした音楽に内在しているもの、それが自らの内から欲するものとは一致し難いのである。こうした作曲の発想はベートーヴェン以来の長い前史を持っている。しかし大規模な器楽曲――それを作るにはシンメトリーと反復が不可欠だと根強い迷信は信じ込んで来た――にあって、この問題が喫緊となってきた時、たじろぐことなく、補助手段なしに、真正面からそれに取り組んだのは、ベルクが最初であった。疑念、不吉、最後には破局へと高揚していくマーラーの第六交響曲のフィナーレ以外では、第三交響曲の第一楽章を考えてもいいだろう。ベルクの行進曲はもはや、建築的に互いに対応している諸部分によってではなく、新しい主要段落に入るや否や、先行する部分からテンポの点ではっきり区別されることによって、分節されている。それに際して諸段落ははっきり区切られることはなく、多くの場合、ある段落の終わりと次のそれの始まりは互いに重ねあわされている。曲の発展が新しいテンポへ決定的に流れ込んで初めて、新しい段落に入ったという感覚が生まれるように作られているのである。全体は立ち止まることのない前進の奔流によって一つにまとめられる。この奔流は表層の下の動機的関連によって生み出される。全体を通じて同じリズムとかオスティナートが繰り返されることによってではない。

しかし立ち止まらないという感覚を作り出す最も重要な手段は、諸声部や諸々のまとまりの際限ない豪奢なオーバーラップである。かつてベルクは、いささかの誇りを込めて、このスコアはかつて書かれた最も複雑なものだと私に語ったことがある。その複雑さの点で肩を並べるのは、この当時のものとしては、せいぜいシェーンベルクの《幸福の手》くらいであろう。オーケストラ・ポリフォニーが従来のあらゆる大胆な実験を凌ぐというだけでなく、全体の層がびっしりと重ねあわされている。同時に鳴り響くものを無制限に繰り広げていくことにより、力強いオーケストラ空間を作り出すという次元において、この曲はモデルネの極致である。この行進曲と比べるとウェーベルンは、同時的なものの単純さという点で、いささか伝統的だ。ベルクのこの突進には、長い間その後継者がいなかった。純粋な素材進化の意義〔とその限界〕が良くも悪くも見定められるようになった今日になってようやく、ワンパターンを打破しようとするファンタジーのある作曲家たちは、あの垂直次元の無限の可能性に向けて突き進み始めたのだ。こうした飽くことない層状のオーバーラップはしかし、形式形成機能に近いものを持っているのであって、この行進曲の互いに重ねあわされる響きや線のカオスの演出は、他の点でどれほど《平均律クラヴィーア曲集》の精神から隔たっていようとも、遠くからバッハの対位法を連想させせすらするだろう。諸声部が互いに密に擦れあう程に、いや、縺れあうとすら言いたくなるが、それらは——もはや造形的な意味ではなしに——結び目に似てくる。無数の旋律的出来事の同時性が、直接的に緊張となる。それらの関係は、自らを超えて帰結と解決を指し示す。同時的なものの中で蓄えられたエネルギーが、継起的なもののエネルギーに転じる。その際ベルクの充溢と——ウェーベルンが実践したような——還元とは、決して絶対的な対立ではなく、相補的な関係にある。還元が単なる節約であり、何かの還元、充溢の還元でない限り、そこにはどこかごちゃごちゃした貧弱さが生じるものだ。ウェーベルンが彼の死後の後継者を凌いでいたのは、その禁欲の背後には省かれた何かが、彼の初期の作品にはまだ透けて見えていた豊満なものが感じられるからである。逆に、楽想の提示にとって必要なものへと圧縮されていない充溢——例えば中期のシュトラウスの多くのスコア——は、装飾的で水増しされた印象を与える。行進曲における覚醒したコントロールによりベルクは、構成的な要素としての充溢がいかにして可能になるかを実証してみせた。それが単なる享楽的な響きへと逸脱することは決してない。しかし彼は、こうした響きが構成そのものの中から熟してくるところでは、その輝きを決してピューリタン的にためらいはしない。彼が思い描いていたのは、構成的な充溢であった。そこではあらゆる線や流れや響きのまとまりが、導入部で提示された行進曲の色々な残骸の中から演繹されてくるのだが、同時にすべては互いに補完関係にあり、かくしてこうした各々のラインや響きは他のそれに対して正確に嵌め込まれることとなるのである。見た目は目が回るほど豪奢なスコアだが、それは極度に経済的であり、逆説的にもシンプルだ。どうでもいい埋め草の声部はそこにはない。本当に耳で聴こえないようなものは何も書かれてはおらず、弱音の領野やゲネラルパウゼなどによって、絶えずスペースが作られる。不透明なものにすら明晰さを与える桁外れの能力があったからこそ、ベルクはカオスの中へと身を浸し、しかし溺れることはなかったのであって、こうした能力は《ヴォツェック》のスコアで最も端的に学ぶことが出来るだろう。もちろん《ヴォツェック》のようにスコアを見てそれと分かる節約にはいまだ至っていないとはいえ、《管弦楽のための小品》はその序文とも言うべきものである。

こうした享楽的な充溢は、大きなスパンで音楽をする欲求と密に結びついている。短小形式にはそれはふさわしくなかっただろう。ウェーベルンは垂直次元での想像力の不足のせいではなく、自分の形式理念についての本能的な勘から、それを回避した。同時性の次元が強く必然的に前面に出るほど、それは長い時間をかけて展開されることを欲する。数秒に限定されてしまえば、展開されることなく中断されてしまうだろう。十二音技法においては長らく同時的な充溢には制限が加えられていた。形式と手段の関係についての迷うことのない感覚を持っていたシェーンベルクは、《管弦楽のための変奏曲》作品31について、「色彩豊かな大オーケストラにつきものの多声的な書法の要請を、音列技法によって満たすことが、最大の困難だった」と語ったことがある。「行進曲」においてベルクは、後に十二音技法の中で差し当たり萎んでしまった、ある可能性について構想していた。皮肉な言い方をするなら、とりわけオクターヴ重複の厳格な禁止のせいで、この可能性は使用可能な音の慢性的な貧血を患ってしまった。〔しかし〕互いに結びつけられる音の選択における自由は、音列を使用しない無調にあっては、使用可能な音の組み合わせが予め規定されている〔十二音技法の〕場合と比べて、比較にならないほど多くの音をいくらでも重ね合わせることを可能にする。こちらの方向においては、音列を使わずに作曲する方が、それを用いて音列表の助けを借りながら作曲するより、実際はるかに大胆なことが出来る。恐らく最近の多コーラス的な管弦楽曲の試み〔シュトックハウゼン《グルッペン》などを指すと思われる〕は、あの行進曲においてベルクが熱望したこと、つまり音の重ね合わせについての完全に自由な耳の感覚――たとえベルクにあってそれはまだ、時として調性的なバイアスが入っているとしても――を、さらに前進させるものである。そもそもベンヤミンの哲学と同じくベルクにおいて私を魅了したものは、何十年も経って振り返ってみるに、密接にこの自由と結びついていた。つまり汲み尽くせないもの、絶えず自らのうちから再び何かを生み出しては、また自らを空にするような豊穣という質である。偽りの充溢への批判としては十分な根拠を持っていた即物性であるが、それが断念の原理、一種の精神化された吝嗇と化してしまった現実においては、作曲における自由への欲求は汲み尽くせぬものへの欲求と一致している。乾いた機能化は芸術作品が課す厳格さの単なる代用品にすぎない。それが成功するかどうかは、純化と精錬という嘘によって外から脅かされることのない、質的な多様さにかかっている。そして「ベルクの行進曲の充溢は把握の可能性の限界を超えている」などと異論を唱える者がいるなら、私は簡単に次のように答えたくなる。美味ですべての調味料を加え、誰でも食べられるようにしてあるものには、必ずそれを食べる人が見つかる、それも恐らく、無制限の大盤振る舞いの欲求を押さえつけることを自らの美的モラルとしている類のものより速やかに、と。一度でも誰かが正しく聴いたものは、原則として万人が聴けるはずなのだ。

《管弦楽のための小品》は時代錯誤的にしてモダンである。細部における亀裂、あらゆる前もって設定された表層関連の排除が、大きなスパンで見たとき内在的な構成を呼び覚ます。近親関係にある隣り合わせの二つの色ではなく、可能な限り常に異なった色を直接重ね合わせるべしという法則に、オーケストレーションは一貫して従っている。それによって、同時的に鳴る音がそれ自体としては似通いながらも、多くの音から成る複雑な和音の中の個々の音にも似て、互いにくっきりと浮き上がるのである。否定的オーケストレーションの原理は、作曲家がそれをひたすら執拗に考え抜くならば、いかに肯定的にオーケストレーションするかについてのカノンをそれ自身の中に含んでいる。統一的に隅々まで聴かれ抜いていると同時に無限に陰影づけられた手法によって、虹色の響きのイメージが生まれてくる。とりわけ第二曲がそうであり、これに匹敵するのはシェーンベルクの作品16の「色彩」と名づけられた楽章くらいのものだ。時間継起の中でも絶えず色彩を変える、極めて鮮やかなこの響きは、にもかかわらず、絵画だとか情景といったものを想起させることはまったくなく、いわば抽象的印象主義と呼べるかもしれない。絵画においては第二次大戦後に、例えば時としてアンドレ・マッソンの作品に、そして音楽ではとりわけブーレーズに認められるようなものである。ウィーン楽派の中で唯一ベルクがドビュッシーに影響を受けていることは明らかである。しかし重要なのは、彼がドビュッシー的な達成を絶対的な音楽提示手段へと機能変換した点である。まったく予想もつかないような結果のうち、少なくとも一点につき注意をうながしておこう。ドビュッシーにおいては、新ロマン派的な美学に従って、漠然としたものを技術的に正確に現前させることが、つまり規定されないものの模倣が、重要な役割を果たしていた。漠然としたものに対する感覚を、新ロマン派の末裔としてのベルクは、フランス人たちと分かち合っている。しかし彼においては、ベルクの人となりにとって極めて特徴的だった放心状態の瞬間を思い出すとき、ほとんど音楽的忘我と言いたくなるような質が、そこから生まれている。《管弦楽のための小品》、とりわけ「輪舞」においては、自分を半ば失ったような領野、時としてまるで作曲家はもはや楽曲をコントロールできなくなってしまい、物音のような響きは組織化されているのに、それが作曲家から独立してしまったような印象を与える領野が存在している。ここで区別するべきは、音楽そのものの現前と非現前の様々な度合いなのである。こうした領野の多くは、もちろん極度に計画的とはいえ、もはや偶然によって生まれてくるように響く。違いといえばただ、この偶然は美的に屈曲させられ、文字通りの意味でとることは出来ず、その点でなお主観的な形式意図に従っているという点だけだ。何らかの連続性があるわけではないにせよ、今日まったく別の場所で再び浮上しつつある、ベルクのこうした発見のいくつかを列挙することも出来よう。〔例えば〕十二音技法の先駆的な形式は既に早くに、とりわけクシェネクによって、指摘されていた。最も顕著な例を含むのは《アルテンベルク歌曲集》である。作品の構成をグラフィックに近づける手法は、ベルクによって、彼独特の軽やかなやり方で、《ヴォツェック》のあの箇所で発見された。「線の輪——模様」のセリフ〔第一幕第四場、ヴォツェックがキノコの幻覚に憑かれる箇所〕のところで、スコアの視覚的なイメージが本当にそれを暗示する箇所である。しかしベルクは既にまた、〔単なる〕音程配置を超えたセリー形成の可能性を模索していた。主題的なリズムを彼は《管弦楽のための小品》でもう使っていたし、次いで《ヴォツェック》、《室内協奏曲》、《ルル》のモノリトミカ〔第一幕第二場〕でも用いた。ここではリズム変奏の中から、逆行型的な全体構成に合致するような、長大な形式が取り出されてくる。しばしば管弦楽法の次元の扱いも音列的と感じられる。例えば《管弦楽のための小品》の「前奏曲」では、打楽器の導入部が単なるノイズから気づかぬうちにはっきり音程の分かる響きへ移行し、他方で曲の終わりではこのプロセスがアモルフに向けて逆転される。ベルクがワーグナーから継ぎ、遍在的に用いて、すべてのパラメーターへ応用した最小の移行の原理には既に、〔後のシュトックハウゼンやブーレーズのような〕トータルな音楽的連続性への要求が含まれている。こうした先駆的な要素はもちろんこれまでほとんど注目されたことはないが、恐らくそれよりさらに重要なのは、構成原理の選択におけるベルクのシェーンベルクとの違いである。そのうち最も重要なものの一つは、中世末期のネーデルラント楽派から贈られた逆行の手法〔ギョーム・ド・マショーなど〕、シェーンベルクが《月に憑かれたピエロ》の「月のしみ」で初めて用いたそれである。シェーンベルクにおいては、後にそこから十二音の基本音列の逆行型が生まれてきた。それに対してベルクは「月のしみ」から、その中に可能性として開かれている音列形成とは別の何かを読み取った。彼を導いたのは自律的な大形式の組織化への興味だった。彼は作品全体を逆行型として構想する。既に《管弦楽のための小品》の「前奏曲」にその萌芽は見られるし、それは後に《室内協奏曲》のアダージョ、《抒情組曲》のアレグロ・ミステリオーソ、《ルル》のモノリトミカ、そして第二幕の大きな間奏曲になって完全な形となる。これらの作品は、時間経過を音楽の手で巻き戻そうとするキメラの誘惑に魅せられている。しかし何より注目すべきは、その際あらゆるところでベルクが、いかに機械的にことを処することがないかという点である。彼は形式の逆行を、型通りにそのまま後ろから読んでいくのではなく、美的な理念として理解するのである。かくして例えば《抒情組曲》のアレグロ・ミステリオーソで彼は、縮尺による若返りを本能的に求めて、主部の逆行を短縮している。また《室内協奏曲》のアダージョでは主要主題の主な構成部分の数々を逆の順番で、しかも各々を逆行型として再現しはするが、ここでもまた必要と思われる場合は変更を加えることにより自由が保証されている。何よりベルクにおいて学ぶべきは、彼が自らの考えていたトータルな構成のパースペクティヴを、いわば自然主義的に、すべてが規則に合っていて、手に取って証明できるような関係としては理解していなかった点である。絶えず構成原理は省察され、否定され、芸術的意図によって克服される。彼の芸術的意図は、あらゆる演繹された手法について、それが何らかの犠牲を伴う際には、本当にそれでいいのかを問う。そのせいで様式の純粋さだけでなく、いわゆる構成の正しさのいくばくかが失われるかもしれない場合、それは再び飽くことのない努力——外的なもの、客観性によって押しつけられたものを克服し、構成を自発的な聴取の流れと和解させようとする努力——によってバランスをとられることになる。

《ヴォツェック》以後の時期においてベルクは、最初の弦楽四重奏のフィナーレや《管弦楽のための小品》の「行進曲」と並んで極めて大胆な大形式の一つに数えられる、ある作品を書いた。《室内協奏曲》のロンドである。複雑さ、そして演奏の困難の点で、それは「行進曲」に勝るとも劣らない。ここでもまた——ベルクは有名な手紙のコメントの中でそれに注意を促しているが——順行の形式、つまり第一楽章の変奏曲と、アダージョにおける逆行型とが、互いに対位法的に結合されている。この点でそれは「月のしみ」にアイデアを負っている。シェーンベルクもまた、「月のしみ」の逆行型の二重カノンを、逆行型ではないピアノのフーガによって伴奏させているのだ。しかしベルクはここでもっと自由に振る舞う。最初の二つの楽章は、後にミヨーがかつて二つの弦楽四重奏で試みたように、文字通りに重ねあわされるのではなく〔ミヨーの弦楽四重奏第十四番と第十五番は、両者を重ねて同時に弦楽八重奏としても演奏可能である〕、理念的に重ねあわされるだけなのだ。有意味なポリフォニーとして組み合わせられないものはカットされる。「自分に極度に厳格な形式を課しながら、都合のいいところでしかそれに答えないのは、首尾一貫性に欠ける」という批判はもっともだ。しかしそれは事実を単純化しすぎている。というのも、丸暗記的に随意に適用できることによって、一見したところ非常に容易になると思えることが、予め設定された抽象的なルールという疎外された必然性を前にして、つまり後者が生きた主観による遂行と対置させられることで、実は再び難しくなってしまうのである。

《室内協奏曲》のフィナーレはベルクの手による最も謎めいた作品の一つである。締めくくりの独特で比類ない力技が全体構想を確証する。しかしベルクの成熟期の作品にあって、これは例外だ。確かにそれはもはや〔かつてのような〕アンフォルメル音楽ではない。《室内協奏曲》をも実りあるものとしているところの、《ヴォツェック》以後のベルクの巨匠的練達は、誰の目にも明らかだろう。ある時点から作曲家が、自分のスコアが実際にどう響くかについて色々経験したことを作品の中に応用し、そうやって節約と透明を獲得していったことは、誰の耳にも明らかだ。成熟期という言葉が当てはまるとすれば、それは何より《ヴォツェック》以後のベルクの創作についてである。だが〔かつての〕大規模なアンフォルメル音楽のことを思い浮かべるならば、一抹の疑念が湧いてくる。それは後期のベルクに対するというより、成熟という概念そのものについての疑念である。文学において人々がこれまで、『ファウスト』や『ヴィルヘルム・マイスター』や『緑のハインリッヒ』といった偉大な作品の初期の版について墓荒らしをしてきたとすれば、その背後には恐らく、単なる歴史的文献学的興味以上のものがあったはずである。それはつまり、俗に言う成熟期というものには何らかの代償が払われたはずであり、代償は獲得されたものを時として凌いでいるのではないかという予感である。いずれにしても、クレーやカンディンスキーのような芸術家、いや、そもそも成熟至上のものの見方がその根本イメージにまるで合わないタイプの芸術家というものが存在している。永遠の青年であるアルバン・ベルクにもそういうところがあった。成熟、すなわち手段の確実な支配、そして手段と芸術的目的の関係についてのバランスのとれた意識は、また何かを抑圧する。目的を超えた何かを指し示すもの、文化の規則——それ自体としてまとまった、成功した作品への暗黙の要求——を受け流さずして、ユートピアの可能性を夢見るものを、抑圧するのだ。このユートピアの可能性は、いったん芸術がお利口になって、自分の出来ることだけに忠誠を誓うや否や、失われてしまう。成熟した作品とは優れた作品であるだけでなく、色々な意味で、美学的規範を完全に我が物とすることによって、世間およびその規範と平和条約を結んだそれでもあるのだ。こういう視点から見るとき、最大限の優しさをもって、「巨匠的練達という点でその不完全さを批判することは容易であるにもかかわらず、なお練達よりも青春時代のベルクの壮大な構想の方を取る」と言うことは許されるだろう。そこにはいまだ存在しなかったものの痕跡が保たれているのであって、それこそ音楽の憧憬そのものなのだ。恐らくそれを拾い上げることこそ、アルバン・ベルクの真の遺志であろう。

ウィーン

エリザベス＝シャルロッテ・フォン・マルティニーに捧ぐ

数年前『フォーラム』誌に論文を寄稿したエルンスト・クシェネクは、そこでセリー楽派に属する数名のウィーンの若い作曲家を紹介していた。彼らはドイツ、フランス、イタリアで作曲している同じ傾向の人々に劣っているわけでもないのに、故国の外では殆ど顧みられていないというのである。私自身、この学識ある評定者にそこまで高く評価されている一群の人々の名前も作品も、耳にしたことがなかった。私はずっと以前から、とりわけ一九五六年以来、ウィーンを訪れるたびにある奇妙な事態に気づいていたが、右のことはこれに確証を与えてくれるものに思えた。つまり両大戦間期にはオーストリアに特殊なもの――せいぜいドイツ的なもの――と思われていた音楽、つまり多くの西欧諸国の印象派以降の作品や新古典主義の作品からも、あるいは東欧の民族音楽の作品からも、その孤立した非妥協性、そしてドイツ語圏以外では恐らく音楽的都会性と感じられているものの欠如によって区別される音楽が、いつの間にかある種のモデルネの世界様式として広まったのである。しかし運動の出発点となった都市では、そんな記憶は薄れ去ってしまっている。例えば未だシェーンベルクの伝統を体現しているような人々は、そういう土地で相も変わらず孤立した生活を送っており、それはまるで音楽のローストチキン文化〔オーストリアのチェーン・レストランであるヴィーナー・ヴァルトを指しているのかもしれない」に抵抗していた彼らの英雄の時代そのままなのだ。新ウィーン楽派の本質を作り上げた三人の作曲家シェーンベルク、ベルク、ウェーベルンは、既に没した。シェーンベルクは高齢になって亡命の地で、ベルクは国家社会主義の権力者たちによる彼への誹謗中傷に直接由来する環境の圧迫の中で、それぞれ亡くなった。ウェーベルンは戦後の最初の占領期に、いかにもカール・クラウスが考え出しそうな恐るべき不条理の犠牲になった。ウィーンにはまだベルクの妻へレーネが、シェーンベルクの弟子のヨーゼフ・ポルナウアーとエルヴィン・ラッツが、それにウェーベルンの弟子のヴィルトガンスやベルクの弟子のアポステルが生きている。しかし本来のシェーンベルク・クライスはもはや存在していない。直接の責任は明らかにヒトラーの独裁にある。だが対照的に他の国々では、例えば以前なら人々がウィーンのラディカルなモデルネの音楽など聴きたいとは夢にも思わなかっただろうアメリカですら、そうこうするうち偉大なウィーンの作曲家たちとその技法がいつの間にか、本国では決して得られなかった権威を獲得するに至った。これらすべてのことが、新音楽の意味と発展傾向をありのままに照らし出し、技術面だけに凝り固まった新音楽の見方——それはそもそも新音楽に端を発して、最近のセリー音楽の様々な分派へと至っているわけだが——の呪縛を打破する考察のきっかけとなってくれるだろう。

何があっても決して軋轢を起こすことがない自然な独占状態を音楽の好みから作り出すウィーン世論の緊密な一体感の中で、新音楽だけは常に苦難の道を歩むことを強いられてきた。そこでは新音楽は、一つの設立セレモニーのようにして、常にその大いなるスキャンダルに耐えなければならなかった。ただし今日なおウィーンでは、限定された領域においての話ではあるが、新音楽の投げかけた問いに対する理解、この音楽への心からの参与が、恐らく他のどこよりも存在している。クシェネクが先の論文で、ピエール・ブーレーズの楽団ドメーヌ・ミュジカルにあそこまで夢中になれるパリの人々と比べても、ウィーン人の理解能力は決して劣るものではないと書いたのは正しい。しかしなぜよりによってウィーンでこうした運動が生じたのか、その理由は今日なお問われてよいだろう。というのも文学や絵画の場合、二十世紀の最初の数十年間、ウィーンはパリどころかベルリンにすら、むしろ後塵を拝していたのだから。半分は封建的に、あとの半分は奢侈産業と商業に規定されたこの都市の社会構造は、ウィーンっ子の心理的風土とあいまって、激越な精神的革新に対してとても好意的とは言えなかった。ウィーンっ子の心理学は、芸術作品を個人やその陰影と同一視することに抵抗しようとするある種の硬さよりも、印象派やユーゲントシュティールとの方が相性がよかった。つまりウィーンの偉大な音楽革命は、西欧の多くの国でそうだったのと違って、主観主義への単純なアンチとして生まれたのではなく、それ自体がまさに主観主義に媒介されていたのである。一九一〇年頃の表現主義者シェーンベルクは、ピカソよりココシュカに近かったのだ。にもかかわらず、第一次大戦前夜のウィーンのような美的に極めて感受性に富んだ環境の場合、新音楽を最も強力に醸成した酵母は、〔ウィーン独特の〕誘惑的な媚態と対峙する試みの中に求められるべきであろう。ウィーンの文化がエーテルのように全生活領域に浸透していたが故に、そしてそこでは文化そのものが——これは本来の意味での文化と密かに矛盾しているのだが——既存の空気のように暗黙の合意として沈殿してきたが故にこそ、最も才能に恵まれた人々は文化に反抗し、「実際のところそれは十分に文化的ではないのだ」と文化に三行半《みくだりはん》を突きつけることで、それを打ち破ったのだ。この点においてシェーンベルクとカール・クラウスとアドルフ・ロースの考えは一致していた。装飾、つまり拘束的でない美的経験の快楽に対する敵意である。この快楽は自らをあまりに自信満々で自明のものと僭称することにより、当然ながらパイエケス人の安逸へと堕落してしまう。ロースたちの論難は、自分の通ぶった見解をまるで万人が共有しているかのように市場に売り出してくるジャーナリストの無定見さだけでなく、あらゆる領域に対して向けられていた。自己満足したウィーンが見せる愛想の良さは、物質的生産が人間の血を求めていることを見えなくさせ、そうすることで精神の活動と自己形成を可能にしたのだ。だが物質的生産は精神にも感染している。だからこそ、その名に値する精神はそうした要求に反旗を翻すのであり、もしそれに適応してしまって――つまり口はうまいがいかがわしい業界の物質主義や文化的消耗品の需要に適応することで――自分を裏切ろうとするのでなければ、精神は自分自身の前提を成すものから身を守らねばならないはずなのである。

当地の生ぬるい知的中庸路線と折り合いをつけることを、非順応的な精神に対してその心情が禁じるだけではない。その最初の芸術上の反射反応において、この精神は心情的なものに対して鳥肌を立てる。もう一人のオーストリア人であり、もちろんシェーンベルクより若いプラハ人であるフランツ・カフカの「心理学は最後の最後でいい」という言葉は、反抗的なウィーンの芸術家たちの革新の本質を衝いているものだ。《期待》のシェーンベルクのように、彼らが夢の記録調書をとるところですら、それは鋭い棘、まさにあの〈心理的な〉態度に逆らう心情と完全に一致する棘、クラウスが「心の棘」と呼んだものを伴って成される。ちなみにクラウスが毛嫌いしたフロイトその人の精神分析の中にも、仰々しくナンセンスな魂崇拝への唯物論的抵抗の幾分かが息づいている。精神分析家の脱魔術化された眼差しの中では、音楽の表現主義者の眼差しにとってと同様、魂はあのアウラを失っていたのであり、また――後の偉大なウィーンの改革者たちの芸術作品においてもそうだが――それは何か醒めた物質的対象のような性格を帯びている。ウィーン発のラディカルな運動の代表者たちは骨の髄まで個人主義者であり、だいたいにおいて非寛容であった。シェーンベルクとの関係は少なくとも後には緩和されたとはいえ、クラウスは楽派としての表現主義に真っ向から異を唱え、「新しい音好き《ノイテーナー》」という侮蔑の言葉を使ったが、もちろんこれはシェーンベルクには受け入れられないものであった。ただし彼は他方、トラークルやエルゼ・ラスカー＝シューラーといった、当時無理解に晒されていた作家を非常に高く評価していた。〔いずれにしても〕彼らはその拒絶対象の一点において一致していた。つまり既に歴史の審判が下された悪しき現実を前にした、イデオロギーとしての文化への嫌悪において、である。この悪しき現実の非真理を尺度にして、彼らの真理は測られるのだ。だが他方、ブルク劇場や宮廷オペラのセレブたちの名前にやたら詳しい最後のタバコ屋の最後の娘の中に、パロディーの形で最後の残照を放つ精神性なくしては、この真理はありえなかったのであるが。

　ウィーンでは音楽以外の領域でも、伝統に反抗し、「伝統は自分自身を真摯に受け取るべきだ」という要請によって伝統を転覆しようとする伝統が、既に以前から存在していた。「古典派の規範による作曲が、最初の一小節から引き受けなければならないような諸々の義務に、シェーンベルクは敬意を払っていたのだ」という視点から見れば、彼の全作品はまったく無理なく理解できるだろう。〔また〕「クラウスは自分が弾劾した都市に執着していた」とは、彼が標的にしていた人々によってこの間、それが真理でなくなってしまうくらい頻繁にくりかえされた主張である。ロースについても似たことが言える。とはいえクラウスとロースの関係は、彼の美学と初期ウィーン・バロックの禁欲的特徴との間の関係と同じく、これまでほとんど明らかにされたことはないのだが。当然クラウスとロースはいかなる学派も作らなかった。それを考えることすら、クラウスには想像もつかなかっただろう。〔しかし〕音楽では楽派が形成されたということ、そしてそこではラディカルなモデルネの衝動が、概念言語を連ねることに対する表現主義の絶望的な揺さぶりと比べても、はるかに大きな実を結んだということ。それは音楽の非概念的素材、そして文学では同様の拘束性に達することが出来ないような、その技法〔の特性〕によるものであった。「なぜあそこではなくここで何事かが生じたのか」という問いに、事後的に説明を与えようとする試みとは、そもそも疑わしいものであるにしろ、ここには恐らくこの都市の特殊な音楽的伝統が参与していただろう。シェーンベルクの製作が最初は盲目的な衝動とともに、後には明晰な意識によって生涯を通して目指したもの、つまり統合的な作曲は、ベートーヴェンからブラームスに至る系譜において、ウィーンでは既に予め形成されていたものであった。結局のところシェーンベルクは、自らがこの系譜の客観的意志の執行者であることを証明したのである。しかしその際に注目すべきは、先の二人の作曲家がドイツからの移住者であったということだ。偶然的なものを何一つ残さず、すべてのプロセスを必然的かつ合法則的なものにしようとする統合的作曲の合理性には、半封建的なオーストリアというより、むしろドイツで育まれた自律した市民性のようなところがある。無慈悲なマーラーが劇場開演に遅刻した皇太子に対して、ロジェに入ることを禁止したとき、皇帝フランツ・ヨーゼフは自分のオペラ劇場の監督の厳格な主張を認めつつも、執事長モンテヌォーヴォに「しかしオペラとはそんなに真面目なものだったかね」と尋ねたという逸話は、このあたりの事情に光を当ててくれるだろう。ベートーヴェンやブラームスにとって音楽は、自律を構想する力から生まれる「そんなに真面目なもの」だったのである。その後のマーラーにとっても、そしてシェーンベルク楽派にとってもそうだった。だが地元のウィーンっ子にとってそうだとは言い難かった。〔さらに言えば〕あらゆるヒエラルキー的媒介を嫌うマーラーとシェーンベルクの心情には、世俗化されたユダヤ神学の痕跡を見ることが出来るかもしれない。それはヨーゼフ二世の啓蒙政策以来のウィーンの貴族主義的伝統に対する意識下での反抗であり、それがついに噴出してきたのだ。

しかし新音楽の人間関係に非常に奇妙な形で巻き込まれた老皇帝の逸話はまた、統合的作曲のような処理様式が、一体なぜ、よりによって何事もいいかげんなウィーンに故郷を見出したのかを理解する手助けになるだろう。オペラ監督マーラーの振る舞いを大目に見た際のフランツ・ヨーゼフの身振りのリベラルさ、豪華なホテル・ザッハーの常連客もそれに微笑を浮かべたことだろうリベラルさこそが、この天才に十年の長きにわたってウィーンのオペラ劇場の指揮を任せ、最終的にはかの常連客たちもそれを誇りにするところまで持っていくことを可能にしたものなのである。しかし「それは良いものかどうか」という問いを尊ぶが故に、「それは何の役に立つのか」とか「それは市場で売れるのか」といった問いを無視するというまさにその点において、このリベラルさは市民的合理性とは決定的に異なっていた。役職の位階ヒエラルキーの中でマーラーは、オペラ監督であり劇場支配人であった。彼は皇太子が演奏の邪魔をするのを許さなかったし、そんなことを我慢する気もなかった。こうしたシステム上の保護――二重かつ極めて端倪すべからざる意味での庇護――が、市民的合理性が真に自律へと高められてきた場として芸術家たちに、彼らの対極に位置する市民的他律や芸術作品の商品性格に煩わされることなく、この自律を実現する機会を与えていたのだ。このようにして既にベートーヴェンは、貴族の友人たちの援助のおかげで、貧窮か競争かという二者択一から守られていた。そのいくばくか――たとえその一部だったかもしれないが、外的コントロールから自由な寛容さのいくばくか――はその後も存続し、その庇護のもとで、遂にはシェーンベルクと弟子たちの成果もまた育まれた。彼らが公的に援助されたということではない。それどころか人々はシェーンベルクを軽蔑していたし、とうとう人々が彼にアカデミーでコースを持つことを――当時の言い方をすれば――許した時、この招待は侮辱にも等しかった。ちなみに、それにもかかわらず、彼は生涯を通じて君主制に共感を抱いていた。実際、いまだすべてが交換法則に支配されてはいない社会構造――そのパロディーが、今日まで揺らぐことのないウィーン式格率、「自分のことは自分で」である――の、古きよき「よきにはからえ」の内部でのみ、彼は貧しさの中にもいくらかの快適さを見出したのであり、とりわけ、彼がそこから自由への力を引き出してきたところの、はっきり型が決まっていて何の疑問も持たない〔当地の〕生活形式にも、いくらかの支えを見出すことが出来たのだった。伝統を超えるためには明らかに、強固で実質をともなった伝統が必要だった。それが欠けているところでは、社会的有用性が求めるものへの盲目的な適応が勝利を収めるだろうし、今日この有用性からの命令は、何の緩和もされないまま個人に下されており、狂人と見なされた人々のための避難所もない。ウィーンでもパリでもそうだが、かつてのカフェがまさに文字通りそのようなものであったような、社会と意見を違えるもののための保護区においてのみ、アヴァンギャルドは育まれ得たのだ。その怪しげな非合理性の故にこうした避難所が消去されるなら、そうして実現された理性は精神そのものを消去するのだ。今日まで意識の自由は自らを形成するべく権威主義的な囲いを必要としてきたが、この囲いは決して自由を完全に差し押さえたりはしないし、〔むしろ〕それこそが抵抗を生み出し育んできた。〔だが〕今日ではこうした権威と個人の緊張関係は、傾向として解消されつつある。個人には秩序の中の逃げ場は残されておらず、それどころか凍えながらこの秩序を我が家と感じるしかない。同時代の哲学が誤った神聖視のもとでそう名づけた個人なるものは、おのれにとって最内奥に至るまで疎遠な秩序へと投げ出されたのであり、それに身も心も捧げることで延命を図っている。その際に個人は、自らを相変わらず自由で以前と同じものだと思っているかもしれない。だがはっきりした形では見えない圧力との同一化を通じて、それは自らの自由の潜在力を犠牲にしているのだ。

ベートーヴェンやブラームスもそうだったが、ウィーン生まれにもかかわらずシェーンベルクには、ドナウ河畔の君主制国家の大都市の多くの住民と同じく、どこか移住者のようなところがあった。それは単に父親がスロヴァキアの、母親がプラハの出身であるからではない。西欧文明に完全には順応していない者、完全にはそこに溶け込んでいない異邦人の雰囲気が、彼らを包んでいるのだ。このような人々が内でも外でも出くわす憎悪の念は、何かしらこうしたことと関係している。初めてシェーンベルクに会った時に何より驚いたのは、ロマと彼との観相学的類似であった。当時シュテファン教会近くのルネッサンス・バーで演奏していたジプシー楽団の指揮者キュピー・ジョジが、彼の兄弟でもおかしくないと思った程である。シェーンベルクのこうした治外法権性は否応なしに、パリのキュビスムにおけるスペイン人〔ピカソ〕の役割を連想させるだろう。伝統を乗り越えるには伝統が前提となる一方——これを強く感じていたシェーンベルクはかつて、ある手紙で「私の家族はウィーンの一般家庭程度の音楽的素養しかなかった」と述べたことがある——、伝統に完全に溶け込んでいないということもまた、それに劣らず突破の前提となる。実質としてもう予め与えられていたものと、まだ飼い慣らされていないものが織りなす星座こそ、シェーンベルクのチャンスだった。しかし同時にこれは、ウィーン全体の性格にも関わってくる問題であった。ウィーンの伝統主義は、恐らくヨーゼフ二世の啓蒙政策の結果として、懐疑主義の酵母を胚胎していた。個人主義的な小市民層——彼らの物質的要求は数世代来、その不安定な生存条件の足場と矛盾をきたしていた——の中で、この酵母は永続的な沈殿した不満のトーンを帯びるようになった。それはウィーンで言うところの「帝国ドイツ」では「ごちゃごちゃ文句を言う不平家」と感じられるだろうものであり、これ自体がいつの間にかウィーンの伝統の一部となったのだ。シェーンベルクの頑固な性格にはこうした要素が生き生きと残っていたし、不平家的素質をある種の天才として持ち合わせていたウェーベルンでも同様だった。文化に内在して燻りつづける不満は、偉大な才能の持ち主たちの中で、文化を超越していく力になったのだ。

ベートーヴェンやブラームスの都市における音楽的な伝統主義は、決して外から見た時ほど、また内側の人々が思っていたほどには、堅牢なものではなかったという事実が、この傾向を促進した。まだ完全に市民的とはいえないウィーンの社会構造の古めかしい部分は、〔よく言われる〕東欧との密接な文化的交流に劣らぬくらい、音楽の中に深く入り込んでいるのである。否定的に言えばそこから、ワルツを対外輸出品と定め、通りでワルツを跳ねる陽気なウィーンっ子という宣伝イメージをツーリズムに付与してみせる、あの呪わしく、さも当然のような独占形態が生じた。実際この音楽都市の中の音楽都市において、人々が他都市ほど音楽を深くよく学んだかどうかは疑わしい。かつてフーゴー・ヴォルフについて、高次の意味での彼の唯一の弟子といえるスイスの作曲家オトマール・シェックは、ヴォルフが生涯直すことの出来なかった技術上のある欠陥を批判した。音楽院において十五歳から二十歳の間に習得しなかったことを後から身につけるのは、音楽においては非常に難しいということだ。マーラーについては、彼が後年否定することになる若書きの作品において示した腕前の故に、対位法の授業を免除されたと言われている——技術の点で決して器用とは言えなかったマーラーが、一体どれだけの粘り強い忍耐をもって、徐々に対位法の手段をものにしていったかを考えると、これは驚きである。しかしこのいい加減さ——ブルックナーの誰の目にも明らかな不器用さもその故と考えることも出来るかもしれない――は他方、あのドイツやフランス流のまったく息の詰まるアカデミズムからの独立を、オーストリアの作曲家たちに確保してくれた。アカデミックなよい音楽家という既成の主流路線から野放図に逸脱するが故に、歴史的に見て重要な音楽家だと言える、そんな現象が生まれるための余地が、オーストリアには残されていた。この契機がシェーンベルクにおいて頂点に達するのであり、その彼がドイツ人の作曲家リヒャルト・シュトラウスを音楽学校の優等生と罵倒したのにはそれなりの理由があるわけである。シェーンベルクがアカデミーに通ったことは一度もない。彼は独学であり、ツェムリンスキーのもとでのどう見ても学校的とはいえない授業において、自分が必要とするものを身につけた。通常の音楽教育という石臼に陥らなかったという事実が、恐らくは彼の後年の仕事に幸いしたのであり、それはまた、ウィーン的としか言いようのない、さも当然のように音楽に浸りきっているという感覚の手助けにもなったのである。人々がとっくにそれを身につけてしまっているが故に全然努力をしようとしないこの音楽文化を、後に完璧な技術的スタンダードへと押し上げてやり――弦楽四重奏第三番について彼は、その特殊な技巧的十二音技法のことを念頭において、「これは近代のあらゆる利便性をそなえている」と言っていた――、それによってこの文化の欠点をある程度埋め合わせてやったのがシェーンベルクだったというのは、なんとも皮肉である。統合的作曲というウィーン的な伝統から、規範性という尺度をシェーンベルクが受け継いだとするなら、彼がその規範性と一体のものと考えていた作曲上の自由という理念とは、つまるところウィーン的いい加減さそのものの至高の形象なのである。

新音楽の様々な起源はかくも深くウィーン的なものの奥底に及んでいる。都市の精神と音楽の精神とはあまりにも近く、時としてそれは隠語によってのみ具体的な指摘が可能なほどだ。〔例えば〕「手すさび（Bandeln）」という隠語は、標準ドイツ語にはほとんど翻訳不可能である。この言葉で意味されているのは、時間をやり過ごす際の、あるいは無駄に時間を費やしてしまう時の、はっきりした合理的な目的もない、しかし同時に奇妙に実践的な行為、例えば一時間もかけて安全カミソリを掃除するといったことだ。その前提はそんなことが出来る暇である。しかし同時にそのためにはまた、シュティフターの散文でおなじみの、卑小な事物にたいする愛情深い嗜癖といったものも必要だろう。無益なことや何の役にも立たないことに夢中になれるというのは芸術の第一歩であり、芸術における技術的な戯れの要素の先取りなのだ。社会的に見るならこうした行動様式は、「時は金なり」というところまでは市民的なものが定着していないが、しかし堅実な市民感覚が事物を丹念に扱うことを許すようなそんな場所でこそ、最もよく育まれるのではないだろうか。まだ完全には工業化されていない生産方法、例えば有機的素材を使い、その質的属性に予め規定されていて、機械化には限界がある革産業のようなものと、それは相性がいいのである。それと同時に手すさび好きの具体主義は、ある程度しっかり組み立てられてはいるが、省察するための時間から〔まだ完全に〕乖離しているわけでもない生活秩序に、よく合っている。こうした生活秩序が経済的にも技術的にも時代遅れとなった後もなお存続するようなケースにあっては、その中で今やばらばらに孤立しがちな諸要素が、大仰とも思える意味を帯びることともなる。一見些細な日常の事物へのナイーヴとも思えるこだわり。そして既に形作られた対象に何か不当に手を加えることに耐えられないような感覚の文化が持つ、宮廷的な思慮。これらを抜きにして新音楽のウィーン的な雰囲気は考えられもしない。錆びないナイフやフォーク類、使い勝手の良いコップ、あるいは苦労して手に入れた同様の事物に対するシェーンベルクの関心は、理論的にはカンディンスキーやバウハウスの方を向いているように見えるかもしれないが、実はこうしたウィーン的な雰囲気の中から出てきたものなのだ。ベルクもまた、ヒーツィングの田園風景の中で散策する際には常に、そこでは決して作曲などせず、すぐに山のなかに消えなければならないように感じていた。彼こそはあくせくしない手すさび好きであった。こうした時間を過ごした後、この精神は作曲へと脱皮するのであった。同じくウェーベルンのカノン技法は、彼以前の作曲家たちがパズルとして半ば冗談でやっていたことを、命がけの真剣へと変えた。まるで家具を磨き上げ、ブラシをかけ、艶出しをするかのように楽譜を推敲する、ウィーン楽派の飽くことない愛に満ちたこのこだわりは、手すさびの最も繊細な遺産なのだ。そして何よりそこからは、構成の諸原理を実践の中から分別蒸留しようとするあの忍耐が生まれた。一般的に芸術では、手仕事や具体性の方が優位に立つことに対して、用心しなければならないとされる。しかし彼らの作品では、精神とは無縁の素材に不真面目かつぎこちなく張りついていると最初思えたものが、往々にしてあとから、それこそが素材を精神化するために必要な、意図なきものへのあの没頭であることが判明する。無窮動をいじくっているように見えるものが時として、そのヘルダーリン的高みにおいて美的思弁が悲劇の計算法則〔ヘルダーリン『オイディプス』への注解〕と名づけた、あの境地に通じているのだ。

生粋のウィーンっ子であるシェーンベルクは、通例ほとんど彼に結びつけられることもなければ、彼自身もはっきり意識していなかったある媒体の中にいた。それはオーストリアの民衆音楽であり、無邪気にそれで食べているその作曲家たちという媒体である。彼があらゆるものをこうした媒体に負っているということ、そして新音楽の本質的な諸前提の極めて多くがそこに由来しているという事実以上に、あらゆる考察において見られる「頭でっかちのシェーンベルク」というバカげた決まり文句に根本から反駁してくれるものはない。硬直した調性の中で確立された擦り切れた形式言語を新音楽が乗り越えようとする際の諸々の特徴は、八小節の楽節といった表面上の合理性やそのあらゆる含意を超えてオーストリア的音楽言語の中で生き延びてきたものの、無意識的な回帰なのだ。同時代の他のどんな音楽よりもシェーンベルクの音楽は、民衆音楽をほのめかすことを自らに禁じていた。しかし彼にあって革命的とされるもののルーツは、実は市民社会以前の残滓と後期市民社会の諸帰結との婚姻の中にある。例えばシェーンベルク的な非対称的な楽節は、小節線きっかりの強制ジャケットに押し込められたりしないシューベルトの不規則な楽節の中に、もう先取りされていた。そして既にブラームスがシューベルトのやったことを技術的に前進させていた。ある意味でシェーンベルクの無調は、抽象的な数的比率を目指すものというより、合理化以前の植物的な音楽形式を、旋律と和声の複合体へ移し替えようとする試みとして把握することすら出来よう。諸部分や諸構造をもれなく互いにしっかりつないだり、図式というブリッジで結び合わせるのではなく、外面的な隙のなさより内的な流れを優先するシェーンベルクの傾向は、いわば音楽史の公式の主流に対して斜めに交叉している。これまたシューベルトに既に見られるものである。例えば出来の良い音楽家ならそのまま発展させようとするところで、いきなりゲネラルパウゼをおいて流れを中断してしまう時などがそうだ。ブルックナーにおける切れ目も似た意味を持っている。ただし事象そのものの外からの媒介をしたくないというためらいは、シェーンベルクにあっては作曲家の良心とでも言うべきものにまで肥大しており、このような箇所にあって、こうした〔ブルックナー流の〕ためらいに伴いがちな偶然的で弛緩した要素すらも、〔シェーンベルクの〕ためらいはうち捨てるという違いがあるだけなのだ。まだ完全に合理性に囚われていない民衆音楽が持つ解体や拡散的並列への傾向は、シェーンベルクによって統合的作曲という空間に故郷を見出した。旋律の作り方にすらこうした関連は感じることが出来るだろう。ヨーデルをはじめオーストリアの民衆音楽は、大きな音程を好む。それを使ってマーラーは、《さすらう若人の歌》以来、旋律空間をオクターブを超えて拡張した。最終的にはテクスチャー全体を貫くシェーンベルクの大音程は、こうした使用法に連なるものかもしれない。大音程を用いた主題においてシェーンベルクは、好んでしばしば「躍動するように」と記していた。《ウィーン気質》をはじめとするヨハン・シュトラウスの多くのワルツの中に、この躍動感は見紛うことなく流れている。シェーンベルクとベルクとウェーベルンは、こうしたワルツのいくつかを編曲した。〔だが〕こうした関連のうち最も逆説的なそれは恐らく、シェーンベルクの中のアンチ美食的なもの、感覚的な美音への反発が、まさにウィーン的な官能の文化を、極めて美食的なものを、そのルーツとして示しているという事実である。和声感覚におけるある種の豊満なジューシーさ、響きを舌の上でころがして楽しむような態度と、不協和音から快を引き出す態度の間には、確かに近親性が支配しているのだ。それ自体として深みをもつもの、三次元的なものとして和音が響くのに比例して、それはますます肉感的に感じられるようになる。それは自身の不協和な屈曲によって魅惑する。心地よい響きと不協和音は、単に対立しているのではなく、互いに媒介されている。ごちそうを味わうグルメの逸楽が吐き気と紙一重のところで最も高まるのと、それは似ている。何か退行的なものが——精神分析ならそれを確証してくれるだろう——洗練の極致には常につきまとっているのであり、ウィーン楽派のえり抜きのもの好き、つまり俗なものや擦り切れたものへの嫌悪は、ユーゲントシュティールやその遅れたウィーン版ともいえる分離派の理想だけではなく、音楽における市民的合理性というタブーによっても完全には根絶させられずに残った、あのはるかに古い層にさかのぼるものなのである。実際のところ、四声体の特徴を残すにもかかわらず、主として不規則に重ねあわされた三度によって互いに似通って響く不協和音の用法は、シェーンベルクが地獄に落としたあのウィーン風の〔甘美な〕三度の響きの至福を一周して救出するのだ。

民衆音楽の伝統は新音楽のさらに深い層に棲み着いていると見ることも出来るかもしれない。一つのモデルはバスとの関係だ。行進曲やレントラーのようなタイプにおいて、オーストリアの民族音楽――もちろんそれだけではないが――は〔I－IV－Vといった〕和音の度数についての〔通奏低音的な〕明瞭な意識を持たない。それは〔通奏低音的な〕低音進行〔低音進行と度数和声については巻末の「用語解説」を参照〕の動きを求めず、いくつかの和音の間を揺れているだけなのだ。最も単純な場合はIとVを往復するだけ、あるいはトニカの三和音とその四六和音だけの例すらある。若き日のマーラーは、はっきり民衆音楽の類型の利用と分かるケースにとどまらず、バスの意識を宙づりにしていた。そもそも彼自身は元々、いわばバス意識なしに音楽を聴いていたのであり、後になって初めて、それも徐々に、低音の意識を教育され、最終的には《大地の歌》において、最高度の技術とともに、それを再び緩めたのだ。その彼とは違ってシェーンベルクは、ブラームス信奉者として第一歩を踏み出した。和声論においても彼は低音進行とその相互の重みの関係、つまり強拍と弱拍とを慎重に考慮していた。フーゴー・リーマンの機能和声によって信用を失った〔通奏低音的な〕度数和声の重要さを再び想起させた最初の人が、シェーンベルクであった。バス進行の強化が無調にどれほど寄与したかは周知の通りである。しかしバス進行の無調へのこの寄与は、両義的だった。低音進行が自立するに従って、そのバスが一体何の機能なのかという問題が生じてくるのである。これがオーストリアの民衆音楽に帰せられるべきものか、それとももっと古いナショナルな契機、つまりユダヤ教の礼拝時にモノディーで歌われる賛美歌の無意識の記憶に帰せられるべきかは、議論の余地があるだろう。

〔いずれにしても〕バス声部を始めから終わりまでメロディー的に作ると、とりわけ無調の場合だと「根音」とのあらゆる関係が不明瞭になってしまい、あらゆる和音進行において低音がめまぐるしく交代する故に、そもそもまだバス効果があるのかどうかよく分からなくなってしまう。自由な無調では、和声の進行と関連はもはやバスとの関係の中で聴かれることはほとんどなく、浮遊しながら自らの力で自らを支えるのであり、和声を予め規定するシステムに基づいて色々な要求を突きつけてくる低声部の重力にもはや従わない。恐らく本来のバス意識は、低音進行とそのあらゆる和声的対位法的な諸関係にアプリオリにその位置価が割り振られているところにのみ、存在している。こういう箇所以外では、確かに和声は全体としては前進しているし、傾向としては個々の声部も同様なのだが、しかし根音と関係づけられてはいないのだ。これと関係しているのが、すべてのテーマを実質的にすべての声部へ次々引き移していくことで伝統的な度数低音を否定してしまう、シェーンベルクの多重的対位法の実践である〔交響詩《ペレアスとメリザンド》にその極端な例が見られる〕。この手法に従えば、新音楽の極度の洗練と弁別の中に、発生学的に見て新音楽のトータルな組織化に先立ちつつ、その支配のもとで外典のように細々と命脈を保ってきたにすぎないものを、もう一度再建することすら出来るかもしれない。

シェーンベルクの場合、これらすべては作品の表面の形象の奥深くに潜在的に隠れている。〔だが〕既にベルクとウェーベルンにあっては、オーストリア的なものが再び表層に浮かび上がってくる。身振りの点でベルクは、ただの一小節たりともウィーンを、構成の只中に現れる豪奢な耽溺と恍惚を、否定してはいない。シェーンベルク楽派とグスタフ・マーラーの繋がりを見出したベルクは、劇的ないし詩的な性格づけの意図がそれを許す場合は常に、無調や十二音技法の語彙を使って紛れもない音楽的ウィーン訛りを完璧に話した。既に《ヴォツェック》の第二幕の大規模な酒場の情景、とりわけ導入部の痛烈で恐ろしく悲しげなレントラーがそうだったし、その次は《室内協奏曲》の第一楽章、時として《抒情組曲》の様々な箇所などもそうである。またすべての主題がオーストリア訛り丸出しのヴァイオリン協奏曲の第二楽章では、この方言は自覚的に用いられている。いったんこの言葉遣いに気づいた者は、スケルツォ楽章へのケルントナー・リートの組み込みも、終止の直前の変奏曲におけるその回帰も、調性的なメロディーとそれを取り巻く十二音的な文脈との落差が一見予想させるほどには、もはや様式的に齟齬をきたしているとは感じまい。その故郷にあってあの俗謡は、『ファッケル』〔カール・クラウスが個人的に刊行していた雑誌〕の忠実な読者であったベルクならいかなる嘲笑も惜しまなかっただろうような、不器用でたわいない歌詞によって歌われる。それにもかかわらずこのメロディーがベルクの最後の作品の音楽的関連の中に決定的な形で侵入してきて、しかも筆舌に尽くし難い感動を与える別れの表現を得ているという事実――今日から振り返ってみればこのことは、地上を離れた新音楽とその故郷との関係のアレゴリーのようにも思える。ベルクが最後に完成させたこの作品は、新ウィーン楽派の隠された起源を映し出しているのである。質的にはどれほどモダンであっても、それは単に時代の先を行こうとしているのではなく、忘却されたものに思いを馳せている。「常に同じもの」という合理性によっていまだ汲み尽くされていない、時代錯誤的で取り残されたものの積み立てを、自らの糧としているのだ。〔真に〕前衛的なものは単にアップ・トゥ・デートなだけの存在ではなく、常にまたより古いものでもあるのである。〔そして〕いうまでもなくこの事実は、ある呪われた社会的含意を持っている。つまり質などないまま拡大を続ける合理性を前にしたモデルネ自体の老化である。今日文化をも支配している諸権力に抗して、屈することなく自分自身の真理

〔だけ〕を頼りにしようとするものは〔戦後セリー音楽を指すと思われる〕、〔実は〕こうした諸権力に対してまた救い難く無邪気でもあるのだ。

いずれにしても、新音楽の重点がウィーンを離れて移動したことは、外から見ているだけでは説明がつくまい。新音楽のウィーン訛りやオーストリア訛りは、隠されているからこそ本物だった。ウィーンの新音楽が生まれ故郷の環境と完全に一致したことは一度もなかった。当初からそれは起源の場所を超え出ようとしていた。シェーンベルクは既に第一次大戦以前に、二度にわたりベルリンで生活していた——これは彼のようなウィーン人にとっては、潜在的な亡命だったのかもしれない。そのシェーンベルクの証言によれば、長きにわたってどんな旅行にも二の足を踏むのが常であり、「帝国ドイツ」ですら追放されたような気持ちになったベルクは、それにも関わらず、二十代の初めに既にすぐにでも彼の兄の後を追ってアメリカへ移住しようという計画を抱いていた。技術的文明でさえあれば正しいだろうと彼は考えていたのだ。芸術的にはこうした考えは決して的外れではなかった。ウィーンの新音楽はそのオーストリア的要素を粛々と保存するのではなく、それを生きたまま喰らい尽くした。首尾一貫した形で公式のヨーロッパ音楽との矛盾のうちに自己を展開すればするほど、それはいっそうヨーロッパ的になり、そしてどんどんウィーン的ではなくなっていった。ウィーンがもはや第一次大戦以前のような世界都市ではなくなった時、それがストラヴィンスキーの模倣に終始した一九三〇年代の不毛が明らかとなった時期だっただけにいっそう、西欧の人々は進んでウィーン楽派の衝撃に懐を開いた。もしストラヴィンスキーがピカソ——人々はストラヴィンスキーをピカソだと誤解していた——だったなら、また彼の新古典主義がエピソードにすぎず、ストラヴィンスキーの衝撃が己に忠実であり続けたなら、パリの人々がウィーンを見やることはなかっただろう。しかし自身が地方趣味に堕することがないためには、人々はウィーンで生まれたものをパリで受容する必要があったのであり、かくしてウィーン的なものはその地方っぽさを洗い落とされてしまった。統合的な作曲法が、明示的にはベートーヴェン＝ブラームス的な、潜在的にはウィーン的な伝統がもつ特異な要素と一致するものであることは明らかであるにせよ、徐々にそれはヨーロッパ全体の音楽的発展の特徴である合理化の流れと一致することが明らかになった。ウィーンの音楽訛りは一気に音楽の世界言語になったのであり、しかもそれは、ストラヴィンスキーの国際的ヘゲモニーの時代におけるような、いわくありげな様式モデルの模倣によってではなく、音楽そのものの論理の力によるもであった。評論家のアルベルト・シュルツェ・フェリングハウゼン〔一九〇五—六七年。ドイツの美術批評家。収集も行い第二次大戦後は諸ジャンルの芸術家たちの共同制作を擁護する批評を行った〕は最近、各国の絵画がナショナルな違いを犠牲にして、驚くほど互いに接近し始めていることを確認していたが、これはそのまま音楽にも当てはまる。しかしながらラディカルな徹底構成というこの音楽言語は、それが持つ合理性という避け難く平均化的な契機にもかかわらず、あのウィーン——まず最初はウィーンが新音楽につれなくし、やがて新音楽がウィーンに背を向けた——を自らのうちに貯め込んでいる。若い世代の著名なセリー作曲家たちが、昔ながらの父と息子の葛藤という図式に倣って、シェーンベルクから距離を置くことの方に、この「父子関係（la paternité）」そのものの探求を推し進めることよりも大きな価値を置いているような状況ではあるが、一般に知られているよりはるかに多くの純粋に個人的なつながりも存在している。まずはルネ・レイボヴィッツ。ウェーベルンの弟子である彼はパリにおいて、疲れを知らず、また惑わされることなく、しかもドイツ占領下の時代においては非合法的に、ウィーン楽派をその著作ならびに演奏、そして自身の作曲によって定着させてきた。ネオバロックがずっと続くことなどにいつまでも満足していることなど出来ない、前衛に与するパリの感性を、ウィーン楽派と接触させることに、彼は成功したのだ。ブーレーズはメシアンの弟子であるだけでなくレイボヴィッツの弟子であり、その意味で直接ウィーン的伝統の一員でもある。そのウェーベルンに対する振る舞いにおいて、彼は自らこのことをはっきりと表明している。シェルヒェンの下で学んだノーノ――シェーンベルクの義理の息子――とマデルナという、イタリアのモデルネを代表する二人もかの伝統に属していることは、同様に明白であろう。

構造的にも最新の音楽は、ウィーン楽派以外の同時代の楽派とほとんど何も本質的なことを共有してこなかった。しかし最新の音楽とシェーンベルクやその友人たちとの親和性は、統合的作曲という理念や後期ウェーベルンの特殊な技術への接続にとどまるものではない。素材の精製のやり方、あるいはどちらにおいても作曲の錬金術が非難されたということ以上に、音楽のテクスチャーの抑揚および質によって、この二つの楽派の間には統一が打ち立てられている。例えばブーレーズにおける極めて高度な可塑的で、しかし自然主義的な言語からは距離をとった歌の朗唱は、明らかにウェーベルンの第二カンタータをモデルにしている。ウィーン楽派においてもセリー楽派においても音楽のテクスチャーは、可能な限り包括的な規定性を目指そうとする傾向、つまり一つのものからすべてを紡ぎだそうとする意志においてのみならず、その現象においてもよく似ているのだ。そこでは単なる素材として不定形なまま分節されずに放置されるものは何もない。どちらにおいてもプランの全面的な組織化とはまた、音楽における感覚できるものを徹底的に練り上げることを意味する。どちらにおいても、一八〇〇年頃のかつてのウィーン古典派に由来する籠目細工の労作原理〔二二三頁の訳註を参照〕

——まさにそれをフランス音楽はこれまで長い間締め出してきたわけだが——が、至るところで見られる。またどちらにおいても最小単位のモチーフへの解消が、音響平面の分解ともいうべき契機を示しているのだが、恐らくこれはフランスにおける分析的キュビスムと似通ったものと言えるだろう。そうこうするうちに出てきた逆の動き、つまり分裂したものを再び統一しようとする努力は、おそらく総合的キュビスムに対応しているのではないだろうか。ウィーン楽派でもセリー楽派でも解体と分裂は、統合的処理の必然的前提なのだ。簡潔で分かりやすいラインや均質な響きや落ち着いた響き方といった擬古典主義的なカテゴリーは、当然のように嘲られる。西欧の音楽思想にウィーンから入り込んだものは、プルーストを通じてデカルト主義に紛れ込んだものと同種の何かである〔プルーストの小説で「心情の間歇」について語られる箇所が、デカルト的な主体の連続性の解体、分裂に当たることを念頭に置いたものと思われる。マルセル・プルースト『失われた時を求めて』第六巻、井上究一郎訳、ちくま文庫、一九九三年、二六六頁以下参照〕。ドイツ的と呼ぶことも出来るかもしれないこの要素の受容には、極度に精神化された形でもって、ヨーロッパにおける諸国民の時代は去ったという現実が映し出されている。ウィーン的な居心地《ゲミュートリッヒカイト》のよさは終わり、煩わしさから逃れた生活においてのみ購うことの出来た無感動も姿を消した。

　セリー音楽でも、それが地に足のついたものになっているところでは、ウィーン楽派と変わらぬエネルギーですべての瞬間が充填されている。〔最新の音楽について〕過度に熱心な人々は、シュトックハウゼンの《グルッペン》における表現性を非難したが、これは不当である。なぜなら表現性とは技術的処理様式を離れてはありえないものだからであり、それは逆にウィーン楽派の技術が表現欲求なしには決して形をなさなかったであろうことと同じなのだ。落ち着き払ったもの、立派な正面玄関をそなえた建築の嘘くささに対する若い作曲家たちの憎悪は、かつてウィーン楽派がアカデミズムに向けた憎悪と同じものである。彼らが政権転覆的な台本、死刑を宣告されたアンチファシストの記録文書〔ノーノ《中断された歌》の歌詞を示すと思われる〕、そしてシュルレアリストのショック詩〔ブーレーズ《主なき槌》のこと〕に作曲したことと、これらの音楽の性質との間には、シェーンベルクの《期待》における夢を見ている身体のような痙攣と、その言うまでもなくかなり無害な歌詞との関係に劣らぬ一致がある。「ラテンといえば形式」というクリシェ――その対応物がライン川のこちらでいえば内面性や観念論なわけであるが、どちらもとっくに灰汁抜きされてしまっている――への拒絶は、自分のことを多かれ少なかれ娯楽であると自認している芸術の快楽主義だけではなく、機械的な客観性を目指す禁欲主義にも向けられている。ここにもまたウィーン楽派との類似が指摘できよう。新古典主義のあまり拘束性のない形式が、主観を力ずくで自分の中から追い払い、それによって妥当性を簒奪しようとするとすれば、〔最新の音楽の〕客観に即して徹底的に形成されたフォルムへの妥協なき執着は、主観をもフォルムの内部へと巻き込む。〔主観を消そうとするだけの新古典主義の〕残酷な遊戯ではなく構成こそが、あの主観との宥和――それは前ファシズム期とナチズムの時代において、音楽の集団的に演出された秩序によって美的追放の罰を与えられたものだ――を目指すのだ。ブーレーズの《主なき槌》は、短小形式の積み重ねや室内オーケストラの鮮やかなコントラスト、あるいは主題形象の過剰なまでの豊饒さというだけでなく、自分を忘れるまでに分節化された表現力という点でも、四十年後の、よりモダンな《月に憑かれたピエロ》である。

〔しかし〕ウィーン楽派の受容ならびに――こういってよければ――《ピエロ》のような先行モデルに即した体系的労作によって、最新の音楽はまた、最も才能に恵まれた担い手たちにおいてはウィーン楽派の真逆、つまり歴史の歩みにおけるそのあまりに明白な対立物の方向へと踏み出しつつある。西欧へ移転するとともに、新音楽が西欧的要素と融合し始めたことは明らかである。それは例えば感覚的音響——もちろんウィーン楽派にとっても既にそれは無縁ではなかったが——であり、楽器の音色へのある種の絵画的な歓びであり、ブーレーズにおける打楽器の扱いのような、ストラヴィンスキーの領域に由来する多くのものにまで及ぶ。しかしそれは東と西の安易な綜合ではなく、むしろ生産的な批判である。それが重視するのは、ウィーン楽派の様々な伝統主義的時代遅れを一掃するといったことではない。もちろんそうしたものは、彼の地で精神的なものに高められただけでなく、ベルクにおいて、あるいは後期シェーンベルクの形式構造のある種の保守主義において、その正確な機能を果たしていた。放逐されつつあるのはむしろ、シェーンベルクのテクスト選択のみならず晩年のウェーベルンにまで災厄の種をまいた、あの片田舎的な要素である。若い作曲家たちの中の最も優れた人々がピカピカの客観主義の快適さを解約しつつある今日、〔他方で〕音楽的主観の概念にも変化が生じている。この概念はかつての私秘性のいくらか、つまりストリンドベリのようなウィーンの作曲家たちの守護聖人を古びて腐敗し始めたアウラで包み込もうとするあの小市民的黴臭さを、失いつつあるのである。ウィーン楽派ではどこか素朴にワーグナー的なもので塗り固められていた、そして彼らの心情を射ただけでなくその音楽のトーンの琴線にも触れていた人格性のパトスが、今や消えかかっているのだ。シェーンベルクは自身が偉大な技術革新者であったが、〔にもかかわらず〕芸術教育の問題についての著作の中で、当時もちろん新ドイツ派によって疑わしい形で自己目的化されていた技術概念に論争を挑み、それに抗して純粋な表現欲求を称揚していた。若干の距離を置いて眺めてみれば、今日の音楽意識とは表現と技術のアンチテーゼのもとで落ち着きを見出せない意識のことであると定式化できよう。〔そして〕この二つのカテゴリーは、ウィーン楽派の実践において既に無意識的になされていたことだが、極めて意識的に根底から相互媒介されつつある。「メチエ」というフランスの概念が、これまでドイツ観念論の芸術形而上学がそれを見下していた場所において、栄誉を与えられ始めている〔カールハインツ・シュトックハウゼン「メチエ（手仕事）の現状について――サウンドコンポジション」（『シュトックハウゼン音楽論集』第二版、清水穣訳、現代思潮社、二〇〇一年に所収）を参照のこと、「音楽と新音楽」および「アンフォルメル音楽の方へ」でもキーワードになっている〕。ウィーン楽派にあって技術は〔まさに〕表現欲求に即して霊感を得たのと同じように、自分自身を意識したメチエは音楽的内実を生産する力であることが証明されるだろう。

長きにわたってその最も複雑な諸作品においても新音楽の下地を作ってきた〔民族的な〕素朴主義だが、以上のことはそれをも止揚しつつある。もはや内面性が技術に対する保護地区であるなどと主張されることはない。支配的文化に対する芸術の異議申し立ては、他ならぬ技術によってこそ力を獲得するのだ。全体の身振りが変化しつつある。それは構成の原理から必然的に生じる容赦ない複雑化によってますます非宥和的になると同時に、ますます都会的になっていく。それとともに、脱地方化された新音楽に悪い意味での世なれたかんじ――技術の時代の芸術についてのジャーナリストの決まり文句はこれに高値をつけがちだが――という危険が迫っていることは、否定できない。セリー音楽で最も印象深い作品の多くには、ドビュッシー的な社交界（mondanité）を連想させるところがあり、歴史の歩みが社交界そのものに有罪判決を下した今となっては、それを想起させるということは、思い出の一コマになってしまったサロンにへつらうというよりも、むしろかつて存在したものを救済しようとするものなのかもしれない。しかし新しいこの身振り――これは両者、つまりかつてのウィーン楽派ならびに今日の西欧の若きセリー楽派にとって非常に重要なものであるが――を正しく理解するには、この身振りすらもその社会的必然性のうちに把握せねばなるまい。若い世代の音楽家に対して多くの人々が、様々な形で組織化に転じた彼らの自己主張への意志、その戦略、公的諸機関との関係について非難し〔シュトックハウゼンやブーレーズがジャーナリズム的な話題作りにも長けていたことを指すのであろう〕、こうしたことすべてに対比させる形で、ウィーン楽派の純粋さを引き合いに出す。しかし管理された世界において「他とは何か違うもの」は、管理機構を通す以外に越冬することは出来まいし、まして声を発する術を見出すことなど覚束ないであろう。個別主義の原理をその普遍法則とする文化の中で、このように若者の徒党に対して憤慨してみせる態度には、どこか不実なところがある。自分の本業と真剣に取り組んできた従来の芸術家たちのうち最も世間知らずな人物ですら、彼らと同程度に世俗的なイデオロギーが望むほどには、その辺りの事情に疎いわけではなかった。リヒャルト・ワーグナーは、最も問題が多いとはいえ、その最も重要な例であろう。徒党を組むことについて他人を非難する者は、ほとんど常に自分自身も何らかの徒党に属しているのだ。ある種の作曲家が今では世間にはっきり認知され、少なくともかつて想像も出来なかったような勢いで、生産と流通の二つの過程に浸透してきたという事実〔例えばシュトックハウゼンやブーレーズは大変な「有名人」であった〕は、単なる堕落の兆しなどではなく――こういうことを言いたがるのは常に、歴史に有罪判決を下された者たちの代弁者だ――、同時に、音楽が独占的諸機関に囚われていることに対する音楽の生産諸力の側からの答えでもある。疑わしいところがあるとすれば、それは次の点だろう。つまり過剰な刺激によって事柄そのものを聴き取れなくしてしまい、生産過程を麻痺させ、質を下げようとするという、経営と有効利用の傾向は明らかなのだ。だが実践――これは芸術家の意図の実現という意味での実践であり、また芸術家の生命の維持という実践でもある――との関係の変化は、社会体制によって命じられたものでもある。今日の我々の時代に至るまで芸術家に許容されてきた、そして何よりウィーンで育まれてきた抜け穴を、社会体制は情け容赦なくいぶしにかかっているのだ。芸術と芸術家の自己保存の新しいあり方――作品自体も一つの機能を果たすものとしてそれに参与している――に憤ってみせる人は、「何か危険なことをしでかそうとする人々も、空腹に苦しまねばならないとなれば、もはや危ない橋は渡らないだろう」という事態を好都合と考える、反動の側についているのである。ちなみに非妥協的な芸術家たちの実践的身振りは、これまでお互いに指図し合うだけだった作曲という音楽的生産と演奏という再生産の、客観的に規定された接近という事態に符号するものでもあるだろう〔ブーレーズが指揮活動を行い始めたこと等を指すと思われる〕。

兆候的なのは時代にフィットしたものへの感覚、つまりモデルニテに対する感受性の著しい増大である。こうしたものに対してウィーン楽派は、高慢にもある種の無関心を装っていた。シェーンベルクがモードに対する反対を表明する際には恨み節がはっきり窺えたわけだが、この点で彼はその「誰も聴いたことのないものを作曲してやろうという病癖」を槍玉にあげたアカデミズムの住人と大差なかった。その快活なオペラ《今日から明日へ》の最後を、彼は「ママ、モダンな人間って一体何なの？」という台詞で締めくくっている。こうした問いがウィーンの遺産に重くのしかかっている。こうした問いは今日では、台本においてのみならず振る舞いとしても、もはや容易には発することが出来なくなっている。その都度の最新のもの、つまりそれ自身が既に束の間であるものにだけ、持続力は割り当てられるというのが、シュトックハウゼンとブーレーズの反応の仕方だ。この格律にあらゆる瞬間に従うことで、徒党を組んだ多数派を挑発しているという点において、彼らはラディカルである。それまではただ客観的に作品の頭越しに実現されていたものを、今初めて音楽は自らの力でおのれの体内に取り込んでいる。それは歴史主義が考えたがるような、時間の中に〔外から〕はめ込まれたものではなく、時間そのものがそこに内在しているような美的真理の歴史的な位置価のことだ。このモデルネの理念をものにできたのは、今日までただ絵画と低い娯楽音楽だけだった。〔しかし〕今や最も進歩した高級音楽も、モードに対するタブーから解放されている。モードというこの年老いたカイロスがなければ、ピカソの最も偉大な独創（trouvaille）も決して成功しなかっただろう。従って発展のテンポ――これに比べれば今世紀の前半のそれなど郵便馬車のようなものだ――やスローガンの性急な転変――その中で最新の諸傾向は空しく自分自身を消耗しつくしている――を侮ってはいけない。最高度の芸術は、おのれ自身の持続というフェティッシュな要請のいくばくかから解放されているように見える。そのテンポでもってこの芸術は、同時に自分自身に批判を加えるのだ。事柄の法則に従うのではなく、それに外から強要された恣意的なものの残滓――これは新音楽の体系化や十二音技法の導入の際に表面化したものだ――は、体系がもはや獣じみた厳密さでその妥当性を告げようとしなくなったことにより、つまり体系が崩壊し、それ自体もまたおのれの崩壊に同意する術を心得ることによって、解毒されつつある。それは新芸術の他の偉大な体系、例えばキュビスムもまたそうであったようなものへと、潜在的に移行しつつある。それは決してそれだけで存在する即自的なものではなく、解き放たれた意識にとっての規律という困難な道を行くものである。偶然を法則に取り入れようとする作曲家たちが渇望しているのは、法則化されたものの呪縛をもう一度うち破ることなのだ。

聖なる断片——シェーンベルクの《モーゼとアロン》について

ゲルショム・ショーレムに

公の教団の代わりに私は歌をうたう
ヘルダーリン
〔「母なる大地に（Der Mutter Erde）」〕

「おのれの豪胆が耐えることのできない偉業を為してみせる者たちこそ勇敢である」。すべてはモーゼの手で砕かれた掟の石板のような未完作品であるという思いの込められたタイトルをもつ、シェーンベルクの《四つの混声合唱曲》作品27の冒頭の一節が告げているのは、単にシェーンベルクの思想だけではなく、彼の未完成に終わった偉大な聖書オペラの魂とも言うべき根本経験である。モーゼは召命の情景の冒頭で次のように訴える。「我が父なる神よ、アブラハムとイサクとヤコブの神、これらの人々の思いを再び私の中で目覚めさせた汝、私の神よ、そのような考えを人々に告げるなどということを我が身に強いたまうな。私は老いた、あとは静かに羊の世話をさせておかれよ」。彼の豪胆は彼の宿命に耐えられず、しかしこの宿命から彼は逃れることが出来ない。なぜなら無限なる神の口であることは、死すべき存在にすぎない人間にとっては、同時に神への冒瀆だからである。シェーンベルクは既に《ヤコブの梯子》より前、《四つのオーケストラ歌曲》作品22でリルケの詩に作曲した際、このモチーフを意識していたに相違ない。「お前を求めるすべての者たちが、お前を試すだろう。そして、そのようにしてお前を見出す者たちは、お前を図像と身振りとに縛りつけるだろう」。絶対者は有限な存在から逃れていく。止むに止まれず人々が神を名づけようとするとき、彼らは神を裏切る。しかし沈黙を守るなら、人々はおのれの無力に甘んじることで、いつかはその名を呼ぶようにとその身に課せられた、沈黙に劣らぬ義務を冒瀆することになる。課された試練にそれにもかかわらず自分は耐えないと分かっているからこそ、彼らは躊躇する。作曲された聖書オペラの最後の一節、第二幕の最後でモーゼが崩れ落ちるところでは、次のように言われる。「おお言葉よ、汝、言葉よ、我に欠けたるは汝なり」。シェーンベルクが主題として自ら引き受けたこの解き難い矛盾、悲劇と呼ばれるものすべての伝統によって証言されているこの矛盾は、しかし同時に、作品そのものの矛盾である。明らかにシェーンベルクは自分をこの勇敢な者だと感じており、だからこそ彼の英雄モーゼに、まるで自分の分身のようにして全精力を注ぎ込んだのだとすれば、彼は同時に自分の無謀さを自分でも意識するぎりぎりのところまで敢えて踏み込んだ。絶対的な形而上学的内実の力を借りて生み出される美的全体の不可能性に、彼は半ば気づいていた。しかしそれでもなお彼は、それ以下のもので満足することなど出来なかった。恐らく重要な芸術作品とはそもそも、何か極限的なものを求めるものである。この極限的なものの上で作品は砕け散り、名づけることの出来ない至上の真理の暗号として、その亀裂だけが後世に残される。最も深い意味で《モーゼとアロン》は断片であり、それが未完に終わった理由をそもそもの完成不能性から説明することも、決して不可能ではない。しかしこのことは、シェーンベルクが劇素材としたところの、有限存在と無限存在の調停しがたい葛藤という〈伝統的な〕悲劇の理念と必ずしも同義ではない。彼の作品がおのれ自身の姿として鏡に映し出したこの不可能性の中には、むしろそこで考えられてもいなかったような不可能性が姿を見せている。つまり偉大な作品がそれと分かるのは、その作品から生まれてきたものとそもそもの意図との間のズレにおいて、なのである。〔そして《モーゼとアロン》の〕不可能性は歴史的なもの、つまり神聖な芸術の今日における不可能性、恐らくシェーンベルクが考えていたような拘束的ですべてを自分の中に綜合しようとする代表作の不可能性である。あらゆる主観性を乗り越えようとする者は、全面的な弱体化の只中にあって、命じる強い自我を主観によって生み出さなくてはならなかった。主観の遙か頭上にあるもの、トーラにまとめられた超越的な規則と作品の自由で美的な法則性は、バラバラに乖離する。この対立こそがまさに作品が主題としている対立と一体なのであり、だからこそ直ちにそれは作品の不可能性となる。「想念」としての、つまり主観的に考えられたに過ぎないものとしての「一神教」という名称が、本来はそれこそがあの想念の中身であるはずの超越性の理念をテクストの中で弱めていると、神学者たちは非難してきた。それにもかかわらず不器用なこの呼び名のうちには、真なるものが顕現していた。それはつまり、主観によって考えられたものを通して以外には――哲学なら「理念を通して以外には」と言うところだ――、絶対者が作品の一瞬のうちに臨在することはなかったということである。絶対者を呪文で召喚しようとする者次第であるかのように考える召喚では、作品は絶対者を取り逃すよりほかなかった。しかしこのことは、たとえそのせいで絶対者が否定されることになったとしても、絶対者を既存のもの、決して紛失しない遺産のようなものにしてしまうのではなく、ただ彼だけが近づくことが出来るものとして規定するという栄誉を、彼に与えることになるだろう。第一次大戦の時期にシェーンベルクは、あるオラトリオの台本――結局彼は必要に迫られてそれを自分で書くことになったが〔後の《ヤコブの梯子》のこと〕――をリヒャルト・デーメルに依頼した。その際に彼は宗教性について、今日の一人の人間にとってなお可能なような宗教性について、語っていた。また彼がその作曲の途上で亡くなった最後の作品は《現代の詩篇》（作品50c）と題されていた。ここには神聖な作品の可能性と歴史の現状との間に関連が生まれる予感とともに、彼の拳がその時代からもぎとった神学的芸術の疑わしさも、同時に客観的に表現されている。

作品性への要求が強まるほど、つまり作品がその勢力圏の外に支えを見出すことをしなくなるにつれ、聖なる芸術作品の不可能性そのものがいっそう無慈悲に明らかになってくる。偉大な情熱が持つ謙虚さとともに、シェーンベルクはそこへ向けて一歩を踏み出した。聖書の物語が前提としているような主観の敬虔を、もはや誰一人持ち合わせていないという程度の話ではない。恐らくブルックナーの音楽的霊感は、類例がなく時代錯誤的なまでに迷信深いものであったが、その彼にしてすら――既にミサ曲のベートーヴェンがそうであったように――約束の土地が開かれることはなかった。この不可能性は形式の客観的な諸前提にまで及んでいる。憧憬や主観的表現の彼方で、聖なる芸術作品は――そして《モーゼとアロン》がオペラとして書かれたからと言って、それが神聖な芸術作品である事実に変わりはない――自分自身の内側から、自分自身の内容を拘束的なものにしようとする。聖書という規範的な出来事を選ぶこと自体が既に、自ずとこうした要求を伴うのである。〔そして〕この要求が《モーゼとアロン》の音楽の情熱のうちに完全な形で生きているのであって、あらゆる瞬間においてその強度は一つの「我々」を、個人の心の動きに先立つ集団的意識を、会衆の合意のような何ものかを体現しているのだ。とりわけ合唱が終始支配的であることは、このこと抜きには考えられまい。この個を超えたものの存在なくしては、つまり単なる宗教的歌曲にすぎなかったなら、音楽は出来事の間を無関係に、あるいはそれらを単に描写しながらうろつくだけの結果になっただろう。出来事本来の精神的な居場所を音楽へと引き移そうとする衝動、出来事の根底にあるものがまさに音楽そのものの中で鳴り響くように音楽を組み立てようとする衝動、つまりこの美的な真摯こそが、音楽をして〈合唱という〉集団的な振る舞いへ駆り立てているのだ。それにとって生命線となるような事柄を取り逃がすまいとするなら、音楽は祭儀的なものへ手を出さねばならない。しかし祭儀的音楽は望んで手に入るものではない。そういう音楽を自分一人で探求しようとする者は、祭儀的音楽に固有の概念の重要な部分を傷つけてしまう。ヘーゲルの言い方を借りれば、音楽とは基盤にある実体のようなものでなければならず、内実と形式の点で〈個人ではなく〉社会によって担われるべきであり、社会に向けて発信されなくてはならない。憧憬、いやそれどころか、欲求があるだけでは不十分である。世俗世界は〈もはや〉聖なる芸術をほとんど不可能にしているのだから。シェーンベルクの偉大さは、こうした状況に正面から立ち向かい、矛盾を均してしまうのではなく、それを妥協なしに担い切った点にある。伝統がもはや力を持たない時代にあって、過去を呼び出そうとする伝統主義的な振る舞いを、シェーンベルクは軽蔑していた。「かのように」的なもの——彼の対極に位置するストラヴィンスキーは、それが本当に当を得たものである場合以外にシェーンベルクが決して求めようとしなかった何かを、そこから得られると期待していたわけだが——を拒絶した点で、彼は宗教音楽の作曲家としても、首尾一貫した即物的な作曲家として、厳格に機能主義的であり続けた。彼は何の保証もないまま美的形成物の自律的形象を信じて出発したのであり、それを引き受けることこそが唯一彼の音楽に相応しい、そういう立場を決して譲らなかった。作曲的主観に媒介されつつ、すべての小節が自らの力によって充溢している。まさにこのことを通して音楽は、自らが絶対に簒奪しまいとしているものを、獲得しようとする。この音楽が投げかけるカント的問い、つまり「いかにして祭儀なしに祭儀的音楽は可能か？」というそれは、見掛け倒しの存在論的ラディカリズム抜きにラディカルである。その道のりは限定的否定、つまり主観の添加物を否定していくそれである。主観の添加物についてのこの生産的な批判は、構成主義と一体だ。祭儀の進行は「単なる個人の思いつきではなく、真実の言葉の中でこそ顕現するもの」という理念に導かれ、参加者の精神の上方で遂行される一つの法則性に従おうとする。それと同じように音楽構成のために主観は、自分自身の力および予め形成された素材以外の何ものも必要とはせず、自分自身の内から主観の領域を超えなければならない。何であれ音楽の中に個人によって持ち込まれたものを、手法の純正は消し去ろうとする。これこそが彼の作品の最も内的な意図、言うまでもないが、それ自体客観的であり、作曲者自身に対しても隠されていた意図である。「表現されるべきもの」という偶然性から距離を置けばおくほど、偉大な音楽は非人間性に近づくが、この作品の意図にとってみればそれこそが超人的なものとなる。〔ただしそれは超人的なもののそのものではなく〕超人的なものの図像である。というのも、構造の意図なき純正とは、それ自体が主観性と意図の結果なのだから。〔しかしながら〕この純正だけが、その表現手段の展開を通じて、あの表現なきものを打ち立てるだろう。そしてそこにこそそれは、神学的真理を見出せると信じているのだ。唯一神を思想として語ることへの神学的怒りをテクストが提示しているとすれば、この冒瀆的行為が——芸術という暴力的な力によってほとんどそれと見分けがつかないようにされつつ——音楽の只中で回帰してくる。不正な詐取なしに真っ向から、この音楽は彼方の絶対者を目指す。そしてこの絶対者とは、音楽で考える思想としての音楽、究極において寓話であろうとする音楽、図像なきものの図像である。

このオペラ台本の中心であるユダヤ的な図像の禁止は、同時に音楽の出発点に他ならない。前述の作品27の混声合唱の中の別の曲はこう始まる。「汝、おのれのために図像を作るべからず」。音楽は図像なき芸術であり、だからこそ、この禁止から除外されてきた。恐らくこのことは、音楽とユダヤ性との関係を理解する鍵である。しかしながらムジカ・フィクタ、つまりラプレゼンタティーヴォ様式の歴史段階〔ラプレゼンタティーヴォ様式とは、ルネサンス末期のマドリガーレなど、劇的な表現を目指した音楽を指す。アドルノはムジカ・フィクタをこれと同義で使っているが、ただし音楽史的にはムジカ・フィクタとは、一二〇〇年から一六〇〇年ごろまでの演奏中に加えられる臨時記号的な変化音を指していた〕——音楽以外の具体的なものの感性化を目指す表現音楽の段階——になると、音楽はヨーロッパの全芸術がもつ図像的本質に巻き込まれてしまった。合理化と素材支配の増大のおかげで、諸芸術がどんどん統一されていくにつれて、音楽は他の芸術ともども、合理化からも図像化禁止からも追放された神話的なるものの保護区に囲い込まれるようになる。音楽は模倣することを覚えた。無意識とはいえ、深淵のごときアイロニーとともにシェーンベルクは、音楽における模倣に対して、それなりの貢物を捧げねばならなかった。図像と媒介の人アロンはオペラの中で歌いまくり、図像なき言語を意のままに用いる。ところが図像化禁止の担い手モーゼは、シェーンベルクでは歌うことなく語るのである。〔このような〕聖書の物語通りにやればほとんど不可能な形でもって、モーゼに自分の主張を述べさせるやり方以外に、シェーンベルクは表現についての旧約聖書のタブーをドラマトゥルギー的に描き出すことが出来なかった。並の劇素材であれば、劇作法上求められるこの種の変更——別に特に珍しいことではない——は、取るに足らないことだっただろう。しかし劇の題材自体が聖書という権威の衣装を着ている場合、この種の変更は異端すれすれのものになる。純粋に〔自律した〕芸術として、たった一人で自分自身の力により、聖書に食らいつこうとする芸術が置かれた危機的状況を、この変更は示している。しかし図像なきものの図像であろうとする音楽のこの厄介な使命を、巨匠の即物性は征服しようとする。その意味で即物性こそシェーンベルクの形而上学である。「音楽は着飾ってはならず、ただ真であるべきだ」と、彼はかつて書いた。彼にとって結局のところ音楽の表現的要素や図像的性格は、究極的には「装飾は犯罪なり」とするアドルフ・ロースの判決を下される運命にあったということは、容易に想像がつくだろう。にもかかわらずシェーンベルクは、その歴史を通じて音楽に刻印され、音楽素材ももはやそれを排除できなくなっている表現的契機を、決して否定もせず、暴力的に排除したりもしない。全作品をそのざわめきで満たしていて、いかなる領域でも明瞭に聴き取ることのできるあのパトスは、シェーンベルク自身の過去の表現性にルーツを持つものであり、この表現性が――バッハのような彼以前の真正な礼拝音楽でもそうであったように――無数の個別契機を刻印しているのである。ただし表現の契機はここでは、奇妙な形で屈曲させられている。それはもはや、スコアの背後にいて、それを通じて自らを表現する作曲家の主観ではなく、ドラマの登場人物のそれになっているのである。それによって表現的契機は相対化されるとともに、いずれにせよ決定的な箇所でもはや表現――つまり芸術家の表現――であろうとは欲しない全体に、いわば吸収されることになる。マーラーの第九交響曲についてのシェーンベルクの論文は、彼自身の作品の規範を極めて分かり易く教えてくれる。「そこではもはや作者は主観としてはほとんど言葉を発していない。……この作品はもはや「私」というトーンで語られるのではない。それはいわば客観的でほとんど情熱というものを知らない確認作業、動物的なぬくもりを拒絶し、精神の冷気の中でこそ心地よく感じられる人々のみが気づくことのできる美についての確認作業なのだ[1]」。作曲家と作品の間に第三のものが、オペラ形式が打ち立てられる。こうした選択へとシェーンベルクを動かしたものは、音楽にとって主観性を省くことは出来ないが、かといって主観性だけでは礼拝作品の尺度にかなわないという認識ではなかっただろうか。主観性はいわば二次的なもの、つまり媒体となっている。自己を表現するのは作曲家ではなく、主人公とその敵対者アロンであり、彼らにおいて全体の音楽的客観性は燃え上がるのだ。だからこそオペラという、あらゆる音楽類型のなかでも最も感性的なそれが、これ以上なく非感性的な題材のために用いられたのである。オペラ《モーゼとアロン》はムジカ・フィクタ〔前述のようにアドルノはラプレゼンタティーヴォ様式の意味で使っている〕であり、しかも止揚されたそれである。図像なき作品という理念にとっては忌むべきはずの音楽の図像的本質が、個々の登場人物に託される。それはまるで、彼らの没落を通じてこそ、図像なきものが姿を現すかのようである。「まるで……かのように」――こう言うのは、そもそもこのプロセス自体が虚構にとどまるからである。

問われるべきは、かくも途方もない困難を前にしながら――二十年以上前の《ヤコブの梯子》もそうであったが――一体何がこのような作品構想を生み出したのか、ということであろう。それは――十九世紀にピュヴィス・ド・シャヴァンヌからマレーに至る多くの造形芸術に見られた類の――記念碑的なものを目指す忌々しい様式意志とやらでもなければ、正統性を欠く権威主義の産物でもない。きっかけとなったのは何より、シェーンベルク個人のメンタリティーだったはずである。彼の両親はもはや正統のユダヤ教徒ではなかったようだが、にもかかわらず、完全に伝統から解放されたというわけではないこのウィーンのレオポルトシュタット出身の、スロヴァキアのプレスブルクのユダヤ人一家の血を引く人物の中には、マーラーやクラウスやカフカといったよく似た出自をもつ同時代人の多くと同じく、冥界的で神話的な伝統が流れ続けていたように見える。シェーンベルクの自伝的発言から読み取れるように、啓蒙主義は神学的遺産を聖書の外典に移し替えたのだ。なかでもシェーンベルクが生涯を通して抱き続け、彼自身それについて本気であれこれ考えていたふしのある迷信という契機は、世俗化された神秘主義の一部だったのではあるまいか。彼が自分のユダヤ性を再発見したドイツの前ファシズム期の経験が、この地下水脈を解き放ったに違いない。《モーゼとアロン》が作曲されたのは第三帝国勃興の直前であり、これは恐らく、時代の地平に明け染めてきたものに対する防衛と解されるべきだろう。実際その後になると、ヒトラーが没落して以後になってすら、もはや彼がスコアを書き進めることはなかった。この作品の中心となる黄金の仔牛を囲む舞踏が初演されたのは、彼の死の数日前であった。しかしながらシェーンベルクの音楽が持つ内面性の追求、極限にまで高められたその内在的真理への要請は、〔そもそも〕こうした伝記的文脈を超えたところで、潜在的な形で〔常に〕神学的特徴を備えていた。一九〇七／〇八年に書かれた嬰へ短調の弦楽四重奏――シェーンベルクが恐らく生涯それを上回ることの出来なかった作品だ――の、とりわけ別の惑星についてのフィナーレでは、突破へ向けた聖体奉献のごとき高揚が聴かれる。これは彼以外にただマーラーだけに可能だったものだ。伝達と慣習をはねつけ、表現されるものそれ自体を名指そうとするシェーンベルク固有の表現欲求の密かなモデルは、名の開示としての啓示である。シェーンベルクを宗教作品へと向かわせたものが主観的に何であったにせよ、そこには初めから客観的な側面が備わっていたのだ。そして何よりそれはまず、純粋に音楽的なものであった。もう亡くなった彼の弟子で、極めて繊細な知見の持ち主であったハインリヒ・ヤロヴェッツは、かなり以前に雑誌『譜面台と指揮棒（Pult und Taktstock）』に載せた論文において、次の点に注意を促していた。それによると、同時代にあって唯一の重要なものと言えるシェーンベルクの創作は、その中にありとあらゆるジャンルを呑み込んでおり、このことは彼の音楽の内実と何か本質的な関係を持っていたというのである。この点でもシェーンベルクはストラヴィンスキーの対極に位置している。ストラヴィンスキーの場合、〔主観的なものを〕永続的に拒絶すべく、重要な事柄は特殊化および特殊性に結びついていた。それに対して伝統的な音楽がそこから全体性——自分のコスモスの外にいわば塵一つ残さない自己完結した球体——を希求したところのあらゆる形式カテゴリーを、シェーンベルクの作品は爆破し溶解してしまう一方で、破壊者シェーンベルク自身は常に全体的なものを欲していた。だからこそ彼は、美的全体性を実現するのではなくただ僭称するにすぎないものを、打ち捨てて顧みなかった。彼のウィーン古典主義に対する関係は、その全体性の精神にあくまでこだわり、その不正入手に抗してこの精神を厳しく対置させるというものであって、それはあたかも、彼の作曲が音楽という言語を一からすべて作り直さねばならないかのようであった。あらゆる個々の作品が、彼以前に到達されたあらゆるものを凌ぐ、内在的な首尾一貫性を備えるべしという要請、つまり統合的作曲の理想とは、音楽版の全体性の要請であった。自分自身を足場として宙に浮いているその形象は、かつての哲学の諸体系と同じく絶対者を目指す。哲学の場合と同様、音楽の場合も神学的遺産は、絶対者を自由に基づいて人間の内部からもう一度引き出そうとする、歴史によって指示された努力と結びついている。全体性を目指すあらゆる音楽は、絶対者の比喩として、神学的側面を有しているのだ。たとえ音楽がそのことにまったく気づいていないにしても、である。あるいは自ら創造主の役を買って出ることで、反神学的になろうとも、である。音楽における統合の歴史の果てに、偉大な諸作品にあっては、こうした神学的契機がいわば剝き出しのまま現れてくるようになった。しかしこの定めは音楽内在的に生まれたものであった。その近代における伝統、つまり合理化というそれの中で形作られてきた論理性や厳密さという、それ自身の規範を満たすそうとするなら、完全に調和し、隙間なく組み立てられた全体性となるべく、音楽は努めなければならない。この要求を満たさないものは、それだけで技巧上の誤りとならざるをえない。その構造の網目がより密になり、その組織が耳にとって違和感なくしっくりするほど、音楽自体の現象は権威あるものとなる。自己完結したその絶対的規定性は、それが望む望まないにかかわりなく、音楽を絶対者の現れに近づける。たとえそれが――シェーンベルクの神学的省察のように――偉大な哲学とは違って、「本質は現象しうる」ということを否定した時であっても、である。

こうした〔表現を否定する〕音楽内在的な衝動は、その表現内実が求めるもう一つの衝動、あの様式史的な潮流と一体になっている。そこで生じていることを徹底的に音として具体化することで、すべての小節を実質あるものにしようとするシェーンベルクの音楽の志向は、これまで飽き飽きするほどパリサイ派的叱責によって断言されてきたように、個別化され純粋に対自的な存在となってしまった個人への還元と関係しているのだ。実際のところ個人主義的な社会の後期段階――シェーンベルクもまたそれに属していた――は、個別化された個人を熱心に集団化しようとすればするほど、その個別化を乗り越えられなくなってしまう。こうした意識段階において姿を現す精神的内実は、直接的には、自分を表現しようとする個人のそれ以外ではありえない。表現音楽の極限としてのシェーンベルクの芸術の規定はここから出てくる。そしてこのことが彼の音楽をして十二音技法にまで導いたのだ。個人的な人間関係――もちろんそういうものにも事欠かないが――ではなく、こうしたものこそが、表現音楽家中の表現音楽家をして表現主義者の一人たらしめたのである。しかしながら、個人性がいやましに強められていくなか、単なる対自存在というポジションは同時に個人への呪いでもある。この呪いは客観の側、つまり社会全体の体制の側から降りかかって来る。だからこそ個人は決して自分だけではそれを振り払うことが出来ない。それが孤独だ。恐らく本来の表現とは、ただ否定性として、つまり受苦の表現としてのみ存在する。音楽の場合なら、悲嘆にくれる作品が持つ質と何らかの形で喜ばしい曲の無力とを比べて、差し引きを勘定するだけでいい。世界の圧倒的な力が主観を容赦なくそれ自身へと、その引き裂かれた対自存在へと投げ返し、主観がただぽつんとあるだけの状態になるほど、主観が表現する内容は苦痛に満ちたものに、つまり否定的なものにならざるを得なくなる。このことをシェーンベルクは、他の表現主義者と同様、自分の極めて身近な経験の中で学んだ。愛から学んだのだ。不幸な意識にとって愛は不幸となる。嬰ヘ短調の弦楽四重奏の絶望のクライマックスは、ゲオルゲの詩の「私から愛を奪い、あなたの幸福を私に与えてください」と符合している。シェーンベルクは決定的な点においてストリンドベリから影響を受けたが、この作家の精神の中で彼はゲオルゲの言葉を作曲する。そして彼の表現も形式感覚も、それから養分を得ている。そこで明らかになるのは、ストリンドベリと新ロマン派の詩人たち――シェーンベルクもまたリートの着想をそこから得た――との違いは、流派同士の争いにおいてそう思われていたほど根深くはないということである。ストリンドベリを毛嫌いした復古的なルドルフ・ボルヒャルトの詩にも、男女両性の闘争の反響が聴こえるのと同じだ。オットー・ヴァイニンガーのものでもあるこうした層に由来する何かが、シェーンベルクには生涯を通じてつきまとっていた。初期には自由恋愛の賛美者であった彼は、後には性への敵愾心をあらわにした。それが《モーゼとアロン》をも彩っている。つまり一神教が一夫多妻の複婚に逆らうまでに先鋭化され、精神における統一の理念が、欲動の多様性をアモルフな自然として固く禁じるのだ。まさにこの点において《モーゼとアロン》は、たとえ自らの勝利を祝うことは出来ない結果になろうとも、勝ち誇る秩序という歴史の力に喝采を送る、伝統的な芸術に与している。ストリンドベリと同様にシェーンベルクの発展の中で、否定性としての表現、自分自身の内面における受苦としての表現は、否定神学へ転じる。絶対的主観性——それが完全に消え去ることは決してないが——には拒まれているところの、あの客観の側にあって包括と宥和をもたらしてくれる意味を、呪文で呼び覚まそうとするのだ。こうしたプロセスは、真正な芸術家の場合、心情の外面的な移ろいとか改宗を意味すると考えられてはならない。一九一〇年頃にシェーンベルクが文字通り絵に描きもした荒涼とした孤独のどぎついまでに表現主義的な幻覚〔シェーンベルクが描いた表現主義的な絵画作品を指す〕は、同時に既に超越の幻想のようでもある。現実を離れて亡霊となった形象たちは、人を驚愕させる天からの使者に似ているのだ。嬰へ短調の弦楽四重奏であらゆる希望を失った個人が崩れ落ちると、間を置かずして、自己の身体からの離脱のイマーゴが彼に応える。シェーンベルクの神学的転回は、彼が歴史という時の鐘から聴き取った否定を否定する。それが自分自身を否定として規定することによって、かの肯定性を既に措定しているという点で、これは真である。しかし肯定性そのものの存在は、措定によっては保証されない。肯定的なものを措定することは誤った現実を省みることであり、それは意識における逆転した現実の反映であって、決して即かつ対自的な存在者ではない。それはキメラのように虚偽の烙印をその身に帯びたままでいる。否定神学から肯定的なそれへの跳躍においても、肯定的な音楽言語の体系においても、これは明らかだ。シェーンベルクの聖なるオペラは自己賛美的な個人性を抹消することは出来ない。この個人性の彼岸にあるものとして、それは自らを規定せねばならないにもかかわらず。

この作品の統合という暴力は、事態の矛盾を和らげはしない。既に初見で明らかなのは、伝統主義に対する禁欲にもかかわらず、そこには奇妙に伝統的な効果があるという点である。理論的に言えば、を聴きこなすことが出来るのは、そこにある伝統的なものとその反対物を聴き分けつつ、同時に再び結びつけることのできる聴き手だけなのだ。心ならぬ擬古典主義、つまり全体の調和は、用いられている音楽手段とほとんど調和していないし、聖なるものという理念とも一致しがたい。聖なるものは存在論的に予め与えられているのではなく、格闘によって得られるべきものであるし、その本質は現象の揺らぐことのない客観性とは対立するのである。シェーンベルクの明朗なオペラ《今日から明日へ》は、技術的には多くの点で《モーゼとアロン》の前段階とも言うべきものであるが、不可避に悲劇的なものとなり、二重の意味で不協和な音楽手段とここで求められている明朗さとの間に亀裂が感じられたとすると、この聖書作品においては逆に、様式化原理という客観化が亀裂を和らげる効果を持っている。それは個々の不協和音から毒を抜き取り、苦悩について語るもの、語らざるをえないものを、石か何かのように積み重ねる。最も端的に言えば、音楽は最初の小節から最後のそれまで、ずっと不協和でありながら、一秒たりとも不協和に響かないのだ。かくも見事にシェーンベルクは、素材の中の表現的語彙にやすりをかけたのであり、またそれに際してそれらは、かくも疑念の余地なく中性化されてしまっているのである。技術的にこのことは、植字法とも言うべきものによって、つまり多くの音を含む響きにおいてそれをうまく分割し、摩擦係数が消えるようバランスをとる、比類なき配置の技によって媒介されている。音列の植字法、つまり響きの比率が、とりわけ垂直次元においても、かつて和声の次元で果たされていたものにとって代わることにより、協和音と不協和音の区別は完全にその存在理由を失う。トータルな構成主義は一種の簡潔様式を作り出しているのであって、その無比の高度な形式水準にもかかわらず、効果の点では新古典主義となんら異なるところがないのだ。十二音技法そのものに備わっていた緩和と距離化の傾向が、旧約聖書オペラ《モーゼとアロン》では形式原理となる。定型が用いられているわけでもないのに、ただ音楽の身振りと作曲法の説得力を通して、時折バッハやヘンデルの時代のオラトリオが聴こえてくる。例えば第二幕の第一場の「もう四十日のあいだ我らはここに留まった」という司祭の台詞におけるアリオーソのようなメロディーがそれである。また明らかに声楽のための二重フーガを連想させるものもある。第一幕の第四場の「そなた等は新たな神の聞き入れられたこと、福音を持ってきたのか？」という箇所である。これらすべて、つまり細部――それは作曲家の鉄の腕で羽交い絞めにされている――に対する全体の圧倒的な優位が、ある種の静止状態を作り出すのだ。〔それに際しては〕統合的作品として、その素材から引き出せないものはすべて排除しようとする《モーゼとアロン》の逆説的な伝統主義は、時として引用される諸形式によってではなく、単なる技術的統合では辿り着くことの出来ないもの、つまり諸々の音楽的キャラクターによって生みだされる。一見したところ、これらのキャラクターにおいてこそ、作曲家のファンタジーが最も自由に羽をのばしていると聴こえる一方、それらの中には作曲家の主観の内部にある過去の記憶に蓄えられたものが浸みわたっているのだ。それはシラブルを強調するようなデクラメーションであり、定旋律をその対旋律と対照させるような手法であり、コラール的な響きの独特のオラトリオ風の重みであり、独唱における曲線である。これらはしかし決して作曲家の断念の印ではない。十二音技法がまだ自由なまま残してくれていた領域に隠された伝統が避難場を求めたのであり、普通「音楽」といって人々がイメージするようなものと合致する何かが、そこでは生き延びていたのである。アゴーギク、リタルダンド、ステンタート効果、アッチェレランドの類などがそれである。これらは人々が知っている通りに扱われ、かつてと同じ機能を果たし、音楽の理解可能性を担保してくれる。最近の若い作曲家をして時間比率まで構成の中に組み入れようとせしめたものが何であるか、これらを見れば分かるであろう。まさに自由なまま残されていたもの、つまり時間の領域こそ、十二音技法においては自由にすることが出来なかったもの、勝手に一つの意味をひきずってくる音楽言語の残骸だった。そしてこのような形をとって現れる意味を、構成は自らに異質なものとして批判する。だが〔それにも増して〕《モーゼとアロン》における非モデルネ的なものとは、何より巨匠性がもたらす帰結である。シェーンベルクが自分の音楽を自在に操る君主的な練達は、いわば音楽から反抗的な要素を切り離し、それを滑らかにしてしまう。彼の命令に完全に服しているもの、そこから何も飛び出したりはしていない滑らかなものは、もはやショックを与えることもないのだ。だからこそ突破的な表現の箇所は図像へ、表現の比喩へと二重化される。全体がそれらにあるべき位置を指示し、飼いならし、非本来的なものにしてしまうのだ。色彩の次元も然り。《モーゼとアロン》におけるそれは、それまでのシェーンベルクのどの作品をも凌ぐほどに、構成の中に組み込まれている。他の多くの使用可能な手段の一つとして、色彩は完全に解放されているだけではなく、まさにそのことによって、初期のシェーンベルク――彼は音楽史の中でも最も偉大なオーケストレーションの名手だった――に固有だった見慣れない色価を失うのだ。この作品を聴いていると、「技量＝出来る」ということについて異端的なことを考えたくなってくる。表現主義の時代のシェーンベルクはそんなものに従順ではなかったし、「それだけが祝福を与えてくれるものとしての技術などへの信仰からは解放されねばならない」と書いていた。だが音楽における技術という概念自体に、後の彼は再び厳格な名誉を与えるようになった。然るべき根拠はあった。技術なしに、つまり素材の中でもう実現されているあらゆるものと別の形では、音楽をそもそも拘束力あるものとして実らせることは出来ないのである。しかしそれと並んで技量の理念の中には、常に次のような考えも存在してきた。「技量がある、つまり「出来る」とは、まさに人がそうやっているように、そうでなくてはならないように、出来ることなのだが、〔しかし〕作品が完全にそうでなくてはならないようになることにより、むしろ作品はそうあるべきものではなくなるのだ」という考え方である。この「そうあるべきもの」それ自体とは、あらゆる強迫的装置を超越したもの、実現された自由であろう。今日における宗教芸術のアプリオリな不可能性と、自分の能力を完全に見極めることとしての「出来る」ということの諸問題が、《モーゼとアロン》の中では互いに絡まり合っている。

この「それがどうであらねばならないか」を知るという原理は、しかし作品の様式次元にまで及んでいる。ある種の素朴さの残滓——恐らくこの作品を作曲するということは、それを必要としていたのだ——をもって彼は、実証済みのものを信頼しているのである。もちろんシェーンベルクは、宗教音楽の再生ないし刷新のための諸々の定型の誘惑にかられたりはしない。その代わりに彼は、かつてのワーグナーのように、記念碑性と純音楽的な展開とを調停しようとする。かつてワーグナーも同じように、その時代の地平内で可能な限り音楽劇場の慣習への批判を容赦なく推し進めながら、しかし同時に、聖なるものの証言としての生を超えた偉大さを求めた。そして彼は神話からそれを獲得できると妄想した。〔しかし〕神話はもはやそれを希求する主観性の手が届かないものになっており、また他方で主観性は、唯一それのみがかつて音楽に記念碑性を可能ならしめていた伝統的な形式規範を宙づりにしてしまった。《モーゼとアロン》が伝統主義的であるとすればそれは、このオペラがまったく切れ目なしにワーグナーの劇作法に従っており、聖書の物語に対するその関係は、ワーグナーの《指環》と《パルジファル》の音楽のその台本に対する関係とまったく同じだという点にある。ここで問われているのは、宗教的であるが故に、まさに神話的ではなく反神話的な出来事を、楽劇の手段でもって描き出すという理念である。だが情念というワーグナー的な領域は、《モーゼとアロン》の物語が繰り広げられる神学のそれではない。情念の領域への移調は不動の彫像のごとき錯覚から作品を救い出してくれるが、同時にその代償として、それだけが記念碑的な様式原理を正当化したはずのあの超人的なものを人間化してしまうのである。また楽劇の様式原理は、最も進歩的だった頃のシェーンベルクより以前の時代へと、逆戻りするものでもある。その革命的な時期の舞台作品である《期待》と《幸福な手》において、シェーンベルクがワーグナー楽劇の構成要素を否定していたという事実〔自由な無調《アトナール》時代のシェーンベルクが同時に非動機的《アテマティッシュ》な音楽を目指したことを指す〕を、既に直前の喜劇オペラ《今日から明日へ》がそうであったが、《モーゼとアロン》は奇妙なことに無視している。かつての無調の細胞の非反復性には、どこか反建築主義的、反記念碑的なところがあった。ワーグナーにあっては表現に予めフィルターをかけていた楽劇的な様式化の原理であるが、〔シェーンベルクにおける〕文字通りの表現はこれを拒否し、〔結果として〕作品規模の収縮を引き起こしていた。しかしながらシェーンベルクの表現主義の煮え立つ音楽言語が、いったんこれほどまでに素材へと固く凝固してしまうや、そしてまさに《モーゼとアロン》における統合的構成がそうなのだが、表現というものは彼方に遠ざかってしまうことになる。だが《モーゼとアロン》の楽劇的理想は、まさに表現こそを今再び強く彼から要請する。音楽的キャラクターの伝統主義的な切り分けは、こうした厄介な劇作法上の苦境から生まれてきたものなのだ。音楽がそれ自体としてはもはや無条件に叶えてはくれないもの、自らの純粋な徹底形成という点では、表現としても構成としても無条件に認可はしてくれないものに、ドラマトゥルギーは固執している。だからこそ音楽には楽劇的な表現キャラクターが注入されなくてはならないのであり、また嵌め込まれたものとして、それらは伝統に由来すると感じられることになるのである。隅々まで徹底的に耕され、内奥に至るまで新しいはずの音楽言語が、あたかも古いそれのように語る。とりわけ極めてユダヤ的な神学の身振りおよび主人公の家父長的な性格によって音楽に刻印されるパトス、要するに受苦としての表現とも、距離を置いた構成とも縁遠い命ずるような身振りが、楽劇的な悲愴を回想させつつ、まずは音楽の中へ吹き込まれなければならない。パセティックなもの自体がとうに時代錯誤になり果てていた時代にあって、あらゆる矛盾にもかかわらずそれをやってのける際の、何かを叩きのめすようなシェーンベルクの腕力には、驚嘆するほかない。〔とはいえ〕今日の感覚がこうしたものに拒否感をおぼえるのは、こうしたパセティックなものには――そしてこれこそが外から作品に嵌め込まれたことの代価なのだが――どこかモノマネめいたところ、演じられた感じがこびりついているからである。シャガール晩年の聖書絵画もそうだが、神学的内実はもはや実体を失い、客観的精神のそれではなくなっていた。こうした内実は、集合的記憶の器官としての主観的なファンタジー――メルヒェンのように輝きながら、どこか装飾的で、憧憬とともに復元された子供の肖像のように装飾的なファンタジー――によって、新たに取り戻されねばならない。シェーンベルクのオペラにはこれに近い何かがあり、それが不可避的に作品のあまりに明白な図像化禁止の理念を否認することになる。感性化へと向かう美的な力が、それが実現するものの逆方向に作用するのだ。

ある非常に目立つ点において、楽劇の〔一神教的な〕音楽原理は楽劇の〔多神教的な〕劇構想と真っ向から衝突している。ワーグナーのモデルに従いつつ、それ自身の構成とも完全に重なっているところの、作品全体を通して〔十二音技法によって〕一貫して厳格に保たれる音楽言語の同一性は、劇素材が何より求めているもの、つまりモーゼの一神教的領域と部族の神々への退行である神話の領域との分離を表現できないのである。前者でも後者でも、あるのは同じ音楽のパトスなのだ。様式の問題と実現された形象のそれは、かくも密接に絡み合っている。両者が内実を翻って示しているのである。そこで起きる出来事はすべて原罪を負った出口のない神話に巻き込まれていたという点で、ワーグナーにおいては、自己の内部で完全に統一された言語と出来上がった作品の作りは——叙事詩におけるのと同じく——ふさわしいものだった。〔しかし〕シェーンベルクではこの円環運動は停止されなければならない。決定的な役割を果たすのは切れ目《チェズーア》〔この言葉については四一頁の訳註を参照〕のはずなのだ。切れ目を入れるものが音楽にならねばならないのである。切れ目なき統一——何もかも留保なく統合してしまうと、そこから外れるものは何一つ残らない——は、一者の理念そのものと相反してしまう。このオペラにおいてはそもそも、黄金の仔牛を囲むダンスとモーゼが同じ言語を話している。両者が同じ言語ではないという状況を、このオペラは目指そうとしているはずなのだが。かくして、この数十年の間——とりわけ彼の死後——になってようやく明らかになってきたシェーンベルクの伝統主義が、何をその背景としていたか、少し分かってくる。彼にとって意味の器官《オルガン》としての音楽言語は、まだそれ自体で統一された自明のものだった。だからこそこの言語は、どんな時代にあっても、どんなものであっても、同じやり方で語ることが出来るはずなのであった。しかし〔実は〕音楽言語のこの自明こそは、シェーンベルク自身の革新によって揺るがされたものなのである。作品の展開のあらゆる方向、あらゆる契機のラディカルな特殊化は、調性のカテゴリー体系およびその言語に似た形式イディオムの蓄えが長きにわたって携えてきたところのあの種の普遍性を、シェーンベルクの革新に対して少なくとも直接的な形では、もはや許容しない。そうするとしかし、調性音楽が蓄えてきたものの普遍性を前提としているところの、言語に似た音の配置の仕方もまた、もはや無批判には妥当しなくなる。それはまるで、神経繊維の最も深いところまで変わってしまった一つの言語が、なじみの統語論的アクセントで語られているかのようなのである。そのせいで、この作品が激しく異を唱えているはずの虚構的な性格が、作品構成の内部にまで持ち込まれてしまうのだ。このことは遡って、一つのイリュージョン――市民精神がかつてそれを断念することが殆どなかったそれ――を指し示す。つまり芸術の歴史なき永遠性というイリュージョンだ。これこそまさに、シェーンベルクの革新がかつてそこからの解放を成し遂げたところの、〈アドルフ・ロースが攻撃したような〉あの装飾的な心性とセットを成すものである。市民的個人主義を形而上学的に神格化したものに他ならない天才信仰は、「どんな時代でも偉大な人々にはあらゆる可能性が開かれている」だとか、「彼らは常に最も偉大なことに成功するだろう」といった考えに、ひとかけらの疑念も持たなかった。偉大さというカテゴリーそのものを疑うなど、まったく思い及ばないことだったのだ。シェーンベルクもそうだった。天才信仰とはそもそも、文化というものを素朴に受け入れることを前提としているわけだが、それに対する疑義としては、シェーンベルクとは対照的なもう一つのやり方、つまり〈ストラヴィンスキーのような〉専門化という可能性があってしかるべきだろう。ただしそれは、分業化を擁護し、それだけが芸術を正当化してくれるところの美的に極端なものを断念する。故にシェーンベルクは当然ながらそれに反対の立場をとった。シェーンベルクのこの断片としての代表作――この代表作という言葉からして何かを示唆しているが――には、ハクスリーが初期の小説で糾弾していたあの精神のいくばくかが息づいている〈世界中の人間が遺伝子コントロールされた未来を描く『すばらしい新世界』の中で語られる、万人の幸福のためには各人はその持分に満足するように形成されるべきであって、飛び抜けた才能など不要であるというディストピア的発想〉。かつて巨匠と傑作について言われたような偉大さ、普遍的な妥当性、全体性などは、一人の人間が十分に強く、天才的であるときのみ、再び獲得されるというわけである。ミケランジェロとピカソを競わせて、どちらが偉いか比べるが如き心性が、ここにはある。こうした歴史哲学的な目くらましは、それ自体が歴史哲学的に引き起こされたものであって、真正さが不足しているという感情、つまり個人化されたモデルネの作品の影から生まれたものである。この目くらましを打破することは〔必然的に〕偉大な芸術という理念を相対化してしまうだろう。だが、それなくしてはそもそもオーセンティックなものを書くことが不可能になってしまうところの「美的真摯」という尺度を打ち立ててくれるのはまた、この「偉大な芸術」という理念だけなのだ。シェーンベルクは芸術そのもののアンチノミーを作品として出現させた。彼への最も強力な擁護となるのは、シェーンベルクがこのアンチノミー――それは彼だけの個人的な問題などではなかった――を、作品の最も深いところにある細胞にまで持ち込み、引き受けたという事実である。〔しかし〕このアンチノミーからの脱出は、意志とか何らかの作品の力によってどうにかなるものではない。芸術において最高度の内実をものにするためには、最高度の内実を取り扱ったり提示したりしなくてはならないという、既にヘーゲル美学の歩みをとめてしまった誤謬も、発想は同じである。遠ざかっていく内実を、伝統どおりならかつて偉大な内実が内在していたはずの素材に結びつけ、それによってこの内実を何とか縛りつけて手元に置こうなどと考えても、それは無駄な努力である。図像化禁止は、それを尊んだ数少ない一人であるシェーンベルクが想定したより、さらに先を行っていた。偉大な内実を芸術作品において直接的に主題とすることは、今日ではその残像を作ることを意味する。そして必然的に偉大な内実は、それ自体で存在するものとしては、芸術作品から逃げ去ってしまうのである。

こうしたことすべてを検討した後、《モーゼとアロン》を前にして何か実りある問題設定があるとすれば、それは「にもかかわらず作品はどんなものになったのか？」という、不可能なものの可能性への問いであろう。古めかしい表現で端的に言えば、「作品は救済されたのか？」ということだ。何が成功し得たかは作品構成の明細に、つまり内的構造の中に求められねばならない。様式概念に対するシェーンベルクの嫌悪、そして具体的形象へのその共感は、この作品の構造においても変わらない。「代表作」という理念から生じてきたものにどれほど苦しめられていようとも、同時に《モーゼとアロン》は何と言っても彼の代表作なのだ。「それにもかかわらず」の代表作、そして最後の代表作にして代表作の中の代表作。伝統的な巨匠性の概念は掘り崩されているが、にもかかわらずこのオペラはその条件を満たしている。その音楽が前代未聞の水準においてオペラを支配し、揺らぐことのない確信でもって意図と作品の同一性に到達していることにより、文字通りの意味での「未聞のもの」という点では作品に不足しているものが埋め合わせられる。彼が持つありとあらゆる力が結集される。根源的な直観力、彼の器楽曲に結晶していた完璧な分節、全体的なものを目指そうとする心性。最後の点についていえば、それは単にベートーヴェンの遺産であるだけでなく、シェーンベルクの音楽を同時代のあらゆる音楽から区別するところの、彼自身の音楽的反応形式でもある。《モーゼとアロン》では、《幸福な手》と《ヤコブの梯子》のシンフォニックな躍動《エラン》が、聖書オペラに先立つ十二音技法による諸作品で学びとられたポリフォニックな組織化の能力と統一されている、と考えてみるべきだろう。そこから生まれてきたのが、単なる音の抑揚のパトスを超える、偉大さのトーンである。それが最も真に迫る形で直接的に噴出してくるのは、第二幕の最後であると同時に彼が作曲したオペラの最後の情景、あのモーゼの帰還の情景である。しかしトーンの偉大さは、例えば単旋律で伴奏されるこの情景の最後の部分がそうだが、決して「偉大な単純さ」を求める慣習に従うものではない。素朴な誤解を受ける危険もあるが、次のように言えるだろう。つまり逆にむしろそれは、この音楽が幾重にも積み上げようとしているもの、それを用いて音楽の空間を満たそうとしているものに関わっているのだ、と。注意深く観察する耳は、大聖堂に入った途端に高みへと奪われる眼差しのように、この偉大さに対して振る舞わねばなるまい。この場合の偉大さとは極端なポリフォニーと一体であって、いかなる身振りとも無縁の、純粋に作品内在的な技法の結果である。こうした複雑さは第一幕第一場の合唱の出だし、「唯一の神に結びつけられた者」で既に現れていたが、恐るべきは後の第一幕第三場の告知の箇所だ。しかもこの複雑さは、和らげられたりせず、ぼかされることなくとことんまで聴き取られねばならない。かつまた複雑さがそれ自体として突出してもいけない。これがこの偉大さの奇妙な秘密をなしている。音楽的に重要なすべてのことと同じく、それもまた自身の技術の中に、さらに言えば作曲法の多様性の中に、その根拠を持っている。そのうち最も単純な手法は、葛藤が高まるにつれて徐々に増加していく声部である。作曲技法のふんだんな使用――それは何よりまず、同時に生じる出来事の充溢を意味する――は音楽の内容、つまり作曲によって提示されるべきものと比例しなくてはならないという規則に、《モーゼとアロン》のシェーンベルクは他のどの作品でも見られないほど忠実かつ前代未聞の水準で従っている。ここでシェーンベルクは自分の極限を投入した。例えばここでの神を称える言葉におけるほど、多くの音楽――響きの素材とほぼ同義でのそれ――と多くの音符が用いられた曲はない。楽曲構成の密度が、語り得ぬものを簒奪なしに現象させるための媒体となる。そしてどうしてそれが可能になるかと言えば、それはシェーンベルク自身の音楽意識によって、素材の中で徹底的かつ首尾一貫して作り上げられているからにほかならない。

こうした豊富さと対を成すのが形式の力である。最後の一片にいたるまで完全に形成されきるからこそ、全体としてこの豊富さは極めて明快に分節され、目がくらむほど多くのものが、その内部における区分を通して、説得力をもってまとめあげられるようになっているのである。切れ目なしに進む楽劇の習慣とは違って《モーゼとアロン》は、切れ目を入れる段落ごとの作曲に向かう傾向がある。後の十二音技法による作品においては、この傾向は器楽曲にも波及することになった。しかし各場を単位とするこの設計――そして互いに極めてはっきり対照させられ、しばしばこれらの非常に短い段落の中ではとりわけ、ある程度独立している合唱の部分――は、建築的にいわば上から命じられて出来たものではない。それは台本の構造から直接に導き出されるものだ。より狭い意味での形式、つまり時間の組織化という点でも、構成原理と細部の固有の生命とは理想的な形でバランスをとっている。いわゆるイントネーションは、明らかかつ意図的に、古いタイプのオラトリオと一定の平行関係をもって紡ぎ出されていく。ワーグナー楽劇を意識しているにもかかわらず、スコアは分節化された徹底構成を保つべく無限旋律を退け、しかも決して番号オペラに目配せするようなこともない。そのやり方は驚くべき軽業の域に達している。シェーンベルクが《今日から明日へ》でも徹底的に試したところの、擬似レチタティーヴォ的な部分と閉じた部分との交代という手法によって、分節化はさらに強められている。ワーグナーにおいてすら、〔無限旋律という〕表面の下で、同じような区別が存在していたが、〔そもそも〕大きなスパンにわたって延々と――かつてのシェーンベルクの理想はまさにそういうものだったわけだが――すべての小節が常に中心から等距離にあり、等しく拘束的であるように作曲することなど出来ないのだ。隅から隅まで完全に作曲され尽くしたものは、たいていは単調に陥りがちだ。もちろんレチタティーヴォも構成から除外されているわけではない。ここでもそのケアをするのは音列である。レチタティーヴォの非拘束性そのものが形作られたものなのである。しかしシェーンベルクの音楽そのものの生命線であり、《モーゼとアロン》ではいわば主題化されているところの表現と構成の緊張関係、つまりレチタティーヴォ的な部分と閉じた部分との対照は、恐らくそれ自体が形式形成的なものとなっている。全体の中でレチタティーヴォ的な箇所は——それはしばしば表現主義時代のシェーンベルクの語彙を思い出させる——表現的な契機を、そして閉じた箇所は本来的な意味での構成的な契機を、それぞれ担っているのだ。つまり両者が交代することにより気分転換がはかられるだけでなく、決して単純な統一へと止揚することは出来ない何ものかの表現が、まさにそれ自体で楽曲プロセスの原理へ高められることで、達成されるのである。厳格に遂行された二元論のうちにこそ、《モーゼとアロン》はその統一性を持つのである。そのポリフォニーに加えてリズム構造が、閉じた部分にまとまりを与えている。仔牛を囲むダンスにおける八分の六拍子のように、しばしばこうした部分は急迫したリズム・モデルの上に作られているのである。そしてやがてそれが再び、発展的変奏のプロセスの中へ組み込まれていく。だが〔それに対して〕比較的ホモフォニー的に作られているレチタティーヴォ的な部分は、かつての表現主義時代の処理様式そのままに、反復とはまったく無縁である。テクスチャーも融通無碍だ。例えば冒頭のように、比較的簡潔でほとんど和音的な部分すらある。全体としてオーケストラの機能は、第二幕のダンスの箇所——ここもまた段落的に分節されている——を除けば、伴奏的である。シェーンベルクはオーケストラを、本来的な意味でのポリフォニックなセクションと伴奏的に支えるそれへと、分割して使う傾向がある。この目的のために、オーケストラの音域的な広がりが利用し尽くされる。シェーンベルクのすべての声楽作品と同じく、主要声部は常に声楽パートである。これを可能にするべく、オーケストラにも独自の旋律が現れる際には、それは声楽パートのずっと上か、あるいはずっと下に置かれる。結果として極めて密度の高いオーケストラの織物のもとであっても、声楽パート――もちろん一貫して器楽によって重ねられている――ははっきり聴こえてくる。同じく特徴的なのは、細かく刻み目を入れられていると同時に、大きな呼吸をもったヴァイオリンの旋律線である。成熟期のシェーンベルクは、《モーゼとアロン》の管弦楽技術によって、音楽言語については何も共有するところのないマーラーの弟子であることを証明した。明晰さ――ということは、いわゆる効果――への考慮が、作曲それ自体にとって生産的なものになっている。出来事すべてが聴きとれるようにするためのコントロールの意志の遍在、そしてすべての音域を利用することによる、最も複雑なものにおける無比の透明から、このオペラの見紛うことなき無二の響きは生まれてくる。この響きはそれ自体として無限に微分されつつ、なお統一を保っており、ある楽器グループと別のそれ、同族のある響きと別のそれをむき出しで対置させる記念碑的な定番手法とも、新ドイツ派や印象主義の混濁した響きとも、一線を画している。むしろ控えめな規模のオーケストラが、シェーンベルクの手にかかると、予想もしなかった力を生み出す。深い経験に支えられたこの力は、オーケストラ編成にぴったりとマッチしているのだが、こういう形でシェーンベルクの筆はオーケストラを支配する。生産的な明晰さが旋律〔の造形〕に仕えているのだ。これは異論の余地のない伝統と合致するものであり、つまり旋律が第一なのである。様式についてあれこれ考えすぎて、旋律のメロスの実質性や楽想の優位を損なうようなことを、シェーンベルクの作曲理想は決してしない。それでもなお、暖かくのびやかに流れていく旋律法――それはシェーンベルクの青年期以来のどの作品よりも朗々としている――は、並外れた新しさへと向けられている。その分析は今後の課題である。このメロスはひょっとすると言語リズムおよびその非対称性から生まれてくるのかもしれない。この言葉のリズムという根本形象が、やがて音列の中で主題的なものとなり、旋律として展開するためのエネルギーを充填されるのだ。まず造形的な旋律モデルが設定されるのだが、決して旋律線はその後も推進力を失わない。旋律線は滔々と紡ぎ出されていくが、しかしその際にモデル設定とその展開との境が消えてしまうことはない。散文的な言語リズムを用いていること──それはまさにリズム的に極めて特徴ある諸形象を作る必要性と一体である──により、《モーゼとアロン》では分節の主要手段としてのあの〔リズム的〕要素がくっきり浮き上がってくる。しかしながらアクセントの強調といった素朴なリズム手段が、リズムのファンタジーと混同されるようなことは決してない。とりわけ仔牛を囲むダンスは、このファンタジーをかきたてたに違いない。打楽器的な単調さに陥ることは一切なくして、この場面は最高度の電撃的な打撃力〔ストラヴィンスキー論でもキーワードになっている言葉〕を備えている。

この打撃力という概念によってこそ、人はこの聖書オペラがどれだけ成功しているかについて、完全に理解することが出来るだろう。最初はそれに対立しているように思えるもの、つまり音楽の過剰なまでの複雑さの中で、このオペラは高揚していく。シェーンベルクの至上の能力が解き放たれる。つまり結合のそれ、同時に鳴り響く異なった出来事を正確に表象する力である。多様の中の統一という理念が、彼にあっては感覚的な意味での楽才となった。同時に鳴り響く異なったものの極限を、一つのものとして考えるだけでなく、一つのものとして作り出すことが、彼には出来た。まさにこの点において、オブリガート的に作曲される音楽の伝統というものが、彼のもとで完成を見た。あの能力は彼の形而上学的天分の証明であった。想像されたものの統一は、彼にあっては、台本が探究する理念を真に満たすものだった。効果がもつ電撃的な打撃効果と諸部分の統一とは、同じものである。だからこそ出来上がったものは簡潔なのである。どこであれ複雑さは握りつぶされたりせず、明証性をもつ形式を与えられている。もしスコアの中にあるすべてを明晰に聴き取ることができるのなら、この明晰さのおかげですべてを同時に綜合的に聴くことができる。複雑さという点で《モーゼとアロン》に最も近いのは《幸福な手》だが、そこでは音の層や条線が互いに積み重ねられていた。〔しかし〕《モーゼとアロン》でのこれらは本物の声部に変容している。単なる積み重ねが絡み合わせとなる。だがこうした結合法は、シェーンベルクを非難する早計な決まり文句にありがちなような、頭で考案されたものなどではなく、感覚的なものである。それは想像力、つまり生きた表象の中で息づいているのだ。このことは単なる作曲プロセスの主観的ないし心理学的側面という以上のものであって、深く事象そのものと関係している。まだ演奏されていない作品について、「では、あなたもまだその作品はお聴きになっておられないんですね？」と尋ねられた時、シェーンベルクはこう答えた。「いやいや、それを書いたときにもう聴きましたよ」。このような想像力の中でこそ感覚的なものは、具体性を一片も失わずして精神化されるのだ。表象のなかで完全に実現されたものは、このことを通して、客観的な意味で一なるものとなる。それはあたかも、シェーンベルクの音楽的天才が自らもう一度、モーゼとアロンの物語が凝縮しているところの、部族の神々から一神教への道を辿り直すかのようである。聖なる芸術作品が不可能になった時代にあって、にもかかわらず時代はその終焉において、まさにその地平の中で市民たちの時代が始まりを告げたところの可能性を、自らの手で解き放つのである。

原註

（1） Arnold Schönberg, Gedenkrede über Gustav Mahler, Prag, 1913; am vollständigsten abgedruckt, in: Forum, Jg. 7, Heft 79/80, Wien, 1960, S. 277ff. (Zitiert bei Walther Vetter〔これはアドルノの誤りで、正しくは Eberhardt Klemm〕, Über ein Spätwerk Gustav Mahlers, in: Deutsches Jahrbuch der Musikwissenschaft, Jg. 6, Leipzig, 1962, S. 21).

音楽と新音楽

ペーター・ズーアカンプに捧げる

新しいものにおける最良のものは古くからの要求に応える
ポール・ヴァレリー『ロンブ』

ペーター・ズーアカンプとの最後の会話の一つで、拙著『響きの形象』のいくつかの章のタイトルに関し、彼は私に「どうして君たちは相変わらず新音楽、新音楽と言うのかね？　絵画ではこんな名称はとっくになくなっているのに、音楽では君たちは死にもの狂いでそれを長生きさせようとしている」と問うた。亡くなった友人に対して、私は出来るだけきちんと答えたいと思う。もちろんその際に私は、単なる専門用語に話を限定するのではなく、そうすることで事象そのものに関わってくる何かを衝くことを希望しつつ、こういう問いを誘発する諸々のものの考え方のいくつかを示したい。まず硬直したこの名称は、実に怪しげなものである。恐らくそれは「国際新音楽協会」〔国際同時代音楽協会（International Society for Contemporary Music）、通称ＩＳＣＭ。ドイツ語名 Internationale Gesellschaft für Neue Musik. 一九二二年ザルツブルクで創設〕のドイツ語名から来ているのだと思われるが、新ドイツ楽派や印象派やその他あらゆる十九世紀的な古い派閥からある程度距離を取ろうとするものすべてを、この協会は一九二〇年代初め以来受け入れてきた。この名称がいかにアバウトであるかは、同じ組織の英語名は「国際同時代音楽協会（ＩＳＣＭ）」であることからも分かるだろう。ここでは「新」という挑発的な言葉の代わりに、中立的で年代的な「同時代」というそれが用いられているのである。概してプログラムもこちらの名称に対応していた。あの音楽祭で演奏されたものを今日再び聴いてみたとしたら、今日の新音楽という概念に質の点で当てはまるものは、ほんの少ししかないことが分かるだろう。それら無数のコンチェルト・グロッソや組曲や木管セレナーデや〔戦間期に流行した新即物主義における〕駆動的な代物は、薄い不協和音のニスをはがしてみれば、少なくともラフかドレーゼケ並に古臭く、ひょっとするとそれよりも退屈に響くであろう。当時エキセントリックだとされていたウィーン楽派、そしてストラヴィンスキーおよびバルトークの若い頃の作品だけが、何か異質なもの、根本的に異なったものというアウラを持っていた。今から四十年前、微温的で中庸な連中すら、このアウラにあやかりたいと願っていたものである。新音楽という概念は、それが歴史の中でしばしば経験してきた老化の運命を分かち合っていると見える。まるで過去の作品――あるいは広くオペラ劇場とコンサートホールと野外劇場をいっぱいにしてくれるもの――とは何の関係もない、それ自体で存在する、何か切り離されたものであるかのように、飽くことなく新音楽について語ることは、それを標語として押し進めるためというより、むしろそれを防御し中立化するのに役立つ。〔そして〕この〔新音楽という〕表現がまさに、「これでも音楽なのか？」という例のばかげた質問を誘発する。こうすることでもって憤激した聴衆は、自らの怒りという重荷に悩まされずとも済むようにする。つまり自分が憎んでいるものが、公認されたほかの多くのものと並んで存在していても別に構わないにせよ、公認の〔音楽についての〕定義に当てはまらない以上、専門家にしか関係ない特殊案件なのだとすることによって、それを厄介払いするのだ。〔ただし〕新音楽という言葉があるおかげで、それをスタジオとか専門的な組織や催しなどに制度的にジャンルとして組み入れたり、あるいは排除したりすることが保証されるのであって、このことが不本意にも新音楽独自の要求――真実への、つまり一般性への要求――の邪魔となるのは確かにせよ、こうした組織の助けなくしては、新音楽が自分自身でやっていける望みなどない。思い出されるのは、音楽プログラムをクラシックとポピュラーに分ける習慣である。アメリカではこの分類法がそれぞれのファンにお気に召すものを提供し、単純な二者択一以外の面倒な選択をばっさり取り除いてくれるのだ。いずれにしてもカーテンの向こうではいつの間にか、かつてＩＳＣＭがその論争の切っ先を向けていた人たちは死に絶えてしまった。ヴァルデマール・フォン・バウスネルンやジークムント・フォン・ハウゼッガーやゲオルク・シューマンやマックス・トラップのように作曲しようとか、彼らのこけおどしの大作をコンサートホールに陳列しようなどとは、もはや誰も思わないだろう。要するにこうしたことが、新音楽という言葉をほとんど取るに足らないものにしてしまっているのである。そのパトスはもはや対立者を持たないのであって、それを取り巻くこのように無害化された状況から、新音楽が影響を受けずにはいない。

しかしながら絵画とは対照的に、相変わらず新音楽という言葉が自己主張し続けているのは、決して偶然ではない。この言葉は突然の質的断絶の経験を物語っているのであり、他方、絵画における同様のプロセスは、もっと長い期間にわたって段階的に生じ、しかもそのルーツはもっと古くにさかのぼる。最新の発展にあっても音楽は、遅くやってきた芸術であることが分かるだろう。それは遅れてやって来た人《レート・カマー》であり、そこではすべてが通常より素早く過ぎていくのだ。しかしながら新音楽という名前に何よりはっきりあらわれているのは、音システムが完全に変わってしまったという事実である。〔対するに〕絵画は調性に対応するようなものをほとんど持っていない。モデルネに至って打破されたところの、模写されるべき対象との絵画の関係は、時代スパンという点では、音楽における調性のエポックよりはるかに長くに及ぶものであるが、ただし絵画自体が用いるべき形式や色といった素材を変更することは決してない。三和音、長短音階、協和音と不協和音の区別、そしてそこから直接間接に生じてくるあらゆるカテゴリーといった、第二の自然となっている要素を放棄した音楽言語というものは、明らかに絵画における刷新よりはるかに多くの困難な要求をつきつけてくる。音楽の発展もまた今日から明日へとスラスラ進むのではなく、《トリスタン》以来の百年の時間がかかったということ、新音楽の問題設定の諸要素はすべて、伝統的な音楽に端を発しているということは確かだ。しかしだからといって、幼少期以来の経験、受けた教育、そして人々が絶え間なしに浸らされている音楽の圧倒的大半のせいで、大多数の人間が新音楽を何か自分たちの想像が確実におよぶ範囲から逸脱するものとして分類してしまう事実に変わりはない。彼らの見解ではモンテヴェルディからリヒャルト・シュトラウスに及ぶすべてを聴くにはそれで充分ということになる聴取習慣では、人はシェーンベルクやウェーベルンやブーレーズに処することは出来ないのである。こうした変化は単に様式、内容、作品の個別の刻印だけではなく、その前提、こうした音楽がそれでもって語るところの言語自体に関わってくる。しかもそれは、マンハイム楽派やウィーン古典派やワーグナーなど、かつての革新と同列に論じられるものではない。だからこそ新音楽に対して、「歴史プロセスに従ったあらゆる重要な現象は、最初のうちは見慣れないとして拒絶されたのだ」などと中立的なことを言ってみても、それはまったく役立たずの単なる使い古された弁明の類に過ぎない。まさにカプリオーレとも言うべきシュトラウスの大胆ささえ、確かにシステムを揺さぶりはしたが、それは単に——天才的な《エレクトラ》の〈調性的な〉終止部のように——その効果を一層強めるためであった。マックス・レーガーの半音階の遍在——そこでは絶えざる転調によって、固定された調性という概念がその構成的な意味を失っている——にしても、個々の響きの構成や隣接する響きとの直接的な関係の点では図式をしっかり守っていて、神聖化されている〈調性的な〉予想期待というタブーをまったく犯してはいない。ダルムシュタットを中心とする最新の局面に至るまで、新音楽という名の下で現れては消えていった数々の音楽は、その理念——調性の残滓から純化され、図式によって組織化された言語に頓着することなく、ひたすら自分自身の中だけから作り出された音楽というそれ——に完全に応えることは滅多になかった。恐らくウィーン楽派の創作を除いて、この四十年の間に新音楽とされてきたものすべてに、至るところで調性システムの残滓が混入していることが分かるだろう。音楽が例えばオクターヴ単位の等分といった定義に拘る限り、調的システムの残滓との関係——否定するという形での関係すら関係に含まれる——を果たして完全に捨てられるのかどうか、はたまたそんなことは望むことすら出来ないのかについては、今に至るまでまったく見通しはついていない。

いずれにしても、とりわけストラヴィンスキーとヒンデミットの後継者や模倣者たちによる妥協的な産物すら新音楽だとされてきたことに、いくばくかの正当性はある。彼らにあって調性は、単に影のように細々生きながらえているだけであり、もはや至上の力は持っていないということを、人々は感じていたのだ。色々な点でそれらの調性は、彼ら自身が手を伸ばしさえすればまだ届いたはずのものの外側に、何か支えと秩序を見つけようとする意識によって、まるで引用されたように響く。ピカソがその短い新古典主義の時期以外でも使い続けた対象的世界というモデルとの人を惑わすような相似性と、それは似ていなくもない。修復不能の転換点は、人がまさかと思っていたような場所にまでさかのぼる。〔ただし〕調性の終わりの決定的な年代ないし作品をあげるのは難しいにせよ、しばしば善意の素朴な音楽家が弁護のためにやりがちなように――そして実際に彼らはそうしたのだが〔シェーンベルクが十二音技法の原型がバッハにあると示唆したことを言っている〕――、すべての音楽の原理的な統一性と連続性だの、いわんやバッハからシェーンベルクに至る天才たちの何世紀にも及ぶ終わりなき対話だのを、いきなり持ち出すなら、いま何が起こっているのかを見誤ることになる。シェーンベルクとベルクは無調《アトナール》という言葉を嫌った。彼らはそれを中傷ととり、本当に文字通り「音《トーン》のない音楽」を意味するなら、まったくナンセンスだと考えた。ただし、かつてゴイセン同盟〔十六世紀オランダでスペインの支配に抵抗した貴族集団〕の戦士たちが、そして最近では五十年ほど前のダダたちが、突撃ラッパとして独占したものを拒絶したという事実は、シェーンベルクの奇妙に保守的な素朴さと関係しているのかもしれない。〔しかし〕「無調」という言葉はまさに、新音楽が人々に与えたショックを正確に記録しているのであり、このショックはその本質に深く関わるのであって、無調という代わりに十二音技法という言葉を、あたかも新しい肯定的なシステムであるかのように使い始めた瞬間、このショックは和らぐことになった。ちなみにシェーンベルクの名誉のために、彼がこうした技法の物象化に対しても抵抗したということは言い添えておこう。結局のところこの技法は、新しい響きの海〔自由な無調の時代のシェーンベルクの作風を指す〕――その発見は五十年ほど前にウェーベルンによってシェーンベルクに帰せられた――へ向かって孤独に前進した者の耳にだけ、助けになってくれたのだ。いずれにしても、セリーの中にあの新しい庇護性――いつの間にかその怪しげな性格は哲学の中で明らかになってきたが――が見出されたというような、肯定的かつドグマ的な信仰よりは〔人間存在の孤独の中に実存の可能性を認める実存主義に対して、孤独な個人と外部世界をつなぐ

「支持的な実在」の存在を「新しい庇護性」として見出そうとするボルノーの哲学が想定されている。O・F・ボルノー『実存主義克服の問題——新しい庇護性』須田秀幸訳、未來社、一九六九年参照〕、無調の音楽を云々する方が、まだしも事実を言い当てている。とりわけジョン・ケージに接続しようとする最新の創作の多くは、確かに十二音技法的というよりは、無調的と呼ぶべきであろう。

新音楽という言葉については、社会学的にもいくつかのことを述べておかねばなるまい。というのも、新音楽がもたらすザッハリッヒな衝迫から逃れて、〔それと無縁のところで〕真剣に受け止めるべき生産をするなどほとんど不可能である一方で、再生産と消費は——まさに新音楽のためにとっておかれている保護地区という、きれいに仕切られて孤立した一角を除いて——調性の備蓄に固執し続けているのである。まさにこれらから新音楽が切り離されていることが、つまり今や完全に形を成した新音楽の言語と因習的なそれとの天文学的な距離が、誤って人々が永遠だと思っているものをどんどん化石化しているのだ。恐らく高級娯楽と低級を自認するそれ、そしてその延長にある公式の音楽産業においては、かつて音楽史の諸段階がいわば行政区画に分けられて管轄されていたよりさらにわずかしか、相互通行が許されていない。パンテオンに追放されたモデルネの巨匠たちには、そうこうするうち敬意が払われるようになったものの、彼らとて事情を変えてくれるわけではない。そんなところに祭り上げられることで、彼ら自身が偽物にされてしまったのだ。影響力の強い文化産業は停車を命じ、その不変要素だけに自らを限定しようとする。あらゆる音楽以外のメディア、とりわけ映画と同じである。図式は閉じられているのだ。密閉状態への傾きをもつこのシステムは、正当にも自分自身の真実に不信感を抱いており、どれだけそれが無力なものであろうと、統御されていないあらゆる物音を怖れる。かつて第三帝国が〔シラー『ドン・カルロス』の〕ポーザ伯爵の慎ましい思想の自由を恐れたように。用いることの出来る技術的人的な力という点で全体状況が問題の多いものになるほど、全体状況がそれを形作っている技術的人的力を威嚇的な影で覆うほどに、また改善のチャンスが逸され、その簒奪者によって芽をつぶされてしまうほどに、救援の望みもなく包囲された人間性には、「この他に道はないのだ、存続の基本カテゴリーこそが存在のそれなのだ、それは真実不変なのだ」というメッセージが、嫌というほど叩き込まれる。そしてこのメッセージは文化政治のあらゆる細部にまで浸透していき、しかしその個々の代理人や責任者がそれを自覚している必要はまったくない。こうして包囲された人々は、問答無用で自分の頭に叩き込まれたこと以外に何も望まず、ヴェールを切り裂くものの中に、自分が本当には信じてもいない快適を脅かす何かを見て恐れる。こうした人々の精神段階については、いまさら何を引き合いに出すまでもなく明らかであろう。この不吉な運命の輪に取り込まれてしまわない限りにおいて、新音楽は常になお新しいものとして自己主張できるであろう。すなわち新音楽が行う批判的美的な自己省察は、〔音楽に即した〕客観的なものであると同時に、社会的なそれでもあるのだ。

挫折した受容であれ、想定されたそれであれ、新音楽の社会との関係はしかし、〔音楽外的なものではなく〕その内実そのものに関わっている。非妥協主義だけでは、つまり広い聴衆に受け入れられていないという事実だけでは、新音楽に固有の本質と言うには抽象的にすぎると、人は考えるかもしれない。〔しかし〕非概念的な素材によって措定される音楽の非対象性、つまり手に取れる明白なテーゼに対してそれがなじみにくいということは、音楽という反抗的な生産物に道化の自由を与えてくれるし、そのことを音楽は何にも増して感謝しなければならない。ちなみに音楽はこの欠陥を、あらゆる分節された芸術、つまり肯定的言明〔アドルノ『本来性という隠語――ドイツ的なイデオロギーについて』笠原賢介訳、未來社、一九九二年、一一頁で、この言葉 Aussage は隠語の一例として引かれている〕と呼ばれるおぞましい共通分母では決してその理念を割り切ることの出来ない芸術と、共有している。しかしだからといって、音楽の内実は決して中立的なものではない。ヒトラーの時代に組織化された形で荒れ狂い、今再び穴倉から這い出してきつつある様々な度合いの反動家たちは、新音楽の友人――音列の列挙その他の無害な実証的お役人仕事によって、新音楽の何らかの本質を人々の間に広めることが出来ると、彼らは信じている――よりはるかにこのことをよく理解していた。修得されるとか完全に親しまれるといったことと、新音楽は異質であり、そうなるとそれは病んでしまう。世のならいに対して新音楽は、絶望的に反旗を翻す。そのジェスチャーは攻撃的である。それ自体の法則に従おうとし、需要に対しては反乱を起こすことにより、新音楽はそれ自身の隠れた潜在的主体をまさに具体的に表出する。その禁止の中にこそ、その特質がはっきり表明されるのだ。シェーンベルクは、彼が崇拝していた偉大な先人たちと同じく、単に偉大な作曲家でありたいと願っていた人であるが、彼はこのことにはっきり気づいていた。善意からシェーンベルクに映画音楽の仕事を提供しようとしたハリウッドの大物が、それに際して「ステキな音楽《ラブリー》」というお世辞で彼を部屋に迎え入れたところ、彼は荒れ狂って「私の音楽はラブリーじゃない！」と怒鳴ったのだという。もちろん契約には至らなかった。新音楽がその始まりから三十年の後に、なおも規範に対して向けているところの攻撃性――そこにはシュルレアリスムが殺される理由となったもののいくばくかがまだ生き残っていた――には、独自のトーン、威嚇するようなそれがある。これはもはや個人的な感情状態のトーンではない。それはむしろ主観を省くことによって生み出される。新音楽を聴いた人々が手紙などで、多くの作品を恐怖体験やパニックの連想と結びつけているのは、偶然ではない。前衛的なスコアのいくつかは、アメリカ英語で言うよう、文字通り「いっちゃってる／out of this world」ように響く。トータルな構成によって人間性の故郷を示す痕跡がどんどん情け容赦なく消されていくに従い、ますますこのトーンはクレシェンドしていく。それは、人間性に対してその実行が命じられているものが、今や物のように疎外され、非人間化されているということを正しく意識している者のトーンであって、究極的には、実行を命じられたものに対してそもそも自分なりに合わせていくための感覚が不能であることを意識する者のトーンである。主観とその身に起こることとの間の媒介としての不安にすら、この意識はもはや至りはしないという事実を前にして、新音楽のトーンは慄然としている。人間性の実行は人間には担いきれない過剰な運命へと膨れ上がる。非人間化という図像なき図像を通してのみ、この音楽は人間的なものの図像を保持するのだ。決まり文句通りに音楽が人間に奉仕しようとするとき、そして恐らく、たとえどれほど直接的であるにせよ音楽の中から人間の声が聞こえてしまうとき、音楽は現実として存在しているものを神聖化し、自らは堕落する。沈黙のクレシェンドの中で初めて、それは言葉への道を見出す。非人間化という汚名を自ら引き受けることによってのみ、それは自律への要求――儀式としての祭礼から美的なものとして剝離して以来、音楽の主観化の段階を通じてずっとそれにつきものだったあらゆる諸契機において、事象そのものを純粋かつ徹底的に形成するという要求――を果たす。それを通してのみ音楽は、もはや単にラブリーなのではなく、美の予感となることが出来るのである。威嚇するようなトーンというあの表現は、音楽がその内在的な合法則性すら仮象として捨て去り、完全に偶然へ身を任せる時、誰の目にも明らかなものとなる。ケージのピアノ協奏曲は、音楽的な意味関連についてのあらゆる理念のタブーという点においてのみ、一貫しかつ有意味であり、カタストロフ音楽ともいうべきものの極北である。

社会的な機能とともに音楽は、それ自体としても、その内奥に至るまで大きな変化を被ってきた。市民的な音楽は、その創作の頂点においてすら、装飾であった。それは人々を快適にするものであり、単に聴き手にとってというだけでなく、それをはるかに超えて、ヒューマニズムの理念の肯定という点で、客観的にそうであった。〔しかし〕ヒューマニズムは廃棄された。イデオロギーに堕落したからである。世界を肯定的な精神の中に映し出すということが、たとえそれがよりよき世界への要請という形であったとしても、悪しきものを擁護する虚偽となったからである。〔そして〕こうした肯定の廃棄は、音楽における形式感覚の最も繊細な昇華に至るまで及んでいる。だからこそ、新音楽について〔今日なお〕語る意味はあるのだ。

とはいえ、それにも一定の限度はある。「これがまだ音楽なのか？」という例の問いの支離滅裂ぶりを考えれば、得心がいくだろう。というのも、こんな疑問に対しては、強く「そうだ」と答える以外にやりようはないのだから。こう答える者は、「新音楽においてもノイズではなく楽音が使われているのだ」とか、「かつてと同じくここにも組織化された音関係があるのだ」などと述べる、物理学的ないし心理学的な定義に引きこもって、満足してはいられない。これまでも常にノイズは音楽上の効果の促進剤であったが、このところ楽音との境は連続的なものとなり、また以前には考えられなかったことだが、音関係の中にしっかり組み入れられるようになった。にもかかわらず、新音楽は音楽であり続けている。なぜならそのカテゴリーのすべてが、確かに伝統的カテゴリーと同じではないにせよ、同時にそれでもなおそれらと同じだからである。新音楽が拒絶することすべて、それが自らに禁じることすべてにおいて、当の禁止されたものの力が蓄えられているからである。これらを媒介するのがメチエである。この概念は今日の最前線の人々によって、時にフェティッシュと言いたくなるほど、高い意味を与えられている。一つ一つの音符に至るまで分節されていないものは、一切許容されない。未加工で形成されていない平面[1]は一切なく、曲が隅々まで完全に形成されきっているということにこそ、真に音楽的な質はかかっているとするなら、そのとき新音楽はあの試金石を完全に我が物としていると言える。〔しかし〕単に新音楽がそれ自身でこれを成し遂げるわけではない。そうではなく、あらゆるアプリオリな統辞法や文法、あらゆるヴォキャブラリー的に使われる〔現金代わりの〕チップの図式がないということこそが、新音楽をして絶えずただそれ自身の中から関連を作り出さしめているのである。関連は決して外から与えられるのではなく、また異質と感じられるようなそれを決して新音楽は受け取りはしない。しかしそのためには、極度の技術的なコントロールが必要である。「お試し済み」の手段をマスターしているというようなお気楽な意味ではなく、「実現」というラディカルな意味での技術である。しかしこうした力は、あらゆる過去の音楽が、恐らく調性のファサードの背後で既に作り上げていたものから、新音楽へ向けて流れ込んでくるのである。

もちろん技術的な拘束と同じくらいに、伝統的なもののかすかな派生物に対するアレルギーは強い。過去のもので一度も破棄されることなく新音楽に役立てられるものは、何一つない。これが最も露骨にあらわれているのが、おそらく電子音楽であろう。筋の通ったその代弁者たちは、通常の音響効果を想起させるものすべてを回避する。それのみに固有で、伝統的器楽の手段とは質的に異なるものだけを、新しい素材からもぎ取ろうとするのだ。因習的な音楽言語の残滓へのこうしたアレルギーから、もう一度音楽言語が作り上げられることになる。〔そして〕新音楽における〔様式から逸脱した〕ミスタッチに対して今日の人々は、三十年ほど前とは比べものにならないくらい、正確に反応するようになっている。その点で人々は自ずと一致するようになっているのだ。様式形成の力の消滅についてのリーグルのテーゼは、恐らく絵画とおなじくらい音楽の場合も、既に時代遅れになっている。あらゆる国のあらゆるモダンな音楽が互いに接近しつつあるという事実は、事柄の本性に基づくものなのである。個々の芸術家が、予め考えられた一般的なものに沿って整列するのではなく、〔結果として〕それに首尾一貫して従う程に、彼は個々の芸術家を超えた様式の理念に接近することになる。既に今日、何が可能で何が不可能かについてのカノンを読み取ることが出来るようになっている。言うまでもなくもはや社会全体を覆うカノンではなく、あらゆる上からの覆いに敵対するそれだ。ストラヴィンスキーにおいては、恐らくは来たるべきものについての混乱した夢として、まだ「かのように」にとどまっていたもの、つまり時間をあたかも空間であるかのように加工する試みは、今や現実のものとなりつつある。時間そのものがセリー的操作によってコントロール可能なものとして、いわば捕獲されるのである。もはや時間は開いてはおらず、空間化されたと聴こえるようになっている。しかし、これはなにも時間に対して力ずくで言うことを聞かせようということではない。まさにそれ自体としては、音楽の連続性が決して文字通りの意味で「同時」――合理的な〔空間的〕組織化が暗に意味しているようなそれ――にはならないという難題については、言うまでもあるまい。下から、つまり瞬間の微かな動きから、開花するものだということを抜きに、音楽というものは考えられもしない。このことが音楽における主観の必然的な位置づけを、そして今日において音楽が一体何を克服しなければならないかを、客観的に、つまり素材に即して示してくれる。考えるべきは、今日の音楽が突き進んでいるトータルな合理性が、果たして時間の次元と両立するものなのか、ひょっとすると合理性とはそもそも同一のものや量的なものという暴力であって、時間の次元と切っても切り離せない非同一なものや質的なものを否定するのではないのかということである。あらゆる合理化の傾向――美的という以上に、とりわけ現実的な傾向――が、諸々の伝統的な手法の廃棄、そしてそれに伴い、潜在的には歴史の廃棄へ向かうのは、偶然ではない。その主体がどんどん記憶を断ち切っていきつつある時代に、人間学的に見ていかにも似つかわしいことであるが、統合――時間を隅々まで構成すること――こそが時間の生命線を握っているのだ。いずれにしてもこの傾向は、芸術の存在論とも言うべきものを触発している。その手法の点で音楽が絵画に近づく一方、タシストたちの絵画は従来のそれには似つかわしくないまでに豊かで、いわば音符ないし響きのグループのごとき個々の色価、そして強弱の流れの点で、音楽に接近しているのである。

新しい音楽言語は因習的なそれの肯定的否定とでも定式化すべきものであって、「人々は何か新しい違ったものを望んだのだ」などという当たり前の話にしてしまってはならない――こんなものは「発展の中では先のものに後のものが続く」といった、すべてに当てはまるが、結局何についても当てはまらず、ただの同語反復になってしまう芸術学的確認にすぎない。むしろ新音楽は同時に、伝統的な音楽の批判を意味しているのである。新音楽を腐敗だと騒いで攻撃したとき、むしろ新音楽の敵たちの方がこのことによく気づいていたのであって、新音楽の側に立とうとする人々は、それを〈伝統的な音楽に〉組み込もうと努力するより、むしろこの批判的契機に踏みとどまるべきなのだ。シェーンベルクはこれについて意識したことはなかった。しかし十九世紀の有名なメロディー、例えばヴェルディの《イル・トロヴァトーレ》のストレッタのようなものが、彼にとって耐え難かったとすれば、それは最初の四小節で主要動機リズムが分かってしまうからであり、またその飽きることない反復が音楽的知性に対する冒瀆だからであって、それによってシェーンベルクは新音楽のあらゆる音符を潜在的に規定している反応パターンというだけでなく、客観的事象そのものを無意識のうちに口にしていたのだ。なぜなら伝統的音楽の中のイデオロギー的要素であるその肯定性は、「それはこうであり、こうあらねばならないのだ」という身振りについて当てはまるだけでなく、絶えざるバカバカしさと不調和にもあらわれるからである。少なくともロココの終わり以来の過去の作品は、重要なものであればあるほど、それ自身の否定性を感覚的な流れの滑らかさの背後に隠してしまう代わりに、それを容赦なく造形として全面に押し出す。後期ベートーヴェンの芸術的ランクの根拠もそこにある。市民社会の秩序が〔個々の〕主体の関心や情熱と完全には一致し難かったのと同じく、調性システムと個々の音楽的衝動もまた容易に止揚されることはなかった。このことが、こうした統一を自称しているところのあらゆる伝統的音楽に、その傷痕を残すことになった。それ自体の時間プロセスがそもそも反復を禁じているような形式を、諸部分の全体を反復することで作ろうとする強迫は、例えばブラームスやレーガーにすら認められるが、こうした再現部の硬直した物象性は、個々の作曲家の意志や能力を超えた欠陥の、最も端的な兆候にすぎない。肯定性という法則はとっくの昔に音楽の質を保証する基準ではなくなっている。シューベルト、ショパン、ドビュッシー、リヒャルト・シュトラウスのような作曲家すら、構造の完璧さを犠牲にしてでも、世間と妥協する誘惑に何度もかられていた。偉大な作品にまで入り込んでいる媚や愛想に対する〔新音楽の〕反発心は、質的に新しいものというパトスと深く関わっている。市民的音楽の伝統自体の中に、常に不調和がつきまとっていた。このことが音楽内在的に——とは言ってももちろんそれすら、社会的な側面を持っているわけだが——〔新音楽における〕音楽史の非連続性を説明してくれる。この非連続性は飛躍的に増大しつつあるが、合理化が増すにつれ、その原理に従って歴史を媒介する分節項がどんどん見えなくされているのである。ただし野放図に解放された歴史的傾向と、それを生きた経験によって奪い返す可能性との間の不均衡は、ついて来られなかったものを弁護するための口実になってはいけない。今日伝統が決定的にひきちぎられてしまったにせよ、そもそも既に伝統の歩みとは脆いものだったのだ。だからこそ、およそ一六〇〇年以後の近代音楽史について、いわゆる精神史的発展などという概念を使うのは不適切なのである。この切れ目以後、音楽は盲目的かつ有機的に進むのではなく、市民の時代の合理化の傾向と軌を一にして、自分自身を支配しようと試みてきた。標語的なもの、つまり新しい音楽の宣告が、カッチーニのヌオーヴェ・ムジケからワーグナーの未来芸術に至る歴史を貫いている。そして既に中世末期にはアルス・ノヴァがアルス・アンティクワに挑戦していたのだ〔十四世紀に既に音楽の新旧論争があったことを指す〕。バッハの最も力強い器楽曲のいくつかにおける、自律した作品性と教育性との謎めいた絡み合いは、恐らくこのことによって説明できるだろう。それらは作品として構想されているだけでなく、音楽的主観との差異が完全に失せるまでに音楽の素材を支配するための練習なのである。伝統的音楽と違ってこの意図を完全に意識化する点で、新音楽は実はあらゆる因習的音楽が求めていたものを遂行しているのだ。因習的な音楽と妥協しないことによって、新音楽はそれに忠誠を誓う。因習的な音楽とは違うものとして、新音楽はそれに統合されるのである。まさにそれは、研ぎ澄まされた作曲の耳が、伝統的な音楽にあっては未解決のアンチノミーと聴いていたものを、それにふさわしく正当に扱おうとする努力だと理解してもいいだろう。伝統とは模倣でも〔過去への〕依拠でも直線的な進展でもなく、過去の中に、それが十分に解決することが出来ず、その傷痕としての瑕疵をそこに残しただけの、そういう要請があることに気づく能力なのだ。新音楽はこうした要請を敢えて避けない。その理念が敵対的な現実の渦中に落ち込まないのか、あるいはその論理の首尾一貫の故に新音楽は、それが受け継いだ矛盾をもう一度単に再生産するだけではないのか、そして矛盾のこの至高の再生産は音楽の意味の危機に他ならないのではないかといった問いは、開いたままである。音楽がそれだけでこうした問いに応えることは出来ない。

「新音楽もまだ音楽だ」などと言うとすぐに、「それが伝統的な音楽と同じように広く受容される日がくるのか？」、「いつかその言語と様式が調性と同じような聴取の第二の自然となる見込みはあるのか？」という疑問が呈されることになる。まるでこの第二の自然とやらは、無条件に幸であるかのようだ。結局のところそれは単なる未発達の聴取にすぎないかもしれないのに。今日ここですべき決定を、歴史哲学的な神頼みでもって未来に先送りするこうした思弁は、あまりいただけない。まさに真実が歴史的瞬間とその自発的な体験に懸かっているところで、それは思弁的かつ中立的な結果待ちの観客の態度を装う。新音楽の受容がゆっくりとではあるが進んでいることを、喜ぶべきかどうかは分からない。それは広い受容を恐れると同時に求めねばならない。しかし確かなのは、一般的な影響力の点で新音楽が伝統的音楽――いつの間にかそれは文化産業によって管理されるようになっているが――のライバルになるのではないかという懸念は、単なる新音楽への悪意のごまかしにすぎないということである。これは飛躍のない歴史の連続性、そして直線的な進歩の意識というイメージに基づいているが、こんなものは新音楽の存在、そして何より音楽史全体によって罰せられることになるだろう。既に調性が自然の産物だということ自体がイリュージョンなのだ。それは最初からそこにあったのではなく、長短調が公式に支配するようになった数世紀などよりはるかに長い、困難に満ちたプロセスの中で獲得されたものなのである。それに先立つもの、例えばフィレンツェのアルス・ノヴァなどは、今日の耳にはとても不自然に響く。プライドの高い標準的聴き手にとって、後期ウェーベルンやシュトックハウゼンや何かが、ひどく違和感をもたらすのと同じだ。自然なものという仮象は歴史的な状況の粉飾であって、延々と続く非合理性の只中で理性の支配の王国を声高に叫ぶあの精神が、そこには避け難くつきまとう。調性とは恐らく、それが属していた合理性の秩序と同じくらい、一過的なものなのである。しかし他方、音楽と社会との関係を決して、自由主義の全盛期にそう見えていたように、総じて静的で調和的なものと見做してはなるまい。成功によって社会的に有用な労働に報酬を与える――というか、そもそも両者を同一視する――市場調査モデルに従って、社会的受容と質とを同一視したりしてはいけないのである。新音楽の内実をなしている幾つかの要素は、管理社会というバリケードへのアンチテーゼそのものである。このアンチテーゼ的な状況から新音楽をもぎ離し、確かな財産として未来へそれを手渡すことが出来るかどうか予言しようなどとは無駄なことである。たとえそれが不可能だったとしても、それによって新音楽が処刑されたりすることはあるまい。永続的価値という偶像自体が、一つのイデオロギーだ。なんといっても、そもそも歴史が――世の格言がそう言いたがるように――本物だけが失われることなく後世に残されていくといった形で進んでいくものなのかどうかは、同様に疑わしいのだ。伝統的な音楽が文化産業というジンテーゼ的無文字性の中で野垂れ死にしつつあるのと同じように、新音楽が自分自身ならびにその聴衆に課している過度の努力は、単なる蛮行に終わるかもしれない。新音楽の運命はそれ自身の力だけではなく、社会の運命的堕落が打ち破られるかどうかにかかっている。そして新音楽の小節の一つ一つが、それを固唾を飲んで見つめているのである。ただしその際に問題となるのは、マスメディアと象牙の塔というマーケット向きの分類に従って、それを耐え忍ぶにしろ非難するにせよ、社会とその緊張の彼岸に生き残りを模索することではない。「その責任は無責任な「芸術のための芸術」にある」と人差し指を高く上げて新音楽を糾弾する俗流社会学や、それよりはもっともと思える「だからそれはユーゲントシュティールへの逆戻りだ」などと言いたがる不安に、新音楽は屈してはならない。老化――新音楽が自分自身の世界に閉じこもろうとするときの、奇矯で強情な盲目――は今日、世界の否定的絶対性、つまりアウシュヴィッツの世界を証言しようとするあらゆる芸術に、その影を落としている。しかし他方それは、自分自身を絶対化することによって以外、それについて証言することが出来ない。まして神学者を気取るならば、内心何らかの組織といった接合剤を熱望しているのでない限り、新音楽を敵視するパリサイ的独善からは身を守らねばなるまい。音楽が――バッハやウェーベルンにおいてそうあろうとしたように――神に捧げられるものであるとすれば、その時こそ音楽は、人間との関わりの中で色々と妥協させられたりせず、真にそれ自身たるに違いないのではないか？　純粋な現象として音楽は、音楽以上のものである。その超越性は物象的に予め規定されたそれではなく、それ自身は気づいていない、自らを放棄するような、否定的超越性なのだ。そもそも陽気な音楽などというものがあるのかというシューベルトの疑念は、今なお真実である。その真理内実は肯定性を許さない。そして今日になってようやく音楽は、ありうべき自己止揚として、このことを自らの意図の中に取り込むようになった。その理念とは、肯定的な仮象を神話的な盲目連関として最終的に打ち捨てる点にある。このことを音楽について語ることすら、既に肯定的にすぎるのである。しかしながらこの理念には実践的な面もある。新音楽のいわゆる秘教性は、言語が社会に対して口をつぐんでいる社会の内実を、言語化するというだけではない。それは非コミュニケーションを通してコミュニケーションを行うのであり、人々の耳を塞いでいるもの――そもそも彼らは自分で自分の耳を塞いでいるのだが――を爆破しようとする。あの契機が断念されるところでは常に、緊張の喪失が生じる。あの契機とはつまり、ブレヒトの表現を借りれば、異化の契機とも言うべきものである。受容を目指さないということ、消費物として分類されることを拒むということは、主観との関係の断念を意味しない。それは適応の関係を断念するだけであって、主観の耳を開き、人間学的な音速の壁を突破しようとする、シシュフォス的かもしれない永遠の試みなのだ。人間と音楽の間の疎外が事実として受け入れられ、非弁証法的に実体化されてはならない。この疎外の状態にこそ、互いの疎遠さを廃棄する潜勢力が潜んでいるのだから。

電子音楽における疎外は、ほとんど怒りを呼び起こすところまできている。実証済みの感情に対する実証済みのクリシェを新音楽が廃止して以来、ずっとそれに伴ってきたところの機械化だとか個人的なものの根絶だとか脱魂化といったあらゆる決まり文句を、それは新たに煽り立てる。〔もちろん〕非人間的な状況の只中における、あらゆる独りよがりの人間性への祈願には、最大限の不信感が向けられるべきである。辱められその正反対に転じることのなかった高貴、善、真実、美などほとんどないということについては、言うまでもあるまい。かくして例えばナチスの連中が、きちんと柱の上に屋根がのった議会で熱狂する一方、地下では拷問が行われていたのだ。諸々の肯定的な価値は、それらのうちの何一つ実現されなかったという事実について深く考えることの邪魔をする、単なる手段へと堕落してしまった。これらの言葉の表していることを問題にする者は、それらの言葉をもはや直接には口にしてはならず、そうした言葉が差し出されたときには、それを解体しなくてはならない。そのような人物は、そのことによって悪者に仕立て上げられ、高貴なもの、善きもの、真なるもの、美しいものの敵として、全員を向こうに回すことになり、かくして下劣なものの支配は一層強まることになるだろう。〔そして〕電子音楽について語る者は、この悪循環をきちんと指し示さねばならない。さもなくば道徳マシーンが作動して、彼もその中に巻き込まれてしまうだろう。このような状況にもかかわらず、「人間がただの対象になってしまったことを忘れさせたがっている連中、〔操作の〕対象としての人間の役割、いわゆるヒューマン・リレーションとやらの中でのその役割を、ひょっとするとさらに強化したがっているかもしれない連中こそが問題なのだ」、という確信を抱いた声を耳にしたとしても、動じてはならない。恐らく電子音楽に対する世間の関心の中には、機械いじり〔への興味〕がぼんやりと混ざり込んでいる。精神的なものも含めた様々な目的と手段の取り換えを、電子音楽は利用して儲けを得ている。機能的なメカへの喜び、「何を」に対する「いかに」の圧倒的優位を利用しているのだ。しかしこうしたことを確認するにあたっても、人は慎重でなくてはならない。今日の極度に合理化されたそれを含め、どんな芸術も自分のことを完全に分かっているわけではなく、精神とは異質の密閉状態におかれた技術探究においてはしばしば、理性の狡智が――具体的な事柄にばかり拘《かかずら》うのではないかたちで、きちんと主観的な意識によって追求されるなら無力化されてしまうはずの、客観的な精神性向のたくらみが――支配しているのである。電子音楽は結局のところ本来の音楽的技術の外にある技術として成立したのであり、音楽的技術にとって外的なのではないか、音楽内在的な運動法則とは無縁なのではないかという疑念は、かなりもっともである。私自身は電子音楽を扱ったことはないし、従って、直接の経験から電子音楽と音楽的意味関連の関係について判断を下す資格はない。また芸術の自然科学的な側面は私の関心とかなり縁遠く、新音楽を駆り立てた数々の衝動のうち、自己保存的かつ自然支配的な理性の頑強な暴力に抗するそれこそ、何より重要なものだったということを、私は忘れるわけにはいかない。たとえそれがそのまままっすぐ――生き生きした直接性への負けず劣らず頑強な要求という形で――美的に実現されるわけではないにしても、である。ウェーベルンの作品はこうした緊張の最も偉大なモデルである。しかしながら、それとおなじくらい、電子音楽がそれでもなお音楽内在的な発展と合致するものであることは、いずれにしても私には疑いの余地がない。その説明のために、「音楽における自然素材の合理的支配と、電子的な音生成の合理性とは、結局のところ同じ根本原理に従っているのだ」などという予定調和説を持ち出す必要はない。少なくとも傾向として作曲家たちは、音高と音強と音価の連続性は自由に処理できるが、今日まで音色のそれを手にすることはなかった。オーケストラのようにあらゆる音色が総動員される時ですら、それはむしろ互いに独立していて、相互の間には隙間がある。音色が根源的に持っているこのアナーキーな性格は、まだ残っている。音色のスケールなどというものを、音程や音強のそれと同列に並べることは出来ない。あらゆる音楽家が知っているこの欠陥を、電子音楽は取り除くことを約束してくれる。音楽のすべての次元のトータルな連続性を追求する新音楽の趨勢の、これは一つの側面である。シュトックハウゼンはこれをはっきりと標語にまで高めた。もちろん『ライエ』第六巻での発言〔Karlheinz Stockhausen, Musik und Sprache, in: Die Reihe, Heft 6: Sprache und Musik, 1960 を指す〕によれば、電子音楽における色彩の連続性は、あらゆるすべての音色の連続性と一体を成すというわけではないようだ。つまり電子音楽以外の声楽や器楽のすべての音色が、無条件にそこに含まれるのではなく、むしろそれらに対して、一定の取捨選択を加えるのである。だからこそ、新しいメディアを単なる響きの刺激としてではなく構成的に用いようとする、筋金入りの電子音楽作曲家たちは、自分の音楽が電子音楽のもつ連続性という特殊な条件を満たし、自分の用いる素材にそれが適合することを求めるのである。そのための最初の一歩が踏み出されたばかりだということ――そのうち最も迫力あるものはシュトックハウゼンの《少年の歌》だろう――、そして電子音楽は〔まだ〕ピアノとかオルガンといったほかの音響メディアを連想させるものだらけだということは、人々が電子音楽による作曲に真剣に取り組み始めて、まだわずかしかたっていないことを考えれば、非難される筋合いはないであろう。多くの電子音楽の作品は一貫性とモダン性の欠落という非難を惹き起こしたが、この非難はモデルネを拒絶したがる人々のための単なる口実に簡単になってしまう。電子音楽の成果について、別にジャズ・ファンのように熱狂する必要もない。まさに〔電子音楽の〕事象そのものが、新音楽の器楽曲、とりわけ音色旋律の理念の中で、そもそも最初から蠢いていた欲求を叶えるものだったのである。

電子音楽の素材法則は、演奏家のみならず、作曲家の主観の干渉をも極力締め出そうとするように見える。そして一方で新音楽における解放された表現衝動、他方で電子音楽という二つの極が、〔実は〕互いに接点を持っているという事実は、統一へと向かう客観的な趨勢を保証するものである。この客観的な流れこそが、いつかは新音楽という概念そのものを最終的に清算するきっかけとなるだろう。新音楽がもっと一般的な音楽、ムジカ・ペレンニス〔永久の音楽〕に合併されるからではなく、そもそも音楽自体が新音楽の中で解消されるからである。その理念の点で新音楽は、あらゆる伝統的音楽において理念として保持されていたものを履行しようとする。だからこそ新音楽というカテゴリーは、個別的範疇としてはもはや空洞化して、いかがわしい小見出しになり果てているのだ。この概念が老化したのは、それと並行してまったく別の音楽を作ることが〔原理的に〕不可能になったからであり、その結果として、この概念そのものがキッチュになってしまった。新音楽と音楽そのものとの差異はいつか、よい音楽と悪い音楽の差異となることであろう。

原註

（1）ドフライン、オーバーボルベック、フェッテル、ワーナー、アドルノによるユーゲント音楽についての北ドイツ放送局での一九五九年四月の座談を参照。

アンフォルメル音楽の方へ

ヴォルフガング・シュタイネッケの思い出に

それのことを話してる、それが何だかわからずに
ベケット『名付けえぬもの』

私、あるいは私より年長の音楽家や音楽思想家たちは、今日やっかいな二者択一に直面している。一方に「ここまでだ、ここから先はない」という態度がある。まるでモデルネは自分たちのものだと言わんばかりに己の青春時代にしがみつき、自分のこれまでの経験、少なくとも直接の反応パターンではもはや理解できないものに対して頑なになる、そういう態度だ。かつて忠実なワグネリアンはこのようにリヒャルト・シュトラウスに対して振る舞い、次いでシュトラウスの信奉者たちがシェーンベルク命の新音楽に対してそう振る舞った。モデルネは俺たちのものだ――そう彼らは言いたいのである。未だ我を張りたがる自分のナルシシズムが邪魔をしているせいだろう、それは自分でも分かっている、しかしダイアグラム――それを見せられても私にはさっぱり楽曲についてのヒントが浮かんでこない――によって説明される音楽を書いている多くの人たちが、総じて私より音楽的で頭がよくて進歩的だとは、私には思えないことが多々ある。彼らのやっていることの方法論は、三十年ないし

四十年以上前の音楽祭でよくあった、新古典主義の協奏曲あるいは管楽アンサンブルでわざと間違った音をたてるやり方と、さほど違わないのではないか――ごく頻繁にこうした疑念が湧いてくる。音楽家になろうとする者は数学教師ではない。最後になってまだ数学教師に囚われているとしたらおぞましいではないか。思弁する芸術家ならせめて人間常識を少しはもっておかねばならない、そして不可解なものが必ずしもより発展しているわけではなく、ただそれがあまりに単細胞かつ愚鈍であるせいで、人々はそれがくだらないものである可能性に思い至らないのだと気づかねばならない。精神を欠いた、つまり才気とは縁遠いガリ勉がすぐにそれと見破られない理由は一つしかない。つまり〔彼らの〕音楽素材は最初からそれ自体で精神であり、よりによって作品が精神の罷免を称えているところで、「ここでこそ精神が作品において働いている」と人々に信じ込ませるのである。――逆に多くの中年たちはそれなりに必死で、そして途方にくれながら、その都度の最新におもねり、くず鉄扱いされまいとしている。〔だが〕彼らが垂れてみせるものに対して、若者たちはたいていの場合、当然の嘲笑をもって応える。場合によってはプロパガンダのためにわざとそうしていることもあろう。こんな二者択一から脱出してその向こうへ向かわねばならない。こんな二者択一はあまりに抽象的にすぎる。それは判断する側の都合にしか結びついておらず、そこで重要なのは判断の内容と動機でしかないのだ。〔もちろん〕音楽上の判断の前史や判断を下す人物の知的由来も、確かにその思想形成を考える上で重要だろうが、決定的ではない。私がかつてシェーンベルクのウィーン楽派に属していたからといって、この問いに満足のいく回答を持っているという事情通の特権を主張するつもりはない。一九四五年以降の展開のなかで取り組まれてきたものは別に空から降ってきたわけではなく、いわゆる古典的十二音技法――それは今日では疑念の声とともにそう囁かれている――において既に模索されていた。クラニヒシュタイン楽派というかダルムシュタット楽派の作品、シュトックハウゼンの《ツァイトマッセ》、《グルッペン》、《コンタクテ》、《カレ》、ブーレーズの《主なき鎚》やピアノソナタの第二および第三番、そして《フルートのためのソナチネ》から、私は多大な印象をうけた。ケルン楽団でかつて聴いたケージの《ピアノ協奏曲》も私に途方もない強烈な影響を及ぼした。〔だが〕いずれにしてもこの種の音楽では、そういうことが問題なのではない。この間に私がおよそこの手の作品に向かって問うたことは、後期ウェーベルンにまで至り、それをも含み込む全発展に属する作品に向かって問うたことと、質的に異なっていた。私の創造的な構想力は、これらの音楽に対してこれまでと同じようにはついていくことができない。ウェーベルンの弦楽三重奏――これとて簡単な作品ではない――では私はまだ、聴きながら自分ならどう作曲するだろうと考えることが可能だったが、右の作品においてはもはや不可能だ。しかし最初そう思ったのとは違って、これは私個人の至らなさのせいではなかった。セリー音楽やポスト・セリー音楽は、音楽とは統覚による知覚の統合を目指しているのだとそもそも言える限りでの話だが、これまでとは原理的に別の統覚に照準をあわせているのかもしれない。伝統的な聴取において音楽は、時間の秩序に即して、部分から全体へと展開される。今や問題となっているのはこうした展開、つまり時間のなかで継起する音楽的内容と、ただ流れ去る時間プロセスとの関係である。これが作品そのものにおいて考え抜かれ、克服されるべき課題として立てられるようになったのだ。シュトックハウゼンが「いかに時は過ぎるか」(1)という、恐らくこの問題について最も重要な理論的著作の中で、持続パラメーターと音高パラメーターの統合という中心問題を、分割の観点から、つまり下から上ではなく上から下へ向かう観点から説明しているのは偶然ではない〔音高は周波数の差異であるという限りにおいて、それもまた持続と同次元に還元して扱えるとシュトックハウゼンは考えた。すべての部分は、全体の持続＝音高を制御するセリー構造から演繹されるのである。これは諸部分の時間の中での展開から全体が帰納的に開示される従来の音楽の対極にあると、アドルノは考えている〕。全面的な動態化から帰結する静止、そしてカデンツについての彼の理論は、《ツァイトマッセ》を聴いた時の私の最初の反応に、奇妙な形で符号していた。当時この作品を私は、ひたすら自分の耳だけを頼りに聴いた。もちろん実際の耳で聴いたことだけが、至上の音楽的判断基準というわけではない。しかし今日スコアに付随している様々な邪道かつナンセンスな注釈よりは、実際の耳の判断の方がましであるのは確かで、注釈なしには理解できない音楽的出来事など少ない程いいのである。前衛作曲家の最良の人々においては、理論と実践の統一が存在している。〔逆に〕ある音楽家の作曲の前提が最先端のそれにいくぶん遅れをとっていて、そのせいで〔耳で聴いた時の〕しかるべき経験を与えることが出来ないままでいないか、演奏を実際に耳で聴くことによって手っ取り早く吟味することも出来るかもしれない。限界の認識は限界を乗り越える可能性の認識でもある。音楽についての理論的思索にとって今日、音楽がそもそもどの程度自己省察を不可欠のものとしているのかもさりながら、自分自身を、つまり省察自体を省察することが必要である。その名にふさわしい思想は自分自身を超えて考えることが出来る、つまり自分の鼻先のはるか先まで見通せるということこそ、思想の苦い幸福なのだ。思想の真正さはほとんどひとえにこれにかかっている。〔本論においては〕まさにこのような精神において、もはや最年少とは言えない何者かが、議論の最先端の概念の一つたるアンフォルメル音楽――ないしクラウス・メッツガー〔アドルノの影響を受けた音楽批評家で現代音楽の擁護者〕の言う非セリー音楽――について語ろうというのである。

この数年のプレスティッシモの激動の後というのは、こうした試みを行うタイミングとして悪くないかもしれない。作曲の発展傾向そのものが、音楽的解放という真空に収斂しつつあるように思えるのだ。このことが私を惹きつける。フランス語の「アンフォルメル音楽（musique informelle）」という標語を私は、前衛の伝統がマニフェストに対する市民的勇気と一体のものである国への感謝をしるすものとして考案した。芸術におけるイズムへのむかつくような嫌悪とは違って、標語というものを私はアポリネールの時代と変わらずよいものだと考えている。実証主義的に重箱の隅をつついてもアンフォルメル音楽が何か定義は出来ない。この言葉が実際に一つの傾向、つまりこれから生じることを言い当てているとすれば、それを定義することなど出来るはずがないのだ。なかなかの音楽通であったニーチェが言ったように、「すべて歴史的なものは記号による定義の試みから逃れる」。アンフォルメル音楽への私の考えを明確にするために、私は無主題的な曲のプログラムも音符の確率法則も何も、紙に書いて見せることは出来ない。だが少なくともこの概念の地平をスケッチしておきたいのだ。ここで考えられている音楽とは、音楽の外にあり抽象的で硬直して面前にあるすべての形式を振り払う音楽、しかし異質で単に外から課されただけのものから完全に自由でありつつ、決して現象の外的な法則性においてではなく、客観的な必然性をもって現象の内部において組み立てられるような音楽である。さらに言うならば、こうした解放が抑圧の回帰なしに可能であるためには、音楽の現象の内部にあるコーディネート・システムの残滓をも片づけねばならないのかもしれない。ただしその場合、人は次のような困難に直面することになる。つまり過去のこうした残滓がまったくなくなってしまうと、そもそも音楽的関連自体が作れなくなってしまう一方で、それは異物のように現象の完璧な統合を邪魔してくるという問題である。この種の矛盾が最もはっきりとしるしづけているのは、完璧な作曲的唯名論、つまり音楽における普遍的なものの拒絶が、〔やがて〕自分自身の限界に気づく段階の中で、まさに音楽が何と取り組むべきかということである。弁証法の論理と同じで、美学においても普遍と特殊は単に対立しているのではない。抽象的形式とは「作曲内在的カテゴリー」という音楽的に悪しき普遍性なわけであるが、アンフォルメル音楽がそれを放棄するなら、普遍的形式は特殊化の最も深いところで回帰し、特殊化に輝きを与えるだろう。これがウェーベルンの偉大さであった(2)。そして特殊化を通じて獲得されるこうした普遍性と拘束性は、意図的に伝統から借りられた普遍性も、個別の現象に無関心な客観的事象の数学的に純粋な普遍性も、ともに締め出してくれる。こうしたアンフォルメル音楽への可能性は、既に一九一〇年には開かれていた。消耗しきった二〇年代との境界確定として、この年号はそれなりに重要である。しかし、シェーンベルクが《期待》、《幸福の手》、《心の茂み》作品20を、ストラヴィンスキーが《日本の三つの抒情詩》を書いた時代、そして綜合的キュビスムの時代の直後から、事態は若干の逸脱をみせる。既に《幸福の手》は、確かに理由がなかったわけではないが、《期待》と比べると、一種の再現部も含めた明々白々の表面構造を用いている。この表面構造は舞台作品の分節化には大変役立つが、しかし再現部なしに締めくくり《アプゲサング》まで作曲された《期待》の理想からは後退している。まして《月に憑かれたピエロ》は、イロニーの屈曲を経ているとはいえ、多くの伝統的な諸形式を引用している。今日から見れば、こうした点でシェーンベルクはストラヴィンスキーと踵を接しているのだ。《ピエロ》がいわば人気作品になったのは、こうした定型が無傷で残っていたおかげであり、そこからは《期待》、チェレスタを伴奏にした《心の茂み》、《四つのオーケストラ歌曲》作品22とは極めて異なった、お馴染みの配置が目立つ。後の十二音技法がそうだったように、避難所が必要になったのである。

三十年以上前にアロイス・ハーバによってそう呼ばれた「自由の音楽様式」の実現を妨げていたの

は、恐らくシェーンベルクがそう考えたがっていたような純粋に音楽的なものではなくて、むしろ社会学的イデオロギー的なものであった。音楽構造における修正主義は、シェーンベルクの次のような発言と合わせて考えられねばならない。一九一二年のある書簡で、彼がリヒャルト・デーメルに「上演に一晩かかる作品」のために台本を書く気があるか問い合わせた際の、次のような発言である。「……私は以前からあるオラトリオを構想してきました。その内容となるはずなのは、次のようなことです。つまり唯物論、社会主義、無政府主義を渡り歩いてきた人間が無神論者になるのですが、しかし古い信仰の残滓を（迷信という形で）残しているのです。こうした現代の人間が（ストリンドベリの『ヤコブの闘い』に見られるように）いかに神と争い、最終的に神を見出し、敬虔となるか。祈ることを学ぶのか」[3]。神学的権威への回帰の欲求が、この素朴な文章では、政治的ラディカリズムの拒絶と結びつけられている。しかしシェーンベルクのような芸術家の場合、こうしたことと音楽的振る舞いが無関係にとどまるなどありえなかった。自由な無調の経験から十二音技法の体系的定式化へ移行する際の唐突さと暴力性の契機と、「祈ることを学ぶ」という威嚇的な人差し指の命令を伴って回帰してくる宗教性の構想は、単に技法の発展史においてのみならず、内容に即してみても一致しているといえる。どちらにおいても生理的欲求に迫られて秩序が要請されるのであって、それは事柄そのものの真理からではないのだ。その意味では、十二音技法の起源を秩序への要求に求めたがる世間の通説〔シェーンベルクは無調をシステム化するために十二音技法を開拓したという通説〕には、十二音技法を生み出した作曲論理のことを何も分かっていないにもかかわらず、いくぶん正当な点がある。〔今の前衛音楽の〕見せかけの客観性を見るにつけ、シェーンベルクがその天才的革新によってさらに先へと進めるかに思えた瞬間にブレーキをかけた、その過程をもう一度を前へ進めねばならない。未検閲ないし無許可な自由という発想にアンフォルメル音楽を新たに対置せねばなるまい。しかしそれは一九一〇年の様式の再現ではない。シェーンベルクが最も生産的であった時代の大胆きわまりない作品のようなものを、同じように次々と作曲し続けることなど不可能なのだ。とはいえ、歴史の不可逆性だとか、巻き戻すことのできない不吉な時の車輪などという決まり文句は、すべてに当てはまり、結局何事にもあてはまらない。心理学者には周知のことだが、人は事柄に入り込もうとせず責任を逃れようとするところでは、好んで時代に責任を求める。しかし革命を再建することの不可能性は具体的なものだ。一旦新たな構成原理が結晶化されてしまえば、そこに大幅な変更が加えられることはあっても、原理自体は徹底的な形成と純粋な一貫性を目指さざるをえない。半音階原理のような過去の名残が自由な無調に現れることは、手段の内在的要請がまだ完全に感得されていなかった当時とは違い、今日ではもはや許されまい。ヴァレリーがかつて書いていたが、過去の前衛の成果を見る者——一九一〇年の音楽的前衛はもう五十年前のことなのだ——は、常にその小心さに驚くことになる。コクトーの言葉を借りるなら、いかに度外れてかつては度を外すことが少なかったか、ということだ。〔しかし〕この小心さは実際には小心さではなかった。あらゆる芸術は、それが生まれた瞬間には自然だったもの、自明だったものを含んでいる。後の展開の中でようやくそれらは、それ自体生まれ、過ぎ去るものとなるのであり、つまり自然さが第二の自然であると明らかになるのだ。しかしまさにこうしたことが、すべてを変えるのである。無調音楽やシェーンベルクの十二音技法にも、リズムと韻律の構造がそっくり、ある意味で調性的なまま残されているということを見抜いたのは、シュトックハウゼンである〔シュトックハウゼンやブーレーズはシェーンベルクのリズム面における保守性を厳しく批判し、音高だけでなく音価もまたセリー化しようとした〕。今後もこれを忘れてはならない。こうした不調和は今ではもはや耐えられないものになっている。それ以来、すべての作曲次元の関係が徹底して開発され、それらが相互に刺激をとり交わすようになったという事実は、それ以前に獲得されたあらゆる作曲技法がそうであったように、素材そのものの中に深く浸み込んでいることなのである。今日から見れば最も広い意味での主題労作ですら、言葉の正しい意味で調性の側面を示している。確かに第一次大戦直前の作品の意義と偉大さは、その非一貫性ともはや切り離すことができない。これらの作品があれほど鮮烈な印象を与えたのは、それが自分自身に対立するまだ他律的なもの、まだ完全には自分と同一化してはいないものに身体をこすりつけていたからである。しかし摩擦係数をいつまでも保持することはできない。この五十年の間に音楽的生産能力、とりわけ簡単に真と偽をコントロールする技術的能力は、桁外れに増大した。そのせいであたかも、強情な進歩信仰の中で書かれた今日の作品には、かつて成立した作品よりも高い価値が付与されるかのようではないか。結果として出てくる作品が進歩的でない時ですら、素材支配の進歩を取り消すことなどできない。これが芸術の歴史哲学のパラドックスだ。これほど素朴に進歩信仰を表明できる意識もあるまい。〔とはいえ〕進歩の最前線に遅れをとっている連中の――勝手にそう思っているだけか、あるいは本当にそうなのかもしれないが――ほんの少しのクオリティーとやらのために、過去において実質であったものに、まるで後にそこに加わったものについて何も学ばなかったようにしがみついてみても、ほとんどチャンスはないだろう。こうした発展の真正さへの何より強力な論拠は、媒介のために予め構造を考えているとはいえ、コンサートで実際に聴いたとき、最新の作品の出来不出来は非常に説得的かつ直接的に感得できる、ということである。一般的に言って、音楽が徹底的に構成されているほど、このことは明らかとなるのだ。ルーズな処理――それは例えば電子音楽における古臭い印象主義的な音響刺激への偏愛に見られる――は、独特な無気力、愚鈍であると同時に小賢しい点、頭でっかちな点などにあらわれてくる。(4) 真のアンフォルメル音楽を求めようとするなら、その状況のアポリアは次の点に集約されるだろう。つまり〔個々の〕作品における構造面のこれ見よがしな遂行がその必然性を全面に出せば出すほど、それは――主観にとって外的なものだという意味で――自らが偶然的なものにすぎないことを証明してしまう一方、主観が偶然的なものから逃れようとすると、〔機械的に〕遂行されているだけにすぎない規則と比べたとき、いかにもか弱い恣意に見えてしまう、というアポリアである。自由とは主観がそう勝手に思い込んでいるだけの自由であり、それはほとんど不可避的に、新音楽が運動全体を通じて身を離そうとしてきたものへと押し返されてしまう。ここでもアンチノミーの切っ先が研ぎ澄まされてくる。自分の自発的な反応の仕方が許す以外の形で作曲することを拒絶し、それを誠実さだと言って胸を張る者、あるいは構成原理の強制に抗う者が、こうした振る舞いよって解放に達したことなど一度もない。彼らはむしろ、自由な無調の時期に〔頭でっかちの〕スノッブでないことを誇りながら、しかし取り換え不能の自分自身のものとやらを創り出す代わりに、ごみくずのような原稿を大量に残した人々の態度を、そうとは気づかずに反復していたのだ。しかし〔他方〕、自分の反応の仕方を無頓着に消去し、腕まくりして作品の素材そのものに取り組もうなどと妄想するなら、彼は物象化された通俗意識に自分を譲り渡すことになる。アンフォルメル音楽の戦略課題は、この囲い込みを突破することであろう。――シェーンベルク自身はその実践において、諸関係の全体性、つまり汎主題的な作曲という理想に忠誠を誓うことは、決してなかった。弦楽四重奏第二番 作品10以降の彼の創作のすべては、汎主題性と非主題性という両極の間を揺らいでいる。見事な細部への神経分布とも言うべきものによって彼は、均衡を求めるのではなく、両者を険しい対立の関係の中に留め置こうとした。弦楽四重奏第二番の第三楽章の変奏では、調的な手段によって主題的動機的な関係が凝縮されているが、その密度は後の音列技法によってようやく再び到達されるようなものである。それに対して同作品の終楽章は、ぼんやりした動機の回想、そしてレチタティーヴォ的な部分とアリア的アプゲザング的部分の間の極めて明瞭な分節にもかかわらず、非主題的な本能的かつ奔放な音楽《ムジツィーレン》に近づいている。シェーンベルクの一連の革命的作品は、息を吸って吐くのにも似た緊張と弛緩の間のリズム、徹底的な組織化と解放の間のリズムを成しているのだ。《三つのピアノ曲》作品11は大胆に非主題的なものを目指し、その最終曲は現にそうなっているが、第二曲では発展的変奏が動機と解体野の荒涼とした反復に収縮している。第一曲の大掛かりな構成は、曲全体の補正を図っているかのように伝統主義的であり、曲を通して覆いをかけられ、聴き取りにくくなっているとはいえ、ａの部分の反復を伴っていて、要するに三部リート形式である。第二曲にはより長い再現部が明瞭にみてとれる。これに対して《五つの管弦楽曲》作品16の殆どの楽章は主題的である。密なオーケストラの網目は、ほとんど無意識に諸声部の間の主題的諸関係を浮き上がらせる。ただしここでもまた補正関係が働いている。形式は全体としてより自由だ。第一楽章はいわば磁石のようにプロセスを屈折させるオスティナート楽想に、また最終楽章は一貫した散文原理に、それぞれ負っている。〔しかし〕中間楽章ではまたもや三部形式が引用されているし、性急な第四楽章ではスケルツォが突破の瞬間へ向けて一変する。その次の作品であるモノドラマ《期待》は自動筆記を先取りしていて、これまた無主題的であるが、しかし《ピエロ》は主題的であり、木管五重奏に至っては極めて主題的である。最後に弦楽三重奏は、少なくとも身振りの点では、再び無主題に傾いている。拘束力を持つような、或いは少なくともそういうものとして理解できるような主題は、ほとんど出てこない。現実に隅から隅まで構成された全体性というシェーンベルクの構想は、それと正反対の衝動と交叉していた。彼は自分で打ち立てた法則に、まさにそれが打ち立てられた法律だからという理由で、逆らうのだ。ひょっとすると彼は、思うまま存分に自らを荒れ狂わせたかったのかもしれない。この緊張こそ今日、個々の楽曲において解き放たれるべきものであろう。シェーンベルクにおいて構成への意志と交互に現れる主観表現の代わりに、存在の音楽的秩序、すなわち存在論が登場することは決してなかった。〔しかし〕恐らくセリー音楽とポスト・セリー音楽、さらには若きストラヴィンスキーとヴァレーズのいかにも西欧的で過激な試みが、〔ゲルマン的な〕表現の理想を決定的に時代遅れなものとした。煎じ詰めれば表現に対する〔彼らの〕不快感は、音楽的宇宙という〔古代以来の〕肯定的な理想像のためであったと考えることも、出来なくはないだろう。この理想の中では個人表現など老朽化したどうでもいいものとなるのであり、こういう形でもって自己表現する個々の主観は止揚されることになる。このように四十年以上前から猛威を振るってきた反動的アンチ主観主義と、主観に対する今日の反抗の間に共通点があるとすると、それはただ一つ、「人間は中心に立ってなどいない」という、今日では公式イデオロギーによって飾り立てられている経験以外にありえない。ただし今日における主観に対する反抗は、このことを「より高度な状態が達成された」などと理想化したりはしない。差異へと向かう運動を、それは決して犠牲にしたりしない。むしろ傾向として主観への反抗は、個々の差異を表現の領域からよりハードなテクノロジー的領域へと高める方向へ向かっている。個人が成し遂げてきたものを、それはしっかり保持しようとしているのだ。そのあらゆる代表者にあって主観への反抗は、新古典主義ではなく、シェーンベルク楽派の技術を引き継いでいる。〔ストラヴィンスキー流の〕始原の復古など彼らにとっては無縁であり、故にいかなる聖別の儀式とも何の関係もない。そうではなくて、彼らがやっていることは、最新の歴史状況――個々人が加速度的に無力化して全体の危機的カタストロフにまで至っているということ――が、直接的な主観表現を虚栄と見せかけとイデオロギーで飾り立てているという事実に対する回答なのだ。ヨーロッパ唯名論の歴史を通して芸術は、主観なるものにおいて自らの不滅と実体が得られると妄想してきたが、結局のところ主観自体がつかの間のものであることが明らかになったわけだ。世界の創造者か世界の土台であるかのように振る舞っている間に主観は、もはや現実の中身をほとんど持ち合わせないにもかかわらず、わざとらしくもったいぶる者の単なる制度的な演出、英語でいう「フェイク」になり果てている。世界で起きている出来事、あらゆる瞬間に新たに、より悪い形で生じているかもしれない出来事が、偽善的な共同体芸術を破壊し、それと同時に主観性の積極的自己主張の場である芸術の足元を掘り崩しているのだ。〔しかしそれでも〕音楽は、そもそも芸術は、主観的契機なしに考えられない。――〔とはいえ〕それは、表現を通じて自分を映し出し、従って結局はいつも現状を肯定してしまうような主観性なしで、つまり表現主義が新ロマン主義から直に受け継いだような主観性なしで、やっていかねばならない。その限りで現在の状況は、音楽的実体としての表現や個人が問題となることはなかったかつての古典的な表現主義の状況とは、相容れないものになっている。

主観という一方の極で起きたことは、主観による素材の支配が強まるにつれて、主観の対極である音楽素材そのものも揺さぶらずにはおかない〔素材とはシュトックハウゼンの音楽理論の中心概念であり、彼はこれをとりわけ電子音やケージのプリペアド・ピアノなどについて用いたが、アドルノは過去から引き継がれた色々なイディオムなどもここに含めている〕。抽象的な説明の仕方に対して頑強に抵抗するせいで、この概念はいろいろな誤解を招きがちである。だが素材概念が説明しにくいのは、それが歴史的なものであるためなのだ。その都度入手可能な音素材は各時代によって異なる。そして具体的な作品において、この違いが無視されてはならない。素材とは、それでもって作曲家が操作と労作をおこなうための手段に他ならない。それは作曲家がその都度対峙するところの、ある時代における技術的な生産力の、対象化され、批判的に反省を加えられた段階なのである。そこでは物理的契機と歴史的契機が互いに絡み合っている。例えばウィーン古典派における素材は、調性、平均律音階、五度転調の可能性のみならず、無数のイディオム的要素、この時期の音楽言語をも含んでいた。古典派はそれらを意のままにしたというより、その中で自分を表現していた。さらにソナタ、ロンド、性格変奏のような形式類型、そして前楽節と後楽節のような統語論的形式も、選択可能な形象化の一つといったものではなく、広く行き渡った古典派のアプリオリであった。シェンカーがウアリーニエ（基本線）〔巻末の「用語解説」を参照〕と読んだものは、おそらく実際には、規範へと高められたこうしたイディオム系の総体なのだ。彼はワーグナーを批判して「ウアリーニエを破壊した」と述べたが、ワーグナーにおいて初めて、イディオムがもつ形式形成の機能が素材進化のプロセスによって浸食されたという意味では、シェンカーは正しかった。シェンカーの偉大な分析の功績は、彼が初めて、最も広い意味での調的関係が具体的な作品に対して持っている構成上の意味を――これは彼の天才崇拝と奇妙に矛盾しているのだが――証明した点にある。しかし自説のドグマにとらわれていた彼は、〔自分の理論に〕対立する力を見誤った。つまり調性イディオムは自ら〔半ば自動的に〕「作曲する」だけでなく、古典主義的な普遍と特殊の統一の瞬間が一旦消え去るや否や、特殊の構想を妨害するという事実を見落としたのだ。彼は盲目的にイディオムを実体化してしまい、シェーンベルクの実践とも触れ合うような構造に対する洞察にも関わらず、美的反動に――それは彼の忌まわしい政治的見解にあまりにもふさわしかったが――音楽論理における混じりけのない基盤という仮象を与えようと試みたのだ。調性に由来する諸イディオムと実際の作曲との関係は、シェンカーの図式――その無味乾燥は、彼がどれだけそれを崇高な不変であるかのように指さしたところで否定できない――に対して今日なお、未解決の重大な難問を突きつけ続けている。私はかつてクラニヒシュタインである作品を提出された。それはすべてのパラメーターを統一しようという意図で作曲されたものだったが、私はその音楽言語的な意味での無規定を批判して、次のように問うた。「これのどこに前楽節と後楽節があるのか?」〔この会話の相手はシュトックハウゼンの友人カレル・フイヴェールツ(Karel Goeyvaerts)で、ドイツ語が不自由な彼に代わって同じ講座に出席していたシュトックハウゼンがフイヴェールツの楽曲の意義を説明してアドルノを黙らせたというエピソードが知られている。一九五〇/五一年のダルムシュタット現代音楽講習会のコースでアドルノは、シェーンベルクの代役として作曲セミナーの講師を担当し、シュトックハウゼンは参加者の一人だった〕この発言は修正した方がいいかもしれない。現在の音楽は、前楽節や後楽節のような、あたかも永遠に変わることがないかのように思える一般的なカテゴリーにすら、拘束されたりはしない。確かに「音楽は緊張と緩和、継続、発展、対照、確保といった伝統的なカテゴリーをアプリオリに含むべし」などとは、どこにも書かれていない。当然ではあろう。そもそも新しい素材の中では、こうした伝統的カテゴリーを連想させるものはしばしば、不調和でしっくりこない印象を与えるものだし、この不調和を取り除く努力自体が音楽の発展の原動力なのだから。しかしながら、単に音を積み重ねて満足するのではない限り、分節化のために――たとえどれほど変容したものであれ――音楽言語的なカテゴリーが必要となるはずである。古いカテゴリーを再建しろと言っているのではない。それらのカテゴリーが古い素材の中では不合理に、故に不十分にしか果たせなかった事柄を明瞭にするためにも、新しい素材にふさわしい、かつてのそれに取って代わる〔音楽言語的な〕カテゴリーを創り出さなくてはならないのだ。私が構想した素材的形式論[5]に最もふさわしい対象は、ここにあるのかもしれない。ただし素材とは決して静止したものではなく、「素材にふさわしく作曲する」ことは、与えられた可能性を手際よく汲み尽くす職人的な慎み深さ以上のことを意味しているのだとするなら、それは次のことを含意するであろう。つまり素材それ自体もまた、作曲によって変化を被るのである。成功した作品、ということはつまり素材が深く浸透した作品からは、素材は何か新しいものとして、今初めて生まれたように、姿を現してくる。作曲の秘密とは、妥当性が刻一刻と変化していくプロセスの中で、素材を変形する力のことである。この二重性が見えていない者は、あの新即物主義の不毛の犠牲となろう。もともと建築のものだった新即物主義の諸要請——それらは現実的な合目的性という点で、音楽よりはまだしも建築において、それなりのはっきりした根拠を有していたが——は、既に建築分野で拒絶にあい始めた時点になって、〔遅れて〕音楽に転用されたのである。

この危機がはっきり現れているのは、ウィーン楽派の人間としては異端かもしれないが、私が「緊張の喪失」と呼んだものにおいてである。社会的に現実となった個人の無力化はすべての人が感じているはずであるが、それは芸術をも麻痺させつつある。自分の無力と無意味さを意識している、価値を切り下げられた個人が、英雄的時代と同じように内的衝動から製作へ向かう必要性を感じることなど、ほとんどない。現代の人間学的状況の只中では、修正主義的でないような音楽を求めることが過剰要求なのだ。これに呼応したのが、音楽における自我コントロールを拒否し、むしろ音楽を好きなように走らせ、主観の介入を抑制しようとする作曲上の傾向であるが、それによって期待されているのは、ケージの言葉を借りれば、「ウェーベルンではなく音が語ること」である。この種の音楽は、心理学的な自我の弱さから、美的な強さを造ろうとしているのである。こうした傾向のうちのある部分は、その競合相手であるトータル・セリーによって、既に予感されていた。それはつまり、作曲されたものすべてにおいて、あらゆる局面にあってアクチュアルであり、常に現前し続けていなければならないという義務を、ある種の処理法を規範として制度化してしまうことによって、耳をこの従来の義務から解放しようとする試みである。しかしながら、こうやって荷を下ろしてもらうことにより、何か本質的なもの、事象そのものの中の具体的な何かが、ずらされてしまうことになる。一つの例を出すだけでよかろう。十二音技法の成立において決定的だった衝動の一つは、最近ウェーベルンの死後公刊された講演集でも確認されたように、他のすべての音が現れてしまうまでは、どんな音の回帰も許さない、というものであった。まだ十二音技法に手を染める前のウェーベルンの作品である《バガテル》作品９は、後のどの作品にも見られないほど純粋かつ一途に、こうした感受性に従っている。〔だが〕体系化をすることで質的な変化が生じるというテーゼを裏づけるのは、音列の四つの形が固定された瞬間に既に、音楽は自らを規定するはずのこの経験を犠牲にしはじめたという事実である。作品９や作品11の時期のウェーベルンほど禁欲的に作曲するのではなく、単純にいってより多くの音符が必要なとき、つまり――そうやっていけないない理由はないわけだが――もっと強度が高いというだけでなく、もっと音数の多い音楽を求めようとするとき、音の回帰を避けることは難しくなる。二つ目の基本音列を作って、それで旋律ラインの音列を伴奏するとか、いくつかの音列を和声の次元へと折り畳んだり、対位法的に組み合わせたりするといったことは、このこと〔音数を増やしつつ特定の音の回帰を避けること〕の役にはあまり立たない。これによって、まさにそれこそが十二音技法の本来の反抗の対象であったはずの特定の音の宿命的な優位が、あっという間に確立されてしまう。これは音楽の弁証法[6]の典型的な例である。

現在の議論の解明に役立つのは、ひょっとすると偽書のように謎めいて見えるかもしれないが、しかし非常に説得的なシェーンベルクの発言と、アイメルトやケージように仲間内で再度分裂しはじめている音楽家たちの定式とを対置してみることである。ダリウス・ミヨーが第二次大戦後にブレントウッドのシェーンベルクを訪れて、彼に十二音技法の全面勝利について語ったとき、シェーンベルクは――よく理解できることだが――決して喜びはしなかった。その代わりに彼はこう尋ねた。「で、彼らは本当にそれを使って作曲しているのかね？・」〔自己目的化せず、本当に手段として、それを「使って」作曲しているのかという意味〕この発言は、彼が頑強にこだわった十二音技法のあの回りくどい定義、つまり「十二の互いにのみ関係づけられた音を使っての作曲」とも符合する。音から自動的に作曲されうるとか、音の純粋な本質こそ音楽の意味であり、それが楽曲の中で現れてこなければならないといった考えに、彼は全身全霊で抵抗した。つまり作曲は音を「使って」為されねばならないのだ。これに対して『ライエ』第三号に掲載されたアイメルトの論文「作曲家の決断の自由について」では、極めて明瞭にこう言われている。「音は」――これはメシアンが名をはせたエチュード「音価と強度のモード」〔最初のトータル・セリーによる作品といわれる〕についてである――「機能するのではなく存在している。とはいえ、音楽において心理学が物理学から完全に切り離されたわけではない。そんなに簡単にことは進まない。知覚と対象吟味の交流の中で初めて、音響的事象は焦点を結ぶ」。この二者択一はおそろしくやっかいである。シェーンベルクが言う「それを使って」――あの「彼らは本当にそれを使って作曲しているのかね？・」という発言――は、音自体の外にあるもの、〔しかし音から〕切り離せないもの〔つまり主観〕をくっつけてひきずってくるからである。「作曲」という言葉は、ここでは伝統的な意味で理解されている。つまり作曲家は素材を使って、主題労作を通して、あるいは動機の諸関連の中で、またウェーベルンであればこうした動機関連を普遍的なカノンへと圧縮することにより、作曲するのだ。それに際して素材と楽曲に互いの親和性はなく、端的には対立している。両者の媒介それ自体は、当初より考えられていない。媒介しようにもむしろ、イディオムの要素の影が薄くなってしまっているせいで、互いの異質さが露わになるだけなのだ。かつてならとりわけイディオムが、作品と素材の間の宥和のようなものを可能にしてくれていた。しかし作曲家が支配者として素材を自由に処理するようになるにつれ、そして予め設定されている音楽言語的なカテゴリーを伝統的だといって非難するようになるにつれて、作曲家はむき出しの素材と衝突することになる。かくして「音を用いて作曲する」人々の伝統的な振る舞いには、何かしら反伝統主義的なもの、工業生産に似たものが入り込むようになってきた。それは、かつてその高みあった時代の音楽的主観が知らなかったような、素材に対する無遠慮である。素材、例えば音列を予め〔慎重に〕選んでいるからといって、事情に変わりはない。今日多くの人があっさり口にするように、音列は操作されるのだ。かつての音程の継起や和音や調性における音楽言語的な諸要素の扱いと比べ、十二音技法ははるかに無遠慮に扱われる。そして「それを使って作曲されるもの」と「作曲されるもの」とが互いを気遣うことは、ほとんどない。しかし十二音技法の実践に対するアンチテーゼにも問題はある。主観の中で、というか実際は歴史の中で、既に作曲に先立って予め形成されている音素材だが、それを彼らは即自存在であるかのように受け入れようとするのだ〔トータル・セリー主義者たちの音響学的なアプローチならびにジョン・ケージの「音そのもの」についての思索を指すと思われる〕。いわば音が実体化されているのである。パラメーターの概念はこれを前提としている。つまり音楽の全体経過のあらゆる次元が、一つの音の特性から演繹可能というわけである。この点だけではないが、奇妙にもユーゲントシュティールの様々なモチーフが、再び顔を出してくる。ユーゲントシュティールもまた、様式コピーに取り憑かれた美的ビクトリアニズムの失墜の後、即自存在としての素材から新たな形式言語を創造しようとした。こうやって生まれたのが高貴で霊的な素材とやらであり、それらは一九二〇年前後のリズム体操や表現ダンスや芸術産業の分野でさえ、ありとあらゆるガラクタを生み出した。これらの欺瞞は、素材を新雪のように崇め、それに絶対的な特質を付与し、この特質をして自ら語らしめることにより、主観によって制度的に演出されたにすぎないもの、作られたものから逃れうると考えた。しかしこの素材、いわば宝石としての世界は、たった一人の個人の主観とはいわないまでも、それが関わる社会的主観と関係することで初めて、それとなる。おそらく前衛音楽における素材の自立性と絶対性への思想は、こうしたキッチュ的連想から清められてはいるだろう。頭のいいセリー理論家の誰一人、かつてザラザラして滑らかさに欠ける素材やそれに類したものについて語られたのと同じようには、高貴な音のことを語ろうとはしないだろう。しかし素材、つまり音そのものとやらが即自的に存在を有し、単なる現存在以上のものであるという信仰の中には、こうしたイデオロギーの残響がこだましている。このイデオロギーを構想から一掃してしまうなら、皆が崇めている素材のうちに残るのは、物理的な自然特性でしかない。しかしこうした自然特性は、それ自体では芸術以前の粗野な事実でしかなく、美的な事柄の保証には何の役にも立たない。どうしたところで間違ってしまうなら、さしあたりこのアポリアを意識しておくべきであろう。〔確かに〕シェーンベルクの至言「彼らは本当にそれを使って作曲しているのかね？」は、あたかも十二音がまだ調性の時代の十二音であるかのように、それらを配置するという誤用を許しかねない。しかしながら〔アイメルトの主張する〕「音は存在するのであって、機能するのではない」という仮説もまた、イデオロギーとしても実証主義的にも適切とはいえない。例えばケージは、恐らく禅仏教との関係で、あらゆる思想的な上部構造から解放された音とやらに形而上学的力があると考えているようだ。とはいえ彼の言う上部構造の解体は——音から音響的原素材を取り出すにせよ、偶然原理における確率計算をあてにするにせよ——自然科学的にイメージされている。アイメルトは優れた直観によって科学と芸術作品の違いを強調してはいるが、私がざっと見た限り、彼もまだそこから物理的契機と美的契機を顧慮した完全な帰結を引き出せてはいない。彼は「音楽における計算は、音楽の基礎素材と一致するべきである」と要請する。もっと数学的でない表現、例えばヘーゲル哲学の用語を使うなら、これは音楽的な主観‐客観関係の理想ということになろう。疑わしいのはただ、この一致が本当に可能かどうかである。この要請はアプリオリに素材と「操作」の自明の同一性を前提としてはいないだろうか？　しかしこのことは、多大の労力を払って消したはずの主観が、予め形成されている素材のせいで、再び〔恣意的に〕入り込んでくることを意味してはいないだろうか？　あるいは、この素材には客観的に音楽関連を打ち立てる秘密の特性（qualitas occulta）が与えられていて、作曲家はその都度予め処理された素材にただ自分を合わせるだけでよいとでも言うのか？　さもなくば〔作品の〕妥当性は〔ライプニッツの言う〕予定調和の奇跡だということになってしまうだろうが、〔モナド相互が交わるという〕交渉説の支持者にはこれは受け入れ難いだろう。そうではなくて、基礎素材は——この点でアイメルトは正しい——ただの主観ではなく、主観とは異質なもの、他律的なものを内包している。物理的な意味での純音に触れたことのある音楽家であれば、このことに気づいてショックを受けたはずだ。しかしアイメルトが基礎素材と呼んだものが実際には主観に還元できないとすれば、「音楽における計算」ないし作曲とあの基礎素材との間に、同一性など存在しなくなる。しかし素材に適うようにしようとする者の感覚には、こちらの方がぴんとくるだろう。イデオロギーによって何か別のものであるかのように見せかけるのではなく、現実かつ純粋にそれそのものであろうとする芸術の努力にとっては、非同一性を告白し、それに耐え抜こうとする方が、この非同一性を——こう言ってよければ——破綻なき同一性というロマン派的概念で覆い隠すよりもましなのだ。恐らくシュトックハウゼンもこう考えていた。少なくとも論文「いかに時は過ぎるか」では、まさに次のように言われている。「……2×2＝4という定義ではなく矛盾から出発する方がしばしば実り豊に見えるのであれば、彼〔作曲家〕は矛盾を受け入れて、弁証法的関係から出発するのではなかろうか」。しかしこの文章の文脈は極めて難解なので、無条件にこの一文を証人とすることは、私にはためらわれる。いずれにせよ、彼が引き合いに出しているのも、素材と作曲された音楽とのアンチノミーである。シュトックハウゼンは、物理的に測定可能な時間と本来的な意味での音楽的な時間の関係の問題に即して、このことに気づいたのだ。

この同一性、つまり楽曲と予め形成されたその素材との一致は、既に古典的な十二音技法でも考えられていた。音楽の全体性は楽曲内部の諸関係と一体でなければならない。しかしまさにこの理想の問題系が、かつての調性と同じく、十二音技法をも乗り越えるきっかけとなった。ウェーベルンは出来る限り多くの関連を作るよう要請したし、アルバン・ベルクやシェーンベルクもこれには賛同しただろう。この要請は殆ど無条件に受け入れられた。ここで個人的な古い思い出を披露させてもらいたい。まだ若い時分に若干の素朴さをもってこの種の現象に立ち会う場合、そこが自分の家の中であるならあまりに自明すぎて見誤ってしまうようなことに、時として人は気づくものだ。一九二三年かそれより前、まだ二十歳にならない頃に、私はある音楽祭で初めてウェーベルンの《弦楽四重奏のための五つの断章》作品5を聴き、あるいはスコアを勉強して、最初の寄稿先でもあったライプツィヒの『音楽時報』にそれについての論文を発表し、そこでシェーンベルクの特に作品19および作品11をウェーベルンと対照させた。十年前でもまだそうはしなかっただろうが、今日ならこの作品に対する異議を、私は次のように表現する。つまりシェーンベルクでは本質的に表現欲求から生じた諸傾向、自発的かつ非合理的に生まれたそれが、ウェーベルンでは合理化を被って体系化されてしまったのだ、と。これは既に、隅から隅まで完全に作り上げられた作品5の動機法からもうかがうことが出来た。これを私は、当時の私がシェーンベルクにおいて最も讃嘆の的としていたところの無防備さと比べて、反動的であると考えた。最大限の関連を求める態度に、物象化のにおいを嗅ぎつけたのだ。そこでは後の古典的な十二音技法と同じく、組織化の密度を上げることでもって、調性の関連システムの喪失を埋め合わせるとされるのだった。その限りではウェーベルンも伝統的な、つまりは主題的な音楽の系譜に数えられよう。アイメルトが注意を促しているように、彼は確かに「音列の単旋律的な次元から初めて一歩を踏み出しはしたが、音列を三次元的な音響〔和音〕の次元に組み入れるのではなく、モチーフ断片に分解された平面的な音列を、ある程度互いにずらして重ね、それによってレリーフ状かつ音素材の点で確定された網目形象——その素材特性と結合法は最近になってようやくその十全な意義を認められるようになった——を作るという形でもって、「空間」という次元を獲得した」のである。同じように私も一九五七年に、対位法の機能を失われた音楽的空間を確立するものとして解釈したことがある。これもまた間違いなくウェーベルンの汎主題法の機能であり、後に人が個々の音から蒸留された諸関係の全体性と呼んだものとはまったく違う。ウェーベルンはパラメーターで考えたのではなく、モチーフと主題によって本能のままに音楽する《ムジツィーレン》ことを、シェーンベルクを超える高みへと引き上げた。そして——こう言ってよければ——自由な無調や十二音技法にはまだ含まれていた偶然性の残滓を一掃しようとした。ただし付け加えて言っておかねばならないのは、〔ウェーベルンにおいて〕音楽の結果である作曲されたものが、諸関係の圧縮や技術的手段の緊張によって、それ自体不必要なまでに緊張し張りつめたものになったという事実である。これは簡単に説明できる。ウェーベルンの《九つの楽器のための協奏曲》は確かに、音列形象をカノン風にずらして重ねるという視点から見れば、彼の最も真正な作品の一つである。しかし最終楽章は、処理法がそうであるほどには、集中力も必然性もない。この喜ばしい締めくくりは、九人の楽士の行進を伴奏する伝統的な行進曲であり、ほとんどアルカイックである。音列諸関係の全体性が現象に刻印を与えているというより、人はむしろ時代にそぐわない十八世紀のカッサシオンを連想するだろう。手段と獲得されたものが乖離しているのだ。この点に立ち入るのはウェーベルンを貶すためではなく、美的および技術的な帰結を見定めるためである。どれほどの関連が求められるべきかは、作品の性格、作曲されるべきもの、作曲が提示するものの単純さと複雑さによる。諸関連の自己目的化した全体性、それが豊かか乏しいかは、〔それだけでは〕決して作品の真理内実の必然的な要素とはならないし、ましてそれだけで賞賛すべきものでもなく、さらに言えば、自動的に音楽の意味を保証したりもしない。こうした洞察はその後、諸関係の全体性にたいする反動や解き放たれた偶然性原理の中で、広く波及することとなった。音楽の密な網目とは別のものを目指す作品、相対的に単純な作品、例えばシェーンベルク自身によって過小評価されていた《映画のための音楽》作品34では実際、音列諸関係は意図的に単純に扱われているが、他方で最高度の要求をするパラダイム的作品である《管弦楽のための変奏曲》作品31では、それはこれ以上ないほどに密に編み込まれている。かつて人はソナタと幻想曲という両極の間のどこかを選ぼうとしたが、何を作曲するかによる同様の難易度のスケールというものを、今日の構成主義も持っているのである。拘束性の要請がどの程度になるかは、この選択次第なのだ。すべてが等しく拘束的である必要もなければ、すべてが同じやり方による拘束性を目指す必要もない。〔しかし〕拘束性と自由のアンチノミーは、前者を単なるメソードにしてしまい、事柄そのものを顧みず、従来は法則と呼ばれていたものを希求してみたところで、克服されはしない。新たな素材と比べた時に古い主題労作——少なくともその派生物の多く——がどれほど外面的なものに見えようとも、物理的合法則性だとか芸術における物自体という幻影もまたどっこいどっこいだ。拘束性と自由の関係についての誤解は、シェーンベルクがオーソリティーを与えたところの、エルヴィン・シュタインの一九二四年の著名な論文「新たな形式原理について」に端を発する。「自由な無調の諸手段では大規模な絶対音楽の諸形式を作れなかった」という命題でもって、彼は十二音技法を基礎づけようとした。大規模な器楽形式は歌詞を松葉杖がわりにせねばならなかったが、十二音技法によって初めてその可能性が再建された、というわけである。しかし大規模な無調形式は、はるか以前から存在していた(7)。その最も大胆かつ最も重要な例である《五つの管弦楽曲》作品16の終曲は、シェーンベルクが書いているのだ。ここでも通常の意味での主題関連は支配的ではない。むしろ交響的な統一はまったく別の手段によって実現されている。つまり一つの声部の主要旋律ラインを次々に別の声部へ移動させていくのである。単なる楽曲テクスチャーの技法が、ここでは既に形式構成の役割を果たしているのだ。

楽曲テクスチャーは無限にある構成可能性の一つに過ぎない。こうした可能性は作品そのものの構想から導きだすことが出来るのであって、作品から超越した秩序に助けを求めることなど不要である。いわゆる秩序への欲求は、十二音技法が発明された原因とまでは言わずとも、いずれにしても今日における〔この技法の〕弁明擁護につながってきたわけだが、こんなものを私は決して理解できたためしがない。なぜ人間というものは、開かれた場所にたどり着くや否や、《期待》が、いや、そもそも《エレクトラ》が、もう既に無事作曲されることが出来たと安堵のため息をつく代わりに、「ここにもう一度秩序を打ち立てねばならない」などという感情を抱くのか、音楽においても一度よく考えておくべきだろう。《期待》も《エレクトラ》も、押しつけのスタイルなどよりはるかに、現代の聴衆自身の意識と無意識にとってしっくりくるもののはずなのに。およそ芸術運動にあって、押しつけのメカニズムに陥らないものなど殆どない。フォービスムから新古典主義への展開、そして「無秩序のあとに秩序を」というコクトーの言葉も、これを証言している。〔だが〕私は図式化された秩序への欲求の永劫回帰のうちに、その真理の保証などではなく、むしろ果てしない弱さの症状を見てしまう。この弱さが、自分にのしかかってくる社会からの強制を、勝手に自分たちがそう思い込んでいる自由の領域、つまり芸術生産のなかで内面化し、さらには、この強制こそが芸術本来の使命だと勘違いするのだ。内在的で自分自身を見通すことの出来る自由からの合法則性と、借り物の秩序への降伏とは、互いに相容れない。〔後者の場合〕秩序の力と人間の無力との間の矛盾が、芸術が保証するはずの人間本来の憧憬から人を切り離してしまう。現実的および精神的な存在の中での苦痛にも関わらず、彼らはそもそも今と別の者になろうと欲しない。慣習がとうに拘束力をもたなくなっていると分かっており、文化の仕組みもそれだけではいかなる慣習も打ち立てることができなくなっている時ですら、慣習なしにはやって行けないという妄執のもと、人間は自分自身の内部にさえ権威的な諸契機を繰り返し再生産するのである。これこそ真の形式主義であり、古典主義的な理想の暗い秘密である。ストラヴィンスキーの場合、このことをべらべら喋りまくったという点で、こうした考え方の罪も幾分軽減される。彼は慣習を「あるがままのもの」と呼び、そこからいかなる実質もかすめ取ろうとはしなかった。実質を得ようとするところから悪は始まる。「秩序」のようなカテゴリーは、統一見解があるようでいて、実は曖昧かつぼんやり滲んでいるものだが、それをもっとはっきりさせるためにも、それは微視的に観察されねばならない。調性図式が崩壊したのは、かつて自らが要求していた形式構成をもはや果たせなくなったからであり、〔しかし〕カオスに陥らないためには、その後も音楽は何らかの組織化の力を必要としたのだという説明は、それなりにもっともではある。しかしカオスへの不安は、社会心理学と同じく音楽においても、過大評価に他ならない。こうした不安の過大評価こそが、その点については大差ない新古典主義と十二音技法の両楽派で生じたのと同じ短絡的推論を、今日なお引き起こしているのだ。いわく「自由には秩序が枷として課せられねばならない」。「自由は手綱を引かれねばならない」。しかしながら自由は、それと異質で、自由の中で生まれつつあるものの邪魔をする、いかなる尺度にももはや服従しないという仕方で、自分自身を組織せねばならないはずである。音楽が自分の自由を喜ぶことのいかに僅かであったか、また哲学的にも極めて評判の悪い〔自由と秩序の概念の〕結合〔この言葉 Bindung をアドルノはドイツのファシズムを取り巻く雰囲気の中に位置するものと考えていた。アドルノ『本来性という隠語――ドイツ的なイデオロギーについて』笠原賢介訳、未來社、一九九二年、一一頁参照〕などという代物に手を出すことのいかに素早かったかについて、つまり音楽のマゾヒズム体質について、ひょっとするといつか人は驚くことになるかもしれない。解放された音楽への居心地の悪さ、解放されるやどんなものを欲してもいいということに不安を感じ始めるということの伝統は、世界の暴力的な秩序と同様、今後も受け継がれていくだろう。今日に至るまでそれは、あらゆる構成的な音楽作品、あらゆる構造的な作曲法の上に、その影を落としているのだ。作曲する主観の側から見ればアンフォルメル音楽とは、目を閉じて不安に手を引かれるのではなく、不安を反省し、それに光を当てることで、不安から解き放たれる音楽である。アンフォルメル音楽は、カオス――それはまったく何ほどのことでもなかった――と自由への良心の呵責――その中でこそ不自由は命脈を保ってきたのだ――とを区別する術を心得ているだろう。秩序好きが当然ながら使いたがる論理や因果性といった概念によって、アンフォルメル音楽の構想を白紙に戻すことなどできない。これらの概念は文字通りの形で現れるというよりは、もっぱら修正された形で芸術作品を司るものなのだ。芸術の諸要素の中にはどのみち現実の諸要素が反映されているという限りにおいて、そこにはいずれにしても論理性や因果性が入り込んでくるのだが、ただしそれは夢の中の出来事のような形である。〔しかしながら〕誰かが新しい技術を発明し、それを正当化しようとすると、それはいわば容易に自然化され、まるで対象世界の法則に直ちに従うものであるかのように扱われてしまう。十二音技法において音素材への永続的支配が基礎づけられたというシェーンベルクの誇りも、音の根源規定なるものへの最新の熱狂とまったく同じく、こうした例である。芸術における「自然なもの」という幻想もだが、この幻想を食いものにしている「誰もが納得できる美的な必然性」という迷信をも追い払わねばならない。芸術作品を支配するのは自然因果性ではない。自然因果性と違って美的必然性は、主観によってもう一度媒介されたものなのだ。「これはこうであって、それ以外ではありえない」という仮象は常に、事実としての芸術作品によって否認されうるものである。芸術作品は必然性というもの――これは本当はフィクションなのだが――を字義通りにとってしまうことによって、即物的な発想の故に自らの事実に即した即物性を裏切ることになるのだ。人は芸術作品における〈かつての〉「似ている」というカテゴリーを、〈近年は〉「正しい」というカテゴリーに置き換えようとしてきたが、「正しい」も「似ている」と同じく、万能薬にはなりえない。芸術作品における制御可能な「正しいもの」には、「偽物」になるというたちの悪い欠陥があるのである。

美的必然性を文字通りのそれから解放することがどれだけ豊かな実りをもたらすかは、素材支配の初期段階においては、シェーンベルクの《期待》を見れば明らかである。《期待》やそれに続く作品において、動機的主題的労作は音楽の自発的な流れの外にあるもの、つまり操作と感じられていた。これは今日のセリー決定論がそう見えるのと同じである。このモノドラマの非主題的な神経繊維はここに由来する。しかしそれは決して単に偶然に自らをゆだねるのではなく、動機的主題的労作の精神を肯定的に止揚しようとした。それによって動機的主題的労作は変化する。つまり拡張される。例えば中期のウェーベルン作品のように、相対的に自立した諸部分を、そのキャラクターや相互の関係を通して説得力をもって示される関連の中に組み込もうとする音楽、ただし動機の同一性や変奏関係ははっきりしないような音楽は、上のような動機労作についての新しい考え方のもとで理解されなくてはならない。ただしこのような音楽にあっても、動機の同一性や変奏関係は厳格に禁じられているわけではなく、時として極めて慎重な形で暗示されている。こうした音楽の諸々の〈動機以前ともいうべき〉衝動と諸関係は、主題のそれのような予め設定された上位的秩序を前提とせず、むしろ自分の内側から関連を生み出す。その意味でこれらの衝動や諸関係は、ほとんど加工されず、加工されたとしても極めてわずかであり、決して間隔をあけて反復されたりしないとはいえ、主題の末裔だと言えるだろう。これに対してセリーによる作曲は、一方で個々の音とそのあらゆる特性を、他方でそこから演繹され、その前ではあらゆる音——そして休止——が互いに等価となるような全体を、熟知している。微分的差異と積分的統合は一つの公式へと統合され、それに対抗して〔個々の〕作品が質的なものを持ち出すことはない。しかしながら〔それに対して〕、全体が自立した諸契機から作られている場合、主題的に作曲されていると言える。自立した諸契機なしには全体はありえず、全体なしに自立した諸契機はありえないのだ(8)。とはいってもセリー的なものは、決して動機的主題的なものの単なる対立物として理解されてはならない。セリー音楽自体が動機的主題的なものの全体性から生まれてきたのであり、いわばあの原理を時間と音色の次元へと拡張したものに他ならないのである。全体的組織化という目標は、動機的主題的原理とセリーの双方に共通している。おそらくこの区別を、ひっくり返して次のように言うこともできよう。あらゆるセリー的作曲の中で、統一は事実と考えられており、たとえ曲の統一のうちに隠されているとはいえ、直接的に存在するものであると考えられている。これに対して動機的主題的な音楽のやり方では、統一は常に生成するもの、生成によって開示されていくものとして定義されるのである。

セリーと主題労作では動態性と静態性に対する立ち位置が異なるということを、これは含意している。この違いを成文化してみるなら、文学とも共通するところの、芸術音楽のある内在的矛盾が明らかになるだろう。すなわち音楽も文学も統語論的に分節された連続体として、つまり互いに規定しあうものの精神的プロセスかつ時間的継起として、生成であり動的なのである。ストラヴィンスキーの静的に様式化された作品の中ですら、冒頭に提示されるモデル立方体は、時間の中でずらされていくその〔ヴァリアント的な〕形象のどれかと簡単に差し替えることはできない。そんなことをしたら、あれらの作品はそれが掲げている首尾一貫性の要求を犠牲にすることになっただろう。《狐》の入場行進曲の実験が、このことを明白に示している。しかし他方で文学と同様に音楽も、文字によって静止状態に置かれ、書かれたものとしてそこに存在している。グラフィックで空間的な記号システムは、継起的なものを同時的なものへと金縛りにし、静止状態に置くのである。音楽にとっても文学にとってもこの矛盾は、外面的なものではない。一つの出来事に別の出来事が続くという主題労作のネットは、音楽をまぎれもなく一つのプロセスとして規定するものだが、それとて固定された音符があって初めて可能になるのだ。継起を継起として内在的に組織化する複雑な諸々の結合形式は、楽譜のない即興音楽には不向きだろう。オブリガート的な作曲の時代になると早々に即興は死に絶えたのであり、ウィーン古典派の多くの幻想曲に受け継がれた即興の名残りは、まさしく動機的主題的な動態性の不足という点から定義されることになった。動態性という言葉は、ここではもちろん音の強弱ではなく、音楽的展開という意味で用いられている。しかし文字によって凝固させられた状態と、凝固したということが逆に意味する流動状態のあいだの矛盾という点で、音楽もまた——自らがそうである以外の現実を見せかけたりもしないし、その場合でも断続的にそうするだけであるにもかかわらず——時間の中で展開する芸術に固有の仮象性格を帯びている。音符に固定されてそこに存在しているものは、その意味という点では、生成するものであるように見える。文字言語にもこうしたところがある。〔しかし〕仮象に反旗を翻す新芸術のすべてと同じく、音楽も仮象に抵抗する。こうした観点から見れば、音楽の最新の展開が示しているのは、動態性のフィクションを放棄し、記譜されたものとして常にそうであったように、現実に鳴り響く音としても、ある程度自らを静止したものとしようという試みなのかもしれない。時間的継起を実際に何か別のものに取り替えようとする偶然性の音楽は、その極致である。逆に、無に等しい程にまで緩められてきた記譜法が極めて真剣に目指すのは、通常音楽はそれを約束するだけだったような全きもの〔つまり純粋な時間〕に到達することである。しかしながら、こうした物象化は抽象的な否定にとどまらざるをえまい――記譜によってすべてが予め決定されているなら、もはやプロセスが奏でられるまでもないわけで、一方で、予め決められたことを何も考えずに実現するだけにして、その継起には無関心でいるか、あるいは他方で、自らプロセスへと姿を変えるかの二者択一しかないのだから。記譜された音楽の静態性は、音楽の一面にすぎない。もう一面で音楽は鳴り響くもの、時間内での出来事でもあるのだ。音楽の出来事は楽譜なしにはありえないとしても、楽譜もまた音楽的出来事なしでは存在しえないのである。恐らく楽譜は演奏のための単なる指示書きではなく、テクストへと客観化された音楽である。だからこそ楽譜は黙読を要求しがちなのである。しかしテクストをして、内在的にそれによって意図されていて、実際の演奏を必要とはしない何かたらしめているのは、時間の中で開花する何かなのだ。かくして首尾一貫して静的な〔楽譜に書かれた〕音楽には、またしても仮象の烙印が押される。つまり純粋な鳴り響きを通じて継起する音楽は時間外的であり、他方で楽譜によって空間的に記された音楽は、どれだけ定量記譜法の原理から遠ざかろうとも、常に時間継起の中で読み解かれるという仮象である。ここからさらに新たな不十分さが生じてくる。継起の関係を否定する時間的つらなりは生成の義務をなおざりにし、もはやなぜこれが「別の何か」ではなく「これ」の後に生起するのかを根拠づけようともしなくなるのだ。音楽的なものにおいては何かに何かが続いていくわけだが、もしこの何かが先立つ形象によってその帰結として規定されていないなら、あるいは逆に、それが先立つものを自分自身の前提として事後的に意味づけることをしないなら、そんな何かに続いていく音楽などありえない。もしそんなことになったら、時間の中での音楽の具体化と音楽の抽象的な時間形式とは、互いに瓦解してしまうだろう。

それ固有の性質からして、それより前でも後でもなく、まさにそこにあることを要求するものは、継起関係の中に自動的に組み入れられるわけで、それによって寄生虫のように時間に食らいつく。アンフォルメル音楽が動機的主題的な音楽のやり方を自分で否定しておきながら、にもかかわらずそれを自らのうちに引き受けることを求めるとするなら、それが欲しているのは他でもない、時間という形式と音楽内容の関係を克服することなのである。そのためにはもちろん、逆説的なことだが、それに即して初めて動態性が得られるところの、相対的に静止した領野との関係が必要となってくる。なぜなら絶対的で差異のない動態性は、再び静止状態になってしまうからである。確かに、音楽テクストの中で含意されている凝固した時間、個々の演奏や譜読みを通して現実化される時間は、経験的な時間と完全に同じというわけではなく、むしろそこから彫り出されて分節されるものではある。またその限りにおいて時間芸術としての音楽は、その最も深い定義において、美的仮象を糧としている。しかし芸術の外の時間とは違うという点においてすら音楽は、芸術の一般条項のもとで多少の変化を加えられつつも、それ自身の中に時間性格を保ち続けている。譜面が実施され、作品が演奏されるや、それは経験的時間の中での出来事となる、つまりクロノメーター的な持続を有するようになるのだが、そうなってすら音楽はある別の時間秩序、書かれたものとしての作品の、いわば永遠化された時間秩序に属しているのだ。直観によって純粋に思考されたものである数は、必然的に時間を経過せねばならず、それによって論理学と直観は、それぞれを可能にする前提の点で結びつく、というカントの洞察が思い出される。(10) この種の考察は理屈っぽい芸術哲学として無視されてよいものではなく、最新の音楽がゴミ箱行きにしようと意図しつつ、その理想の上に自分の足場を築いているところの当の芸術哲学の条件を直ちに説明するものである。こうした芸術哲学はまだ最新の作曲法の中にまでは浸透していないが、それを自然主義的な混沌から守ってはくれるだろう。

動機的主題的な音楽とセリー音楽の争いを最終的に決するのは、ここ数年の理論的省察の中で明らかになおざりにされてきたが、関係の概念であろう。音への還元はそれ自体が否定的真理である。音楽を音に還元してしまうことは、単に外から嵌め込まれたものへと硬直しつつある主観の意図の息の根を止めたと言える。これまでに確立され、利用し尽くされてきた、あらゆる形象と布置のパターンを、それは邪魔ものとして、様式的な不純物として、様式的な破綻として、放逐してきた[11]――ただしそれに際して、気づかぬうちに新しいパターンが生じることがないわけではなかったのだが。しかしながら、音そのものが持つ批判的機能は上部構造としての形象と比べて無条件で歓迎すべきものだとか、あらゆる意味から切り離された音そのものこそが、まさに音の意味であるといった信仰は、間違っている。裸の音というものは、音楽の批判的な自己運動が一度は通過すべき契機、反イデオロギー的限界値である。だが音が音楽になるためには、それはもう一度布置を、音そのものの中から〈自動的に〉切り出されるわけではないような布置を必要とする。上部構造からどれだけ純化されたところで、そういう要素を寄せ集めたら音楽が出来るというわけではない。相も変わらず若い音楽家たちは、個々の音の原初的な形質が音楽の全体性を規定すると考えているようだが、これはまさしくシュトックハウゼンが「量子分割」と呼んで批判したものと関係している。つまり彼らはそれ自体がもはや還元不能であるようなもの、すなわち関係のことを忘れているのだ。音楽は単に音だけで出来ているのではなく、音と音の関係から成り立っている。一つの音は別の音なしに存在しない。そしてまさにこのことが、アンフォルメル音楽への移行を引き起こす。『ライエ』第五巻に掲載されたメッツガーの論文で要素の概念は、美的イデオロギーとしてずたずたに批判された。しかし何もかも個々の音のパラメーターに解体し、そして――これが建前とは逆の本音を示しているわけだが――全体をそれから再建するという発想が、これまでのセリーの実践には常について回っていた。アンフォルメル音楽はこの種の練習問題とは手を切る。音楽において直接的なもの、最終的なもの、最も根源的な所与として現れるものはすべからく、弁証法的論理学の言葉でいえば、既に媒介されたもの、「措定されたもの」であり、個別の音もすべてそうなのである。音楽に固有の自発的経験のような諸契機には、ある種の直接性の性格があることは争えない。「あらゆる直接性は媒介されており、その反対物に依存するが、直接的なものの概念そのものは生成したもの、湧き出してきたものであって、単に媒介のなかに消え去ってしまうわけではない」というヘーゲルの洞察は、音楽理論にとって実り豊かなものではあろう。しかし音楽にあって契機として相対化される直接的なものとは、個々の音ではなく、時間の中でのその位置に即して、ある程度可塑的かつコントラストや展開によって弁別されるものとしてはっきり把握できる、個別形象であろう。音楽現象の中では、こうした個別形象と比べるなら、個々の音など抽象的なものであり、切り出されて初めて形をとるのだ。ひょっとしたら音とはそもそも、まずは音響的なものであり、作曲の領域に属するものではないのかもしれない。「音楽を作るのは音ではない（Ce n'est pas le ton qui fait la musique）」。音楽は音の寄せ集めではない。ゲシュタルト理論のありふれた例が想起されてもいいだろう。この理論が音楽にとって持っている意義については、最近もアンリ・プッスール〔ベルギーの前衛作曲家で特に電子音楽が有名〕によって「移調の普遍的な可能性」として言及された。さらには、それが組み立てられている音の高さが変化しても、ある程度の範囲であれば、形象は同一のものであり続けるという事実が、音と音の関係がもつ音楽上の重要性を立証している。こうしたことの根底にあるのは、不当に忘れられているエルンスト・クルト〔ウィーン出身の音楽学者で、フロイトやゲシュタルト心理学の影響を受けたバッハやワーグナーについての著作が有名〕が明らかにしたところの、個々の音は音楽の中では物理的事実、いわんや感覚心理学的事実などではなく、不思議なしなやかさ、「弾力性」[12]を備えている、という事実である。音楽の領域に現れるすべての音は、常に既に単なる音以上のものであって、音の諸特性などというものが定義として明確にされるわけではない。この音以上のプラスアルファとは何よりまず、関係の中で個々の音がそれとなるところのものである。クリスティアン・フォン・エーレンフェルスはゲシュタルト心理学の草創期にこれを、ゲシュタルト特性と呼んだ。音楽における個々の音は、音響生理学的な意味での連続性をもっているわけではなく、せいぜいクルトが――あまり広まらず、誤解を生んだが――心理学と呼んだものを形成するくらいである。クルトの表現が誤解を招くというのは、あの〔音楽における音のつなりの〕連続性は個人の偶然的な心の状態にゆだねられているのではなく、主観的精神によって媒介されて第二の客観性へと対象化されたものだからである。そして何より、あの音の連続性の中には、契機として、魂の入っている意図された音響的質と並んで、魂が入っていない意図せざるそれが入り込んでいて、両者を切り離すことは出来ないからである。純粋に音響的なものが、好む好まざるとにかかわらず、作品の中に吸収されると同時に、魂を吹き込まれる。だが表現ではないものもまた、否定として、表現に参与している。しかし魂を吹き込まれたものは、音響的な支えなくしては、音楽とはならない。音楽における主観自体は心理学の主観ではないのだ。主観性として芸術を司っているのは、偶然的な経験的個人ではないし、作曲家でもない。彼の技術的生産力は素材に内在しているものの函数である。素材に従って方向を定めることによってのみ、作曲家の生産力は素材を支配できる。しかしこの自分を捨てた外化によって作曲家の生産力は、それを産み出した者の個別性を超えた一般性を授かる。芸術作品における的を射た労働作業は、常に社会全体と関わりをもっているのだ。このことが芸術作品の合理性について語ることを正当化してくれるだろう。作曲家が優れた作品を書いたと判断されてしかるべきところでは常に、主観性のこうした一般性が、実証的なものとしての理性が、特殊に欠けているものを満たすことでそれを超えていこうとする論理学の存在が、証明されるのだ。ただしこうした理性は、音楽に自分を押しつけるだけの心理学的主観によって、大抵は隠されてしまいがちなのであるが。あらゆる音楽的なものの存在する場所は、アプリオリに心的な内面空間(13)であって、そこで初めて音楽は客観的なものとして構成される。少なくとも四十年以上前にゲシュタルト心理学が、「心的事物世界」というあまりぱっとしない表現でもって考察していたものに、音楽は属している。音楽において最も主観的なもの、表象され連想されるもの、理念の内実、そしてあらゆる音楽に内在する歴史的な内実を成しているものは、外側のもの、つまり現実の世界を翻って指し示している。音楽は心理学を弁証法的に否定しているのである。恐らく音楽は心の内面空間のうちで、つまり想像的な、その限りで主観的なものの中ではぐくまれるのだろう。しかし音楽は自身の論理によって客観化されて形式をもった形象となることで、同時に主観的なものに対して自らを放棄して外化され、二乗された客観性となる。疑似空間的な客観性になるとすら言えるだろう。音楽において外側の客観性は、主観の客観性として回帰する(14)。それ故に音と音の関係もまた、それはそれで主観の関与の総体なのであり、音楽の原素材ではない。音が関係なしでありえないように、関係も音なしでは存在しない。欺瞞は「最初のもの」という考えそのものである。関係を実体化しようとすれば、その逆に裸の音へと回帰しようとするのと同様、「根源」思想の餌食となる。「互いにのみ関係づけられた十二の音を用いての作曲」という十二音技法の定義もまた、原素材への〔安直な〕回帰に抵抗する。この定義には関係という契機と個々の音という概念のどちらもが含まれていて、そのどちらもが厳格に関係づけられねばならないとされるのである。梃子でも譲らないといったシェーンベルクの言葉遣いには、今日の展開に少し先行しているところがある。現在の状況は、セリー原理の支持する音の絶対性を取るのか、動機的主題的な原理の支持する関係の契機の総体を取るのかという盲目的な二者択一に、もはや甘んじていられないところに来ているのだ。〔言うまでもなく〕関係の契機にあっては主観が、個々の音の場合は主観と異質なものが、それぞれ優勢になる。このことが顕在化されるのは、作品と素材の間の緊張関係においてである。つまり単に主観性が事象に注入されたり、事象によって模倣されるだけではないのだ。シェーンベルク以降の展開においては、〔ロマン派までと違って〕主観的契機をもはや表現的契機と同一視できなくなってしまった。表現とは作品が素材と完全には合っていないところでのみ、束の間だけ浮き上がるにすぎないものとなったのである。

新音楽の形成期に実験的すぎると非難されたのは、こうした乖離に対する新音楽の批判であり、さらには素材と楽曲の間の埋め草にまで退化したイディオムに対する批判であった。そもそもイディオムを用済みとしたことが、人々にはショッキングだった。人々はこのショックを何とか説明しようとして、「確立された言語で我慢しないもの、主観がでしゃばり過ぎるものは、既に――彼らに言わせれば――証明されているものより早く忘れ去られるだろう」などと非難した。そうこうするうちに忘れられてしまったのは、しかしながら、無難にことを運ぼうとする者、従って今や不要となってしまった「常に同じもの」をただ再生産することしか出来ない者であった。万が一生き延びるチャンスがあるなら、それは確実さなど気に留めないものだけである。それとともに実験的という言葉が意味するところも変わっていく。今日セキュリティーへの欲求、つまり不自由と他律性が、音列とセリーの派手な演出の中で、荒れ狂っている。それらはかつての実験の音響と和声を保存しようとしているのだ。契約上の権利とその証明が確実なものは安心して家に持ち帰れると、人は思っているかもしれない。しかしたいていの場合、まさにこうしたものこそが、証明手段と証明内容の間の食い違いのせいで、もう既にあらかじめ失われているのだ。だからこそ前衛は補正の手段として、化学者が試験管の中に未知の物質を求めるように、作曲家〔自身〕を驚かせてくれる音楽を求める。実験的音楽はもはや、鋳造貨幣では購入できないものだけではなく、生産プロセスそのものの中ですら予見できないようなものでなくてはならないのだ。真の実験には常に、作曲プロセスをも超えた、あの客観性の余剰が含まれてきた。すべての音を完全に具体的に予めイメージできていた作曲家がいたなどというのは伝説の類であり、作曲家であれば自分のオーケストラ曲の響きを初めて耳にした瞬間、こんな伝説が嘘っぱちであることを思い知るはずである。シェーンベルクは楽譜を読んで響きがイメージできることにこだわった人であり、また比類ない読譜力の持ち主であったが、その彼ですら、「もし音列メモを失くしてしまっていたら、《管弦楽のための変奏曲》の作業は長期間中断せねばならなかっただろう」と語ることで、この〔すべての音を予めイメージできているわけではないという〕可能性をほのめかしていた。いわく彼は「設計師にすぎない」のである。表象と予見不可能なものとの緊張は、それ自体が新音楽の生命維持手段である。生命維持手段であって、決して左から右へ、あるいは右から左へ解くことの出来る方程式ではない。重要な作曲家たちは、該当の箇所が業界で言うところの「ちゃんと鳴る」ことを経験から知っていたし、その響きがきちんと合っているかどうかも判断出来たが、とはいえ無調や十二音技法の極めて複雑な総譜の数々は恐らく、予め完璧に正しくイメージされていたものではない。その限りにおいて偶然の原理は、それが折に触れては距離を取ろうとする伝統的な音楽の中にも、既に目的論的に予め用意されていた。しかしながら、作曲家が以前はただ自分の意に反して降りかかってきたと思っていたもの、作曲家の事前の表象を裏切るものを、〔敢えて〕自分自身の原理としてわがものとすることがどれほど生産的であるにせよ、今再び求められているのは、あの〔事前に表象する〕鋭い耳であると言わざるを得ないだろう。新しい、そして全き意味において、不意打ち《アンプレヴュ》の要素すら聴き逃さない、そういう耳である。この点でアンフォルメル音楽は、完全には表象できないものについての表象である。シュトックハウゼンの「クラスター」の例にあるように、具体的にどんな個々の音が鳴っているかなど想像もつかないものを、主観的な耳を通して、それは意のままに吸収するのである。作曲家の主観が耳を塞いで呆然と見送るしかない空虚な現前化と、こんな現前化を超越するという形でもってファンタジーを充填するような作品との間に、抽象的な規則によって境界を引くことは出来ない。この問題についてあくまで個々の作品に即しつつ決定していくことは、アンフォルメル的作曲の重要な課題の一つである。

しかしアンフォルメル音楽の名のもと、動機的主題的なものが永遠不滅の作曲行為のアプリオリとして再建されるようなことがあってはなるまい。関係の契機もまた、音と音の間にのみ生じるのであって、それ自体として存在しているわけではなく、従って実体化されることがあってはならないという考え方は、主題関連を調性の痕跡と考え、それを排除しようとする作曲家たちの感性にも合うであろう。その特性において絶対化された音が、前芸術的な物理現象へと後退する傾向をもつように、絶対化された関係もまた、全部が互いに関連しているというだけならば、まるでそれらをポケットに入れて持ち歩いているようなごちゃごちゃしたかんじ、何か機械的な印象を与える。とはいえ、諸悪の根源は何と言っても、自己目的化したセキュリティーへの欲求であろう。恐らく何もかも関係づけてしまうとごちゃごちゃするのは、自分に対立する他者、つまり意図されざるものに即して自らの証を立てるということが、もはやこうした関係には不可能だからだ。つまりそれらは、形式化されるべきものを欠いた形式なのである。十二音技法のある時期に、テーマとしてリズムだけを提示するという試みがなされた。音から、つまり音高から完全に自由な諸関係である。しかしこうしたリズムはあっという間にパターンに堕してしまった。――フェティシズムという一点において、素材信仰と絶対的な徹底組織化という敵対する両極は収斂する。アンフォルメル音楽はこの両極に対して革命を起こす。故エーリッヒ・イトル・カーン〔ドイツ出身でアメリカに亡命したユダヤ系の作曲家、シェーンベルク・サークルと近かった〕がかつてロボット音楽について語ったことがある。それは〔究極の〕物象化を目指すものだった。精神の欺瞞を憎むあまり純粋な事実性へ突っ走り、そのせいで――あれこれのイデオロギーとまったく変わることなく――現に在るものの呪縛に諸々と従うような芸術を目指すのである。もちろんセリー的実践とて、こんなものに易々と引き渡されたりはしない。ロボット音楽とセリー音楽との質的差異は、ロボット性と音楽の差異である。この違いが分かっていない者が思い出すべきは、創造力とやらの奴隷たち――彼らは自分一人で作曲の森に分け入っては、既に百五十年前に発見されているものを新発見だと思い込んでいるわけだが――が腹を立てているところの機械化の烙印は、伝統的な音楽にも同じように押されているという事実である。アンフォルメル音楽は文化的中立主義などではなく、過去の批判である。恐らく新音楽への敷居に至るまでの過去の本物の作曲家たちの芸術は、工場で予め生産された諸公式なしで済ますことが出来た点ではなく、むしろそれらのことなど忘れさせてしまえるか、或いはそれらの公式に意味を吹き込んでいた点において、より偉大だった。これまでのあらゆる作曲行為は、疎外されたものとの闘争であった。かつて音楽が、自分独自の生命のあり方に即して音楽の図式との一致を果たしたことなど殆どなかった。大抵はそうした一致の見せかけの中で勝者を演じていたにすぎないのだ。今日きわめて多くの理の勝った音楽が、機械的レシピにもかかわらず成功しているというアイメルトの驚きは、実は伝統的な音楽にも当てはまるはずのものなのである。バッハはこうしたことをすべて承知だったし、モーツァルトやベートーベンでも同様であった。彼らは全員、最も内密な音の抑揚にいたるまで、音楽の「トポス〔決まり文句〕」を用いていた。古典派の作曲プロセスはジグソーパズルとほとんど変わらないものだったのだ。それらの偉大さは自己省察の力であり、これが機械的なものを硬直状態から救い出し、通俗的なものを天上的なものへと変容させていた。ロボットじみたものの中に姿を現して罪を告白しているのは、市民音楽全体に密かに住み着いていたもの、物象化された合理性そのものである。もはや有機体という仮象の背後に身を隠しはしないことによって、それは罪を贖おうとする。だからこそ統合的な完全無欠な構成主義者は「ロボット音楽」という侮蔑の言葉を、「無調」と同じ様に肯定的なものとして用いなければならなかったのだ。ヨーロッパ音楽の歴史全体を隅々まで支配してきた合理的機械的原理が白日の下にさらされることになるなら、ヨーロッパ音楽は「無意識」というイデオロギーと手を切ることになるだろう。しかしまた、その時初めて、あのイデオロギーと密かに睦みあっていた機械化の呪縛から解放される見通しが開けてくるだろう。〔決まり文句だらけの〕文化産業を見ても分かるよう、今日はもはやトポスの時代ではないのだ。

美的なアンチノミーすべてがそうであるように、無意識のイデオロギーが崇めてきた有機体というアンチノミーもまた、「現象する芸術作品」という外観のうしろにもはや隠しておくことは出来ない。組織化されたものとして、芸術作品はまったく文字通り、全体と部分が作用しあう有機体にそっくりである。しかし生命体と似てくるにつれて芸術作品は、自分が実際にそうであり続けているところの人工物から、どんどん遠ざかっていく。ヴァーチャルな形で完璧に形成されたもの——その中ではあらゆる筆致が全体に奉仕し、全体もまた細部の筆致の総体として構成される——が自らの理想として輝き渡らせるのは、もはや芸術作品としてはありえないもの、自分自身で自らを維持している自律的なもの、即自存在である。芸術作品のアプリオリな仮象性格が、それとなることを決して芸術作品に許さないものの仮象へ〔つまり仮象なきものという仮象へと〕、芸術作品はますます接近していくのである。作られたものとして芸術作品がより完璧であればあるほど、それは自分の正体を見せなくなるのだ。新音楽がこのアンチノミーを避けようとすれば、すぐさま当のアンチノミーの餌食となるだろう。そうならずに人工物として有機体たることとの仮象に耐えるためには、新音楽は有機体の仮象を容赦なく消去しなければならない。徹底構成を旨とする人工物の原理とは別のところに由来する類の有機体の仮象を。ただしこの種の有機体の仮象の大半は、伝統的な音楽言語が生み出したもの、何よりまず半音階の彩度《クローマ》である。半音進行という最小の、そしていわばお手軽な移行は、絶えず植物の生長を連想させてきた。あたかも演出されたものではないかのように、主観の介入なしに自らの目標へと成長していくそれである。《トリスタン》以来——これは十分根拠のあることだが——音楽の主観化のプロセスと解されてきたものこそは、音楽言語という点から見れば客観化のプロセスであった。それはつまり、音楽言語によって媒介された有機体という仮象である。比類ない天才をもって《トリスタン》におけるワーグナーは、主観的に形象化されたもの、すぐれて作曲による達成であるものを、これ以上想像もつかないくらいに、あの半音の彩度という音楽言語の客観性と区別がつかないところまでもっていった。これこそ音楽におけるファンタスマゴリーの生誕地であった。人の手で設定されたもの、生成してきたものが、あたかも自然であるかのように静止するのである。(15) 最近の作曲家たちがアレルギーをおこすのは、こうした手法に対してである。しかし音楽言語的な意味での有機体を抹消した後も、内在的な有機体化の作用によって音楽は、再び前にもまして有機体のイメージとなりつつある。これはシュルツェヤネス〔詳細不明〕といった同時代の画家のある種の主題に顕著な傾向と似ている。音楽にとっての有機体の理想とは、要するにアンチ機械の理想である。それは全体と部分の統一が生成してくるという具体的なプロセスであって、抽象的上位概念のもとにそれらを単に従属させ、それから配列するわけではないのである。しかし素材だけでは決してこの具体化は可能にならない。素材から出発したところで、辿り着く先は諸部分の〔全体に対する〕従属包摂であって、音楽的内容を力とした全体の生成には至らない。そのような綜合は諸契機を足場として達成されるのであって、諸契機がひとりでに綜合されていくわけではないのだ。まさしくそのような綜合が実現するためには、すなわち厳密に事象そのものが生成してくるためには、しかし主観による介入が必要とされる。あるいは、事象の組織化への主観の構成的関与が必要とされるのであり、事象の組織化が主観の参与を逆に求めているとすら言えるだろう。これまで述べてきたことが間違いでなかったなら、音楽の未来はひとえにここにかかっていると言えるだろう。というのも、主観とは非機械的なものの唯一の契機、芸術作品の中にそびえたつ生命の唯一の契機だからである。それ以外のどこにも芸術作品を生命体へと導いてくれるものを見つけることはできないのだ。音楽は――客観化されたものとしてのそれは、あらゆる主観とは質的に別物になっているのであって、たとえそれが超越論的主観であってもそうなのだから――主観とまったくイコールではないけれども、主観とまったく別物であってもならない。さもなくば音楽は、存在理由を欠いた絶対の疎外態となってしまうだろう。音楽が疎外の比喩としてふさわしい場合ですら、それは何らかの形で形式を通して疎外を回避する限りにおいてのみ、そうなのだ。「等しいものは等しいものによって認識されるのか、あるいは等しくないものによってか?」という古代の認識論的論争は、芸術にも当てはまる。いずれの場合もこの論争は、弁証法的にのみ調停されることが出来る。「我々にとって存在すること〔等しくないもの〕」こそが「即自的に存在すること〔等しいもの〕」のための構成的契機である限りにおいて、芸術作品は両者の間の区別がなくなる地点を内在的に目指しているのである。このことはさらに、芸術作品と言語——今日の芸術作品はどんどん言語から遠ざかろうとしているわけだが——の関係にも関わってくる。[16] 作品がより徹底的に隅々まで形成されるほど、それはより一層雄弁に語り始める。ただしそれは、作品の徹底的な形成ということが、生成という内容にかかわる組織化のことを指す限りにおいてであり、もし数学的必然性などを意味しているなら話は別である。純粋な数学的必然性などは、常に作曲上の欠陥となる。こう言ったところでシュトックハウゼンなら眉ひとつ動かすことはなかっただろう。隅々まで辻褄が合っているものは、隅から隅まで辻褄が合っていない。とりわけプロポーションの点でそうである。このことからも、完全無欠の統合的形象が主観の助けを必要としていることは明らかである。〔しかし〕最も才能に恵まれて進歩の最先端に位置する作曲家たちのほとんどが、この必要性に完全に応えてはいない。セリー主義の呪縛のもと彼らは、形は違えど主観の介入を事後的な修正に限定してしまい、自分たちはといえば、予め決定されている構造に聴診器を当てて、それを正当化する生きた証を聴こうとするばかりなのだ。同じような手法は、例えばサイバネティクスの機械を用いて作成された、偶然の原理による文学テクストにも見られる。〔ただし〕これらの場合、作者は〔テクストを自動生成した後〕介入を通じて意味連関や分節化のような何かを作り出している。音楽でもこうした加筆がなければうまくいかないだろう。これに異議を唱えるのはペダンティックというものではあるまいか。どのような手法で作品が生み出されるかなど、芸術では特に重要なことではない。ヘルダーリンが長大な賛歌のために散文で草稿を著したという話は有名だ。しかしここまでから明らかなのは、あの〔自動生成テクストを事後的に補正する〕やり方は、客観的に見て偶然性の原理とまったく相容れないという事実である。厳格な偶然性の帰結であるはずのものから、組織化された何かが生まれると予測されるのだから。この組織化が偶然性の原理から独立して行われるなら、後者は取り消されてしまうことになるし、偶然性を取り入れるというプロセス全体が、その意味も含めて、二度手間ということになるのだ。ここで想起されるべきは、統計学上のアンケート調査を行う際には、抜き取り検査による偶然性原理の行使を一歩も譲らない点に、調査の妥当性の一切はかかっているということである。こうした分野への見学旅行を既に行っているのであれば、芸術は――その妥当性はともかくとして――自らが客観性の理想をそこから借用しているところの、こうした学問的ディシプリンなしで済ませてはいけない。

しかし問題の置かれている出発点を〔音楽の側から主観の側へ〕変えようとしても、それは禁じ手ともいえる困難を呼び出すだけだろう。なぜなら主観とか、主観による聴取とか、その音楽性といったものは、有機的に一から生成してくる意識だなどとは到底信じられないからである。この主観の中には、途方もない量の、死に絶えた音楽言語が堆積しているのだ。既にシェーンベルクに、こうした困難がのしかかっていた。彼はその創作リズムに現れる独特の両極性によって、それを克服しようとした。彼の創作は《期待》のような有機体の極と、《ピアノ組曲》作品25のようなアンチ有機体の極のあいだを揺れ動いているのだ。一方を極限まで推し進めれば他方に通じるということは、当時はまだ察知されていなかったのだろう。晩年の弦楽三重奏やヴァイオリン幻想曲になってようやく、こうした展望は見えてくる。シェーンベルクの十二音技法が有機体の理想――それは明らかに伝統的イディオムに由来するものだ――に対してもつ関係は、アンビヴァレントである。そしてこの点でもまた、十二音技法は転回点となっている。自由な無調時代のシェーンベルクにおける、「響きが次の音へ向かって発芽生長しようとする衝動」という概念がまだ意図していたところの有機体論的な側面は、調性の時代と同様に音楽の手触りという考え方に関係していた。直接触れられるものだけが、あたかも自然に生長してきたかのような作用を生むのだ。有機的な音関係は、導音を原イメージとしながら、いつも完璧に溶け合わされた隣接する二つの音の継起として考えられてきた。「移行の技法」というワーグナーの理論は、有機体論的理想の美学である。隣接する音のあの手触りは〔しかし〕、十二音技法において既に跡形もなく切り刻まれてしまった。隣接音へ向かおうとする衝動すらシェーンベルクは、「動物的ぬくもり」への嫌悪感から、主観によって支配しようとした。(17) 自由な無調に馴染んでいた聴き手にとって、最初の十二音技法の諸作品の要求が過剰なものに感じられた理由は、それが音のまとまりの継起を一貫して厳密に関係づけられることを求めながら、あるまとまりが別のまとまりの中に、そこへ向けて駆り立てられるような感覚とともに着地するということが決してなかった点にあった。その限りにおいて、構成的な統合が進むにつれて目立ってきた偶然性の契機は、既に十二音技法に内在していたといえる。〔そこでは〕個々の継起は、まずは偶然的に響くのである。それらをかつては相互に結びつけていた必然性の糸が、絶ち切られたのだ。この必然性は、上からの決定因子である全体に引き渡された上で、この全体からもう一度個々の音の連なりに払い戻されることになる。全体からのはっきりそれと分かる派生物として、個々の音の継起は一分の隙もなく接合されつつも、ただしあの生長衝動の生命はそこには感じられない。現実の社会でもそうであるように、音楽においても個々の音の孤立化やアトム化は、初めから統合のために役立てられる運命にあったのだ。そしてそのことにより、静態性がもつ潜在能力もまた、統合の具にされることとなる。微視的にみれば、時間プロセスは音響にとって外的なままにとどまる。個々の出来事からなる音楽の具体的な組み立ては、時間プロセスとは無縁なままなのだ。それでもシェーンベルクではまだ、それを超えて主題的な筆致――これは調性の時代の名残である――が、とりわけ「発展的変奏」という形でもって、持ちこたえていた。しかし調性の名残が極小の細部の関係と矛盾するということ、つまり一方が他方を潜在的に打ち消してしまうという矛盾は、覆い隠せるものではなかった。〔かくして〕シェーンベルクを超えてさらにラディカル化した構成主義は、植物の生長に似た極小の細部における関係にもはやまったく頓着せず、かつての自由な無調がその中では異質に響く三和音に対してそうしたのにも少し似て、むしろそれらを毛嫌いさえすることによって、帰結を引き出そうとした。つまり今や絵画《パンチュール》となった音楽の中で、「性向」の概念にあてはまりそうなものすべてを、彼らは根絶しようとしたのである。「性向」とはつまり、音楽における一つの瞬間が自ずと次のそれへ、そしてさらにその向こうへと進んでいこうとする、ということである。このことが〔最近の音楽の〕静的な様相を説明してくれるかもしれない。つまりそれは、それ自体として時間とは異質な絵画なのである。それはエネルギー的なカテゴリーなしでやりくりしようとする。だがまさにそうすることで音楽は、意に反して――そしてこれは非常に深いところで事象に即していないと言わねばならないが――時間という媒体と両立し得なくなっている。音楽は時間の中でこそ音楽として展開されるわけで、作曲内容においてこのことを無視するのは、音楽固有の素材上の前提を無視することに他ならないのだ。これとともに浮上してくる問いがある。その具体的な契機であるモナド的細胞が、除去したはずの有機的なイディオムの残滓に汚染されることなしに、互いに引き合ったり反発したりしながら運動する、そういう音楽とは、一体どのようなものなのかという問いである。これは作品の微細な襞に触れるものであるのみならず、最上部の構造にいたるまでの形式全体の構想にかかわってくる問題だ。もはや楽曲の上部構造は、かつてのように抽象的な設計プランに即して、個々の出来事の上に施工されることはできないし、〔あるいは逆に〕上部構造をパラメーター——それは全体プランを「響きから響きへ」といった風のまったくの偶然まかせにしている——から算出することも出来ない。ここから後期シェーンベルクに特有の規範的カテゴリーに光が当てられることになる。それは均衡のカテゴリー、つまり形式全体によって緊張と緩和の交互のリズムを作り出すことである。これこそ伝統的な有機体音楽の最後の輝きであった。彼にとっての全体とは——こういうことをしたのはシェーンベルクが最後だったが——、かつて専らドミナントとトニカの交代の特徴だったもののことなのである。まさにこういう厳格な意味で、シェーンベルクは真に古典的な音楽家であった。これはアインシュタインが量子理論に反対して、古典物理学の側に立ったのと似ている。全体としての一つの曲は、かつて調性的イディオムの中でその原イメージとも言うべきカデンツがその役割を果たしていたのと同じように、緊張と緩和のリズムを作り出すのである。しかしこうした全体への重心の移動は、部分的形象の力を弱めてしまう危険がある。今日の段階の中で見えにくくなっているこの問題と正しく取り組むためにも、人は作曲素材のありとあらゆる繊維を徹底的に構成しなくてはなるまい。かつてシェーンベルクがそれを、小さな部分の構成は信頼して十二音技法にまかせ、心置きなくソナタや変奏曲といった大形式によって解決しようとしたのと同じように、である。音と音の間に直接ないし間接の関係——同時的に鳴り響く音の間でも事情は同じだ――が作られれば、それは自ずと首尾一貫性を生む。それについての無数の可能性の予感が、自由な無調の中では輝いていた。有機体の様々な可能性である。ただしそれは、実際には物象化を美化粉飾しているだけの有機的生命の単なる模倣へ、誤誘導したりはしないような有機体であった。自由な無調が構想していたものをより包括的に検証しようとお望みなら、アンフォルメル音楽が体現しているものは、《期待》のような密林でも《幸福な手》のような構造体でもない、第三の領域であるといえよう。しかしこうした作品にあっては、目下の実践がワンパターンでやり続けているように、各部分が単に並列されるだけであってはならず、主文副文の従属関係とか複数の文章から成る大きな段落のように、もっと動的な関係に置かれなくてはならないだろう。シューマンに遡るいわゆる「挿入句《パレンテーゼ》」〔シュトックハウゼンの創作の重要なキーワードであり、予めすべてのパラメーターを厳密に決定したうえで作曲されるトータル・セリーの音楽の中に、突如として規則とまったく関係のない楽想が割って入る瞬間を指す。《コントラ・プンクテ》、《コンタクテ》、《グルッペン》など多くの作品で現れる〕がブーレーズに見られるのも、およそこの方向を指し示してのことだろう。構造的なタイプの作曲の物象化は、今や無意識のクリシェに転じてしまっている。まったく予測不能なものを合理的に生み出すことでクリシェを阻止しようとする、まさにそういう箇所において、クリシェになるのだ。こうしたクリシェの一つは〔初期シュトックハウゼン的な〕「点〔プンクテ〕」であったが、この技法はそうこうするうちに片づけられてしまった。最近のクリシェは、誇張されていると言いたくなるほど互いに清潔に区別され、領野として組織化された、音響平面というそれである〔「点」から「群」や「モメンテ」による作曲へ移行してからのシュトックハウゼンを意識している可能性がある〕。単位となる諸々の音響平面、そしてそれらを実験的に用いている諸作品は、まるで豆〔Psim：この単語はラテン語にもヘブライ

りである。

語にもなく、ラテン語の「豆（Pisum）」のアドルノによる記憶違いと想像される）のように互いにそっくりである。

こうした諸々の機能不全は、セリーのアポリアによって引き起こされたものである。そのうち最も喫緊のものは、音高と持続を時間という共通分母でくくってしまったことに起因していると言えるだろう。他のセリー音楽家の誰にもまして、音高と持続のこの同一性と真剣に取り組んだシュトックハウゼンは、同時に、その疑わしさをはっきり明言した最初の人物でもあった。あらゆるパラメーターにおける客観的な時間因子と、現象の生き生きとした時間経験は、同じものではない。持続と音高は、たとえ音響学的には共通分母を持っているとしても、音楽的には異なった領域に属しているのだ。この問題を巡る論争の中で、時間の概念はいつも曖昧に用いられてきた。つまり時間概念は「空間的時間」と「持続的時間」の双方に使われるのだ。前者は物理的に測定可能な擬似空間的時間であり、後者は体験される時間である。この二つの時間は一致しないというベルクソンの洞察は取り消せるものではない。ベルクソンが因果論的機械論的だと批判した伝統的な認識論ですら、彼よりはるか前に、現象的時間と事物的時間を区別していた。しかし生きた時間の中では、等しいものが等しくない。このような等しさを計算するのに、対数の概念では不十分なのだ。ウェーバー＝フェヒナーの法則において実験心理学は、根本刺激である客観的物理的出来事と、それに対する主観的反応の間には、単に比例的な関係があるだけで、直接的な等価関係は存在しないことに気づいた。ただしこの実験で意図されていたのは、音楽的経験よりもはるかに原始的な、いわゆる感覚の強度といったものでしかなかった。音楽が音楽として存在することの法外な複雑さは、音楽と聴き手の間にこのような単純な比例関係を仮定することを、これまで一度たりとも許したことはない。客観的な物理的所与から音楽的時間と具体的音楽が手に入る見通しなど、ほとんどない。とはいえ、音楽的時間もまた単なる心理学的反応の総体などではない。もしそのようなことになれば、音楽的客観性など考えられないだろう。この客観性があってこそ音楽は、ただの感覚的行動様式の寄せ集めではない芸術であるのだから。

いま支配的な実践には時間意識という点での不均衡が目立ち始めている。それが手法の転換へと人々を駆り立てているのだ。ウェーベルン風の点描を室内楽に翻訳しても、乖離した個々の音の打撃の間にもはやはっきり分かる関連を作り出すことは出来ないのであり、それにうんざりした若い才能に恵まれた何人かの作曲家たちは、大オーケストラ編成に立ち返ろうとしている。同様に近年、乖離した個々の音の貧弱さと比べて広々とした、そしてその都度それなりにまとまって聴こえる音響平面に対する欲求が目覚めつつある。響きの点で彼らの作品は、かつてブーレーズがシェーンベルクとベルクについて非難した傾向、すなわちゴシック建築の火炎の浮彫りのようなフランボワイヤン様式に、いつの間にか驚くほど接近しているのだ。この手の楽曲の多くは、大オーケストラの風格を自家薬籠中のものとしている。ただしそこには、音響の明度と密度が示唆するニュアンスが欠けている。つまりそこで提示されるべき、彫塑的な作曲上の出来事がないのだ。このパテでくっきり塗りつけるようなオーケストラ様式は、響きの出来事それ自体を何より優先する印象派的な手法にも向いていない。音響像の力強い輪郭が求めているのは、言ってみれば、強調されるべき何かが存在していることであって、単なる音響が音楽内容となることではないのだ。響き〔自体〕は音楽を把握しようとする者に対して一目瞭然の形で提示されるが、普通は作曲行為に存在しているはずのもの、つまり響きの網目は、こうした一目瞭然性をまったく欠いたままである。諸パラメーターをその都度〔明白に〕組織化するはずのシステムの、不明瞭な帰結である。音響と音楽が乖離してしまっているのだ。それ固有の生命を通じて音響が、グルメ的な質を新たに獲得する。しかしそれは構成の原理とは一致しがたい。楽曲と色彩の密度は、乖離して現象とは異質なものになっている構造の性格を、何も変えなかった。気ままに並列される点描とか領野の単なる並列と同様、この手法も時間的動態性を欠いたままなのである。最新の音楽のいわゆる新印象派的な諸特徴に対しては、何よりこのことについて異議を唱えねばならないだろう。ストラヴィンスキー流の絵画への擬態からの解放は、作曲された〈主題的な〉もの自体を〈設定した後に時間の中で〉デフォルメしていく作業を希求している。作曲された〈主題的な〉ものの設定は、例えば《主なき槌》の出だしが好例だが、主題のように何かを打ち立てる衝撃力を獲得しなければいけない。だがこの主題的なものが、〈かつてのメロディーのような〉メロスに限定されてはならない。それはあらゆる次元において言い切り、定式化されねばならない。しかし楽曲のプロセスは、かつて主題労作が果たしていた機能を果たさなければならない。たとえかつてのそのあらゆる手段――モチーフの同一性や変奏や明白な関連といったもの――が、完全に放棄されねばならないとしても、である。それ自体としてかつての主題的音楽の形象と同じくらい迫真力をもった何かを設定して初めて、それらの間にはあの緊張が生じる。そしてこの緊張の中でこそ、音楽的時間意識はアクチュアル化される。

決まり文句《トポス》を根絶やしにしようとするケージとその楽派の試みだが、それに際して彼らは〈ヨーロッパの前衛と違って〉主観的有機体的な理想をなつかしんだりはしなかった。その中に彼らは、決まり文句の生き残りが隠れていると疑っているのだ。だから反芸術を程度の高いコントやユーモアとして処理してしまうのは、反芸術を称揚することと同じくらい間違っているのであり、もう最悪のことである。〈ただし〉ケージ的な試みはアンフォルメル音楽をいまだ実現してはいない。〈その代わりに〕ケージたちは、悪ふざけとして、文化を人々の眼前につきつけてみせる。文化と人々の双方にとって、当然の報いではある。悪ふざけそれ自体のためではなく、人間と文化が互いに何を遺産分割したかをデモンストレーションしてみせるためである。自分が日頃弾劾しているあの肯定性へと背伸びしようとして、物珍しいクラフトアート的な形而上学を持ち出してくるとき初めて、こうした悪ふざけは呪わしいものとなるだろう。〔ただし〕この種の悪ふざけ——私はそれに敬意を抱いている——が今日の社会では中立化されてしまっているという事実は、この可能性と符合しているのだが。社会はあらゆるものを飲み込むことで、イデオロギー的に自らを擁護しようとするものだ。アンフォルメル音楽もまた、アナスタティック印刷で復刻された『アクツィオン』〔一九一一—三二年に発刊されていた表現主義の雑誌〕やダダイスムの思想、あるいはアレクサンドラン風の時代遅れのアナーキズムには、用心してしかるべきであろう。しかし結局のところもはや何者も、自らがその一員となっている社会の網の目をすり抜けることはできない。社会はすべてを統合するのであって、それに真っ向から対立するものすら例外ではない。だから人々は社会的影響などどんどん気にせずともよくなっているのであり、そしてますます事柄そのものに、こう言ってよければ文化に、身を委ねられるようになっているのだ。人々は今日、音楽的事象に遠慮なく嘴《くちばし》をつっこむよう励まされていると感じている。顧みられるべきは、その際の嘴とその頑丈さだけであるかのようだ。ただしある一点においてケージの音楽的衝動は、アンフォルメル音楽のそれに接近する。つまり音楽と自然支配との間の頑強な共犯関係への抵抗において、である。(18)「技術の時代」——人々はそれに乗り遅れまいとしているわけだが——というスローガンがその普及のために旗を振ってきたところのあの恐怖に、決してケージたちは屈服したりしないのである。しかしながら芸術は、こうした時代の背後に想定される物思いに耽ることが出来る飛び地に引きこもってはならないし、同様に物象化から逃れて前へ進むことで、あたかも実際には実在しない直接性に参与できるかのように振る舞ってもなるまい。ケージと彼の弟子たちの多くは、降霊術の集会における抽象的否定で満足しているが、ここから伸びる糸はシュタイナー、リズム体操、生活改善運動のセクトにまで通じている。外部の人間にはよく分からない記号を翻訳する際のまったく迷いのない決断、そして狂気じみた振る舞いにおける集団的合意は、まったく驚くべきものだ。挑発的な無意味に避難場を見出しているユートピアをそこに認めるより、つまりあらゆる有意味性――実はそれは主観によって設定されたにすぎないのだが――の嘘から逃れるより、彼らの狂気の沙汰を嘲笑する方が簡単ではあるだろう。〔しかし〕アンフォルメル音楽が、最初からそれを目指してはいけないにせよ、ワケノワカラナイ不条理な要素なしで済ますのは難しいだろう。徹頭徹尾合理化された明晰な音楽は、形式の強制を永遠化する。アンフォルメル音楽もまた、こうした契機なしでやっていくことは出来ないわけだが、しかしワケノワカラナサはそれにとって、自らの疑わしさのメルクマールとなってくれる。それは、文化財としての音楽にあって文化以外であるかもしれないものをアンフォルメル音楽が隠すための、一種の盲点のようなものなのである。こうした盲点の数々は自由な無調においても、それこそ《月に憑かれたピエロ》のスカートの白い染み〔第十八曲「月のしみ」のこと〕のように、なかなか拭えないものだった。さらに言えばそれは、《ピアノ組曲》作品25の「インテルメッツォ」のように、最も厳格な十二音技法の中にすら現れている。しかしながら恐らく最新の音楽におけるワケノワカラナサの土台は、彼らの祖先であるダダイスムとは違って、それがあっという間に文化へと退化してしまう点にあるだろう。それはこうしたことに対して無関心ではないのだ。かつてダダ暗殺計画に際してワケノワカラナサがその罪状として並べられることはなかったが、それはこの暗殺が本当にアンチ芸術、アンチ文化として遂行され、またそう感じられたからである。しかし今やワケノワカラナサはイデオロギーへ、クラフトアート的な空虚へと退行しつつある。彼らのアクションは美的なものにとどまっており、まさにそれ故に、彼らが挑発しているところの意味――そして文化とは良くも悪くも有意味なものの総体である――という試金石に屈服してしまっているのである。しかしこのような事態は、ダダイスト達がまだ信頼を置くことのできたあの政治学の、今日における不可能性によって生じたものに他ならない。アクション・ペインティングやアクション・コンポージングは、もはや不可能となった直接的なアクションの暗号文であって、あらゆるこうしたアクションが〔作曲しようとする人間がまず通らなくてはならない関門である〕技術によって阻害されるか、管理の手に捕らえられるしかない時代の産物なのだ。政治的実践は美的な手法の奥深くにまで入り込んでおり、もはや諸々の美的な手法は、標準的な文化実践のやり方から、宥和不能なまでに乖離してしまっている。芸術上のアポリアは政治学のアポリアの証言なのだ。

音楽における主観への批判は、それがいわゆる絆への反動的な崇拝を促進するのでないなら、仮象に反抗しようとする。仮象の正体があらわになる瞬間とは、音楽的意味の危機の瞬間である。伝統的な音楽において意味であるとされてきたものは、様々な点でそれ自身の意味ではなく、単になめらかに習慣化されたイディオム、せいぜいイディオムの習慣化を支える主観の反映にすぎなかった。〔しかし〕もはや主観もイディオムも持ちこたえきれず、だから意味は崩壊する。いかなる形而上学的意味もあらかじめ与えられてはいないし、芸術が模倣できるような既存の意味というものもあり得ない。今日の芸術、そしてとりわけ音楽が、あらゆる類似の原理をタブーとして封印している理由は、ここにある。しかしながら、意味は芸術作品の意に反してなおそれに押しつけられてくるものだという限りにおいて、意味から逃れることは出来まい。この押しつけられる意味、いわば異質な意味をそのままにしておくわけにもいかず、従って主観によってそれをあるべき場所へ連れ帰り、主観と宥和させる必要が出てくる。芸術作品の意味とは、そこで初めて打ち立てられるべきものであって、写し取り模倣できる何かではない。それはそれになることを通してのみそれであるものである。これがアンフォルメル音楽におけるアクションの契機である。「メチエ」の概念——これはブーレーズにあっては中心を占めているが、そのアクチュアルな理論はまだ作られないままでいる——は、芸術作品におけるアクションの代理物だ。きちんと実施される限りにおいて、メチエとは活動的行為のことなのである。意味の崩壊をメチエが阻止する。美的仮象を芸術作品から抹消することは出来ないのだ。仮象なき芸術作品ですら経験的現実とまったく同じではないだろう。現にある以上のものとして輝くまいとするときですら、芸術作品に仮象はつきまとう。芸術の非現実性という契機は、いかがわしいイリュージョンや錯覚と同じではない。見方を変えれば、芸術における否定された意味も、また意味なのである。芸術とは事実に移しかえることの出来ないものであり、あらゆる芸術的なものは、常にそれ以上の何かなのだ。ケージのピアノ協奏曲のように、一貫して諸関連を排除しているような作品ですら、まさにその一貫性によって、再び一つの関連を生み出しているということが、このことを裏書きしてくれる。伝統的な音楽からこれ以上に離れることは不可能であろう。にもかかわらず伝統的な音楽の中にも、これとよく似たケースがないわけではない。和声学における禁則は、それが一度だけ脈絡なしに出てくるのではなく、繰り返し現れたり、あるいは少なくとも特殊効果として強調されたりする場合には、はるか昔から許されてきた。作品の中で持続的に使用されることで正当化される「プッチーニの五度」〔《ラ・ボエーム》第三幕などを指すと思われる〕は有名な例である。——現実以上のものという相において、芸術の中で物象的なものとして凝固し対象化された契機は、自ずと主観——芸術の中に組み込まれた客観的な内包物としての主観——を翻って指し示す。美的なものの客観世界への現れにおいて、主観による媒介を消し去ることはできない。精神的なものとしての芸術は、色あせた精神史の最後の防波堤でもなければ、場当たり的な芸術形而上学のための遊戯場でもない。カンディンスキーによって「芸術における精神的なもの」と名づけられたものは、決して文化の上部構造を意味しているのではなく、逆説的ではあるが、一つの客観的な事態を指している。芸術の非現実性こそが、芸術に固有の現実なのだ。この芸術に固有の現実は、シェーンベルクとカンディンスキーにおいて、潜在的なものから目に見える明らかなものとなった。しかしまさにそのせいで、一種の事実信仰として、芸術家の意識に実証主義へのあの嗜癖が生じたのであり、今日批判の的となっているのはまさにこれである。シェーンベルクはかつて、マディソンでのルドルフ・コリッシュ〔ウィーン出身のヴァイオリニストで、その妹はシェーンベルクの二番目の妻、彼の主催する弦楽四重奏団はシェーンベルク・サークルの作品の多くを初演した〕の連続演奏会のために、自分の室内楽についての一連の解説を書いたことがある。そこで彼は弦楽四重奏曲第二番について、大真面目に次のように述べている。

「最終楽章のゲオルゲの詩「離脱」——ちなみにこの作品の天才と自由を、シェーンベルクはその後決して凌駕することはなかった——は、宇宙飛行を先取りないし予言している」と。シェーンベルクのように、ゲオルゲの詩の忘我離脱の経験を自動操作される宇宙飛行士の明らかにどうということもないそれと取り違えてしまうなら、この詩にどれだけの歪曲が加えられるか、考えるまでもないだろう。地球からの強烈とはいえ測定可能な距離ほど、「地球帰還的《ダウン・トゥー・アース》」なものもあるまい。結局のところ作曲家は自分のファンタジーの力を、ファンタジーのかけらもないもののために犠牲にしたのである。

音楽に固有の技術との関係においても、この種の混同から解放されることこそ、アンフォルメル音楽とそれにふさわしい意識の課題であろう。そのためには、宇宙空間に空気は存在せず、それ故に彼の終楽章が本気で感じ取っているような別の惑星の空気というものも存在しない、という事実だけで十分であろう。

しかしながら、もしも芸術が本当に自然支配を撤回しようとしているとしても、つまり人間が精神を通して支配を行使しないような状態にこそ芸術はふさわしいとしても、芸術がそこに到達できるのは唯一自然支配の力を借りた時だけだということを忘れてはなるまい。自分を意のままに支配できる音楽だけが、あらゆる強制からの自由、それどころか自己自身の強制からの自由をも、意のままに出来るのだ。合理化された社会において初めて――物資の欠乏とともに――組織化による抑圧の必然性も消え去るという予測と、これは似ている。今日では歪曲されている合理化の諸契機は、アンフォルメル音楽の中で肯定的に止揚されることになるだろう。芸術によって完璧に分節されたものだけが、歪められていないものの、そして自由の象徴なのである。極度の素材支配によってとことんまで分節化された芸術作品は、その支配の力によって単なる有機的存在からどこまでも遠ざかっていくが、しかしそのことによって再び、有機体に最も近いものとなる。技芸論と生命有機体論――この二つは互いに似通っていると同時に対立しあっている――の二つから成るカントの『判断力批判』の構成の真理は、今日初めて完全にその射程を測ることができる。作曲されたものの徹底形成――文字通りその「組織化＝有機体化」――の要求はルーズな処理に屈してはならない。しかしそのためには、素材支配は作曲する耳による省察として、自己批判の度を強めていかねばならない。そして最終的には、素材支配が他者としての素材にもはや暴力を振るうことが出来ない地点にまで到達しなければならない。

素材支配とは、いわば素材の性向を受け身でわがものとするような、そんな作曲する耳の反応形式とならねばならない。真の支配の常として、芸術における技術の帰結とは同時にまた、その正反対のものでもある。つまりそこでは主観的感受性が、主観ですらないものの蠢きを感じ取るところにまで発展するのである。例えば「あの人は言語を意のままに支配している」というような言い方が何か人間的な意味を持つとすれば、それはその人物が言語によって自らを支配させる能力を備えている時だけである。その限りにおいて今日の音楽の喫緊の課題は、カール・クラウスの言語哲学に近い。アンフォルメル音楽とは、その中で人間の耳が、素材から生成してくるものに生き生きと耳を傾けるような音楽のことである。素材から生成してきたものは、自らがその帰結であるところの合理化のプロセスを含んでいるわけだから、そこには合理化の過程が保存されている。しかし同時に合理化プロセスは、主観的反応の恣意のなさによって、自らの暴力性を放棄することにもなる。かつては主観が合理化の担い手であったとすれば、こうした動きの中で主観は否定され、そして救済される。主観は作曲されたものに対する己の過剰を断念することになる。もはや素材を歪めることもなければ、勝手な意図によってそれを飾り立てることもない。しかしながら、その中で素材が生じてくるところの活動は、依然として自発的な聴取のそれである。こうしたことが、アンフォルメル音楽と物として疎外された音楽との境界線をなしているのであり、また何かを伝達すると称する音楽との境界線にもなっている。主観を目標とする音楽的客観性ではなく、主観を通じて成し遂げられるその構造は、コミュニケーションなるものに対して自分の社会的性格を厳しく対置しようとする。コミュニケーションの概念は、効果の連鎖を期待する文化産業、とりわけ応用的なマーケット調査——買い手を見つけるには知的商品はどの様にパッケージされるべきかについてのインフォメーションを与えてくれる類——の領分である。アンフォルメル音楽がこんなものと折り合いをつけることなどありえない。アンフォルメル音楽にとって重要なのは自己を描き出す真理内実であり、まっとうな意識であって、虚偽意識への適応などでは断じてない。社会全体が目を眩まされている渦中にあっては、コミュニケーションの現実的な、あるいは現実的だと思い込まれている法則を調べるのではなく、コミュニケーションと縁を切ることのできる者だけが、自らの正当な社会的居場所を持つ。今日においてコミュニケーション、つまり非芸術的なものの領域に芸術が口をつっこむことが望ましいとされる限りにおいて、アンフォルメル音楽はコミュニケーションに一撃をくらわしてやるべきであり、その成立条件を尊重してやる必要などない。ルドルフ・コリッシュによる「机上の音楽」の擁護が意図していたのも、まさにこのことである。抽象的数学的あるいは物理的にピッチが合ってさえいればいいと考えるのと同じように、単に作用の可能性だけを金科玉条とする規範も誤っているのである。

音楽的主観という概念は、それ自体さらに細分化される必要があるかもしれない。そもそもそれは聴衆になるかもしれない人々とは何の関係もない。すべてはヘーゲルが「そこに居合わせる存在」と呼んだものに対する人間の権利と関わっている。音楽の中の主観性そのものが、何らかの野放図に解き放たれた力によって締め出されるのではなく、それ自身の内在的な遂行の力として、常に現前しているという権利である。この権利はあの傲慢——主観は自分一人だけで音楽を作り出し、音楽の中で自分を写し取り模写できるという迷信——を含んでいない。そうではなくて、音楽にあって主観とは常に、その都度音楽によって措定されるものであって、多くの場合、主観はそれが最も張りつめているところで音楽に従っているのだ。そのためにアンフォルメル音楽が必要としている音楽性とは、古い音楽性を自分の中に保ちつつ、単なる因習によって音楽的とされるものの命令は忌避するようなそれであり、また同様に演奏解釈者の音楽性もまた、自分自身の直観および構造的な理解によってテクストを汚れた伝統の澱――それを信用することが音楽性の印だと一般に誤解されているが――から洗い出すことによって証明されるはずの音楽性であろう。このような過程の中で、音楽の意味という概念もまた、その内奥に至るまで姿を変えてきた。単なる主観による投影からも、単なる対象化された事物的関連からも、音楽の意味は解放されたのだ。事象そのものに即した定義としては、最も優れた耳によってすらあらゆる瞬間に意味自体の真空として感じられることによって、まさに音楽の意味は正当化されるのだとすら言えよう。これまで述べたことすべてが、生き生きした芸術経験の窮乏の中から、美の理論の必要性を訴えかけている。ブーレーズとの会話は、我々がこの点で同じ意見であることを示してくれた。かつて美学への悪口――シェーンベルクもその代表である――が流行ったのは、当時の美学が事柄の外にあるものにすぎず、時代の後ろを足をひきずってうろつくばかりで、〔しかも〕誤った静的な規則の数々を吹聴していたからにすぎない。こんなものは、その洗練された趣味とか永遠の法則とやらと同様、もはや復活させられてはならない。こういうものすべてが口をつぐんだところでようやく、美の理論は始めることが出来るだろう。それは何らかの哲学に基づいて上から演繹してもならないし、単なる経験的記述的な芸術学であってもならない。その媒体となるのは音楽的経験の自己省察そのものであり、その際、それは音楽的経験の対象を、「単に記述すれば済むもの」としてではなく、まさしく力の場として、解読しなければならない。そこに内在するデュナーミクは、潜在的にではあるが、「今日ここにおいて、音楽的に正しいものは一体何であるのか」についての示唆を含んでいるだろう。――これは今や至るところで感じられることだが、他律的な必然性を頼りとする間違った安全性や、同じく他律的な偶然という自由の代用品とは手を切らねばならない時が来ているとすれば、「じゃあなんでまたこいつらをぜんぶ味見しなけりゃならなかったんだ?」という、食い散らかされたカエルを前にした農夫の問いが思い浮かぶかもしれない。しかし何より重要なのは、これまでの試みを撤回することではなく、それを生き生きとした音楽的経験によって取り戻した上で、そこに修正を加えることである。例えばかつて対位法の規則であったものが、対位法の実践に吸収されることで修正されたように。「調性が廃棄された後も、リズム的韻律的構造が最も広い意味で調的なまま、とどまっている」という、古典的十二音技法に対するもっともな異議申し立ても、そうしたことの一例になるだろう。アンフォルメル音楽にとって本質的なのは、こうしたことが作曲にとって経験となることなのだ。つまり自発的で自身を意識している耳は、調的な楽節シンメトリーに厳しく反応するだけではなく、調性の最も洗練された派生物――抽象的に一貫して維持される拍節、強拍、そしてその否定的保存としてのシンコペーションなどの支配――も寄せつけない。誰も夢想だにしなかったリズムの柔軟性を、アンフォルメル音楽は獲得することができるだろう。この点でもまた、他の次元におけるのと同様、それは自由の図像となるのではないだろうか。それこそが音楽の事象そのものである故に音楽家が熱望するものであり――これまで実現されたことのないものである。音楽とはそもそも何であるのかが解き明かされていないのと同様、完全に音楽そのものであるような音楽も、今のところ存在していない。このことを正直に告白する方がましだろう、音楽のあるべき姿を提示しようとして、呪わしい肯定性を象徴するような何かを選び出し、またしてもしくじるよりは。アンフォルメル音楽はどこかカントの言う永遠平和に似ている。カントはこれを将来において実現されうる現実的で具体的な可能性として考えていたが、それでもなお彼はそれを、理念として理解していた。「それが何か、我々にはわからないようなものを作り上げること」――これこそ今日におけるあらゆる芸術的なユートピアの形象である。

原　註

（1）　Vgl. Karlheinz Stockhausen, ... wie die Zeit vergeht ..., in: Die Reihe, Heft 3: musikalisches Handwerk, 1957, S. 13〔カールハインツ・シュトックハウゼン「…いかに時は過ぎるか…」、『シュトックハウゼン音楽論集』第二版、清水穣訳、現代思潮社、二〇〇一年、一一二―一五六頁〕。

（2）　Vgl. Theodor W. Adorno, Der getreue Korrepetitor. Lehrschriften zur musikalischen Praxis, Frankfurt a. M.: S. Fischer, 1963, passim insbes. S. 102 und S. 129 [jetzt auch: Gesammelte Schriften, Bd. 15: Komposition für den Film. Der getreue Korrepetitor, Frankfurt a. M.: Suhrkamp, 1976, S. 252 und S. 279].

（3）　Arnold Schönberg, Briefe, ausgewählt und herausgegeben von Erwin Stein, Mainz: B. Schott, 1958, S. 31.

（4）〔新音楽において〕人は過度に音響《クラング》の概念を強調したがるが、そこにはディレッタント気質が見え隠れしている。ディレッタントは自分に理解できないものに対して、しかるべく備えをしておこうとするものなのだ。つまり音響の次元は新音楽の中で恐らく、一番誰にでも分かる特徴なのである。新音楽によって初めてこの次元は完全に解放されたのであり、初めて発見されたもの、そして伝統的聴取との摩擦が最も少ないものでもあった。しかしながら重要な新音楽の作品においては、音響の次元は決して自己目的ではなく、むしろ作品関連を作り出す機能であり、同時にその触媒である。まさにそういう意味で、音響は解放された次元となったのである。シェーンベルクが常々強調していたのは、音響は音楽的アイデアをしかるべき形で提示するための手段だ、ということであった。新音楽が従来のそれから決定的に袂を分かったとするなら、それは「刺激剤としての音響」というカテゴリーを切り捨てたという点においてである。〔だが〕刺激剤としての音響は今日なお、聴き手を新音楽へと誤った形で誘い込むための、おなじみの手段である。音響を独立したパラメーターとして構成の中に統合しようとする最新の展開は、このことを再度証明したと言える。

（5） Vgl. Theodor W. Adorno, Mahler. Eine musikalische Physiognomik, Frankfurt a. M.: Suhrkamp, 1960, S. 124ff. [jetzt auch: Gesammelte Schriften, Bd. 13: Die musikalischen Monographien, 2. Aufl., Frankfurt a. M.: Suhrkamp, 1977, S. 239ff.]〔テオドール・W・アドルノ『マーラー――音楽観相学』龍村あや子訳、法政大学出版局、一九九九年、一二二頁以下〕。

（6）『新音楽の哲学』で十二音技法の原動力としたところの、同じ音の回帰に対する忌避感は、もっと距離を取って見るなら、そこで述べたほど単純なものではない。音の回帰の弁証法は、音楽における建築的要素の弁証法とでもいうべきものの、典型的な例である。〔それに対して〕自己展開するものとして音楽は反復そのものを否定し、「同じ流れのなかに二度と同じものは現れない〔同じ川に二度入ることはできない〕」というヘラクレイトスの思想に従おうとする。しかし他方、音楽はただ反復を通してのみ自己を展開できる。主題労作は抽象的な時間経過を音楽という実質の中で具体化しようとするものだが、それは常に類似したものの非類似なのである。新しいものへ向かう展開は、古い既出のものとの関係を通してのみ、新しいものに到達する。こうした関係にあっては、新しいものと並んで古いものがアプリオリに前提とされており、どれほど潜在的で見分けにくい形であれ、古いものが反復されねばならないのである。形式にとって極めて重要な類似性というこの要素なしに、分節された音楽など存在しない。非同一性における同一性こそ、音楽の生命線である。この弁証法がセリー音楽では極限にまで押し進められている。そこでは何も反復されてはならないが、すべてはたった一つのものからの派生物として、反復なのである。自分に課された問題としてこの二義性を新たに考え直し、それに即した独自の組織化を行うことこそ、アンフォルメル音楽の課題であろう。

（7） 本書二三七頁参照。

（8）この区別の定式はルドルフ・コリッシュとの会話による。

（9）この術語はエーリヒ・ドフラインによって導入された。

（10）Vgl. Immanuel Kant, Kritik der reinen Vernunft. Nach der ersten und zweiten Original-Ausgabe neu hrsg. von Raymund Schmidt, Hamburg: F. Meiner, 1952, S. 201 (A 142)〔『カント』上巻（世界の大思想10）、「純粋理性批判」高峰一愚訳、河出書房新社、一九六五年、一五一頁以下〕。

（11）実際、シュトックハウゼンでは様式や様式の純粋さといった言葉がその役割を果たしている。

（12）Vgl. Ernst Kurth, Musikpsychologie, Berlin: M. Hesse, 1931, I. Abschnitt, insbes. S. 10f.

（13）Vgl. a.a.O., S. 116ff.

（14）Vgl. Adorno, Mahler, a.a.O., S. 98f. [Gesammelte Schriften, Bd. 13, a.a.O., S. 218f.]〔アドルノ『マーラー』前掲、九五頁〕。

（15）Vgl. Theodor W. Adorno, Versuch über Wagner, Berlin, Frankfurt a. M.: Suhrkamp, 1952, S. 107ff. [jetzt auch: Gesammelte Schriften, Bd. 13, a.a.O., S. 82ff.]〔テオドール・W・アドルノ『ヴァーグナー試論』高橋順一訳、作品社、二〇一二年の第六章「ファンタスマゴリー」〕。

（16）本書七頁以下参照。

（17）本書二九四頁参照。

（18）Vgl. Cages Aphorismen aus den Darmstädter Beiträge zur neuen Musik, herausgegeben von Wolfgang Steinecke, Mainz: Schott, 1959, S. 52〔『ジョン・ケージ著作選』小沼純一編、ちくま学芸文庫、二〇〇九年、四一頁以下〕; dazu Theodor W. Adorno, Philosophie der neuen Musik, 2. Aufl., Frankfurt a. M.: Europäische Verlagsanstalt, 1958, S. 195ff. [jetzt auch: Gesammelte Schriften, Bd. 12: Philosophie der neuen Musik, Frankfurt a. M.: Suhrkamp, 1975, S. 192ff.]〔テオドール・W・アドルノ『新音楽の哲学』龍村あや子訳、平凡社、二〇〇七年、二九二頁以下〕。

訳者解説　音楽の名前――「完全には表象できないものについての表象」

藤井俊之

テオドール・W・アドルノ（一九〇三―六九年）という名前を取り巻く状況には、常に不利な形勢の予感される何かがつき纏っている。批判理論の担い手としての彼については、マックス・ホルクハイマー（一八九五―一九七三年）との共著『啓蒙の弁証法』（一九四七年）でのその仮借ない文化批判が、既存の社会の足場を掘り崩すだけ掘り崩してそこからなんの出口も示していない、と言われる。『否定弁証法』（一九六六年）や『美の理論』（一九七〇年）におけるその芸術的、理論的著作については、彼がヴァルター・ベンヤミンの複製技術論を理解しなかった（しかしどのような意味で？）という口実のもとに、文化保守主義者の役割を押し付けられ、彼の擁護する芸術作品はおよそ高級なものでしかなく、教養に与しない民衆の解放の可能性はそこには見いだせない、と言われる。その音楽論についても、たとえば『新音楽の哲学』（一九四九年）に関して巷間に流布しているところによれば、ジャズやバレエに題材を求めたイーゴリ・ストラヴィンスキー（一八八二―一九七一年）に対して、アルノルト・シェーンベルク（一八七四―一九五一年）の孤独な前衛音楽を擁護した、と言われる。これらの断片的なイメージが総体として浮かび上がらせるアドルノとは、文化のよって立つ足場を批判しながら、自分はその過去に安住し、真に到来すべき新たな出来事にまったく感覚をもたない四角四面のユートピア論者というものであろう。具体的な論証の手間をとらずにいわば「断言」のような形で口にされるこうした悪評が積み重ねられるのを目にしては、とてもまともな議論の糸口は見いだせないという気持ちにもなる。とはいえ、こうした批判が結局は積み重ねられ続けねばならないという点に何らかの症状を見ることはできるだろう。アドルノには人を苛つかせる何かがある。有り体に言えば、文献学的な所有欲求を逃れる何かが彼にはある。ことの一端は、音楽と彼の関係の深さにあるのかもしれない。

共同体の祭儀（とくにアドルノが想定するのは人間を生贄に捧げる供犠の儀式だ）での使用をその起源とする音楽が、十八世紀フランス革命を経た市民社会の中で孤独な個人の消費財となって以降も、ロマン派と呼ばれた人々を始めとして、多くの文学者ないし思想家が音楽について語ってきた。人間の眼では捉えられない何かの顕現をそこに期待して。とはいえ、その殆どは、ルソーやニーチェをおそらく数少ない例外として、みずから作曲を行うほどには決して音楽に精通していると言えるような人物ではなかった。アドルノの全集の約半分は音楽論で占められている。本書でも論じられるアルバン・ベルク（一八八五―一九三五年）の弟子としてウィーン楽派の盛衰に立ち会ったという経験も含め、これはやはり特異なことと言わねばならない。アドルノの半身は言語とは別の文法をもった媒体に捧げられている。音楽を語ることは、それを演奏することと不可分であり、そのことをおいて音楽の語りにくさを説明することはできない。しかし、演奏は常に時間のなかで消え去るものとしてある。音楽は所有できない。それは楽譜と同義のものではないからだ。ヨーロッパであればそれは確かに記譜法に従って書き留められるものであるとはいえ、その意味は決して記号の解読によって明かされるものではない。音は鳴らなければならない。だからこそ多くの人々は、その秘教性ゆえに彼らを魅了してきた音楽についてかくも雄弁に語ってしまうアドルノに対して、何か冒瀆的なものを感じるのかもしれない。音楽を捕まえられないという当然の事態を耐え難いと感じる無力が、それを代表していると誤って思い込まれたアドルノに苛立ちとして転化されるのだといってもよいだろう。しかし音楽とは逃げ去るものであり、それについて語ることは演奏を指示することを決して外せない。演奏は時間の変化を逃れられない。というよりもむしろ時間の変化をくぐり抜けることなしに音楽は演奏されえない。こうした時間への意識は、彼の著作を縦横無尽に駆け巡る変奏とパラフレーズの多用によっても気づかれるはずである。過ぎ去った一つのモチーフが時間の流れのなかに回帰してくるとき、それが以前とは別の何かに変化しているのでなければ、時間は止まっていたことになるだろう。これがアドルノの技法、彼なりの「メチエ」（二八三頁）であったと言える。同一性と差異は、常に同時に聞き取られねばならない。したがって、一つの術語、一つのフレーズ、いわばそれさえ出せば免状取得とでもいった決まり文句を避けるのが彼を論じるための方法となるだろう。このことを逆から言えば、アドルノは難解だ、と言うことが彼を語る際の決まり文句になるということでもある。

しかし、アドルノは難解だろうか？　残念ながら確かにそうであり、そのことは認めざるをえない。ことに翻訳された書物が彼の音楽論であり、それに携わった訳者の一人（筆者）が音楽についてはまるで素人である今回のような場合は特にそうだ。しかし、ことはそう単純ではない。おそらく、音楽に精通しているひとであっても、アドルノの音楽論を読み解くことは困難なのだ。なぜなら、彼の議論には、常に通常の専門学科の想定する範囲をこえた暗黙の引用がひっきりなしに現れるからだ。もっとも、音楽論に限らずアドルノの文章は常に不純な異種混淆を生じているのだが。本書で言えば、たとえば「偶成和音」と「リビード備給」が同じ段落に現れるようなときに、ことの文脈のただしい把握は、読み手の側における相応の視点の共有なしにはあり得ない。しかし、だからこそ本書は二人で翻訳された。思想史的な事項については藤井が、そして、本書の肝でありこれを外しては翻訳も不可能であった音楽理論的な事柄に関しては岡田が解釈を担当することによって、とうてい一人ずつの知識量では包括できないアドルノの議論を、なるべく正確にわかりやすく読み解ける日本語に仕上げることが目指された。思い切った意訳を施した箇所もあるが、そうしたことの成否はお読みいただいた読者の方々のご判断にゆだねたい。この解説では、先に述べた意味での逃れ去るアドルノ、不純なアドルノについて、共訳を担った者の目からみた範囲でいくつか気付いた点を記しておきたい。

本書は、冒頭に書物全体の名を体現するかのように置かれた「音楽と言語についての断章」が一つだけどのセクションにも含まれずに飛び出しているのを除けば、全体を三部に分かたれている。そのなかでも「即興」と題された第I部は、これまで翻訳されてきたものと比べて異色のものだと言える。カルメンを論じたものを別にすれば、「モチーフ」、「音楽の商品分析」、「劇場の自然史」は全て断章形式で著されており、まさに折に触れて即興的に書かれたものであることがうかがえる。その文章の息の長さが、しばしば多くの読者を遠ざけることにもなりかねないアドルノの思想を、ひらめきの一閃において結晶化したこれらの文章は、彼の音楽への関心の所在を端的に示して興味深いものになっている。また、そこに収められた文章の初出を見れば、最も古いもので「モチーフ」の一九二七年という日付が確認される。これはアドルノ二十四歳頃の文章ということになり、「商品分析」や「自然史」と合わせて読めば、一九二〇年代から四〇年代までの彼の音楽論のエッセンスを一望できるだろう。

続く「現前」と題された第Ⅱ部では、「マーラー」、「ストラヴィンスキー」といったアドルノでは馴染みの名前とともに、「ツェムリンスキー」、「シュレーカー」といった当時すでに忘れられていた作曲家、しかしその名前こそが十代のアドルノにとって一つのスキャンダルを意味していた作曲家が論じられ、過去において前衛であったものの可能性とともに彼自身の音楽的原光景について、今一度思索の光が投げかけられている。

最終第Ⅲ部となる「フィナーレ」では、ベルクの作曲技術、シェーンベルクのオペラ、音楽と新音楽の関係といった、主としてアドルノ自身もベルクの弟子としてそこに属していたウィーン楽派についての文章が並べられ、また、彼らを培ったウィーンという土地そのものの音楽性にも触れられたあとで、本書の白眉とも言える長大な論考「アンフォルメル音楽の方へ」が置かれている。これについては別に後述するが、シェーンベルク亡き後に生じた現代音楽の過渡期にあって、アドルノが、ピエール・ブーレーズ（一九二五―二〇一六年）、ジョン・ケージ（一九一二―九二年）、カールハインツ・シュトックハウゼン（一九二八―二〇〇八年）らの楽曲について、もはやそれらの演奏を聴きつつ共に作曲することはできないという無力（しかしアントン・ウェーベルン（一八八三―一九四五年）の弦楽三重奏であれば出来たという驚くべき発言が添えられてもいる）を告白するその冒頭から、それにも関わらず経験によって得た知見を傾けながら新しい作曲家たちに向けて、その行く先にまつ袋小路をいかに回避すべきかを知らせようとするその振る舞いは、アドルノの音楽への愛情が単なる党派意識を超えた、しかしその個別の現象を精確に配慮した柔軟なものであったことを示して感動的ですらある。

「音楽と言語についての断章」

以上のような内容をもつ本書の劈頭に置かれているのが、「音楽と言語についての断章」である。ここには、個別の楽曲分析を離れた、アドルノの音楽論の綱領を読み取れるだろう。音楽と言語の類似と差異を問いかけながら進められるそこでの論述が問題にしているのは、結局のところ音楽にとって意味とは何か、あるいはもっと言えば、有意味なものとしての音楽とはそもそもどのようなものか、という問いである。言語そのものとの類似について、それを「意味関連」に求めるアドルノの議論はまずは理解しやすいと言えるだろう。単なる一つの音ではなく複数の音の連なりが意味を構成するという事態は、言語にとっても同じことだからだ。この点において、音楽にも概念に当たるものは存在するとアドルノは考える。調性のシステムによって音が制御されるとき、音楽は個別の語彙を操るシンタックスとして形成されるというのだ。しかし、言語と音楽に差異があるとすれば、それは、まさにこうした意味の単位としての語彙が、言語においては外界の対象の指示によってその同一性を担保されるのに対して、音楽における語彙は、決してそのような外界への指示作用をもたず、その同一性は「それ自体の特性」から引き出されねばならない点である。かつてこのような音楽的意味作用は、調性を自明のものとするヨーロッパ社会において、第二の自然としてその栄華を誇ったのだと言えよう。しかし、アドルノが新音楽と呼ぶウィーン楽派以降の音楽が成し遂げたことは、まさにこの有意味性が社会の約束事にすぎないという仮象を暴き立てることで、純粋な音楽そのものを目指そうとする運動を生み出した点に求められる。

社会的規範からの脱却、アドルノがしばしば「音楽における唯名論的傾向」として指摘するこうした流れが、その後ひんぱんに規範を求める揺り戻しをみずから開始することになったという彼自身の苦い認識については、本書に収められた各論考で語られている。問題は、そうした規範なしにいかにして音楽は有意味足り得るのか、ということではないだろうか。アドルノが音楽における神学的な要素を名指すのはこうした文脈においてである。音楽が語っている事柄、「その理念は神の名という形をしている」（三頁）、そうアドルノは述べている。あまりに神秘主義的なこの指摘は、しかし、それが何を述べようとしているのかをそのすぐ後で明確にしている。曰く、「それは現実世界に影響を及ぼす魔術から解放された、脱神話化された祈りであって、どれほど虚しいことであろうとも意味伝達ではなく名そのものを名指そうとする、極めて人間的な試み」のことである。この明快な文章が表明している逆説を見誤ることはできない。音楽とは、意味を伝達するものとしては有意味ではないと、そうアドルノは述べている。それは名そのもの、つまりは無限を名指そうとする試み、それも極めて人間的な、つまりは有限な試みだと言われている。あらゆる有限な個別の意図がそれを前にして挫折するしかない無限としての神の名とはつまり、それによってこの世界のすべてを言い尽くすことのできる全体性のことだと言えるだろう。世界の全体性、あるいは自己の全体性としての神の名。それは意味を超えた次元にある。そのことの意味をもはや問うことのできない究極の言語、世界そのものを示す神の名を形づくるものとして、音楽は有意味であり得る。

ここで最もありそうな誤解を予め排除しておけば、アドルノは音楽が名そのものだと述べているのではない。音楽とは名を名指すものなのだ。しかしアドルノは、人間の目に不条理と映る出来事も、ただ存在しているというだけで、無意味としての意味をもつという実存主義的な逆説を披露しているのでもない。また、彼が言いたいのは、神の名のごときものは常に否定性の彼方に待望される永遠のユートピアである、ということでもない。音楽がそのような名の形象であり得てしまうのは、それが一切の指示作用を初めからもたない純粋な意味作用の媒体だからであり、そのようなものとして、もしそれが意味をもつのだとすれば、そもそもそれが指し示す目をくらませる光、意味の途絶した地点に光として現れる何かを、それ自体の表面において（つまり内奥に隠された意味としてではなく、なぜなら、それは常に語っていることしか語ることができないのだから）、言い換えれば名として言い表すことでしかあり得ないからだ。名そのものを名指すという音楽の不可能性の制約を示すと思われる事柄が、しかし、翻って音楽の存立の不可避の条件であるという逆説、これこそ、アドルノがここで示そうとしている事態であり、この論考が、本書の全体から除外されて、その名を表す一つ余計な何かとして冒頭に置かれていることの意味だろう。アドルノにとっての音楽とは、いわば図像なきものの図像であろうとするもののことであり、つまりは不可能なものの可能性という逆説にその活路を見出すもののことなのだ。

第Ⅰ部　即興

名そのものを名指すものとしての音楽、という前提を受けて、第Ⅰ部にはそうしたアドルノの考えを個別具体的に例証するような文章が収められている。ここでは特に、一見軽妙に書き下ろされているかに思えるアドルノの筆の進め方に目を留め、それを「短絡」という視点から取り上げてみたい。そうすることで、彼の伝えようとする内容が、それを収める形式と不可分であることが理解されるだろうし、また、そのように読み解くことで、彼の文章の有り様が、そこに描かれる音楽のそれと同じものであることもわかるだろう。そのためにまず、「モチーフ」の冒頭の文章に目を向けることにしたい。

解釈（演奏）の自由を厳しく退けるベートーヴェンと自由であることを義務として解釈（演奏）に課すシェーンベルクの対比を、「例外こそが彼らの時代の規則を教えてくれる」（一三頁）、とまとめてみせるこの一文から、アドルノの文章は冴え渡っている。一見ありえない二つの事象を短絡（ショートカット）させることで、そこに開ける奇怪な展望に読み手の注意を引きつけるこうした手法は、限られたスペースに内容を凝縮し、問いを投げかけるような結論によって読者の頭の中に新たな思考のための余白をひらこうとするジャーナリズムのそれである。またこうして、ヨーロッパ的な知の装いと批評的エッセイストの異種混淆という出自を辿ることができれば、その後の理論的著作ではアドルノ特有の難解さとみなされがちな飛躍にとんだ筆致が、本書でも様々な含意をもって用いられる言葉でいえば「コミュニケーション」（たとえば一六五頁と四〇二頁の記述を参照）を意図しているということ、言い換えれば、自らの起源の正統性と一貫性の確認にとり憑かれた読者の強迫観念を挑発する戦略的なものであったことも理解できるだろう。

ありえない短絡と言えば、「音楽の商品分析」の始めに置かれたグノーの《アヴェ・マリア》論もそうだ。荘厳に響く歌曲のタイトルに掲げられた聖女のイメージにもう一人の罪深いマリアを透かし見るアドルノの耳は、ラテン語で繕われた衣服（歌詞）の隙間からその肌をのぞかせる音楽にむけられている。罪人たる「われわれ」の昇天を願う敬虔な言葉をまとった音楽に聴き取られる、高みへ向けてひたすら盛り上がるダンス・ホール的ポルノ仕立ての構成とは、じつは隠された素肌と言うよりは最も明瞭に耳に入るがゆえに聴こえなくなってしまっている音楽の表皮のことだと言えるが、このことからも分かるように、アドルノはなにも淑女ぶった女優のスカートの裾をまくり上げてそこに隠れている社会的イデオロギーの自明の存在をことさら問題視するような見え透いた茶番を演じたいわけではない。むしろ裏側などどこにもないのであって、このことをこそアドルノの聴取は明らかにしている。自分を裏切った恋人の結婚式で耐えきれずに死を迎える「牧師の娘」の表情のように、敬虔さとエロティシズムは同じ表面にあって、ただ同時には見えにくいだまし絵の柄のようなものなのだ（見えない表面としての音楽という発想は、同じく「商品分析」で《フモレスケ》や《Penny Serenade》を論じた文章にも読み取れる）。十九世紀の民衆的敬虔さにおいて、聖と俗は同一の平面をともに共有する。それは同じ名を形作るものとして、同等の資格をもって音楽に集められている。従って、アドルノがこの曲を「低い音楽」と呼んでいるからといって、それを単なる性的な俗悪さへの侮蔑の言葉と取るなら彼の真意を誤解することになるだろう。アドルノが音楽の高低を測る基準は、作品の内在的自律への要求の度合いであって、それが肉欲から清められているかどうかなどは問題になっていない。逆に、ロマン派音楽が自ら約束した性的情動の表現に失敗し続けたあとで、そのことがいまもって音楽の夢であり続けていることを指摘するのがここでのアドルノだ（二一頁以下参照）。また、クラシック（アドルノの時代にそれまでのヨーロッパ音楽はそう呼ばれるようになった）とポピュラー・ミュージックといった人口に膾炙した区別も彼の基準とは無縁の代物だ。むしろ、アドルノを守護者に祭り上げてクラシックに体現される伝統の幻影に忠誠を誓うにせよ、ポピュラー・ミュージックに同一化することで自分自身の文化的出自を防衛し、クラシック＝アドルノという自ら作り上げた架空の権威に対するルサンチマンを逞しくするにせよ、そうした二者択一的な区別をまるで自明のことのように受け入れてしまう聴き手に対してこそ、アドルノは音楽そのものを聴くよう要請しているのだと言える。

ではなぜ、アドルノはこの曲を「カリカチュア」と呼ぶのだろう？　それは誹謗の言葉ではないのか？　あるいはなぜそれを「祈りの完璧な仮象」だと言うのだろうか？　理由は簡単で、それが祈りそのものではないからだ。それはなぜだろうか、そこで言われる祈りとはなんだろうか？　これも簡単な答えで、神への呼びかけ以外に祈りなど存在しない。ではさらに、神とは本書において何のことだっただろうか？　先の「断章」でみたように、それが全体性と言い換えられるものであることはすでに分かっている。神の名前、全てを言い尽くすこの名を名指すこと、これがアドルノにおける音楽の定義だったはずだ。祈りとは、かくして、音楽であるということがわかる。しかし、そのような名を呼ぶことは、人間の個別の意図によっては達成されないということもアドルノの重要な指摘であった。既存の世界の断片をすべてかき集めても、全体は完成しない。そこでは生成と消滅が、時間の流れの儚さ（Vergängnis）が全体の成立を阻むことになるからだ。しかし、音楽の要請に忠実であるなら、この不可能なものの可能性を追い求めるより他に道はない。その場合には、歴史の中で凝固してきた意味、個別の意図を満たすにすぎない意味が全体と取り違えられることがあってはならない。つまり、第二の自然として、社会的合意の沈殿物となってひとびとになんらかの意味（この曲は荘厳だ、哀しい調べだ、陽気な気分にさせてくれる等々）を感得させる音楽の決まり文句、トポス、キャラクター、そして何よりそれらの前提であった調性を捨てて、新たな音楽の言葉を見出すべく探求を続けることが必要になる。シェーンベルクが無調（調性の放棄）によって始めたのはこのことだとアドルノは考えている。従って、祈りとしての音楽とは、まだ見ぬ未聞の音を求めて、図像なきものの図像であろうとする何かのことなのだ。翻って、アドルノがこの曲に聴き取っているのは、こうした意味、図像としての意味に満ちた音楽だ。そこには集団的イメージがありありと現れている。だからそれは「低い音楽」（五二頁）と呼ばれるのだ。その基準はあくまで音楽内在的なものであることは先に確認した。それは音楽に、ただそれのみに関わる事柄であって、こうした音楽に想いを寄せることそのものをアドルノが軽蔑しているわけではないのだ。またこの曲は、そのような図像として、ひとびとの夢想に形を与えそれを受け止めるものとして、祈りの一つの形でもある。別の言い方をするなら、共同体の祭儀という足枷を市民社会の始まりにおいて解かれた音楽、とくに宗教的、政治的、文化的なあらゆる制約からの自律を求める「高い」音楽には、だからこそもはやなし得ない集団的イメージの成就というひそかな願いが、こうした音楽には微かに息づいているということでもある。その意味において、この曲は祈りの一つの様態であり、つまりはこれも一つの音楽なのであって、だからこそ祈りの仮象、その輝き（Schein）と言われるのだ。それに「完璧な」という形容詞の付されているところに、彼なりの皮肉とユーモアが感じられるだろう。

こうした音楽経験を彼の師であったベンヤミンの言葉を用いて言い換えるなら、個と集団が芸術作品の皮膜において溶け合うアウラの経験と呼ぶこともできる（アドルノのアウラについては、「モチーフ」の最後に置かれた《エレクトラ》論を参照）。ただし、ベンヤミンと同じくアドルノにとっても、アウラとは特別な対象に生まれつき備わっている属性のような、単なる啓示の産物ではなかった。それは、対象に耳を澄ませる者の「注意深さ」（自己の身体への配慮）と切り離すことのできない主観的経験のことでもあった（ベンヤミン「ボードレールにおけるいくつかのモチーフ」（一九三九年／『ベンヤミン・コレクション』第一巻、浅井健二郎編訳、ちくま学芸文庫、一九九五年）を参照）。先の「断章」でアドルノが真に音楽的な作家として触れていたカフカについて、かつて同じ作家を論じた際に、ベンヤミンはこの注意深さのことを——これはマルブランシュからの引用なのだが——「魂のおのずからなる祈り」と呼んでいた。

アドルノがリヒャルト・シュトラウス（一八六四—一九四九年）の《エレクトラ》を論じつつ語っ

ているのは、まさにこのアウラの経験だ。その幼い日々の幸福な景色のなかに突如あらわれた「エレクトラ」という禍々しい名前。それが何のことだかわからないアドルノ少年がこのオペラの名前に夢見たのは、エレクトリック・ライトの煌々とした明かりに包まれて有毒ガスを吐き出し続ける近所の化学工場とのなんらかの近接関係だった。子供の私的空間と大人たちの社会的空間のありえない（しかしごく頻繁に生じているはずの）短絡。個と集団のこの不可能な一致においてこそ、音楽は（シュトラウスに限ってはとりわけ）実際の演奏を聴く以上にその実態を明らかにするというアドルノの確信は、目覚めながら夢をみる主体のイメージ空間に焦点をすえている。自分でも思い描けないような何かに目をこらす、あるいはこの場合なら耳を澄ますこの子供の視覚ないし聴覚がとらえたものとは、その短絡の技法によって成立した不可能な一致のうちに、それだからこそ開かれた純粋な差異の戯れ、あるいは不純極まりないざわめきの展開される力の場ではなかっただろうか。

「劇場の自然史」で、着飾った観客たちの喝采に太古の生贄の儀式の反復を聞き取るコンサート・ホールのアドルノに生じているのも同じ短絡だ（八五頁以下）。それはまた、カルメンのハバネラに「根源的引用」（三四頁）という、かつて経験したはずのない個人的記憶の反復を聞き取るオペラ座のアドルノを襲ったものでもあっただろう。しかし、そこで重要なのは、この短絡の技法が、単に周囲の世界の異なったものどもをイコールで結ぶことで主体の表象の秩序の安寧を図っているのではないという点だ。この技法に身を任せるということは、ジャック・オッフェンバック（一八一九－八〇年）の舞台に姿を現す、キリスト教によって抑圧された「地獄の快楽」（三六頁）を聞き取るということ、《魔弾の射手》の合唱の情景に市民社会の手で葬られたはずの「神話的なるもの」（三八頁）の回帰を見て取るということであり、また、それらのイメージを見出すことによって、否応なくそこで反復される同一物の永劫回帰を自ら生き直すよう強いられるということでもある。

日常の意味の世界によって抑圧された狂気の経験に触れるこうした音楽の聴取は、しかしまた、単に意味と無意味の二項対立をただ確認するだけのものでもない。音楽の聴取のなかで市民社会の主体に回帰してくる神話的なるものとは、アドルノがその批評（Kritik）において行使している理性そのものの半身であり、また、「ヒューマンなベートーヴェン」（四六頁）のもう一つの姿である限りにおいて、それを遠ざけておくための分割線を引くことのできない人間の本性（Natur）そのもののことなのだ。理性と狂気の同一視、この最もありえない短絡の生じるところに、既存の人間の尺度は終焉を迎える。意味と無意味を絶えず分割しようとする理性的思考の、一見どこにも隙間のない連続態に「切れ目（Zäsur）」（四一頁）が挿入されるのだ。ふたたびカルメンを論じるアドルノに目を向けるなら、彼がそこで次のように言うとき、その念頭に置かれていたのもこれと同じことだ。「自分の鏡像を認めたメドゥーサのように、神話も自分を二重化することで崩壊する」（八二頁）。

アドルノが非同一性と言うときに想定されている事態とはこのようなものだ。それは主観と客観の非同一性といって済ませられる話ではない。もしそれを私と他者の話にしてしまうなら、この図式の根底には、突き詰めればやはり相互の権利の平等性というかたちで、同一性が回帰してくることになるだろう。人間を取り巻く自然環境を他者とみなしたところで話は変わらない。それは結局、最終的には均されてしまう相対的な非同一性にとどまるだろう。他者を他者と認めるところに、同一性を基盤として非同一性が設定されてしまうのだ。アドルノが言う非同一性とは、誇張して言えば絶対的な非同一性のことだ。同一性と非同一性のあいだで分割をおこなう営みそのものに切れ目を入れることが、そこでは問題になっているのだと言える。カルメンに託して語られる神話の二重化とはこのことに他ならない。

そこに生じる事態を主観と客観の宥和と呼ぶことは確かに可能だ。ただしそれは、主体が自己ならざるものへと己を変容しうる限りにおいてのことである。それはつまり、自己の同一性を永遠に反復する同一物の永劫回帰を逃れることを意味する。言い換えれば、自らの死を死ぬことによって、主体はその自由を獲得するのだ。自由とは自己をその同一性にとどめおこうとするあらゆる力との闘争のことであり、アドルノにとってのカルメンとはまさにそのような闘争の主体のことであった。「アンサンブルのセリフを信頼していいだろう。「カルメンが闘争を始めた」のだ」（七二頁）。アドルノが宥和と呼んでいるのは、このような闘争の場へと開かれた純粋な非同一性の経験のことだ。それは、自らの同一性に捕らえられた市民社会、死に損なった神話の残滓に、本当の死が与えられる瞬間のことでもある。「カルメン的運命論を通した人間存在のあらゆる支配要請の放棄と断念の身振りこそ、人間存在にかなえられる宥和の形象の一つ」（八三頁）なのだ。彼はこのことを、きわめて真っ当に、まさしく一つの短絡的なフレーズにまとめあげている。「終わりある自由の約束」（八三頁）、というのがそれだ。終わりある自由、つまりは有限と無限の短絡であり、これはまたアドルノにとっては、音楽の定義そのものだったのではないだろうか。

第Ⅱ部　現前

第Ⅱ部に収められている作曲家の名前には、各々いわくがあると言ってよい。というのも、ここで論じられる四人は、アドルノがそれぞれの論考を執筆した時点で、すでに終わった音楽家とみなされていた人々なのだ。巨像のような仰々しさでもって記念碑を打ち立てようとする（当時まだそのルネッサンスを経験していなかった）グスタフ・マーラー（一八六〇―一九一一年）、シェーンベルクと同時代人でありながら自らの様式を確立できなかった折衷主義者アレクサンダー・フォン・ツェムリンスキー（一八七一―一九四二年）、見掛け倒しのファンタスマゴリーの使い手フランツ・シュレーカー（一八七八―一九三四年）、そして、新古典主義の時代が終わったあとでもはや形骸化した権威に祭り上げられたストラヴィンスキー。こうした一般的な通念のなかに放置されているかつての前衛の楽曲について、それのもつ魅力を再度よみがえらせようとしてこれらの論考は書かれている。この部全体が現前＝現在化（Vergegenwärtigungen）と題されていることの所以であろう。マーラーにおいてもったいぶった巨匠性と思われるものがどれほど繊細な性格造形によって自由闊達な「音楽の散文」（一一七頁）に到達しているか、ツェムリンスキーにおいて様式の不在と思われるものが、まさにそうした印象を惹き起こす「省略と沈黙」（一五七頁）の技法によって、現在の課題となっている音楽キャラクターの問題にいかなる寄与をなしうるかが論じられ、シュレーカー論に至っては、彼の音楽における感覚的衝動への忠実さと、そこで駆使されるファンタスマゴリー的作曲こそワーグナー的十九世紀の正しい継承であると言わんばかりだ。それぞれが若き日のアドルノの音楽体験を連想させるという点でも興味深いこれらの論文のうち、ここではとくにストラヴィンスキー論に着目したい。

　アドルノが一九四九年に出版した『新音楽の哲学』は二人の作曲家を主題として扱っていた。もちろん、シェーンベルクとストラヴィンスキーのことである。自身の師ベルクのさらに恩師である十二音技法の開祖と、原始主義から新古典主義へとスタイルを豹変させ、さらにこの時点では音列による作曲を始めていたロシア出身の作曲家について、アドルノの評価は前者を高く、後者を低く見積もっているというのはよく言われるところである。実際、本書第I部に収められた「モチーフ」には出だしからこの二人の名前を確認できるが、そこでの評価（先に指摘しておいたようにこれはアドルノの二十代前半の文章である）は、この定説を覆すものではない。しかし、『新音楽の哲学』でのストラヴィンスキー論について自ら反駁を加えつつ展開される本書の論述を読んで、まだそのように言うことができるだろうか。おそらくここには別のストラヴィンスキーがいるのであり、それと同時に別のアドルノもいるはずだ。

ストラヴィンスキーについて、アドルノが多くの箇所で否定的な評価を下しているというのは本当だ。しかし、これを裏から見れば、幾度も語り直すほどのこだわりを彼はこの作曲家に対して持ち続けたということでもある。その理由はなんだろうか。自分にとっての音楽とは異質なものが、そこに凝縮して現れていると感じられたからではないだろうか。ではその違和感の正体はなんだったのだろうか。そのことを知る手がかりになるのが、本論中『新音楽の哲学』での彼のストラヴィンスキー論への当時の批判について、あまり有益なものが見られなかったと残念がって見せた後で、彼が自己批判を自ら買ってでる箇所だ。切り詰めて言えばそれは以下のようなものになるだろう。人々の意識が物象化されているという現実を、解釈を交えずに提示するこの音楽は、現状を超えたものではないのか、アドルノの議論はこうした現状を認識するのを拒んで人間的な価値観を復興させようとしているのではないのか、つまり「ストラヴィンスキーの音楽の内在的な無時間性という静態的理想」にたいして彼は、「それ自身として展開していく時間構成的な動態的理想」（一九五頁）を擁護したが、これはストラヴィンスキーに対する内在批判ではなく、アドルノ自身が禁じ手としていた外在批判ではないのか。これらの批判について、アドルノはそれがある意味正しいことを認めている。つまり、現実がいかなるものであるかをストラヴィンスキーの音楽が正確に表していることに彼は異論を唱えていない。しかし、音楽において現実の正しい写し絵など問題にならない、というのがアドルノの基本的な立場である。それは表象芸術の仕事でしかない。なぜなら、舞台芸術あるいは絵画であれ文学であれ、記号と意味の表象関係において把握される距離化の芸術においてこそ、対象の描写がその批判として機能することも可能なのだから。「音楽は、距離をおいた提示というものが出来ない」(二〇〇頁)、これはストラヴィンスキーも共有するはずだとアドルノの考える音楽の本質である。「音楽と言語についての断章」の言い方をここでも用いるとすれば、音楽とは名を名指すものであって、その意味を隠し持つ言語ではないのだ。アドルノが音楽を論じるときだけでなく、このことを念頭において文学や哲学を論じるときに、必ず問題とするのが星座(Konstellation)や布置(Konfiguration)といった形象であるのはそのためだと言える。非同一性の同一性、あるいは同一性の非同一性、という複数の諸力の混合として見出されるべき形象において表される名、時間の中で、あるいはその意味の途絶した地点に姿を現す名こそが、自らの示しているところのものを明らかにするのだと、アドルノは考えている。したがって、人間という形象が確固不動の永遠の意味を担保する記号(すなわち同一化の作用)の圏域を逃れされるものであるという限りにおいて、とりわけ音楽は常に時間の中で展開されねばならない。

ストラヴィンスキーは時間を止める。それも音楽においてそうするのだ。「彼の音楽がどこかしっくり合っていないという印象を与えるとすると、その原因はこれである」(一九七頁)、これがアドルノのストラヴィンスキーに対する違和感の正体である。ストラヴィンスキーにおける時間の喪失。アドルノがこの作曲家の作品の内実を「シゾフレニー」とかつて呼んだとき、そこで意図されていたのはこのことであり、またこのことでしかない。それは作曲家の内面性とは無縁の、むしろそうした内面性を消去しようとする作曲家の様式に関わる言葉であった。だからこそ、ストラヴィンスキーの音楽の原理は「反復」だとも言われるのだ。その楽曲の最初に提示されたモデル音形は、時間の中で様々な形姿にカットされ変容を被ることになるが、しかし、そこに現れるのは常に同じものの永劫回帰に他ならない。彼の音楽は反復によって進んでいく。しかし反復である限り、その進行は同じ場所での足踏みでしかない。同じように、彼は音楽史全体を反復の対象とする。彼の新古典主義とはそのようなものであり、それは全ての様式を均等にデフォルメの対象とすることができる。反復の原理と並んでその作曲を支えているのは、したがって「趣味」の原理である、とアドルノは言い切る。ある対象にたいして自らを優位におくことで（なぜなら既存の秩序がその有効性を失ったときにおいて主観性以上に客観的な判断を下せるものは存在しないのだから）その好悪を正当化する趣味の原理によって、ストラヴィンスキーの主観性は、究極的には自らの抹消を行うと同時に、何かに執着する全ての主観性の優位に立つことになる。裏返しの絶対者とでも言うべきだろうか。彼は全てをパロディーに供する。しかし、そうすることで全てを手にいれるのだ。静止した時間の中で。ストラヴィンスキーに対して、アドルノは決してこの点は譲らない。彼の批判的決意が、この局面においてすでに最終決定を下しているというのは動かしがたい事実だ。

しかし、ストラヴィンスキーのこの行き方は、音楽に対する内在批判として優れて特異な現象であったのかもしれない。時間芸術としての音楽において、それを静止させることを自らの格率として採用した音楽は、おそらくストラヴィンスキーのものをおいて他にない。アドルノにとって、決して違和感を解消させることのなかったその音楽は、しかし反面、彼が音楽と考えるものとは別の何かを予感させるものとして常に重要視されていたのではないだろうか。実際、本論の前半部ですでにサミュエル・ベケット（一九〇六―八九年）の名前がこの作曲家と何らかの関わりを持つものとして挙げられていた時点で、アドルノに親しんだ経験のある読者であれば、そこに単なる批判以上のニュアンスを感じ取るのではないだろうか。戦後のアドルノが繰り返し言及した『名づけえぬもの』を含むベケットの三部作が世に出たのは、シェーンベルクが没したのと同年の一九五一年のことであった。『新音楽の哲学』から本論に至るまでに、アドルノのストラヴィンスキー解釈に新たな音が加えられたとすれば、それはベケットの介入以外に考えられない。

全てをパロディーにする趣味の原理は、あらゆるものを否定しうるというその強みによって裏返しの全体性を獲得する。しばしばアドルノの思想のトリックとして指摘されるこのような事態は、彼によって批判されるストラヴィンスキーにこそ相応しい。ただし、その否定性の果てにストラヴィンスキーが「美的全体性」（二二五頁）を手にしてしまったということ、このことをアドルノは惜しんでいる節がある。つまり、神の名である音楽に内在的に逆行するストラヴィンスキーの「黒い音楽」（二二四頁）が、全体という名を僭称してしまったことをアドルノは悔やんでいるように見えるのだ。アドルノが本論の最後に、かくありえたかもしれないストラヴィンスキーの音楽を描写するくだりは圧巻である。その中で彼はこう述べている。「今や消えつつあるあらゆる音楽の内面性の空間を、彼はベケットの描く『名づけえぬもの』のそれへと変身させることが出来たのかもしれない」（二二五頁）、と。ストラヴィンスキーの音楽は、名としての音楽というアドルノの構想に真っ向から反対するものとして、しかし、そのようなものとして、音楽の一つの究極の姿を示しえたのだと言えよう。名づけえぬ音楽として、それは同一性なき反復のなかで「動物になる」（二二七頁）のだと言われる。名となることのない音楽、絶対的否定性の音楽として、それはまさに「黒い音楽」の名に価するのだということだろうか。確かに、名づけえぬものの祭儀である「黒ミサ」に捧げられるにふさわしい音楽があるとすれば、これをおいて他にないだろう。このようなことは、ストラヴィンスキー以外に為し得なかったという確信もまた、アドルノには抱かれていた。彼がストラヴィンスキーに執着を示したことの本当の意味は、その点にも求められるべきである。したがって、音となった精神が、全体性の呪縛から解き放たれた獣となって、自らの反復のうちにおのれの音色を思うままに響かせるときに、「ストラヴィンスキーの曲でこれに成功している箇所は、本当に比類がない」（二二七頁）、と語るアドルノの言葉は、この作曲家に対する真の賛辞と取られねばならない。

第Ⅲ部　フィナーレ

「フィナーレ」と題された最終第Ⅲ部には、アドルノが属していたウィーン楽派に関する論考が並んでいる。ここでまず先のストラヴィンスキーとの繋がりから言及されるべきはシェーンベルク論「聖なる断片」だ。端的に言って、ストラヴィンスキー評価をめぐる定説と同様、これを読んでアドルノが諸手を挙げてシェーンベルクを礼賛していたと考えることは出来ないだろう。神の名が啓示によって知らされることなどもはやありえない時代に、それでも作品の自律への要請に即して求めざるをえない不可能な全体性に手を伸ばす作曲家の意図について、アドルノがどれだけ賞賛の言葉を並べても、彼の本音においてシェーンベルクの偉大さは、失敗にいたるまで構成と表現のアンチノミーを担い切ったという一点に絞られている。

これに対して、ベルクの作曲技術については、掛け値なしの賛辞が連ねられている。後で見る「アンフォルメル音楽」というアドルノの標語も、その具体例がここで予めベルクに見出されているという点に注目すべきであろう。「ウィーン」では、先の二人にウェーベルンを加えた三名を中心に、ウィーンという土地のもつ不思議な保守性と奇妙な先鋭さについて、個人的なエピソードを交えて興味ぶかい都市音楽論がつづられる。「音楽と新音楽」には、かつて新音楽と呼ばれた一つのジャンルがいまや硬直化し始めているというアドルノの実感が語られている。しかしこの言葉こそが音楽そのものの行く先を示しているのであって、もはや音楽が何であるかを知るためにはこの道をたどりきるしかないという決意もそこには読み取れるだろう。またその最後には、彼が若い音楽家を世間の批判から擁護し反論する一幕も見られる。そして、ここで特に論じておきたいのが、そこで話題になっていた彼より年若い世代の作曲家たちの動向を論じた「アンフォルメル音楽の方へ」である。

冒頭、現代の作曲状況に対する自らの無力を告白するという驚くべき率直さでもって語り始めるアドルノが本論で焦点を当てているのは、かつての前衛ウィーン楽派によって開始されながら、いまや「古典的」という枕詞で形容されるようになった十二音技法以降の音楽の有り様である。この技法を支えたウィーン楽派が、第二次大戦期にベルクを、戦後を迎えた瞬間にウェーベルンを失い、一九五一年には総領シェーンベルクの死を経験したあとの十年間に生じた出来事は、アドルノの理解の範疇を超えるものであった、ということがまず確認されねばならない。そのばあい特にこの時期の特異現象として本論で彼が念頭に置き続けているのは三人の作曲家である。ひとりはピエール・ブーレーズ、一九四〇年代から活躍していたこのフランスの秀才が《主なき槌》を発表するのは五五年。次にジョン・ケージ、本論で言及される彼のピアノ協奏曲は五〇—五一年に作曲されている。そして最後のひとりがカールハインツ・シュトックハウゼン、五一年から始まった彼の作曲活動におけるこの時期はその第一期に数えられる。この間に彼の創作の中心概念が、初期の「点」から、「群」のような複数の音の集合体へ移行していったことも、アドルノのアンフォルメル論の暗黙の背景になっている。こう並べてみればわかるように、冒頭に記されている彼らの楽曲は時期的にもシェーンベルク没後という空位時代にぴたりと符号する。この三人の活動から受けた衝撃を告白するところから始められる本論は、その後の音楽の行方として彼ら一人一人の傾向に即して、大きく三つの方向性を示していると言えるだろう。一つは構造的作曲であり、これはブーレーズに割り振られている。もう一つは偶然的作曲であり、もちろんこれはケージの持分とされる。三つ目がアドルノの提唱するアンフォルメル音楽であり、完成した姿をまだ聴かせることのないこの音楽について、彼がここで最も信頼を寄せているのはシュトックハウゼンということになる。確かに、シュトックハウゼン以外の二人について、ここでは批判的な言及がなされてはいる。しかし、これについては本論中で彼らに対する敬意が折に触れて表明されていることに気づけば、その意図するところを冷静に見定めることはできるはずだ。ブーレーズ自身、後年この論考を振り返りつつアドルノのこうした姿勢について次のように述べていた。「彼は自分の目の前で生じつつあるそうした発展に参加はできないが、それを理解しており、その発展の当事者たちよりはおそらく彼の方がよく見抜ける暗礁からそれを遠ざけようと努めているのである。〔…〕このテクストを読み直してみて心を打つのは、一種の私的なあきらめと同時に、次のような数々の無償の忠告において寛大さが透かし状に認められることである。以上のことを諸君は行えるだろう。あるいはむしろ以上のことを諸君は回避できるだろう……、という具合に彼は語りかけるのだ」（ピエール・ブーレーズ『参照点』一九八一年／笠羽映子・野平一郎訳、書肆風の薔薇、一九八九年、三七六頁以下）。

では、上記の三方向に分岐する現代音楽の行方について、アドルノはそれぞれどのような特徴を与えているのだろうか。これについては、彼の議論を要約するよりは、むしろ議論のポイントを指摘することが有効だろう。そのために、ここで参照項としてジャン゠フランソワ・リオタール（一九二四—九八年）のアドルノ論を用いてみたい。というのも、一九七二年に執筆された「悪魔としてのアドルノ」（一九七三年／山本泰訳、『現代思想』一九七五年五月号）と題されたその論考は、全体としてアドルノ批判を目的としており、そこで主として扱われているのは『新音楽の哲学』におけるアドルノの音楽論だからである。アドルノの音楽論について、通例どのような批判が向けられるものであるかを知るうえで、またそうした批判にアドルノの議論が答えられるものであるかを探るうえで、リオタールの論考は参照に価する。

リオタールの批判の要点をまとめると次のようになる。一、アドルノは芸術家を表現の主体だと考えている。つまり、オリジナル（意図）とコピー（作品）という表象の領域のなかで芸術を思考している。二、全体性の崩壊した世界のなかで、アドルノは芸術に否定的な真理を体現する役割を付与している。そこから帰結するのは、社会の否定性を告発する神経症としての芸術、病人の作品ということになる。三、そこに現れるのは、質的なものと感性の次元を喪失した関係の総体にすぎない。セリー音楽とはそのようなものであり、これはシェーンベルクから始まった。四、こうした事態を告知するアドルノは、神なき世界において裏返しの全体を手にする悪魔であり、その技法は宥和をみせかけるパロディーの徒労であって、決して現実の社会領域に到達することのない無力な禁欲主義である。五、つまるところリオタールの提示するアドルノ像は、合理的計算によって編み上げられた作曲の網の目、セリー音楽における関係の全般化しか目に入らないアドルノ、そのせいでこの関係からこぼれ落ちるものとしての自然（ユートピア）を否定的に待望する疎外論者アドルノということになる。

ここで言われるアドルノは、本書のアドルノの中に認められるだろうか。そんなことはないと言っておくべきであろう。確かに、シェーンベルクの《モーゼとアロン》を論じるアドルノは「意図と作品の同一性」（三一〇頁）について語っていた。しかし、それは作曲家の主体が作品の前提に置かれたうえで言われたのではなく、むしろ「決定的な箇所でもはや表現——つまり芸術家の表現——であろうとは欲しない全体」（二九四頁）を構築しようとする不可能な企てに関して言われていたことに注意せねばならない。全体性の崩壊が、主体・客体間の表象の連結に失調をもたらしたことをニヒルに眺める美学の徒アドルノというリオタールの提示する肖像画は、この点を取り逃がしている。アドルノがそれを表象という言葉に焦点化して強調することはないにせよ、彼にとっても芸術作品における主観的意図の再現などは、そもそも問題視されるべきものでしかなかったことは明記されてしかるべきである。アンフォルメル論でも、「シェーンベルク以降の展開においては、主観的契機をもはや表現的契機と同一視できなくなってしまった」（三八〇頁）という確認ははっきりと為されている。これはアドルノの芸術論全般に当てはまる前提ではないだろうか。アドルノがブーレーズに割り振る構成的音楽は、こうした状況に応えるところに生まれた。主観を作品の絶対の所有者とは認めないという態度は、作者の恣意性を排除することによって純粋な音の響きに到達しようとする現代音楽の主潮流に一致する。アドルノにとって、こうした意味での主観を排除せよとの要求は撤回不可能なものであった。しかし他方で、こうした構成至上主義の試みが、設計図どおりに楽曲を展開するだけの自動作業に変わってしまう危険をアドルノはここで告発している。全てが楽譜のうえで完成してしまうなら、音楽から時間は失われてしまうだろうし、音が聞こえる必要すらなくなってしまうだろう。音楽とは響きである。このこともまた、アドルノが決して譲らない点である。完璧な構成を音の現象といかに一致させるのか。そこに聞き取られるものが、アンフォルメルな音楽、つまりいまだ形をなさない不定形な音楽ということになる。

次に、彼の賞賛する芸術作品が、非社会的な病者のそれであって、こうした作品たちは健全な代表制秩序の埒外で無力に言葉を発するだけでしかないという批判について言えば、アドルノがそのようなロマン派的な狂気観に酔いしれたためしはない。確かに、アドルノが芸術の至上命題としたものが、自然支配の撤回であったというのは事実だ。しかし、「芸術がそこに到達できるのは唯一自然支配の力を借りた時だけだ」（四〇一頁）と述べるのも同じアドルノである。文字通り未聞の音を求めて進められるアンフォルメル論において、未だ聞かれざる音を思考の力によっていかに摑み取れるかという問いは、決して投げ捨てられることはない。この場合に、もし音楽が合理性の領域に背を向けるなら、一体どのようにして作品は構成されるのか。あるいは、こうした問いがここではケージに差し向けられているのだと言える。音楽における構成主義とはことなって、あらゆる規則から解き放たれることによって音楽の自由を表現しようとする偶然性の試みを、アドルノは高く評価している。それは、芸術を囲い込む文化なるものが虚構であることを現実に上演してみせているからだ。「音楽と自然支配との間の頑強な共犯関係への抵抗において」（三九六頁）ケージの作曲はアンフォルメル音楽に接近する。しかし、ここでもその試みが無批判に称えられることはない。アドルノにとってケージの音楽は、確かにその偶然性への着目において驚嘆に値するものであったが、その試みが結局はある種の規則性から逃れられずにいるという点、そして、そうした規則性が秘教的な集団の枠内で共有されてしまっている点に関しては明白な危機感を抱かせるものであった。芸術を文化の外に訪れるべき野性保護区にしてしまうことにアドルノがどれだけ反対を表明していたかは言うまでもない。アドルノが自らアンフォルメルと名付けた音楽に求めているのは、芸術（狂気）と社会（理性）のこうした補完関係の突破に他ならない。

このように見てくれば、セリー音楽（音楽における構成主義）をアドルノが現代音楽の終着点とみなしていたという主張も、自ずと退けられるのではないだろうか。全てを最初の一音から完璧に規定するために、音の関係性を総体として制御しようとする構成的音楽にたいして、アドルノは、それがシェーンベルク以来の音楽の必然性を表していることを認めはしても、彼がその際に常に注意を払ってきたのはその道行の困難をこそ指摘することであった。一方において音の全てをパラメーターに還元することによって、作曲から主観的契機を排除する試みがあり、他方に偶然性を支えとすることであらゆる他律的な規則の支配から逃れようとする試みがなされているときに、アドルノは決して前者を単純に肯定することもなければ、それをただ批判して後者の偶然の自由を信頼することもなかった。むしろ彼の理論的洞察は、ここに分岐した道のりの先にまつ行き止まりを予見し、それに対して警告を発しようとするものであった。もし構成的作曲を極限まで推し進めたとしよう。その場合でも当然、最初の一音の選択はなされねばならない。どうしてこの箇所でこの音が鳴るのかという問い。これを全て計算で決定することの不可能は、この始まりの不可能性に関わっている。それはつまり、音が単なる音響ではなく、有意味なものとして聞かれるためには、必ずなんらかのまとまりを備えた「個別形象」（三七七頁）として鳴り響かねばならない、という要請と同じことである。「仮象の正体があらわになる瞬間とは、音楽的意味の危機の瞬間である」（三九八頁）、とはつまり、主観であれ文化であれかつて意味の担い手であった存在がすべてその恣意的性格を暴露された瞬間であり、これこそシェーンベルク以降の音楽において調性の崩壊という事態が指し示していた撤回不可能な必然性である。

意味のない音の羅列は決して音楽ではない。しかし、音の有意味性は即座に主観的恣意性、あるいは(同じことだが)客観的な規則性に絡め取られてしまう。主観と客観の間にあって、意味そのものをいかに音として形象化しうるか、これこそアンフォルメル音楽を求めるアドルノにとっての大問題であり、それは単に質的次元を捨象した関係の網の目によって達成されるはずのないものであった。

そもそもリオタールがアドルノを悪魔と呼ぶ根拠は、全体性の崩壊を指摘するアドルノが、それにもかかわらず(むしろそれゆえに)社会の欺瞞を告発することで否定的な真理を告げる機能を音楽に付与していると彼がみなしていたからであった。社会批判としての芸術の機能についてリオタールが疑念を抱いていたわけではないだろう。ピエール・クロソウスキー(一九〇五―二〇〇一年)の名を挙げてシェーンベルクに対置する彼にとって、問題は表現の主体を消し去ったあとで、なお感性の次元を芸術において真に問題とすることであった。彼の目にアドルノが表象の次元にとどまりつつ、だからこそその破綻を自らの取り分となしえたかのように映るとき、彼が想定しているアドルノは断片化した社会のエネルギーの流れを、否定的な全体性へと備給しようとするユートピア論者であるといえる。現在において失われた自然、かつて獲得された人間性、いまや失われた、あるいは到達されたことのない目標としての起源を、その不在において表象するアドルノこそ、リオタールに悪魔として映じたアドルノであった。こうした主張をアドルノの文脈で言い換えるなら、リオタールによって捉えられたアドルノとは、ファンタスマゴリーの使い手としての彼だということになるだろう。

しかし、ここでのアドルノの議論から、そうしたファンタスマゴリーを導きだすことはできない。本論でも述べられていたように「人の手で設定されたもの、生成してきたものが、あたかも自然であるかのように静止する」(三八五―三八六頁)ところにファンタスマゴリーの正体を見抜いているアドルノにとって、自らを自然であるかのように見せかける「有機体」としての音楽は、いまや無効を言い渡されるべきものになっている。それは機械への反動として想定されたもの、工業化される社会に圧倒される主観の逃げ場としての芸術への幻想にすぎない。だからといってもちろん、アドルノが人間の機械化を単純に賞賛することはないだろう。全てを予見可能にする機械のイメージによって、芸術は静止する。アドルノにとってのファンタスマゴリーとは、主観的なものが客観的であるかのように、あるいは逆に、客観的なものが自然に生じてきたものであるかのように見せかける、そのような主客のどちらもが同時に物象化される地点であった。ここにも、主観でもなく客観でもなく、というアドルノの選択原理は見いだせる。二者択一を拒むこと、なぜなら、どちらか一方を選ぶことは必ず他方へ巻き込まれることを意味するからだ。アドルノが主観的なものに期待をかけるとすれば、それはまさにこうしたアンチノミー的状況に耐える力がそこに潜んでいる限りでのことである。「主観とは非機械的なものの唯一の契機、芸術作品の中にそびえたつ生命の唯一の契機だ」（三八六頁）とアドルノが言うとき、これを単純な有機的生命賛歌と捉えてはならない。彼にとって作品に生命の原理が必要であったとすれば、それはまさしくその対極にあるもの、機械との闘争をそれが行う限りにおいてである。そして、アドルノにとっての機械とは、自然支配の原理を自らによってそれこそ自動機械的に遂行するヨーロッパ的主観の別名でもあっただろう。すべてを既知の枠内に引きずり込む登録機械に抗って、未聞の音を聞き取ろうとする何者か、アドルノにとっての生命とはこのような何かであった。

従って、合理的計算の網の目からこぼれ落ちるほかないもの、表象の領域に住まう悪魔には切望の眼差しを向けるしかないものとしての外部、すなわち自然なるものへの期待をアドルノに見いだすことはできないと言わねばならない。「芸術における「自然なもの」という幻想もだが、この幻想を食いものにしている「誰もが納得できる美的な必然性」という迷信をも追い払わねばならない」(三七〇頁)という二者択一の拒絶に彼の出発点は置かれている。その要点は、見せかけの宥和の排除をこそ喫緊の課題として設定するところにあるのであって、決してパロディーとしての役割に芸術を押し込めることではない。主観でも客観でもない、両者の分裂と拮抗の最中に聞き取られるべき音楽、彼の言うアンフォルメル音楽は、こうした点からここではシュトックハウゼンに一つの例示を見出している。答えの決まった計算式ではなく矛盾から出発することを勧める作曲家の言葉を引きながら、アドルノはこう述べていた。「イデオロギーによって何か別のものであるかのように見せかけるのではなく、現実かつ純粋にそれそのものであろうとする芸術の努力にとっては、非同一性を告白し、それに耐え抜こうとする方が、この非同一性を――こう言ってよければ――破綻なき同一性というロマン派的概念で覆い隠すよりもましなのだ」(三六四頁)、と。ここで言われる非同一性とは、音楽における規則と自由のそれであり、認識の世界における客観と主観のそれであり、作品の内部における機械と生命のそれである。両者がかつて一致していたのだなどと、つまり現在の人類は楽園を追われた堕罪のうちにあるなどとアドルノは考えたりしなかった。彼にとって、目指されるべき到達地点は過去の自然状態では決してなかったのだ。それはまた未来に投影される無力な希望であってもならなかった。いまだ知られざる音、あくまでそのようなものとして目指されるべき真に実験的な何かであった。予見不可能性、あるいは図像化禁止というべきだろうか。シェーンベルク以降の新音楽の生命線を「表象と予見不可能なものとの緊張」(三八一頁)に見いだすアドルノにそのような考えが浮かんだとしても何の不思議もない。事実、彼は自らの求める音楽についてこう定義している。「アンフォルメル音楽は、完全には表象できないものについての表象である」（三八二頁）、と。

リオタールがアドルノ的なるものとして批判的に提示した表象の機制に自ら抗議したとき、彼がそれに対置したのは強度としての芸術作品であった。ドゥルーズ／ガタリ的な口ぶりの感じられる（『アンチ・オイディプス』からの抜粋という名目で発表された「選言綜合」（田中敏彦訳、『ユリイカ』一九九四年七月号）は一九七〇年に『L'Arc』誌のクロソウスキー特集号に発表された）その作品論とは、原典の写しではなく、対象そのものへ自ら生成するものとしての芸術を目指すもののことだと言えるだろう。しかし、これと同じことをアドルノは述べていなかっただろうか。それも、芸術作品の意味について語られた一節で。そこにはこう書かれていた。「芸術作品の意味とは、そこで初めて打ち立てられるべきものであって、写し取り模倣できる何かではない。それはそれになることを通してのみそれであるものである」（三九九頁）、と。音楽において表象不可能なものとは、要するに主観と客観の非同一性のことだ。もっと言えば、それは同一性と非同一性の非同一性として、純粋な差異のざわめきとして聞き取られるべきもののことだ。当然、この非同一性は表象不可能なものとして表象の彼方に崇高の輝きを現出させるために呼び出されているのではない。それはなにより現実的なもののことであり、それは人間にとって新たな意味として感じとられるであろう何かのことだ。そしてその意味が、かつての支えをなにも持たない無人の荒野に探し求められるアンフォルメルなもの（客観的にそれ自体として、あるいは同じことだが主観にとって形をなさないもの）であるとき、そこには新たな意味の生成が待たれるのだと言えるだろう。しかし、意味が、それ自体否定的なものの印として作用する表象の領域を離れた、真にそれとして生成してくるものであるとき、それはこの意味を感じ取る人間そのものの変化を含まざるをえないはずだ。ニーチェとは違い、アドルノはそれを決して現在の人類のあとにくる超人とは考えなかっただろう。新たな人間は、いまここから自らを創造する。未知なる音へと自ら生成することによって。

訳者あとがき

本書『幻想曲風に（Quasi una Fantasia）』は、アドルノが『音楽著作集』全三巻として構想していた著作群のうち、『響きの形象（Klangfiguren）』（一九五九年）に続き、一九六三年に出版された二作目にあたる。未完のまま死後出版された三作目も含め、これらはすべて未訳であることを考えれば、本書の翻訳はアドルノ理解のうえで決定的な重要性をもつといえる。というのも、これまで翻訳のある彼の音楽論のうち『マーラー——音楽観相学』（一九六〇年／龍村あや子訳、法政大学出版局、一九七八年）や『アルバン・ベルク——極微なる移行の巨匠』（一九六八年／平野嘉彦訳、法政大学出版局、一九八三年）は作曲家論であり、『楽興の時』（一九六四年／白水社、三光長治・川村二郎訳、一九六九年）は副次的著作の性格が強く（ドイツ語版全集の編者ロルフ・ティーデマンによる）、『音楽社会学序説』（一九六二年／高辻知義・渡辺健訳、平凡社ライブラリー、一九九九年）はアドルノ自身によって教育書的位置づけをされていたのに対して、ベートーヴェンからシュトックハウゼンに至るまでを哲学／社会学理論と縦横無尽に絡めながら論じた本書は、まさにアドルノの音楽哲学の核心部分に位置すると言えるからである。

何より本書に登場する作品／人物のラインナップが豪華極まりない。それはニーチェを意識しつつトーマス・マンに捧げられたカルメン論から、『啓蒙の弁証法——哲学的断想』（一九四七年／マックス・ホルクハイマーとの共著、徳永恂訳、岩波文庫、二〇〇七年）と同じ手法でオペラ劇場の原史を描いた「劇場の自然史」、あるいはツェムリンスキーやシュレーカーといった忘れられた戦間期の作曲家を経由して、ケージやブーレーズやシュトックハウゼンら戦後アヴァンギャルドにまで至る。また第I部には、モーツァルトやショパンやドビュッシーやマスカーニやチャイコフスキーやラフマニノフなど、アドルノが他ではほとんど論じることのなかった作曲家についての実に興味深い記述が含まれる。マーラーやシェーンベルクやストラヴィンスキーといったアドルノの「十八番」についてはいうまでもない。これだけ広範な主題を論じた音楽著作は、アドルノにあってもほとんど類例がない。

思想史的影響と言う点でも本書は重要である。『新音楽の哲学』(一九四九年/龍村あやこ訳、平凡社、二〇〇七年)の続編ともいうべきストラヴィンスキー論。アドルノと親しかったブーレーズが、アドルノ追悼論(『参照点』一九八一年/笠羽映子・野平一郎訳、書肆風の薔薇、一九八九年所収)で現代音楽の行く末に目を向ける際に念頭に置いていた、本書の白眉でありアドルノの遺言ともいえる「アンフォルメル音楽の方へ」。それ以外に、『虚構の音楽——ワーグナーのフィギュール』(一九九一年/谷口博史訳、未来社、一九九六年)のフィリップ・ラクー゠ラバルトが、西欧の言説空間におけるワーグナーの形象を辿り直し、芸術と政治の不吉な結びつきにメスを入れた際に、ボードレール、マラルメ、ハイデガーという系譜の最後に置かれ、批判的に検討されていたアドルノのシェーンベルク論「聖なる断片」など、ここには邦訳の待たれていた論考がいくつも含まれる。ベンヤミンよりかなり早い段階で「アウラ」という術語を自在に用いて書かれた、若き日の絢爛豪華たるリヒャルト・シュトラウス論も見落とせない。

＊

一読して分かるよう本書は、音楽著作の形を借りた自伝のような性格を持っている。第Ⅰ部「即興」の中心となるのは、まさにその中でこそアドルノが育った、第一次大戦前のヨーロッパ・ブルジョワ家庭の教養に満ちたミリューである。ここに収められたエッセイのかなりの部分が、音楽雑誌のコラムなどを書きつつ作曲家を目指していたころのアドルノ、つまり「哲学者になる以前のアドルノ」の手になるもの（ないし音楽ジャーナリストだった頃の自身の面影を残すスタイルで書かれたもの）であって、明らかに後年の『否定弁証法』（一九六六年／木田元ほか訳、作品社、一九九六年）や『美の理論』（一九七〇年／新装完全版、大久保健治訳、河出書房新社、二〇〇七年）といった理論書とは違う文体で書かれているのが面白い。戦中の『ミニマ・モラリア――傷ついた生活裡の省察』（出版は一九五一年／三光長治訳、法政大学出版局、一九七九年）もそうだが、夢見る文学青年だった頃のアドルノといえばいいか。

対するに「現前」と題された第Ⅱ部で呼び出されるのは、マーラーとストラヴィンスキーという二人の巨人、そしてツェムリンスキーとシュレーカーという、ヒトラーによって退廃芸術の烙印を押された二人の悲劇的な作曲家だ。第一次大戦前の幸福なベルエポックの空気はもはやなく、しかし第二次大戦後の西ドイツはまだ到来していない、そんな時代の楽壇の光景が、第Ⅱ部の中心である。第Ⅰ部で惜しげもなく披露されていたブリリアントかつ洒脱なエッセイ・スタイルはここではかなり抑制され、極めてザッハリッヒな楽曲分析的認識に基づきつつ、『啓蒙の弁証法』以来の「いかに人間性は抑圧され、あるいは救われうるか」という主題が一貫して展開される。仮面をかぶることによる目覚めを通した人間性の回復（マーラー論）、「巨匠」というレッテルが隠している人間性の抑圧（ツェムリンスキー論）、大人になる前の子供にだけ与えられる人間的な何か（シュレーカー論）、そして人間性なき時代にあっては暗黒を通してのみ到達できるかもしれない救いの可能性（ストラヴィンスキー論）。これらの作曲家を通してアドルノが描き出す主題の糸は明らかである。

第Ⅲ部「フィナーレ」にいるのは、戦後アヴァンギャルドの台頭を前に既に自らの老いを感じ始め、それでもなおそれらを理解し、それと対決しようとするアドルノである。彼自身の精神的故郷だったといっていいウィーン楽派の人々が次々世を去るなか、たとえもはや時代錯誤的と呼ばれようとも、敢えて自分の知るウィーン楽派の「精神」の証言者たろうとする強い意志が、全編を貫いている。また第Ⅲ部の諸論文は、アドルノのライフワークだった『美の理論』のサブテクストともいうべき性格を持っており、『美の理論』の極度に抽象的な理論が一体どのような具体的な芸術作品との対決から生まれてきたのかを知る上でも重要である。

＊

本書の翻訳を通して私が何より魅了されたのは、「頭が固く理屈っぽい教条主義者」といった一般イメージとはおよそ真逆の、アドルノのエッセイスト的な才知である。これはとりわけ初期の著作——哲学者になる以前のアドルノ——に顕著だ。随所でブリリアントな皮肉と才知を煌めかせ、自在にジャルゴンを混ぜながら、読者が本当に文意を理解できたなら爆笑せずにはおれないようなギャグを炸裂させて、そして「どうだ！」とばかりに芝居がかった「決めゼリフ」でとどめを刺す自由闊達なアドルノが、ここにはいる。ニーチェと同じく彼は、骨の髄まで非体系的な体系家だった。

そのジャーナリスト的な才知の例は枚挙に暇がないが、訳者としてどうしてもシュレーカー論の最後の一文にだけは、読者の注意を喚起しておきたい。読めば明らかなように、この論考の中心主題は脱マテリアル化して純粋な感覚映像となってしまった音楽である（アドルノ的用語を使えばこれは「ファンタスマゴリー」ということになる）。シュレーカーの伝記と作品について多少の予備知識がある人間であれば、いやでもこのウィーン生まれの作曲家の父親が、モンテカルロで活動していた写真師であったことが思い出される。「絶対にそのことを念頭に置いて論を展開しているはずなのに、どうしていくら読んでもその話が出てこないんだ？」といぶかしく思う。そしてエッセイも大詰めになってようやく、アドルノは見事に「決めて」みせる。「シュレーカーの父親の職業こそは、彼が決して書くことは出来なかったであろうオペラの真のタイトルであったのかもしれない。即ち、《モンテカルロの写真師》である」――「どうだ参ったか、私が知らないとでも思っていたか！」とばかりに、この一文でエッセイを閉じるのだ（一八八頁）。

このシュレーカー論におけるファンタスマゴリーの主題もそうであるが、アドルノの哲学的思索が一体どういった実際の作品との生々しい出会いから生まれてきたのかを示唆する豊富な例を提供してくれる点でも、本書は貴重だ。理論的術語として抽象化される以前の感覚イメージを存分に感得できるからである。多くの例のうち、ここでは第I部の「モチーフ」のキッチュ音楽論（一九二八年）を挙げよう（二二頁）。豪華客船が沈没する映画を見て眠れなかった幼少期の記憶。恐ろしい映像。そしてそれとは対照的な、この無声映画を伴奏していたであろう、安っぽく甘いサロン音楽。ここでアドルノは完全に子供になりきっている。一瞬天にも届く勢いで燃え上がり、次の瞬間に消えてしまう炎が、少年には見える。「ギラギラした赤い夕焼け」、「破裂する船」、「炎に包まれて塔のように高く燃え上がる家」、「真ん中でぽっきりと折れて轟音をたてるパシフィック鉄道」――「アウラ」という術語こそ出していないが、ここでアドルノが幻視しているのがそれであることは明らかだろう（同じような幼少期の原体験が、リヒャルト・シュトラウス論でははっきり、「アウラ」という術語に結晶する（四七頁））。また「アウラ」の言葉でアドルノが想像しているものが、ベンヤミンのそれと比べてはるかに破滅的で陶酔的で刹那的で、しかしどこか子守歌のような何かであることもよく分かる。そして世界の全体性を回復してくれるこの終末論的な何かは——世間では恐らくアドルノが頭から小バカにしていると信じられているであろうところの——キッチュの中でこそ燃え上がるのだ。

アドルノがキッチュを極めて真面目に受け取っていたことは、上述のエッセイ（そしてそれに続く素晴らしい《カヴァレリア・ルスティカーナ》論）において明らかであろうが、世間でキッチュ扱いされている音楽に対して彼が示す密かな愛情の例は、他にも枚挙に暇がない。例えば第I部の「音楽の商品分析」でアドルノは、もちろん表向きは、商品音楽を徹底的に批判してみせる。しかしたわいもない当時の——アドルノの亡命時代にアメリカで流行っていたであろう——歌謡曲をためつすがめつ詳細に分析してみせるその口調の、なんと嬉しそうなことか。その様子はまるで、駄菓子を飽きることなくなめながら、それを滔々と見事なレトリックで論評し、あれこれケチをつけてみせながら嬉々としている紳士のようである。

同じく「音楽の商品分析」に収められたチャイコフスキー論は爆笑ギャグの連発である。チャイコフスキーの音楽の中に既に後の映画的ドラマトゥルギーが先取りされていることを示すべく、アドルノはチャイコフスキーの音楽に合う無声映画のシナリオを即席で描いて見せる。いわく「クリミア半島での明るい月の夜。将軍の家の庭、白い雲、バラ園のベンチ。映像は緑色の色調を帯びている。若くて溌剌とした士官。テノール風の高貴だが穏やかな容貌をして、制服に身を包んでいる。カメラはずらりと並んだ勲章を映し出す。時折彼の胸には宝石が輝く。ホルンのメロディーはかぐわしい香りと士官の熱烈な求愛をあらわす。恥じらいを含んだ優しい娘の声が応える。〔…〕士官が彼女の前にひざまずく。「私はあなたのためにすべてを犠牲にしましょう、キャリア、名声、そして命さえ、名誉さえも」。彼は自分の頭を彼女の膝に埋める」等々（五七頁）。チャイコフスキーのあの楽章を知っている者なら、笑いがとまらなくなるところだ。まったくもって見事なシナリオライターぶりである。

だがアドルノの凄さは、サブカルチャーをユーモラスに真似してみせるパロディストの才にとどまるものではない。ここで彼は、チャイコフスキーの楽章が古典的なA－B－Aの三部形式で作られていることに着目する。これだけドラマティックな音楽がなぜまるでリートのように予定調和的かつスタティックな回帰形式で書かれているんだ？　その形式のアンバランスをアドルノは、再び見事なギャグでもって衝く。

まずAの部分は、右に引用した「クリミア半島での明るい月の夜。将軍の家の庭、白い雲、バラ園のベンチ」等々のセクションだ。次いでBで悲劇が起きる。そこにアドルノがつけるシナリオは「そこに切り裂くような戦いの物音が入ってくる。老将軍が率いる皇帝の衛兵たちだ。情け容赦なく将軍は若き士官の釈明を求める。彼はこうべを垂れ、当惑し、しかし直立不動で、言葉もなく立ち尽くす」というものである。そしてカタストロフの後の長い沈黙の後、冒頭のAのメロディーが戻ってくる。アドルノのシナリオは続く。「長い沈黙。クリミア半島の明るい月の夜。将軍の庭、若い士官、タチャーナ、ナイチンゲール、皇帝の衛兵。しかし今度は主人公は衛兵に撃ち殺される。そして再び彼は繰り返す。「私はあなたのためにすべてを犠牲にしましょう、キャリア、名声、命、名誉さえ」」――悲劇が起きて主人公の若き将校は撃ち殺されたのに、どうしてまたもや「私はあなたのためにすべてを犠牲にしましょう、キャリア、名声、命、名誉さえ」のセリフが、何も悲劇など起きなかったかのように、もう一度繰り返されるわけ？　こう突っ込みを入れているのである（五八頁）。

アドルノの才気煥発はまだまだ活火山のような爆発を続ける。この楽曲形式についての端的な批判を糸口として、目も眩む名人芸でもって彼は、次にいきなり「静止」の概念についての思索に横っ飛びするのである。明らかにベンヤミンの「静止状態の弁証法」を意識した議論である。ギャグ、パロディー、サブカルについての愚にもつかぬと見える談論風発、そこから不意打ちのように深い哲学的思弁に切り込んでいく宙返り――このエキサイティングなテンポ感もまた、アドルノの思考の魅力である。

＊

このチャイコフスキー論もそうであるが、音楽批評的な仕事を多少はやっている訳者として、ほとんどジェラシーを感じずにはおれない天賦の批評の才が、アドルノにはある。それはある作曲家なりある作品なりの「勘どころ」を最短の表現でもって衝く本能だ。作品と時代と社会の無意識の「相」を一撃で串刺しにしてみせるハンター的な嗅覚。これを観相学といってもいい。マーラーについての著作にアドルノは「ある音楽的観相学の試み」という副題をつけた。彼は手相や人相だけから相手の素性をすべて言い当てる名人なのだ。

しかもアドルノ的観相学は、単にブリリアントな批評レトリックであるにとどまらない。それは世間で「文化」だと思われている事象が背後に隠しているところの、いまだ合理化されざる野蛮の素性をかぎつける嗅覚本能となって、人々が「まっとうな高級芸術だ」と思い込んでいるものを狙撃する。アドルノは高級芸術の優越を頭から信じている教条主義者どころかその正反対であって、第Ⅰ部の

「モチーフ」中のウェーバー《魔弾の射手》論などが典型だが、高級芸術が押し隠している野蛮と暴力と欺瞞を衝く舌鋒こそアドルノの独壇場なのである。また彼が商品音楽を手厳しく批判するのは、それがまさに「文化」の顔をしているからなのだ。

「文化の中の野蛮」といえば、「モチーフ」中の打楽器についてのアフォリスムの冴えは凄まじい。ティンパニーの音を聞いて彼は、かつてそれが「族長に囚われた者たちの頭上で演奏されるものであり、あるいは野蛮人が人間の肉を茹でる鍋でもあること」を思い出す（四五頁）。本当に歴史的にそうであったかはどうでもいい。『啓蒙の弁証法』におけるギリシャ神話分析と同じく、生贄を屠る神官のような手つきでアドルノが抉り出すのは、文化の背後の人類学的な集団無意識の記憶――同エッセイの言葉を使えば「芸術に受け継がれた暴力、あらゆる芸術的秩序の根底にある暴力の遺産」――の理念型である。

＊

難解で名高いアドルノの原文と何年間も取り組んできて、僭越ながら今の私は、「アドルノは人が思っているほど難解ではない」と感じている。もちろん簡単ではない。頭が壊れそうになることもたびたびだ。しかし彼の著作は決して「ワケガワカラナイ」といった性格のものではない。トーマス・マンの文章にもそういうところがあるが、いかにもドイツ人らしく、どれだけ込み入っていようが、彼の文章には必ず「解」がある。パズルのようにピタッとすべて決まる一点がある。関係代名詞で延々とつながれた、十行以上続く文章はざらだ（だから翻訳にあたってそういう箇所は出来るだけ文章を分け、あるいは挿入句を大いに利用した）。しかしそれは解ける。そしてきちんと解を見つければ、当該の章の最後までを首尾一貫した主張として理解できる。

ただし、である。アドルノの文章の「解」を見つけるのはやはり難しい。難解な哲学的議論から専門的な楽曲分析の話題へと、アドルノはいきなり跳躍してみせるからである。例えば共訳者である藤井俊之氏も書いているよう、「偶成和音」とフロイト用語の「リビドー備給」が同じ文章の中に出てきて、しかも両者が互いににんまり目配せするかのような具合になっており、おまけに二つの術語の地下コネクションからさらに新たな意味が示唆されるといった風な文章を書かれては、一般読者としてはたまったものではない。

しかも単に「理解の前提（壁）となる異様な教養の幅」にとどまらないアドルノ読解の困難は、かなりの箇所で彼が、恐らくは意図的に、読者に罠をしかけている点にある。登山道のところどころに、「山頂はこちら」、「下山はこちら」式の看板が立てられている光景を想像してほしい。正しく目的地に行くための鍵になるこれらの看板が、アドルノの場合とても意地が悪く謎めいている。そして一度どこかでそれを読み間違えてしまうと、あっという間に獣道に迷い込んでしまって、それ以上の文意が追えなくなってしまうのだ。

ここでも実例を挙げよう。最終章「アンフォルメル音楽の方へ」――この本の中でもとりわけ難解にして長大なフィナーレだ――の中に、「Das zielt gegen Verdinglichung」という一文が出てくる。一見したところ何の変哲もない文章だ。そして通常「gegen」は英語でいえば「against」だから、思わず「それは物象化の反対を目指す」と訳しそうになる。ところが「against」の意味でとると、どんどんその後の話の流れが分からなくなっていく。実は「gegen」はここでは方角、つまり「……の方へ」の意味で使われていて、正しくは「それは物象化を目指す」と訳さねばならないのである（三八三頁)。

こうした罠となってアドルノ読者を悩ませる箇所の多くは、いうまでもなく、音楽についての極めて専門的な言及である。つまり音楽についてのアドルノの論述は、理論的なことも相当分かっている作曲家か指揮者にして初めて理解できるような性格のものなのである。さらに言うならば、ただ頭で分かるだけではなく、アドルノが言及している箇所が身体的にもすぐピンと来ることが要求されていると言えばいいか。解説における藤井俊之氏の表現を借りれば、「アドルノの半身は音楽家」なのだ。

このことを思い知らされるのが、第II部のツェムリンスキー論でありシュレーカー論である。彼がこれらのエッセイを書いた当時、この二人のユダヤ系作曲家はまったく忘れられた存在で、レコード録音も皆無だったはずだ。従ってアドルノは、戦前に演奏会で聞いた記憶――それとひょっとすると原稿をまとめるにあたって図書館から借りてきただろうスコア――だけを頼りに、これらを書いたとしか考えられないのである。それにしても「展開部のあそこのあの主題のあの和音が」云々といった記述の詳細さは一体何なのだろう？　アドルノは恐らく、一度聴いたらそれをテープに録音したように記憶してしまえる、あるいはスコアを読めば録音を聴いているようにして響きが頭の中に鳴る異形の人間だったのだ。トーマス・マンの音楽小説『ファウストゥス博士』の主人公である作曲家アドリアーン・レーヴァーキューンのモデルは、一般にはシェーンベルクであるとされている。しかし私にはマンのインフォーマントをつとめたアドルノこそが、レーヴァーキューンその人だったとしか思えない。

＊

本書を訳し終えた今、私にはとても感動的ないくつかの箇所が記憶に残る。それはつまり、世間のイメージとは真逆の、アドルノの謙虚さである。例えばジョン・ケージについて、「アンフォルメル音楽の方へ」のアドルノが、どれだけ好意的であることか。同じく「アンフォルメル音楽の方へ」に出てくるところの、ダルムシュタットの作曲コースで知り合った若い作曲家が提出した作品を見て、「これのどこに前楽節があるのか?」と問うたエピソードも印象的だ（三五七頁）。本文の訳註でも書いたが、アドルノは一九五〇／五一年のダルムシュタット作曲コースで、もともと予定されていたシェーンベルクが亡くなったため、急遽講師——音楽理論や音楽史ではなく「作曲コースの」講師である！——をつとめた。そしてアドルノが話題にしている若い作曲家とは、まだ学生だったシュトックハウゼンと彼の親友フイヴェールツのことなのだ！　アドルノがシュトックハウゼンに「前楽節が云々」と問うて小バカにされたというエピソードはかなり広く知られているが、そういう話題を敢えて自分で紹介する、これを謙虚と言わずして何と言うか。また第Ⅲ部を読めば、アドルノがブーレーズやシュトックハウゼンらの作品や著作を極めて丹念に追っていたことは明らかであり、とりわけシュトックハウゼンの理論書は第Ⅲ部のサブテクストだとすら言えるほどである。

感動的といえば、私にとっての本書のクライマックスは、第Ⅱ部のストラヴィンスキー論の締めくくりである（二二四頁以下）。これを第Ⅲ部のモーゼ論「聖なる断片」とセットで読むと面白い。一般には『新音楽の哲学』でアドルノは、シェーンベルクの進歩性を称揚し、ストラヴィンスキーの反動をこき下ろしたことになっている。しかし本当にそうか?　まずシェーンベルクの《モーゼとアロン》についてアドルノは、当然のように極めて肯定的に評価している。というより、ウィーン楽派の最後の生き残りの一人にして、その最後の「スポークスマン」として、この記念碑的な十二音オペラを称賛すること以外、立場上彼には出来なかっただろう。こんなことを言うのも、彼による分析をよく読めば、手放しの熱狂というには少し冷めていて、その称賛の仕方はかなり形式的であるという印象をどうしても拭えないからである。

例えば次の一節を見てみよう。「《モーゼとアロン》における非モデルネ的なものとは、何より巨匠性がもたらす帰結である。シェーンベルクが自分の音楽を自在に操る君主的な練達は、いわば音楽から反抗的な要素を切り離し、それを滑らかにしてしまう。彼の命令に完全に服しているもの、そこから何も飛び出したりはしていない滑らかなものは、もはやショックを与えることもないのだ。だからこそ突破的な表現の箇所は図像へ、表現の比喩へと二重化される」(三〇三頁)。

私としては右の文章を思わず次のように「超訳」したくなる。いわく「モーゼにおけるシェーンベルクはもはやあまりにも巨匠然としすぎていて、そのせいで逆に時代遅れの印象を与える。しかも彼の作曲技術はあまりにも熟達していて、そのせいで何もかもが滑らかに仕上げられてしまう。だから真に強烈な表現を欠く。パターン的な音画に、図像に、表現の比喩に流れてしまう。これではまるで十二音で書かれたハリウッド映画音楽ではあるまいか」――こんな風にパラフレーズしたくなるのだ。

ストラヴィンスキー論の筆致はこれとあまりに対照的である。確かにモーゼ論のベースが称賛であるとすれば、ストラヴィンスキー論のベースは批判だ。だが章の最後、《兵士の物語》の暗黒をベケットに譬えた箇所を読んでみてほしい。ここでアドルノはあたりもはばからずストラヴィンスキーへの共感を吐露する。ここでも「超訳」をしたくなる――「カフカやベケットにも比すべき暗黒を音楽で表現できたとしたら、それは君だけだった。なのにどうして、どうして君は、あと一歩でそこに辿り着く寸前で踵を翻し、新古典主義などでお茶を濁してしまったのか……!」作曲家に詰め寄らんばかりのその調子は、ほとんど慟哭に近い。アドルノがここまで真情を露わにした文章を、私は他に知らない。

*

最後に本書の書誌データを簡単に記しておこう。翻訳の底本には Musikalische Schriften II: Quasi una fantasia, Frankfurt am Main: Suhrkamp, 1963 を使用し、全集第十六巻（Gesammelte Schriften, Bd. 16: Musikalische Schriften I-III, Frankfurt am Main: Suhrkamp, 1978）を適宜参照した。まず序文がわりに置かれた「音楽と言語についての断章」の初出は一九五六年。第Ⅰ部「即興」の「モチーフ」のアフォリスムは折に触れいろいろな音楽雑誌のために書かれたもので、初出年は本文中にある通りである（その多くは音楽批評家としての二十代のころのアドルノがホームグラウンドとしていた雑誌『Anbruch』にのせられた）。「音楽の商品分析」が書かれたのは一九三四―四〇年で、初出は一九五五年。「カルメン幻想曲」も一九五五年初出。「劇場の自然史」は一九三一―三三年に様々な音楽雑誌にのったエッセイを集めたもので、まとめての初出は一九五八年。

第Ⅱ部「現前」のうち「マーラー」は前半が一九六〇年、後半が一九六一年初出。「ツェムリンスキー」と「シュレーカー」は一九五九年、「ストラヴィンスキー」は一九六二年のそれぞれラジオ放送がもとになっている。

第Ⅲ部「フィナーレ」の「ベルクが拾得した作曲技法」は一九六一年、「ウィーン」は一九六〇年のラジオ放送に基づく。「聖なる断片」は一九六三年のベルリンでの講演で、本書『幻想曲風に』が初出。「音楽と新音楽」は一九六〇年のラジオ放送原稿。そして「アンフォルメル音楽の方へ」は一九六一年のダルムシュタットにおける講義である。より詳細なデータについては全集第十六巻を参照されたい。

アドルノの文章は、否定弁証法を地で行くがごとくに、次々に否定接続詞でつながっていくことが多いのだが（「……ではない。しかし……でもない、従ってしかしまた……でもない」といった具合だ）、あまり強い意味のない aber が頻繁に入る一方で、文意としては明らかに真逆の方向へ向かっているにもかかわらず否定接続詞が省かれることも少なくない。こういう場合は、あくまで読み易さに鑑み、訳者の領分を逸脱する僭越とは承知で、「しかし」を訳註として〔 〕で補った箇所が多くある。それから人名や専門用語については、煩雑を避けるべく、網羅的に訳註を入れることはしていない。あくまで文意を理解するために有用と思われるケースにのみ絞って、〔 〕内で簡単な説明を加え、また巻末にもう少し詳細な用語解説を付した。聞き慣れない人名等であっても、ネットなどで調べればすぐ分かるもの、あるいは文脈理解に必須とは思えないものも、訳註を加えてはいない。また作品名についてアドルノはしばしば、俗語的に「はしょった」言い方をするが（《トリスタンとイゾルデ》ではなく《トリスタン》など）、こうした箇所はアドルノのジャーナリスティックな文体を少しでも残すべくそのまま訳している。

なお本書の翻訳にあたっては、各章ごとに下訳の担当を決め、これを叩き台として毎週のように読み合わせを行い、最終的には岡田が全体の文章の統一をするという形をとった。従って翻訳の最終責任は岡田にある。

＊

このような長大な著作の翻訳を完成にまでこぎつけるにあたっては、多くの人のお世話になった。真っ先に名前を挙げるべきは、いうまでもなく、共訳者の藤井俊之氏である。本書のごとき怪物的著作は、音楽の専門家と思想史の専門家が二人がかりにならなければ、とても翻訳などできる代物ではない。ドイツ思想の極めてすぐれた研究者である氏が同僚として同じ職場にいたからこそ、そして毎週のように読み合わせが出来たからこそ、この翻訳は可能になった。この幸甚を深く感謝する。

またケルン大学の音楽学講座博士課程の浅井佑太さんにも、大変にお世話になった。というのも、最後の最後まで訳者たちを悩ませたのが「アンフォルメル音楽の方へ」の中に出てくる「Psim」という言葉で（三九二頁）、ありとあらゆる辞書（ラテン語なども含む）をひっくり返してみても該当の単語がなく、困り果てて浅井さんに心当たりをたずねてみてくれるようお願いしたところ（彼は新ウィーン楽派の研究者であり、そういう方面に通じている友人が多いのだ）、ようやく「どうやらこれはアドルノの書き間違いで、「豆（Pisum）」という意味のつもりらしい」という結論に達することが出来たのである。彼がいなければ、この「Psim」のたった一語のせいで、大部の翻訳をいつまでたっても刊行できないところであった。

そして最後になるが、法政大学出版局の岡林彩子さんは、われわれが持ち込んだこの企画――「売れる」ことはあまり期待できそうにないこの大部の思想史本――を快く受けて下さったばかりか、専門的な内容を驚くほど丁寧にチェックしてくださった。深く感謝する次第である。

アドルノという二十世紀思想の怪物の底知れない魅力が一人でも多くの読者に伝わることを祈りつつ。

二〇一八年九月一日

岡田暁生

用語解説

- 音楽学の専門家ではない読者の理解に資するべく、場合によっては本書の文脈も踏まえながら用語の解説を付す。

ヴァース

本書の六四頁におけるアドルノの分析の要点は以下のようにまとめられる。①この時代のアメリカの歌謡曲は切れ切れにストーリーを語るイントロ的なヴァースとアップテンポの本体（コーラス）から成るが、《Penny Serenade》にスローなイントロはない。②この曲の本体はAABA形式から成り、アドルノはAをコーラス、Bをトリオと呼んでいる。③Aのコーラス部分は前半が十二小節のクープレ、後半が八小節のルフランである（クープレとルフランについては「クープレ」および「ルフラン」の項を参照）。④ただし（アドルノは言及していないが）この曲のクープレ部分は少し細工がしてあって、通常のような四小節×２＝八小節ではなく、（二小節＋四小節）×２＝十二小節になっていて、二小節のため息のような切れ切れのフレーズが追加されている。アドルノは恐らくこの二小節の中に、この曲ではカットされているスローなヴァースの残骸を見ている。ヴァースはないも同然で「ビジネスのやりようがない」とか「この曲にヴァースはない」といいつつ、「ヴァースとコーラスがもう一度繰り返される」という一見矛盾に思える言い方は、このことに由来すると思われる。

ウアリーニエ（Urlinie）

ヴィルヘルム・フルトヴェングラー（1886–1954年）にも影響を与えたオーストリアの音楽理論家ハインリヒ・シェンカー（1868–1935年）の用語。直訳すると「根源的ライン」となる。シェンカーが考えていたのは層理論であり、然るべき傑作には必ず最も根源的な「I－V－I」という音の進行（ライン）が後景に存在している。そして中景および前景を成す諸々の（ウアリーニエに比べれば大なり小なり副次的な）音がそこに加わって、一つの曲は出来る。シェンカーはベートーヴェンを例にこの理論を構想し、それを偉大な音楽作品の普遍的条件と考えていたふしがあるが、三五六頁でアドルノは、ウアリーニエは古典派の音楽語法の定型の一つであり、その意味で時代限定的な現象であると述べている。アドルノに

よればウィーン古典派の時代にはまだ、音楽表現における一般的なもの（一般的な理解ならびに使用の可能性）と特殊なもの（個性の表現）を媒介してくれる定型、つまり決まり文句（トポス）がたくさん存在していた（アドルノがしばしば言及する「キャラクター」もこうしたイディオムに含まれる）。そしてロマン派以後の定型の廃止と過度の特殊化（個性の独裁）の最終的帰結が、社会から孤絶した新音楽の危機だったというのが、アドルノの考え方である。シェンカーの誤りは、時代限定の一般ルールであったものを傑作の条件（つまり個別特殊なもの）とみなし、しかもそれを時代を超えた普遍規則にしてしまうことにより、例えばワーグナーにおける果てしない個別化への挑戦を教条主義的に批判した点にあったと、アドルノは考える。

エスプレシーヴォ

文字通りには「心をこめて」だが「いかにも十九世紀ブルジョワ好みな夢想的表現」（例えばヴァイオリンのヴィブラートやショパンのルバートなど）を含意することが多い。新即物主義が席捲した一九二〇年代ドイツではしばしば、エスプレシーヴォ的表現は「悪しきロマン派の残滓」として嫌悪の対象となった。

オブリガート

即興の余地を徹底的に締め出し、隅々まで自律的構成の中に統合された音楽を指す。アドルノにとって、作品の中から即興にまかされる部分（例えば「モチーフ」冒頭にもあるよう、ベートーヴェンはカデンツァすら演奏者にまかせず auskomponieren した）がどんどんなくなっていくウィーン古典派以後の音楽の歩みとは、音楽のトータルなオブリガート化ないし作品化のプロセスであり、作曲家の主観による音楽の完全支配のそれであった。

オルゲルプンクト

バスでずっと属音を保持して、主和音への解決が近いことを聴き手に告知する技法。展開部から再現部へ戻る部分、協奏曲のカデンツァの終わりの部分、コーダの最後などで使われる。この属音保持が来ると次なる音楽の行く先はもう主和音への解決しかなく、その意味で作曲家の主観の介在の余地はもはやない。つまり逸脱が許されないという意味で予定調和的であり（二八頁のモーツァルト論を参照）、運命論的である（七九頁のカルメン論を参照）。ただしモーツァルトでは、このライプニッツ的予定調和的な時間が最後の一瞬になって「親方」、つまり作曲

家によって手を突っ込まれ攪乱される。そこにアドルノは自由な近代的主体の煌めく予兆を見る。

カペルマイスター

オペラ劇場の楽長のこと。十九世紀の楽長は自分でオペラや管弦楽を作って指揮することも多く、これら自己顕示的だが折衷的な音楽のことを「カペルマイスター音楽」と揶揄することがある。ワーグナーやマーラーは自己顕示性ならびに折衷性の点でカペルマイスター的である。他方ツェムリンスキー論では、彼にカペルマイスター的剛腕が欠けていた一方（マイスター＝巨匠の概念の中にアドルノは常に社会権力と同一化した暴力的なものを見る）、カペルマイスター的何でも屋的な器用さが融通無碍ともいうべきものへと昇華されたことが強調されている。

逆行型

メロディーであれ音列（セリー）であれ、ある音の連なりを後ろから読んでいくこと。中世末期の音楽ではこの技法が駆使され、ギョーム・ド・マショーのロンドー《私の終わりは私の始まり》は、前から読んでも後ろから読んでも同じになる曲として有名である。アドルノが指摘するよう、シェーンベルクやとりわけベルクはこの技法を頻繁に用いたが（十二音技法においても音列の逆行型は不可欠である）、そこに彼は「時間を巻き戻そう」とする意図を見ている（二五四頁）。

クープレ

アドルノが「音楽の商品分析」を書いた時代のアメリカの歌謡曲は、物語的性格をもつ歌詞（繰り返しごとに話が展開していく）による前半部分「クープレ」と、覚えやすくいつも同じ歌詞が繰り返される後半部分「ルフラン」から、一つのメロディーが成ることが多かった。「ヴァース」および「ルフラン」の項を参照。

主題労作（動機的主題的労作）

バッハのフーガのようにテーマが常に同じ形で保持されるのでもなく、また変奏曲のようにテーマに単に飾りを付け加えるのでもなく、八小節の主題を提示して、それを徐々に二小節の動機へ解体し、そのリズムや音高を絶えず変化させ、まったく違う性格の楽想を演繹し、あるいはさらに分解圧縮するなどの加工をすることで、作品全体の統一をはかっていく作曲技法のこと。主題労作はウィーン

古典派以後の音楽の特徴であり、アドルノはここに近代市民的（あるいは資本主義的）な労働観の反映を見ている。また音楽から演奏家まかせの即興的部分を徹底的に締め出し、曲全体を作曲主体によって完全統合しようとする意志の点で、それはオブリガート的作曲の原点でもある。しかし動機的主題的労作にあっては、この統合はあくまで時間プロセスの中で「成し遂げられる」ものであるのに対し、後のセリー音楽になると、事前に設定しておいたセリーから曲が半ば自動的に演繹されてくるだけであり、そこには「時間の中での開花としての統一」は存在しない。ここにアドルノは従来の音楽とセリー音楽との決定的な違いを見ている。

ゼクエンツ

音高をずらしながら特定の短い音型を連続させること。特段作曲技術がなくともパターンだけでいくらでも続けられ（アドルノ的にいえば「時間は先に進まない」ということになる)、かつ安直な盛り上がりの効果は簡単に得られるので、こういうものに頼る作曲家はあまり技術的には評価されない。ちなみにワーグナーにもゼクエンツが多く、これが構成を重んじる識者からはしばしば批判される。

セリー

シェーンベルクの十二音技法は曲の音高関係のみを音列＝セリー＝順列に従わせるものであり、音価や音強や音色など音楽の他の次元は伝統的な形で主観的に処理されていた。例えばリズム面ではそれは十九世紀音楽とあまり変わらず、音強も作品の情緒的主観的なダイナミクス変化に対応していて、その意味で非拘束的なのである。それに対して戦後アヴァンギャルドの代表者であるシュトックハウゼンやブーレーズは、音価や音強や音色などすべての次元にセリーを設定し、厳格にそれに従うことにより、ある種の科学的客観性を徹底しようとした。ただしアドルノは、この主観性の排除が結局は偶然的なもの（そして主観的なもの）に流れてしまうリスクがあり、その意味でケージの偶然音楽とブーレーズらの極度の管理主義とはコインの裏表にすぎず、また作品を最初から最後まで音列から演繹することは一種のオートマティズムであって、どこを切り取っても金太郎飴よろしく同じ音列が鳴っているだけだという点で、それは時間の消滅に他ならないことを、正しく見抜いている。

低音進行（Fundamentschritt）

和声学には個々の和音の機能を重視するやり方と、個々の和音がどの低音上に

築かれ、どのように低音が進んでいくかを重視するやり方（Stufenharmonik,「度数和声」と訳した）がある。前者はフーゴー・リーマン（1849–1919年）のいわゆる機能和声であり、和音はT（トニカ）やS（サブドミナント）やD（ドミナント）といった「機能」によって表示される。それに対して後者は、いわゆる通奏低音ないし数字付き和声とほぼ同義であり、和音はIやVといった「度数」（音階の何度の音がバスになっているか）で示される。マーラーはまだ民俗音楽的なものを残した同じ和声パターンのドローン的繰り返しから出発し、次第に高度に彫琢された西洋芸術音楽に固有の低音の「歩み」という時間性をわがものとしていった。また後期ロマン派では音楽の土台になる低音をどんどん溶解させていく傾向があったが（ワーグナーなど）、シェーンベルクはブラームスに倣い、しっかりした低音の歩みに重きを置いていた。そして旋律的に動く低音を利用することで、かけ離れた和音を接続することも可能になって、これが無調の出発点の一つになった。ただし低音があまりにも旋律的（ないし動機的）に作られるせいで、それが一体どんな和音の低音なのかが不明瞭になってしまう傾向もあったというのが、二七四頁でのアドルノの主張である。

半音階

ある音（和音）から音（和音）へ半音で滑っていくと、極めて官能的で有機体が生長するような効果が得られる一方、すべての音が半音階によって等価にされてしまい、どの音が中心か分からなくなって形式秩序が解体するリスクが生じる。アドルノ的にいえば、前へ進んでいるように見えながら、実際はまったく時間が前へ進まず同じ場所をぐるぐる回っているだけの、静止したファンタスマゴリーとなる。ロマン派とは和声が半音階によって食い荒らされていく歴史にほかならず、それはワーグナーの《トリスタン》で頂点に達した。そして半音階独特の「中心がどこか分からない」という感覚をさらに徹底すると、シェーンベルクの無調となる。ただし自由な無調にあってはロマン派の半音階がもっていた、呼吸やため息を連想させるような有機体性（アドルノ的にいえば有機体の仮象）が残っていたが、無調が十二音技法としてシステム化されると、すべての音が孤立した等価な「点」となって、この有機体の仮象が良くも悪くも消される傾向にある（その予兆は既に初期ウェーベルンにある）と、アドルノは考えている。

ホモフォニーとポリフォニー

ホモフォニーとは垂直の響きの次元を、ポリフォニーとは横の線の次元を重視する音楽。ウィーン古典派からロマン派が前者、バッハのフーガなどが後者の典

型。総じてホモフォニー的な作曲家は情動的に、ポリフォニー的な作曲家は構成的に音楽をとらえる傾向があり、後者の方が音楽的に「知的だ」という含意がある。シェーンベルクやストラヴィンスキーはポリフォニーを重視したという意味で、アンチ十九世紀的であり、構成主義的である。ちなみにツェムリンスキーについてもシュレーカーについても、アドルノはホモフォニー的側面を強調しつつ、前者には好意的であるのに対して、後者については一般によくあるホモフォニー的な作曲家への揶揄が基調になっているのが面白い。

無調と十二音技法

シェーンベルクらは一九〇八年ごろから、いわゆる「自由な無調」による作曲へ踏み出す。これはワーグナー的な半音階をさらに進めたものであり、そこでは中心音の存在がほとんど感じられない。それはいわば無重力的な世界——本書で何度も言及される弦楽四重奏第二番の終楽章でゲオルゲの詩もそれを歌う——の表現である。ただしそこにはロマン派的な半音階がもっていた吐息のごとき有機体表現がまだ完全に残っており、その意味で自由な無調はロマン派音楽の究極の帰結であったともいえる。また既成のあらゆる形式から逃れた非拘束性を目指す無調（ア・トーナル）音楽においては、それとセットとして無主題性（ア・テマティーク）が追求されたことにも、アドルノは頻繁に言及している（アンチ・システム的な無調では不可能だった大形式を作るために、十二音技法というシステム性が必要だったのだという説はかなり広く受け入れられているが、これにはアドルノは批判的である）。それに対して第一次大戦後になるとシェーンベルクは、いわゆる十二音技法に基づいて作曲するようになるが、これは無調の原理をシステム化したものと考えることが出来る。つまりオクターヴ内の十二の音を任意に並べた「音列」をまず作り、この基本形の逆行や鏡像や鏡像の逆行、そしてそれらを移調したり分割したりしたものを使って、曲を作るのである。十二音技法においては原則として、音列のすべての十二の音を使い切るまで同じ音を反復して使用してはならないので、優先的に用いられる音、つまり中心音は原理的にそこには生じない。十二音技法が形式主義に陥るリスクについてアドルノは随所で示唆するだけでなく、理論としてシステム化される以前、つまり「自由な無調」の時代におけるアモルフなものの表現への共感を、ベルク論やアンフォルメル音楽論では隠そうともしていない。「セリー」および「半音階」の項を参照。

ルフラン

ある楽曲中で何度も繰り返される、印象的で耳につくような一節。ロンド形式

におけるルフランと歌謡曲におけるそれとではやや意味が違うが、本書三四頁や六四頁で話題にされている歌謡曲のメロディーでは、ストーリーを語る「クープレ」(毎回歌詞は違う) に、誰もがすぐ覚えてしまう「ルフラン」部分が続いて、一つのコーラスとなる。ルフランの歌詞は常に同じである。「語り」に主眼が置かれるクープレは旋律的には貧弱で、むしろ「聴かせどころ」たるルフランの前座のような性格が強いが、それはルフランをあたかも何らかの元ネタからの引用であるように敢えて響かせることで、誰もが「これ、どこかで聴いたことがある……?」とばかり鼻歌を歌いたくなる引用性格をルフランにもたせるためだと、三四頁では述べられる。つまりアドルノはルフランがもつ通俗的デジャヴュ性 (俗語を使えば「パクリ」的性格) の中に、根源的旋律ともいうべきものからの無限引用の環を見ているが、カルメン論で「根源的引用」と言われるものがこれに当たる (三四頁)。六四頁以下での言及は一見否定的ニュアンスをもっているとも見えるが、それでもここでは商品性格そのものが姿を現わす瞬間としてルフランが捉えられており、そこに神話の呪縛の潰える可能性が開かれるとされている点が目をひく。「ヴァース」および「クープレ」の項を参照。

レチタティーヴォ

本来は番号オペラのナンバーとナンバーの間の、簡単なチェンバロ伴奏により話すように歌われるつなぎの部分のこと。がっちりと構成されたアリアや二重唱などの「番号」と違って、隅々まで作曲的に構成 (auskomponieren) はされず、アドルノ風にいえば非オブリガート的である。ただしレチタティーヴォは半ば語りであり、音楽固有の法則に縛られてはいない故に、表現主義者たるシェーンベルクにとっては、形式の媒介を拒否する直接的な表現主義的音楽の規範ともなった。《五つの管弦楽曲》作品 16 の第五曲が典型であり、いみじくもそれは「オブリガート・レチタティーヴォ」と題されている。

和音と和声

「和音」とは垂直次元における音の塊であり、個々の「和音」が連なって文脈になると「和声」ということが多い。前者では例えば「この小節の二つ目の和音が云々」という表現、後者では例えば「展開部における和声の流れが云々」というそれが典型である。

(岡田暁生)